Le monde en marche

Histoire Géographie

NOUVEAU PROGRAMME
BAC PRO • 3 ANS

2de
1re
BAC PRO

Martin Fugler
Anne-Marie Gérin-Grataloup
Jean-Marie Guillemard
Anne Inglebert
Isabelle Juguet
Gérard Labrune
Yves Magotteaux

Avec la collaboration de :
Jean-Luc Galus
Annie Zwang

Nathan
TECHNIQUE

Sommaire Histoire Seconde

Les Européens et le monde (XVIe-XVIIIe siècles)

25 avenue Pierre de Coubertin – 75013 Paris
ISBN 978-2-09-161144-0

Sommaire Histoire Première

État et société en France de 1830 à nos jours

Sommaire Géographie Seconde

Sociétés et développement durable

Sujet d'étude 1

Sujet d'étude 2

Sujet d'étude 3

Sujet d'étude 4

Éducation civique Seconde

Vivre en citoyen

Sommaire

Géographie Première

Des territoires dans la mondialisation

Éducation civique

Première

Le citoyen et la République

Index

Capacités

Histoire Seconde

Géographie Seconde

Histoire Première

Géographie Première

Personnages cités

Cartes

Histoire Seconde

Histoire - Première

Géographie - Seconde

Géographie - Première

Classe de Seconde

Histoire Seconde

Les Européens et le monde (XVIe-XVIIIe siècle)

Le programme insiste sur un certain nombre de grands changements culturels, économiques, politiques à l'époque moderne et leurs effets sur les sociétés en Europe et dans le monde.

Sujets d'étude	Une situation au moins	Orientations et mots-clés
1. Humanisme et Renaissance	• Érasme et l'Europe • Vinci et la représentation du corps • La controverse de Valladolid	On présente la **Renaissance** comme un mouvement d'innovations dans tous les domaines de la culture, arts et savoirs, revendiquant des héritages de l'Antiquité. On en présente les grandes figures que sont l'artiste et **l'humaniste** et on en montre la diffusion notamment par l'imprimerie.
2. Voyages et découvertes, XVIe-XVIIIe siècles	• Christophe Colomb et la découverte de l'Amérique • Le tour du monde de Bougainville • James Cook et l'exploration du Pacifique	On montre que les **découvertes**, outre à des motifs économiques et géopolitiques, répondent, surtout au XVIIIe siècle, à une nouvelle soif de connaissances des Européens, notamment pour les terres, les hommes, la faune et la flore des nouveaux mondes.
3. Le premier empire colonial français, XVIe-XVIIIe siècles	• La compagnie des Indes orientales • Nantes ou Bordeaux et le commerce triangulaire • Une plantation	À l'aide de cartes, on décrit le premier empire colonial français, du Canada aux Indes. On montre le développement du commerce fondé sur l'**exclusif**. On présente l'économie de **plantation**, la **traite** et l'**esclavage** et leur remise en question au temps des Lumières et de la Révolution française.
4. Les Lumières, la Révolution française et l'Europe : les droits de l'Homme	• Diderot à la cour de Russie • Protestants et Juifs en France à la fin du XVIIIe siècle • La nuit du 4 août	On présente les idées des Lumières développées par les philosophes face à l'absolutisme – **liberté de conscience**, **égalité des droits** – et leur rayonnement en Europe. On insiste sur le rôle de la Révolution française qui, en proclamant les **droits de l'Homme** et en les mettant en œuvre, a contribué à rendre ces **principes**.

Géographie Seconde

Sociétés et développement durable

Le programme met l'accent sur quelques enjeux fondamentaux pour les sociétés. Il convient de les étudier dans le contexte de la croissance démographique et dans la perspective du développement durable, c'est-à-dire répondant aux besoins des générations présentes sans compromettre la satisfaction de ceux des générations futures.
On étudie trois sujets d'étude choisis parmi les quatre suivants. Pour chaque sujet d'étude, on retient au moins une situation parmi celles indiquées et on garde la liberté d'en traiter d'autres tirées de la liste du programme ou à l'initiative de l'enseignant.

Sujets d'étude	Une situation au moins	Orientations et mots-clés
1. Nourrir les hommes	• L'Inde : plus d'un milliard d'hommes à nourrir • La sécurité alimentaire en Afrique subsaharienne • L'agrobusiness aux États-Unis	On constate la persistance de la **malnutrition** et de la **sous-nutrition** malgré la croissance des disponibilités alimentaires permise par les **révolutions agricoles**, l'extension des terres cultivées et le développement des échanges. On s'interroge sur les moyens d'assurer la **sécurité alimentaire** et de développer une **agriculture durable**.
2. L'enjeu énergétique	• Énergie et développement durable en Chine • Le Moyen — Orient • La question énergétique en Russie	On met en relation les **besoins** en énergie, l'évolution des coûts et la **gestion des ressources** : mobilisation, **accessibilité**, recherche de sources d'énergie alternatives. On souligne les aspects géopolitiques et environnementaux de la question.
3. Le développement inégal	• Les dynamiques sociospatiales dans l'Union européenne • Les dynamiques sociospatiales en Afrique du Sud • Les inégalités sociospatiales dans une grande agglomération	On établit la distinction entre la **croissance** et le **développement**. On montre que la division entre un Nord développé et un Sud moins développé ne donne pas une image complète des **dynamiques de développement** du monde et que les **inégalités socio-spatiales** existent à toutes les échelles géographiques.
4. Les sociétés face aux risques	• Un risque naturel dans un DOM-ROM ou en métropole • Le couloir de la chimie au sud de Lyon • Les inondations au Bangladesh	On rappelle que les hommes peuvent être confrontés à des **risques naturels** et que leurs activités sont parfois à l'origine de **risques technologiques**. On analyse les facteurs de l'inégale **vulnérabilité** des hommes et des sociétés. On interroge la capacité de ces dernières à mettre en œuvre des politiques de **prévention**.

Éducation civique Seconde

Vivre en citoyen

Thèmes	Sujets possibles
A. Thème obligatoire : **Droits et devoirs des membres de la communauté éducative**	• Les instances de la vie lycéenne • Le droit d'expression au lycée • Le règlement intérieur
B. Thèmes au choix : **Engagements individuels et collectifs**	• Les associations • Les partis politiques • Les syndicats
Ou : **Égalité, différences,discriminations**	• Un exemple d'exclusion lié au racisme, au sexisme ou au handicap • Les salaires hommes/femmes • La discrimination positive
Ou : **Le citoyen et les médias**	• Le pouvoir de l'image • La liberté d'expressionet les nouveaux médias • Les sondages d'opinion

Classe de Première

Histoire Première

État et société en France de 1830 à nos jours

Les mutations de l'Europe au XIXe siècle – qu'elles soient économiques, sociales ou politiques – ouvrent une phase nouvelle dans l'histoire de l'humanité. On étudie ces mutations à travers l'histoire de la France, de 1830 à nos jours.
Les sujets d'étude sont tous obligatoires. Pour chaque sujet d'étude, on retient au moins une situation parmi celles indiquées et on garde la liberté d'en traiter d'autres tirées de la liste du programme ou à l'initiative de l'enseignant.

Sujets d'étude	Une situation au moins	Orientations et mots-clés
1. Être ouvrier en France (1830-1970)	• 1892, la grève de Carmaux et J. Jaurès • 1936 : les occupations d'usine • Être ouvrier à... (exemple dans une ville industrielle)	On rappelle l'évolution du monde ouvrier de 1830 à la fin des Trente Glorieuses. On étudie la constitution d'une **sociabilité** et d'une **culture** ouvrières. On présente la formation d'une conscience de classe à travers les luttes sociales et politiques (**grèves**, **syndicalisme**, **partis**) et le processus d'intégration républicaine..
2. Les femmes dans la société française de la Belle Époque à nos jours	• Louise Weiss et le vote des femmes dans l'entre-deux-guerres • La scolarisation des filles • Simone Veil et le débat sur l'IVG	On étudie la **condition féminine** au XXe siècle en s'arrêtant sur quelques moments-clés : conquête des **droits civils et politiques**, maîtrise de la fécondité.... On présente l'évolution économique et sociale de la situation des femmes ainsi que les inégalités qui persistent.
3. La République et le fait religieux depuis 1880	• Les lois laïques des années 1880 • Briand et la loi de séparation des Églises et de l'État • La construction d'un lieu de culte après 1905	On montre l'évolution des rapports entre la République et les Eglises en s'appuyant sur les **lois scolaires de Jules Ferry** et la **loi de 1905**. La **laïcité**, longtemps instrument de combat, est devenue le garant de la liberté de conscience et du libre exercice des cultes.
4. De l'État français à la IVe République (1940-1946)	• La rafle du Vel d'Hiv • Jean Moulin et l'unification de la Résistance • Le programme du CNR	On présente le **régime de Vichy** et la Révolution nationale, sa **collaboration** avec l'Allemagne nazie, sa part de responsabilité dans le **génocide** juif. On étudie la mise en place de la **IVe République** en montrant qu'elle s'appuie sur les idéaux de la **Résistance** intérieure et extérieure.
5. La Ve République, une République d'un nouveau type ?	• De Gaulle et la première élection présidentielle au suffrage universel • Mai 1968 • La cohabitation	On montre comment la **Ve République** transforme durablement la vie politique avec **l'élection présidentielle** au suffrage universel et le renforcement du **pouvoir exécutif**. On insiste sur la crise de mai 68, l'alternance, la cohabitation et le quinquennat.

Géographie Première

Des territoires dans la mondialisation

La mondialisation intègre les économies et les territoires dans un système planétaire qui crée une culture mondiale mais n'uniformise pas la planète. Différences culturelles et inégalités économiques caractérisent aussi l'espace mondial.
Les sujets d'étude sont tous obligatoires. Pour chaque sujet d'étude, on retient au moins une situation parmi celles indiquées et on garde la liberté d'en traiter d'autres tirées de la liste du programme ou à l'initiative de l'enseignant.

Sujets d'étude	Une situation au moins	Orientations et mots-clés
1. Acteurs, flux, réseaux de la mondialisation	• Les migrations internationales • Le circuit mondial d'un produit • L'action internationale d'une ONG	On constate que les **flux** qui parcourent le monde dessinent des **réseaux** dont les nœuds sont fortement concentrés dans la **Triade**. On identifie ainsi la **mondialisation** comme l'intégration des économies, des hommes et des territoires dans un système à l'échelle de la planète. On étudie le rôle de ses acteurs : les Etats, les firmes transnationales, certaines organisations non gouvernementales.
2. Mondialisation et diversité culturelle	• Le cinéma en Asie • Géographie des goûts alimentaires • Géographie des langues en Europe	On présente l'émergence d'une **culture mondiale**. On montre que la vitalité des **métissages culturels** n'exclut pas la pluralité de cultures singulières qui témoignent des **appartenances identitaires**.
3. Pôles et aires de puissance	• La mégalopole japonaise • La Chine littorale • La Californie	Les **centres** de la mondialisation sont à étudier à différentes échelles. On montre que les **villes mondiales** et les **aires de puissance** contrôlent le reste de la planète. On étudie l'organisation de l'espace d'une aire de puissance.
4. Les dynamiques des périphéries	• Un PMA au choix • Un pays émergent au choix • L'Amérique latine	Les **périphéries** ne sont pas à l'écart du **système-monde**. On montre leurs relations avec les pôles et les aires de puissance. On met en évidence la diversité de leurs dynamiques : **pays moins avancés** et **pays émergent**s, régions en développement et poches de pauvreté.

Éducation civique Première

Le citoyen et la République

Thèmes	Sujets possibles
A. Thème obligatoire : **La Constitution et l'exercice des pouvoirs**	• Les systèmes électoraux • L'élaboration d'une loi • Le rôle du Président de la République
B. Thèmes au choix : **Droits et devoirs des citoyens**	• Le parcours civique (recensement et JAPD) • Les impôts • La CMU
Ou : **Citoyen français, citoyen européen**	• Le droit de vote • La Cour européenne de justice • Acquérir la nationalité française
Ou : **Le citoyen et la justice**	• Être juré en cour d'assises • Le droit, la loi, la liberté • Être citoyen en prison

Les Européens et le monde (XVIe-XVIIIe siècles)

L'humanisme, la Renaissance, la découverte de continents jusque-là inconnus, le développement de l'empire colonial et, enfin, les apports des Lumières, dessinent un monde qui, du XVIe au XVIIIe siècles, connaît des bouleversements majeurs. Ces transformations ont une influence considérable, à la fois culturelle, économique et politique sur les sociétés, en Europe et dans le monde.

Histoire

Seconde

Histoire

stoire

Sujets d'étude

1 Humanisme et Renaissance

2 Voyages et découvertes, XVIe - XVIIIe siècles

3 Le premier empire colonial français, XVIe - XVIIIe siècles

4 Les Lumières la Révolution française et l'Europe : les droits de l'homme

Le Cortège de la famille Médicis, princes de Florence (Italie).
La splendeur et la richesse du cortège mettent en scène la cour la plus prestigieuse de la Renaissance : celle de Florence. Dans le cortège figure Laurent de Médicis (1449-1492), prince de la ville et protecteur des arts, avec les membres de sa famille. Fresque de Benozzo Gozzoli, 1459, *Le Cortège des Rois mages.*

Sujet d'étude

1

Humanisme et Renaissance

Les XVe et XVIe siècles en Europe sont marqués par des progrès techniques sans précédent, une rupture religieuse et une intense activité artistique : cette période est appelée la Renaissance. Elle s'accompagne de l'humanisme, un mouvement de pensée qui élabore une nouvelle conception de l'homme et se diffuse grâce à l'invention de l'imprimerie et au développement des voyages.

Quels grands changements la Renaissance et l'humanisme apportent-ils en Europe ?

L'Europe de l'humanisme

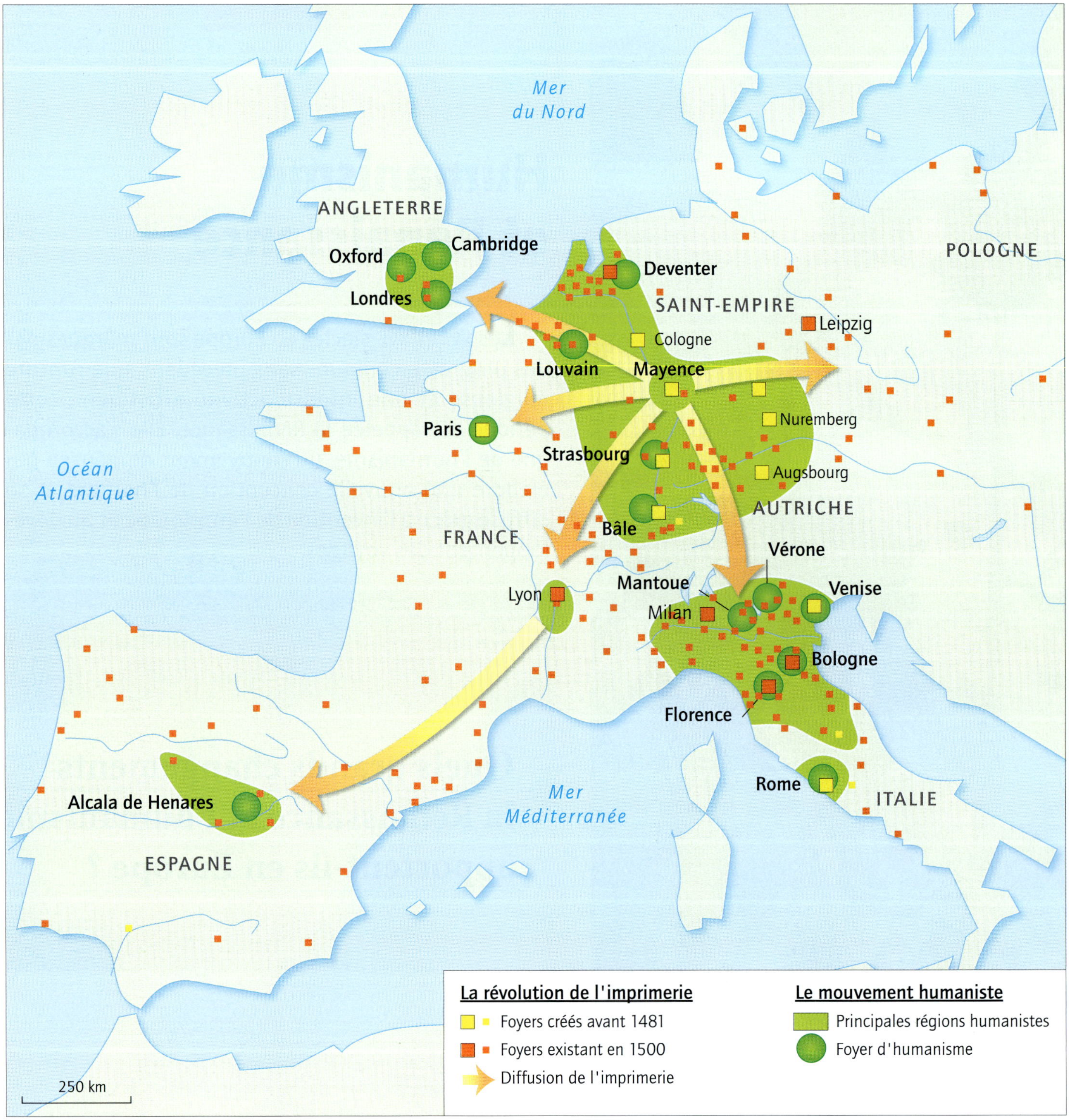

L'Europe de la Renaissance

Cours

Les bouleversements de la Renaissance

▶ Quels changements caractérisent l'Europe de la Renaissance ?

À partir du XVe siècle, l'Europe vit une nouvelle aventure : renaissance des valeurs de l'Antiquité dans le monde intellectuel et artistique, multiplication des échanges, progrès des sciences.

1 **Florence vers 1480 : le berceau de la Renaissance en Italie.** Dominée par la famille Médicis, la ville de Florence est riche de son commerce et de ses banques. Elle constitue le principal foyer de la Renaissance au XVe siècle.

1. Cathédrale ; **2.** Baptistère ; **3.** Palazzo Vecchio (siège des autorités communales) ; **4.** Ponte Vecchio ; **5.** Palais Pitti ; **6.** Basilique Santa Maria Novella ; **7.** Basilique Santa Croce.

2 **Un château de la Renaissance en France : Chambord.**

Situé dans la vallée de la Loire, le château est construit entre 1519 et 1550 par François 1er d'après un projet de Léonard de Vinci.

3 **Le banquier Jakob Fugger.**
Ce banquier allemand est un des plus puissants d'Europe. Il prête de l'argent aux rois.

4 **L'artiste et son mécène**

Philippo Lippi, peintre florentin, écrit à son mécène Cosme de Médicis.

« J'ai respecté vos instructions concernant la peinture et me suis appliqué scrupuleusement sur chaque détail. Le personnage de saint Michel est maintenant si près d'être terminé que, comme son armure doit être d'argent et d'or ainsi que ses autres vêtements, je suis allé voir Bartolomeo Martelli ; il m'a dit [...] que je devais faire exactement comme vous le souhaitiez. [...] Je ferai toujours comme il vous plaira en toute occasion. »

Lettre de Philippo Lippi à Cosme de Médicis, 1457.

Questions

L'épanouissement d'une civilisation

1. Étudiez le plan de Florence. Quels indices montrent la richesse de la ville (doc. 1) ?

2. Par rapport aux châteaux forts du Moyen Âge, quelles évolutions peut-on repérer à Chambord (doc. 2) ?

3. Quels sont les principaux foyers de la Renaissance (carte p. 17) ?

Le dynamisme des échanges

4. Quelle est l'activité du banquier ? En quoi son rôle est-il économiquement important (doc. 3) ?

Le développement des arts

5. Quel lien unit Philippo Lippi au prince de Médicis ? Justifiez votre réponse (doc. 4).

L'épanouissement d'une civilisation

Une nouvelle vision du monde. Au XVe siècle les Européens découvrent d'autres continents et d'autres océans. Ces découvertes bouleversent leur vision du monde. Au XVIe siècle, d'autres certitudes sont remises en cause. Copernic démontre en 1543 que la terre n'est pas au centre de l'univers mais qu'elle tourne autour du soleil. L'invention de l'imprimerie permet une diffusion plus large des œuvres et du savoir.

Les grands centres de la Renaissance. Les villes européennes comme Florence, Rome, Paris, Mayence ou la région des Flandres sont les foyers de la Renaissance. La Méditerranée, longtemps au cœur des échanges, est peu à peu supplantée par l'Atlantique et la mer du Nord. Venise décline au profit de Lisbonne et surtout d'Anvers, alors possession espagnole, qui devient la plaque tournante du commerce international.

Le dynamisme des échanges

Le temps des marchands et des princes. Au XVIe siècle, de grands marchands et des hommes de pouvoir, comme les Médicis à Florence, cumulent puissance et richesse. De nouveaux outils stimulent les affaires, comme la lettre de change qui permet de limiter les transports d'argent ; des banques se développent.

La naissance de l'État moderne. Les besoins d'argent pour le commerce ou la guerre nécessitent une organisation administrative plus large et efficace. À travers toute l'Europe des États modernes se développent et intensifient leurs relations.

Le développement des arts

Des innovations techniques. Les peintres qui découvrent la peinture à l'huile mettent au point dans leurs œuvres les règles de la perspective. Les architectes s'inspirent des bâtiments de l'Antiquité pour construire des monuments. Certains de ces artistes ont un rayonnement considérable, comme Michel-Ange, à la fois peintre, sculpteur et architecte.

Des artistes au service des princes. Les artistes se déplacent fréquemment d'un pays à un autre : ainsi Léonard de Vinci quitte l'Italie pour la France de François 1er, des peintres flamands sillonnent l'Europe. Ils contribuent à diffuser les innovations et styles nouveaux. Ces artistes sont souvent protégés par un mécène : un dirigeant, une cité ou un État qui leur commandent des œuvres d'art. Le plus célèbre est celui de la famille Médicis à Florence.

Vocabulaire

Mécène : personnage puissant qui offre protection et financement à un artiste en échange de la réalisation d'œuvres.

Renaissance : renouveau culturel et économique né en Italie puis étendu à l'Europe aux XVe et XVIe siècles. On opposait alors cette période au Moyen Âge.

En quoi Léonard de Vinci bouleverse-t-il la représentation de l'homme ?

La situation Léonard de Vinci cherche à mieux connaître et à comprendre l'homme. Artiste de génie, il fait des recherches sur la représentation du corps et dessine les premières planches anatomiques. Il réalise des portraits qui révèlent la personnalité du modèle.

1 L'ambition de Léonard de Vinci

« J'étais possédé, comme tous les hommes de mon temps, par une volonté de puissance. J'ai voulu dompter le monde. Mais j'ai voulu aussi passionnément connaître et comprendre la nature humaine, savoir ce qu'il y avait à l'intérieur de nos corps. Pour cela, des nuits entières, j'ai disséqué des cadavres, bravant ainsi l'interdiction du pape. Rien ne me rebutait. Tout, pour moi, était sujet d'étude. La lumière, par exemple, pour le peintre que j'étais. […] Ce que j'ai cherché, finalement, à travers tous mes travaux, et particulièrement à travers ma peinture, ce que j'ai cherché toute ma vie, c'est à comprendre le mystère de l'âme humaine. »

Léonard de Vinci, *Carnets*, 1508-1519.

Autoportrait de Léonard de Vinci (1452-1519).

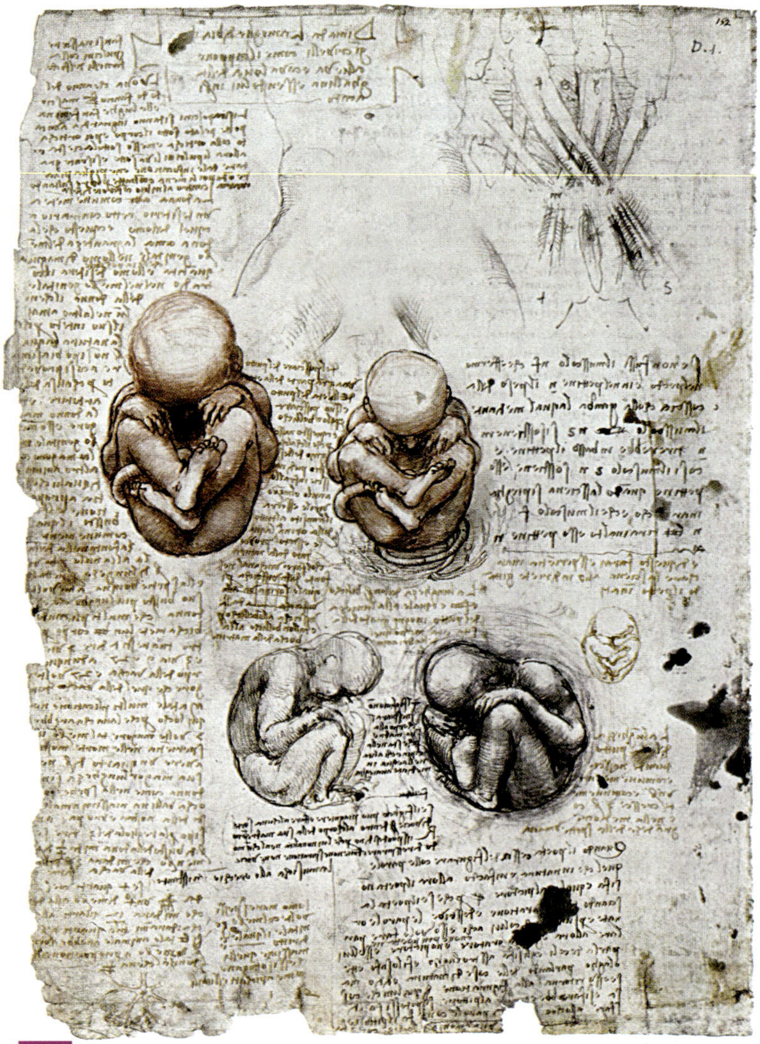

2 L'anatomie du corps humain.

Vers 1511, Léonard de Vinci prépare un traité d'anatomie, à partir d'observations et de dissections. Sur ces planches, des représentations sous plusieurs angles de fœtus dans l'utérus. Pour garder ses travaux secrets, le peintre rédige ses notes en écriture inversée.

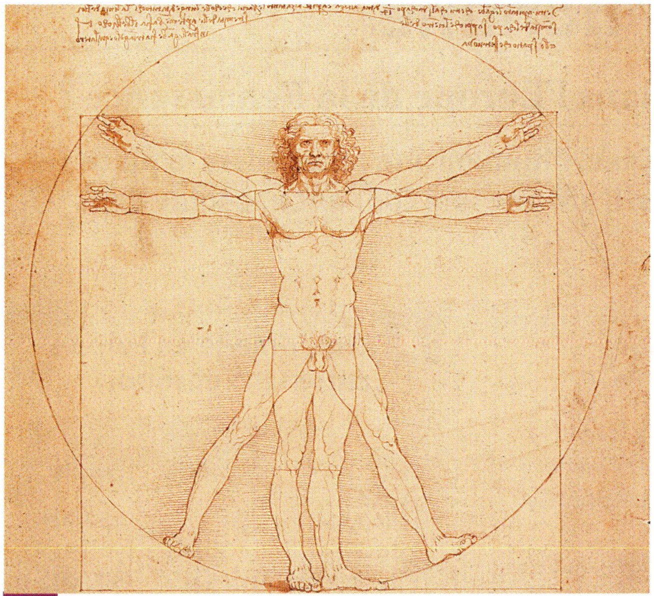

3 L'Homme mesure de toute chose.

Le dessin *Étude de proportions du corps humain selon Vitruve*, un architecte romain de l'Antiquité, inscrit l'homme dans les figures géométriques parfaites du cercle et du carré. Son nombril est à la fois centre du corps humain et centre du cercle.

5 Un génie universel

En 1482, Léonard de Vinci propose ses services à un protecteur des artistes, le duc de Milan, alors en guerre.

« Très illustre seigneur,

je m'appliquerai à révéler à Votre Excellence certains secrets qui me sont personnels.

1. J'ai un moyen de construire des ponts très légers et faciles à transporter, pour la poursuite de l'ennemi en fuite. [...]

2. Dans le cas du siège d'une place, je sais comment chasser l'eau des fossés et faire des échelles d'escalade et autres instruments d'assaut. [...]

6. Je puis construire des voitures couvertes et indestructibles portant de l'artillerie et qui, ouvrant les rangs de l'ennemi, briseraient les troupes les plus solides. [...]

10. En temps de paix, je puis égaler, je crois, n'importe qui dans l'architecture, construire des monuments privés et publics, et conduire l'eau d'un endroit à l'autre. Je puis exécuter de la sculpture en marbre, bronze, terre cuite. En peinture, je puis faire ce que ferait un autre, quel qu'il puisse être. Et en outre, je m'engagerais à exécuter le cheval de bronze à la mémoire éternelle de votre père et de la très illustre maison de Sforza. »

Lettre de Léonard de Vinci à Ludovic Sforza, duc de Milan, 1482.

4 *La Joconde*, un des plus célèbres portraits du monde.

(Peinture sur bois, 1503-1513, musée du Louvre, Paris.)

Étude de la situation

Analyse des documents

1. Quelle passion anime Léonard de Vinci ? Que cherche-t-il à savoir (doc. 1) ?

2. Quelle interdiction ne respecte-t-il pas (doc. 1) ?

3. Vinci place l'homme au cœur de sa réflexion. Comment le dessin illustre-t-il cette démarche (doc. 3) ?

4. Observez les documents 2 à 4. Quelles différentes techniques graphiques le peintre utilise-t-il ?

5. À quel objectif répond l'utilisation de chaque technique (doc. 1 à 4) ?

6. Quels savoir-faire Léonard de Vinci maîtrise-t-il (doc. 5) ?

Bilan

En quoi Léonard de Vinci bouleverse-t-il la représentation de l'homme ?

Cours

L'humanisme, une nouvelle vision de l'homme

▶ Quelles nouvelles idées se diffusent dans l'Europe de la Renaissance ?

Le Moyen Âge imposait une soumission totale à Dieu, l'humanisme reconsidère la place de l'homme dans la société et au sein de l'univers. Il affirme une confiance absolue dans l'être humain.

1 L'importance de l'éducation selon François Rabelais

François Rabelais (1483-1553)

« Je t'engage à employer ta jeunesse à bien progresser en savoir et en vertu. J'entends et je veux que tu apprennes parfaitement les langues : premièrement le grec ; deuxièmement le latin ; puis l'hébreu pour l'Écriture sainte. [...]

De la géométrie, l'arithmétique et la musique, je t'en ai donné le goût quand tu étais encore petit, à cinq ou six ans, continue. Du droit civil, je veux que tu saches par cœur les beaux textes et que tu m'en parles avec sagesse. Et quant à la connaissance de la nature, je veux que tu t'y donnes avec soin : qu'il n'y ait mer, rivière, ni source dont tu ignores les poissons ; tous les oiseaux du ciel, tous les arbres, arbustes, et les buissons des forêts, toutes les herbes de la terre, tous les métaux cachés au ventre des abîmes, que rien ne te soit inconnu. [...]

Mais, parce que, selon le sage Salomon, Sagesse n'entre pas en âme malveillante et que science sans conscience n'est que ruine de l'âme, tu dois servir, aimer et craindre Dieu. »

François Rabelais, *Pantagruel*, chapitre 8, 1532.

2 L'imprimerie en Europe entre 1450 et 1600.

	XVe siècle	XVIe siècle
Nombre de titres publiés	30 000	150 000 à 200 000
Nombre d'exemplaires	15 à 20 millions	150 à 200 millions
Livres publiés en latin	75 %	60 %
Livres publiés en langue nationale	25 %	40 %

1. Les typographes composent les plaques d'impression. **2.** L'encrage des caractères est fait au moyen d'un tampon. **3.** Un presseur utilise une presse à vis pour imprimer la feuille de papier. **4.** Les feuilles imprimées sont mises à sécher.

3 Un atelier d'imprimerie au XVIe siècle.

Un tel atelier pouvait imprimer 180 feuilles à l'heure, alors qu'un copiste ne reproduisait que deux cents lignes par jour.

4 **André Vesale pratiquant une dissection.**
En 1543, ce médecin flamand publie les 7 volumes du premier traité d'anatomie, illustré de nombreuses planches.
(Peinture de Pierre Poncet, musée des beaux-arts, Orléans.)

Questions

Les origines de l'humanisme

1. Quels domaines de la connaissance l'éducation humaniste aborde-t-elle ? Pourquoi (doc. 1) ?

2. Relevez les éléments qui montrent que l'éducation humaniste ne se réduit pas à l'accumulation de connaissances (doc. 1).

La diffusion de l'humanisme

3. Présentez les différentes étapes de la fabrication d'un livre imprimé (doc. 3).

4. Montrez que l'invention de l'imprimerie a révolutionné la production des livres (doc. 2 et 3).

5. Où se situent les principaux centres de l'humanisme (carte page 16) ?

Les apports de l'humanisme

6. Comment l'idéal humaniste a-t-il jeté les bases des sciences expérimentales (doc. 1 et 4) ?

7. L'idéal humaniste se construit-il contre la religion ? Justifiez votre réponse (doc. 1).

Les origines de l'humanisme

De nouveaux penseurs. Des intellectuels redécouvrent les auteurs de l'Antiquité. Dante en Italie, Pic de la Mirandole en France et surtout Érasme en Hollande puisent dans ce passé un idéal de paix et de tolérance. Ils expriment une foi nouvelle, centrée sur l'homme.

Les idées nouvelles. Pour les humanistes, l'homme est un être libre, maître de son destin. Digne de confiance, il peut se perfectionner en améliorant son instruction et ses connaissances. Cette réflexion nouvelle est développée par Rabelais dans Pantagruel. La découverte de civilisations jusque-là inconnues divise les Européens sur le staut des peuples rencontrés, comme l'illustre la controverse de Valladolid.

La diffusion de l'humanisme

L'invention de l'imprimerie. En 1454, Jean Gutenberg invente l'imprimerie. Désormais, le livre n'est plus recopié à la main mais imprimé et contribue à la circulation massive des idées nouvelles. En 1500, près de 240 villes européennes disposent d'une imprimerie et on estime à 200 millions le nombre d'ouvrages imprimés au XVIe siècle.

Les centres de l'humanisme. Partout en Europe naissent des cercles philosophiques et artistiques où se rencontrent des ecclésiastiques, des enseignants, des médecins, des négociants et des libraires. De véritables échanges ont lieu grâce au développement de la correspondance et des voyages.

Les apports de l'humanisme

Les origines de la science moderne. L'observation raisonnée de la nature fonde la science expérimentale dont Léonard de Vinci est un précurseur. Des progrès décisifs sont accomplis dans la connaissance anatomique de l'homme, les efforts des médecins ayant permis de lever, en 1482, l'interdiction de l'Église qui s'opposait à la dissection. Le Flamand André Vesale parvient à analyser la structure du corps humain.

La nouvelle place de la religion. Les humanistes demeurent profondément chrétiens mais ils refusent la soumission sans réflexion. Ils contribuent au développement d'une religion plus personnelle qui rejette certaines dévotions excessives. Enfin, la critique du contrôle de l'Église catholique sur la société donne naissance au protestantisme. Les humanistes souhaitent une religion plus sobre et plus proche de l'individu.

Vocabulaire

Humanisme : mouvement intellectuel européen apparu en Italie au XVe siècle et diffusé au reste de l'Europe le siècle suivant. Il se réfère aux grandes idées de l'Antiquité et proclame sa confiance en l'homme, qui peut se perfectionner grâce à son intelligence et à son éducation.

Quel idéal humaniste Érasme diffuse-t-il dans toute l'Europe ?

La situation Érasme, grand penseur humaniste, a beaucoup voyagé et publié, mais il a aussi écrit de nombreuses lettres, jusqu'à 40 par jour, expédiées dans toute l'Europe à 200 correspondants. Son œuvre immense contribue à diffuser les idées nouvelles de la Renaissance.

1 Rendre la Bible accessible à tous

« Je désirerais que les Évangiles soient traduits dans toutes les langues. [...] Pourquoi paraît-il inconvenant que quelqu'un prononce l'Évangile dans cette langue où il est né et qu'il comprend : le Français en français, le Breton en breton, l'Indien en indien ? Ce qui me paraît bien plus inconvenant, ou mieux, ridicule, c'est que des gens sans instruction [...] marmonnent leurs psaumes et leurs oraisons dominicales en latin, alors qu'ils ne comprennent pas ce qu'ils prononcent. »

Érasme, *Préface à la Paraphrase de saint Matthieu*, 1516.

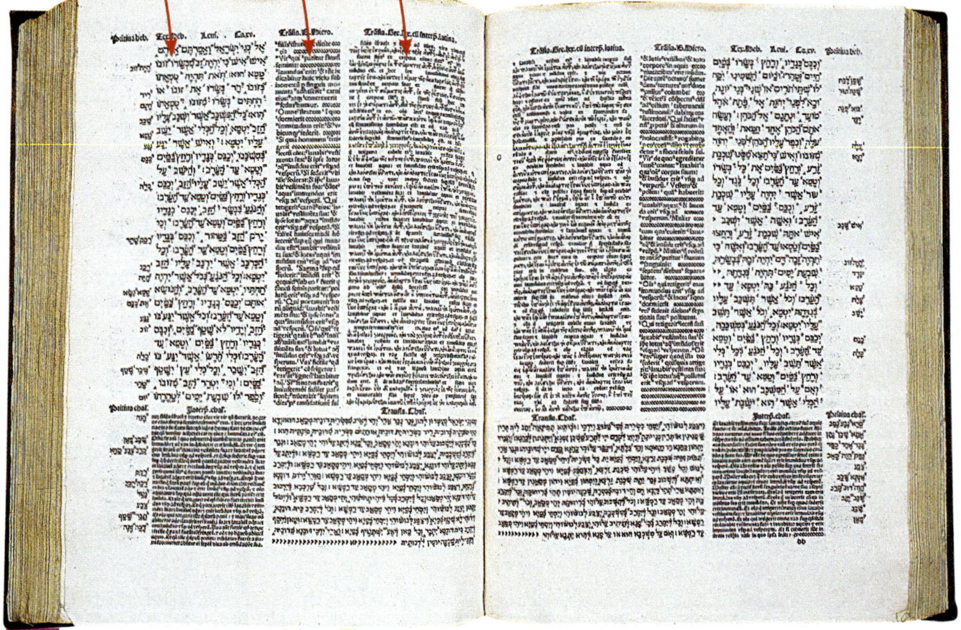

2 Une bible polyglotte.
(Éditée par C. Plantin vers 1570, musée Plantin-Moretus, Anvers.)

Érasme (vers 1469-1536). Hollandais, c'est l'un des plus grands humanistes de la Renaissance. Il voyage beaucoup en Europe avant de se fixer en Suisse, à Bâle.

3 Érasme le pédagogue

Reconnaissant envers Érasme qui a contribué à le former, Rabelais lui exprime sa gratitude dans une lettre.

« Vous n'aviez jamais vu mon visage, mon nom même n'était pas connu, et vous avez fait mon éducation, vous n'avez cessé de me nourrir du lait irréprochable de votre divine science ; ce que je suis, ce que je vaux, c'est à vous seul que je le dois : si je ne le faisais pas savoir, je serais le plus ingrat des hommes du temps présent et à venir. C'est pourquoi je vous salue, et vous salue encore, père tout plein d'amour, vous qui êtes le père de votre patrie et sa gloire, défenseur des lettres, vous qui écartez le mal, et qui êtes le champion invincible de la vérité. »

François Rabelais, extraits d'une lettre à Érasme, le 30 novembre 1532.

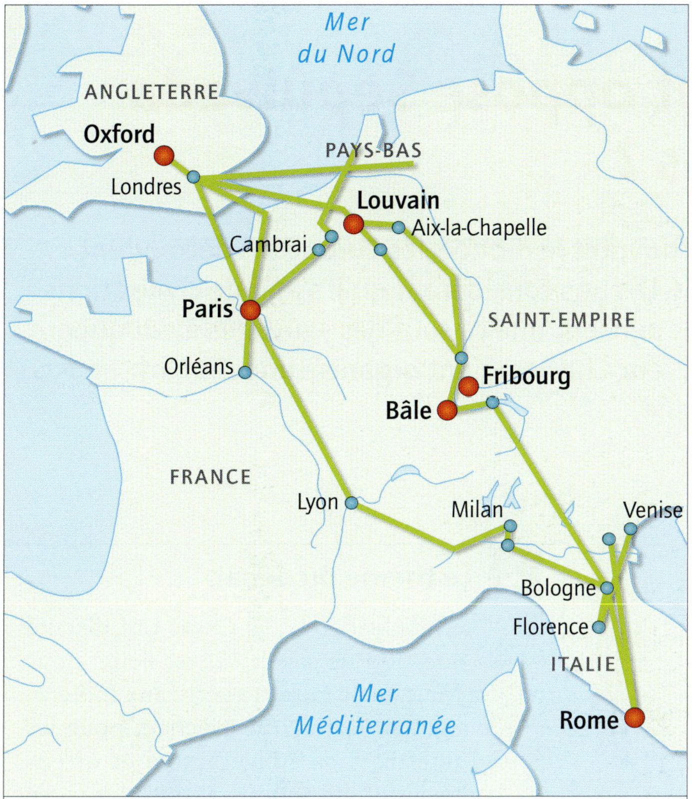

- Villes dans lesquelles Érasme a vécu
- Villes dans lesquelles Érasme a séjourné
- Principaux voyages d'Érasme

250 km

4 **Les voyages d'Érasme.**

5 Le prestige d'Érasme en Europe

« Quand je vivais à Rome [en 1509], je répugnais à la fréquentation des Grands, je finis quand même par me rendre au palais du cardinal Grimani, plutôt par sentiment du devoir que parce que j'en avais envie.

J'arrive à la dernière salle : là je trouve un seul individu, gardien d'une porte ouverte. [...] Je lui dis mon nom. Dès qu'il l'eut entendu, il se précipita à l'intérieur et il en sortit bientôt m'ordonnant de ne pas m'en aller, et je suis aussitôt introduit. Le cardinal se mit à m'exhorter à ne pas quitter Rome. Il m'invite à loger dans sa maison et à partager sa fortune. Finalement, il me montra sa bibliothèque on ne peut plus polyglotte[1]. Si j'avais eu la chance de connaître plus tôt cet homme, je n'aurais jamais abandonné la ville dont j'ai connu la faveur bien au-delà de mon mérite. Mais j'avais déjà décidé de partir. Lorsque j'eus dit que j'avais été appelé par le roi d'Angleterre, il cessa d'insister. »

1. Polyglotte : livre proposant le même texte en plusieurs langues.

Érasme, extraits d'une lettre à Augustin de Gubbio, 1531.

Étude de la situation

Analyse des documents

1. Quelle est la préoccupation d'Érasme ? Que souhaite-t-il (doc. 1) ?
2. À quel souci d'Érasme cette Bible répond-elle ? Justifiez votre réponse (doc. 1 et 2).
3. Quels sentiments exprime Rabelais ? Quelles qualités reconnaît-il à Érasme (doc. 3) ?
4. Pourquoi peut-on dire qu'Érasme est un penseur européen (doc. 4 et 5) ?
5. Comment a-t-il choisi les villes dans lesquelles il a séjourné (doc. 4 et carte p. 16) ?
6. Pourquoi avoir choisi le nom d'Erasmus pour ce programme d'échanges universitaires (doc. 6) ?

Bilan

À partir de l'ensemble des éléments dont vous disposez, montrez qu'Érasme incarne un idéal humaniste européen.

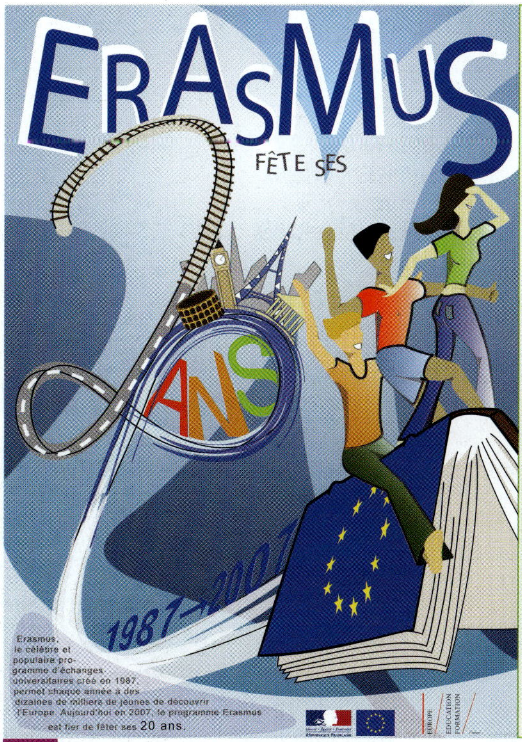

« C'est un réel bienfait pour les étudiants de quitter la maison paternelle [...] et s'habituer ainsi aux langues et aux coutumes étrangères. C'est là comme une greffe intellectuelle qui les adoucit et les dépouille de leur naturel sauvage, s'ils en ont un. Rien n'est plus mesquin que l'esprit de ceux qui ont passé leur vie dans leur patrie car ils haïssent l'étranger et condamnent tout ce qui diffère de leurs rites indigènes ».

Érasme, Lettre 2879.

6 **Favoriser les échanges entre Européens.**

Le programme Erasmus a été créé en 1987 par les institutions européennes. Il favorise les voyages d'études des étudiants dans 31 pays européens. Affiche réalisée lors d'un concours organisé pour les 20 ans du programme.

Situation 3

LA CONTROVERSE DE VALLADOLID

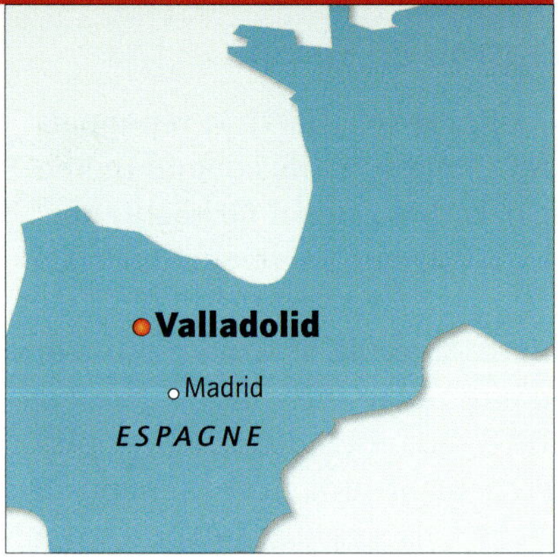

Quel débat oppose Sepúlveda à Las Casas ?

La situation En découvrant le monde, les Européens découvrent de nouveaux peuples. Les uns considèrent qu'il s'agit de civilisations à respecter, les autres pensent que ce sont des sauvages à éduquer. Pour trancher, l'empereur Charles Quint organise une réunion, en 1550, à Valladolid en Espagne.

1 Chronologie

1492	Début de la conquête de l'Amérique par les Espagnols.
1493	Le Pape accorde les nouvelles terres à l'Espagne si elle convertit ses habitants à la religion chrétienne.
1515	Premières interventions de Las Casas au profit des Indiens (il est arrivé en Amérique en 1502).
1542-46	Charles Quint veut interdire l'esclavage des Indiens. Contestation parfois violente en Amérique. Charles Quint renonce.
1550-1551	Convocation à Valladolid d'une réunion pour *« parler de la manière dont doivent se faire les conquêtes en Amérique pour qu'elles se fassent avec justice »*.
lois de 1556 et 1577	Les Indiens doivent accepter le christianisme et renoncer à leurs « superstitions ».

La découverte de peuples nouveaux met l'Europe au contact de cultures inconnues.

2 Le thème du débat

« Sepúlveda et Las Casas ont discuté la question de savoir s'il est licite[1] pour Sa Majesté de faire la guerre aux Indiens, avant que la foi soit prêchée, pour les soumettre à sa souveraineté et qu'ensuite, ayant été soumis, il soit plus facile et commode de les enseigner, et de les illuminer par la foi et la vérité chrétienne. Le Docteur Sepúlveda affirme que, pour lui, pareille guerre, non seulement est licite mais s'impose comme une nécessité. Le seigneur évêque Las Casas défend l'inverse, disant que pareille guerre, non seulement n'est licite ni ne s'impose, mais est inique[2] et contraire à notre religion chrétienne. »

1. Licite : permis par la loi.
2. Inique : profondément injuste.

Domingo de Soto, spectateur et auteur d'un résumé des interventions, 1550.

3 Le point de vue de Sepúlveda

Ginès de Sepúlveda (1490-1573) est un humaniste familier de l'empereur. Il n'a jamais été en Amérique.

« Les Indiens demandent, de par leur nature et dans leur propre intérêt, à être placés sous l'autorité des princes ou d'États civilisés et vertueux dont la puissance, la sagesse et les institutions leur apprendront une morale plus haute et un mode de vie plus digne.

Comparez ces bienfaits dont jouissent les Espagnols – prudence, invention, magnanimité, tempérance, humanité et religion – avec ceux de ces hommelets si médiocrement humains, dépourvus de toute science et de tout art […]. Ils n'ont pas de lois écrites, mais seulement des coutumes, des traditions barbares. Ils ignorent même le droit de propriété. »

Juan Ginès de Sepúlveda, Democrates alter, Séville, 1541.

4 **Une représentation des Indiens par les Européens.**
(Gravure de 1575.)

6 **La destruction systématique des codex (livres) précolombiens par les prêtres espagnols.**
(Codex amérindien, milieu du XVIe siècle.)

5 Le point de vue de Las Casas.

Bartolomé de Las Casas (1484-1566). Colon espagnol puis religieux, il a passé l'essentiel de sa vie en Amérique.

« Si les chrétiens ont tué et détruit tant et tant d'âmes et de telle qualité, c'est seulement dans le but d'avoir de l'or, de se gonfler de richesses en très peu de temps et de s'élever à de hautes positions disproportionnées à leur personne. À cause de leur cupidité et de leur ambition insatiables, telles qu'il ne pouvait y en avoir de pires au monde, et parce que ces terres étaient heureuses et riches, et ces gens si humbles, si patients et si facilement soumis, ils n'ont eu pour eux ni respect, ni considération, ni estime. (Je dis la vérité sur ce que je sais et ce que j'ai vu pendant tout ce temps.) Ils les ont traités je ne dis pas comme des bêtes (plût à Dieu qu'ils les eussent traités et considérés comme des bêtes), mais pire que des bêtes et moins que du fumier. »

Bartolomé de Las Casas, *Très brève relation de la destruction des Indes*, 1552.

Étude de la situation

Analyse des documents

1. Quel est l'objet de la réunion (ou controverse) de Valladolid ? Présentez son contexte historique (doc. 1 et 2).

2. Quelle image de nombreux Européens ont-ils des peuples d'Amérique (doc. 3 et 4) ?

3. Résumez la position de chaque orateur dans le tableau suivant que vous recopierez (doc. 3 et 5).

	Sepúlveda	Las Casas
Les Espagnols		
Les Indiens		

4. Quel point de vue s'est imposé ? Justifiez votre réponse (doc. 1 et 6).

Bilan

Pourquoi a-t-on pu dire de la Controverse de Valladolid qu'elle fut le « premier débat sur les droits de l'homme » ?

L'essentiel

Connaissances

La Renaissance

Aux XIVe et XVIe siècles, la découverte de nouveaux continents et de nouveaux peuples remet en question les certitudes des Européens. En même temps, le continent connaît des transformations économiques et politiques profondes. On assiste à la naissance de grandes banques de commerce. D'importantes innovations techniques transforment tous les arts, en peinture comme en architecture. Les artistes se mettent au service de puissants personnages, les mécènes. À partir de deux foyers principaux, en Italie et en Flandre, la Renaissance gagne toute l'Europe.

L'humanisme

L'humanisme se développe en Europe au XVe siècle. Ce mouvement de pensée s'appuie sur la redécouverte des penseurs de l'Antiquité et place l'être humain au centre de sa réflexion. Sans remettre en cause la religion, l'homme doit utiliser sa raison pour comprendre le monde qui l'entoure. La mise au point de l'imprimerie et l'utilisation des langues nationales, qui remplacent peu à peu le latin, facilitent la diffusion massive des idées nouvelles.

Acteurs clés

Érasme (1469-1536) Humaniste hollandais, Érasme cherche à définir un idéal de paix et de tolérance. Grand voyageur, il entretient une importante correspondance avec des savants de toute l'Europe.

Léonard de Vinci (1452-1519) Artiste aux multiples talents, Léonard de Vinci est aussi célèbre pour ses carnets, ses dessins anatomiques et ses machines que pour ses tableaux, parmi lesquels *La Joconde*, conservée au Louvre à Paris.

Notions clés

Humanisme. Mouvement intellectuel européen des XVe et XVIe siècles qui proclame sa confiance en l'homme. Ce dernier peut progresser grâce à son intelligence et à l'éducation qu'il reçoit.

Renaissance. Mouvement artistique, littéraire et commercial qui se développe en Italie et en Europe du XIVe au XVIe siècles. L'humaniste et l'artiste en sont les grandes figures.

Mécène. Personnage puissant qui offre protection, financement et conseil à un artiste en échange de la réalisation d'œuvres.

Repères chronologiques

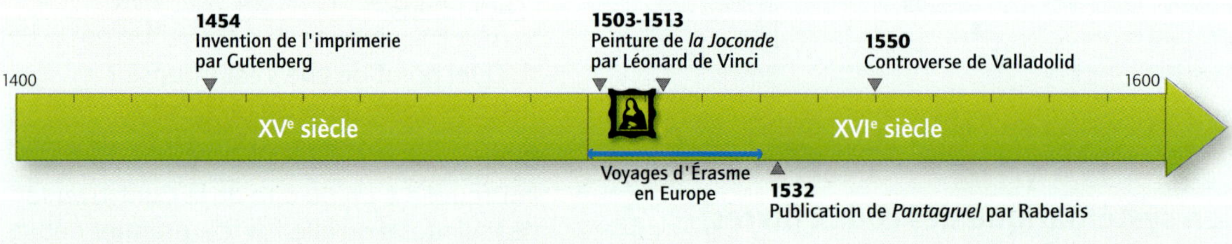

Capacités

Lire une peinture

3. La construction de l'œuvre. Décrire l'organisation du tableau : composition géométrique, perspective, point de fuite...

2. La scène représentée. Identifier le thème, les personnages et leurs activités, le décor qui les entoure.

***L'Annonciation*, Léonard de Vinci.**
(vers 1475, huile sur bois, 90 x 217 cm. Musée des Offices, Florence.)
L'Annonciation est un thème fréquent dans la peinture de la Renaissance. Elle représente le moment où, selon les chrétiens, l'archange Gabriel vient annoncer à la Vierge la future naissance de Jésus-Christ.

1. Les références du tableau. Rechercher l'auteur, le titre, les dimensions, la date à laquelle il a été peint, la technique utilisée et son lieu de conservation.

4. L'œuvre dans son contexte. Rechercher si le tableau est représentatif de l'époque où il a été peint : appartenance à un courant artistique, type de scène représentée, technique employée...

Démarche

1. Les références du tableau. Quand et par qui ce tableau a-t-il été peint ? Quelles sont ses dimensions ? Quelle technique le peintre a-t-il utilisée ? Où est-il conservé ?

2. La scène représentée. Qui sont les personnages ? Que font-ils ? Dans quel décor sont-ils installés ? Que représente le paysage de l'arrière-plan ?

3. La construction de l'œuvre. Comment le tableau est-il organisé ? Obéit-il à une composition géométrique ? Voit-on une perspective, un point de fuite ?

4. L'œuvre dans son contexte. Quels aspects de ce tableau (thème, construction...) témoignent de l'époque à laquelle il a été peint ?

Mobiliser ses connaissances (10 points)

1 Dater un fait important (1 point)

En quelle année Gutenberg a-t-il mis au point l'imprimerie ?
a. 1434
b. 1454
c. 1532

2 Utiliser le vocabulaire disciplinaire (1 point)

Qu'est-ce qu'un mécène ?

3 Citer des acteurs (4 points)

● Relevez dans cette liste les penseurs qui participent au mouvement humaniste. **(2 points)**
- Dante
- Érasme
- Rabelais
- Voltaire
- Aristote
- Pic de la Mirandole

● Citez le nom de deux artistes de la Renaissance. Donnez, pour chacun d'eux, le titre d'une œuvre importante. **(2 points)**

4 Justifier une affirmation en proposant des arguments (2 points)

Justifiez l'affirmation suivante :
Pour les humanistes, l'homme est libre et responsable de son destin.

5 Restituer les principales connaissances et notions (2 points)

Citez deux innovations techniques qui permettent de reconnaître un tableau peint pendant la Renaissance.

Analyser un document (10 points)

L'École d'Athènes de Raphaël.
(Fresque, 1509-1512, 7,70 m x 4,40 m, Palais du Vatican, Rome.)

1. Platon (sous les traits de Léonard de Vinci) ; **2.** Aristote ; **3.** Diogène ; **4.** Socrate ; **5.** Pythagore ; **6.** Euclide ; **7.** Héraclite (sous les traits de Michel-Ange). **A.** Apollon ; **B.** Athéna

▶ Lire une peinture (7 points)

1. Que représente cette fresque ? Qui en est l'auteur ?

2. À quelle époque les personnages représentés appartiennent-ils ? Selon vous, pourquoi le peintre les rassemble-t-il ?

3. Décrivez le décor. Quels détails font allusion à l'Antiquité ?

4. Comment le tableau est-il organisé ? Voit-on une perspective, un point de fuite ?

▶ Mettre en relation avec ses connaissances (3 points)

5. Montrez que par son thème, sa composition et son organisation, ce tableau est représentatif de la Renaissance.

L'arrivée de Vasco de Gama sur les rivages du sud de l'Inde en mai 1498.
Au bout de plusieurs mois de navigation, le marin portugais Vasco de Gama arrive à Calicut, en Inde, après avoir contourné l'Afrique. Reçu par les autorités locales, il obtient le droit d'exporter du poivre et du coprah (dont on tire de l'huile). Deux ans après son départ, la flotte de Gama revient à Lisbonne avec 55 hommes. 150 marins sont morts pendant l'expédition. (Lithographie du XIXe siècle)

Sujet d'étude

2

Voyages et découvertes, XVIe - XVIIIe siècles

Conquérants, navigateurs ou marchands ont toujours exploré le monde. Mais c'est à la fin du Moyen Âge que les voyages de découverte européens se multiplient. Entre le XVIe et le XVIIIe siècles, poussés par une nouvelle soif de connaissances, certains n'hésitent pas à partir pour des années, à courir des risques énormes. Ces voyages, de plus en plus lointains, permettent à des civilisations de se rencontrer, de se confronter, de s'influencer.

Pourquoi les Européens partent-ils à la découverte du monde ?

Carte

La découverte du monde

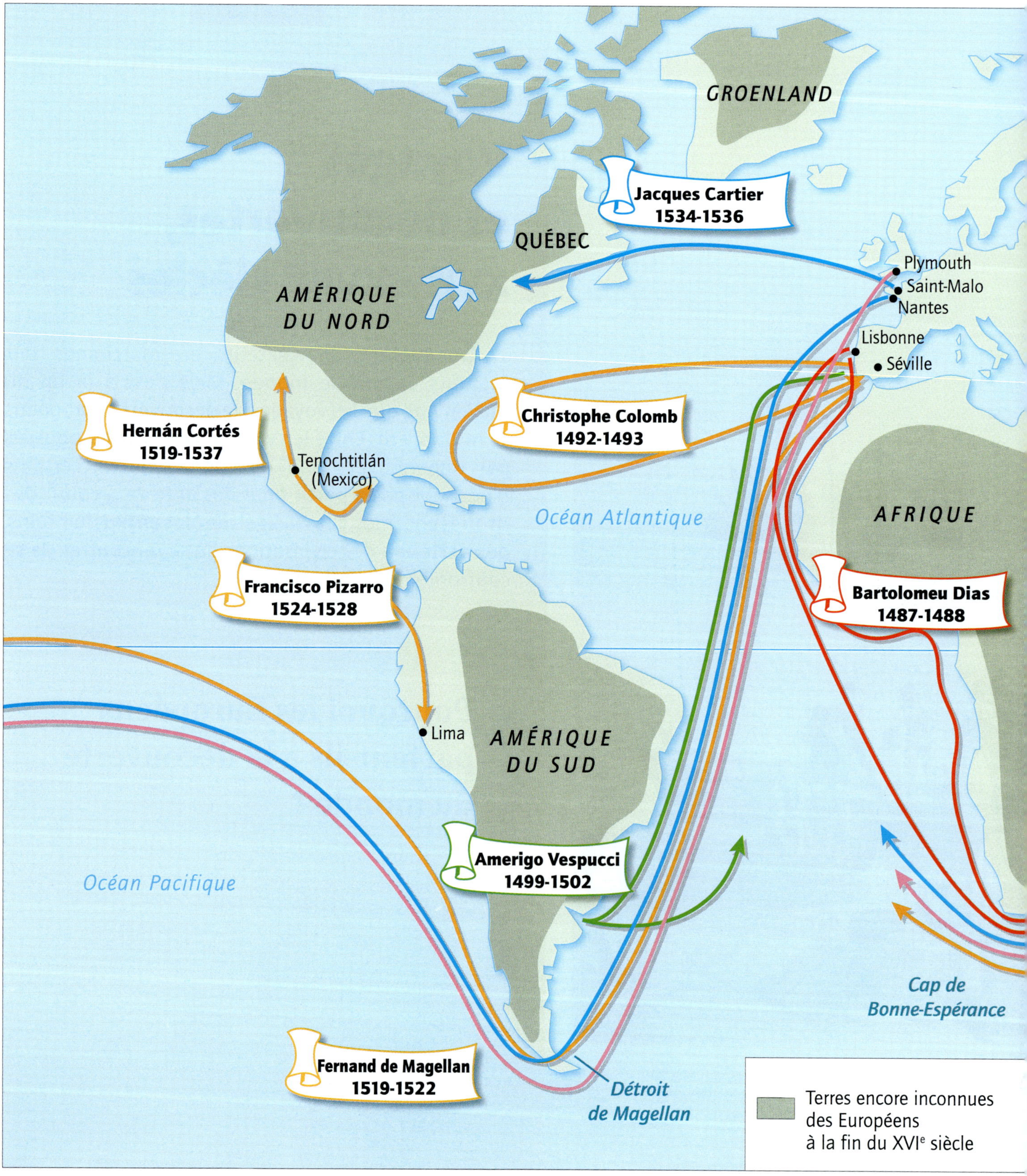

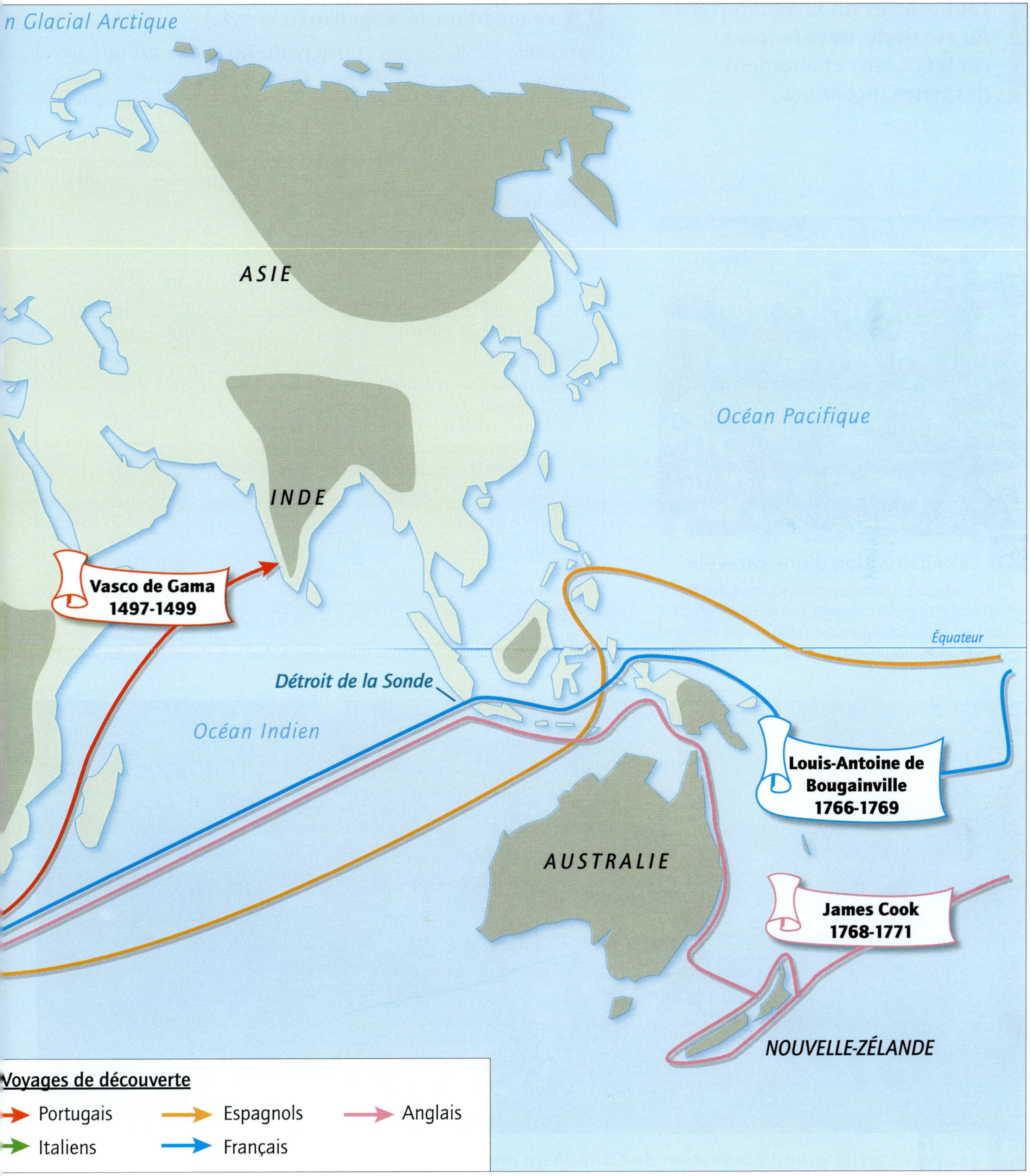

n Glacial Arctique
ASIE
INDE
Océan Pacifique
Vasco de Gama
1497-1499
Équateur
Détroit de la Sonde
Océan Indien
Louis-Antoine de
Bougainville
1766-1769
AUSTRALIE
James Cook
1768-1771
NOUVELLE-ZÉLANDE
Voyages de découverte
Portugais
Espagnols
Anglais
Italiens
Français

Cours

Des hommes audacieux découvrent le monde

▶ En quoi les grandes découvertes ont-elles élargi l'horizon des Européens ?

Depuis l'Antiquité, les Européens sont centrés sur la Méditerranée. Au XVe siècle, ils se lancent sur les océans et abordent des terres inconnues.

1 La construction d'une caravelle.
La construction navale se perfectionne à la fin du Moyen Âge. La caravelle, combinaison des principaux progrès, est l'instrument principal des grandes découvertes.

2 L'expédition de Magellan (1519-1522)

Magellan est chargé par l'Espagne d'atteindre les îles aux épices (îles Moluques, en Indonésie). Une fois le but atteint, certains marins décident de continuer la route au lieu de faire demi-tour et effectuent ainsi le premier tour du monde.

Bilan de l'expédition		
	dépenses	**recettes**
Départ		
Équipement de 5 navires, marchandises, soldes anticipées des équipages (237 hommes) dont : couronne espagnole	12 208	
prêt des banquiers allemands Fugger	5 500	
investisseurs privés	5 014	
Retour		
1 navire déserte en Amérique et rentre (55 hommes), 3 navires sont détruits, 1 navire (*la Victoria*) fait le tour du monde et revient avec 18 Européens survivants et 3 Moluquois Vente de la cargaison du navire revenu (21 janvier 1523 à Anvers)		
Clous de girofle		21 037
Autres épices (dont cannelle)		2 782
Arriérés de soldes aux survivants et héritiers (estimation)	1 400	
TOTAL	**23 622**	**23 819**

Unité monétaire : ducats

3 Jacques Cartier prend possession du Canada au nom de la France (1534).

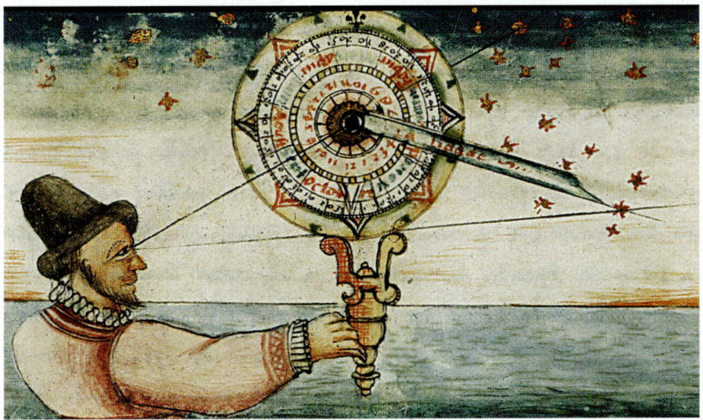

4 **L'astrolabe.**

Cet instrument de navigation permet de calculer la latitude d'un point.

5 **Les nouvelles routes commerciales**

Francesco Carletti, marchand florentin se déplaçant pour ses affaires, boucle un tour du monde.

« Les deux expéditions d'Espagne et du Portugal nous ont montré la voie. L'une naviguant vers l'Orient a atteint la Chine et le Japon. L'autre vers l'Occident est parvenue dans ces îles Philippines, près de l'île de Macao en Chine. À elles deux, ces expéditions ont tracé un cercle autour du monde. Chacun pourrait en moins de quatre ans en faire le tour. »

Francesco Carletti, *Voyage autour du monde* (1594-1606).

Questions

Des ambitions nouvelles

1. Décrivez brièvement la caravelle. Quelles sont les caractéristiques de sa construction (doc. 1) ?

2. Quelles informations l'astrolabe apporte-t-il aux navigateurs (doc. 4) ?

Des navigateurs intrépides

3. Faites un bilan humain et financier de l'expédition de Magellan. Quelles difficultés révèle-t-il (doc. 2) ?

4. Quelle image de l'expédition de Jacques Cartier ce tableau donne-t-il (doc. 4) ?

5. Selon l'auteur, combien de temps faut-il désormais à un voyageur pour faire le tour du monde (doc. 5) ?

Des découvertes progressives

6. Quelles sont les parties du monde découvertes par les Européens entre le Moyen Âge et la fin du XVIe siècle (doc. 3, 5 et carte p. 34-35) ?

7. Quels pays les nouvelles routes commerciales mettent-elles en relation (doc. 5) ?

Des ambitions nouvelles

Les progrès de la navigation. Les progrès techniques de la navigation et de l'orientation, grâce à la boussole et à l'astrolabe, permettent de mieux s'orienter en mer. Les voyages durent plus longtemps car les marins apprennent à éviter les escales et à s'éloigner de la côte.

La recherche de routes commerciales. Les échanges commerciaux s'intensifient, mais ce commerce passe par de nombreux intermédiaires qui augmentent considérablement les prix. Certains espèrent donc trouver par la mer une voie directe qui faciliterait le transport de grandes quantités de marchandises et permettrait d'énormes bénéfices.

Des navigateurs intrépides

Les découvreurs. En 1487, le Portugais Barthélémy Diaz dépasse le cap de Bonne-Espérance. Puis Christophe Colomb tente d'atteindre l'Inde par l'ouest et traverse l'océan Atlantique en 1492. Il croit toucher au but, sans réaliser qu'il aborde un nouveau continent. On nommera cette terre Amérique, d'après le surnom d'un des successeurs de Colomb : Amerigo Vespucci.

Le monde dévoilé. Entre 1519 et 1522, une expédition espagnole, dirigée par Magellan, boucle le premier tour du monde en contournant l'Amérique par le sud. Les Français et les Anglais tentent d'arriver aux Indes par le nord et Jacques Cartier débute l'exploration du Canada en 1534.

Des découvertes progressives

La fortune ou la mort. Ces voyages dans l'inconnu sont très périlleux mais réussir peut apporter honneurs et richesses. Lorsque Vasco de Gama rentre d'Inde en 1499, la vente des épices rapportées couvre 60 fois les frais de l'expédition. Les routes maritimes se dessinent, l'or et les marchandises affluent vers l'Europe.

Un travail de longue haleine. Les expéditions se poursuivent. De l'Atlantique, l'intérêt se porte sur le Pacifique, pour le traverser, puis l'explorer. Au XVIIIe siècle, enfin, le calcul de la longitude permet aux navigateurs de localiser précisément les îles qu'ils abordent et de les retrouver lors des voyages suivants.

Vocabulaire

Astrolabe : instrument de navigation qui permet de calculer la latitude en confrontant la position de l'étoile polaire à des tables mathématiques.

Caravelle : navire d'environ 20 mètres, résistant, très maniable grâce à son gouvernail et ses voiles carrées ou triangulaires.

Latitude et longitude : coordonnées géographiques servant à localiser un point à la surface de la Terre.

Situation 1

CHRISTOPHE COLOMB ET LA DÉCOUVERTE DE L'AMÉRIQUE

Quelles difficultés Christophe Colomb a-t-il dû surmonter ?

La situation Christophe Colomb pense pouvoir rejoindre les Indes par l'ouest en traversant l'océan Atlantique. En 1492, le roi et la reine d'Espagne acceptent de financer l'expédition.

1 Le problème de la représentation de la Terre

Christophe Colomb a étudié de nombreux ouvrages récents ou très anciens.

« Pline[1] écrit que la mer et la terre forment ensemble une sphère. Il considère que cette mer Océane forme la plus grande masse d'eau, et qu'elle occupe le haut, plus près du ciel, cependant que la terre reste en dessous et la soutient, en se mêlant l'une avec l'autre. Aristote[1] dit que le monde est petit, et que l'eau est en petite quantité, en sorte que l'on peut passer facilement de l'Espagne aux Indes. Esdras[1], dans son troisième livre, dit que les six septièmes de la surface de la Terre se composent de continents, et que la septième partie seulement est couverte d'eau. »

Christophe Colomb, extraits de la *Relation aux Rois du Troisième voyage* (1498).

1. Pline, Aristote et Esdras : auteurs de l'Antiquité.

2 Les difficultés d'organisation

Consultée, une commission de savants espagnols rend à l'unanimité un avis défavorable. Christophe Colomb sous-estimerait la taille de la Terre et condamnerait son équipage à mourir de faim et de soif. Les marins refusent de s'engager et les armateurs de louer leurs vaisseaux. Devant ces oppositions, les monarques prennent deux décisions déterminantes :

- deux caravelles sont confisquées à leur propriétaire ;
- une amnistie[1] est accordée « à toutes les personnes, quelles qu'elles soient, qui iront sur lesdites caravelles ».

Colomb finit par convaincre un armateur de fournir le troisième vaisseau. L'expédition peut enfin partir, le 3 août 1492.

1. Amnistie : annulation de la peine d'un condamné.

Christophe Colomb (1450-1506). Marchand et marin né à Gênes, en Italie. Il découvre les Antilles en 1492 en croyant atteindre les Indes.

3 La caravelle Pintà.

C'est l'un des trois vaisseaux de la flotte de Christophe Colomb.
La caravelle a un seul pont couvert sous lequel on ne peut se déplacer que courbé.

4 Une navigation périlleuse

Sur les traces de Christophe Colomb, Amerigo Vespucci effectue plusieurs voyages vers le Nouveau Monde. Il témoigne de l'audace des marins et des risques de l'expédition.

« Nous naviguâmes deux mois et trois jours avant qu'une terre nous apparût. Ce que nous subîmes dans ce désert marin, quels dangers de naufrage, quelles souffrances physiques nous affrontâmes, quelles angoisses nous accablèrent l'esprit, je le laisse deviner à ceux qui, par expérience, savent le mieux ce que signifient la quête de l'inconnu et la recherche de ce dont on ne sait s'il existe. La terreur grandit en nous au point de nous faire pratiquement abandonner tout espoir de survivre. »

Amerigo Vespucci, *Mundus Novus*, 1504.

5 Christophe Colomb débarque à Hispaniola (Haïti) en octobre 1492.

6 La découverte de nouvelles terres

« Un certain Christophe Colomb a navigué jusqu'aux antipodes de l'Occident et aux rivages de l'Inde ; du moins il le suppose. Il a découvert plusieurs îles que l'on croit voisines de l'Inde. Je le croirais volontiers, bien que la grandeur de la sphère[1] paraisse contraire à cette opinion. Quoi qu'il en soit, cette découverte est considérable. Colomb a donné les preuves de ce qu'il avance : il affirme même que ses découvertes postérieures seront plus importantes encore. Qu'il nous suffise d'apprendre que la moitié du monde ne nous restera plus cachée. De jour en jour, les Portugais se rapprochent de plus en plus de l'équateur. Aussi tous ces rivages inconnus seront-ils bientôt accessibles à tous. »

Extraits d'une lettre de Pedro Martyr (Barcelone) à l'Archevêque de Braga (1er octobre 1493)

1. sphère : la terre.

Étude de la situation

Analyse des documents

1. Quelle vision de la Terre a Christophe Colomb avant son voyage (doc. 1) ?
2. Quelles difficultés Christophe Colomb rencontre-t-il dans l'organisation de son expédition ? Comment sont-elles résolues (doc. 2) ?
3. Dans quelles conditions les marins naviguent-ils (doc. 3 et 4) ?
4. Décrivez cette gravure. Quelle vision de la découverte donne-t-elle (doc. 5) ?
5. Pourquoi Pedro Martyr doute-t-il que Christophe Colomb soit arrivé jusqu'en Inde ? Comment présente-t-il les découvertes en cours (doc. 6) ?

Bilan

Expliquez en quelques phrases le projet de Christophe Colomb. Quelles difficultés a-t-il dû surmonter ? Qu'a-t-il découvert ?

Cours

Les conséquences des découvertes

▶ Quelles sont les transformations liées aux découvertes ?

Avec la découverte de l'Amérique, les différentes parties du monde sont désormais en relation. Les hommes, les marchandises, les idées circulent à l'échelle de la planète.

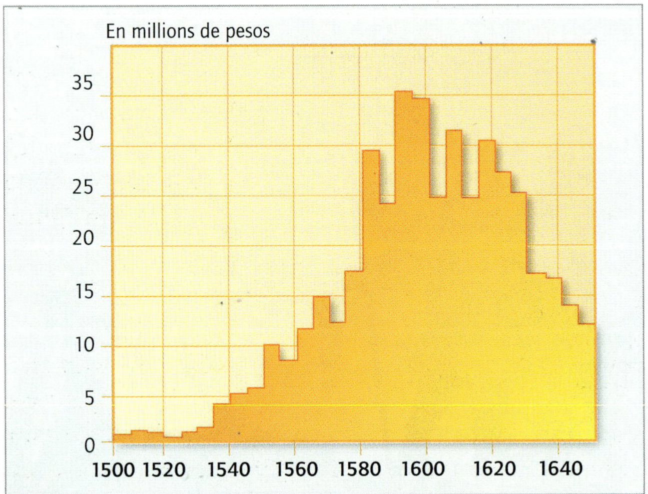

1 L'arrivée de l'or et de l'argent en Espagne.

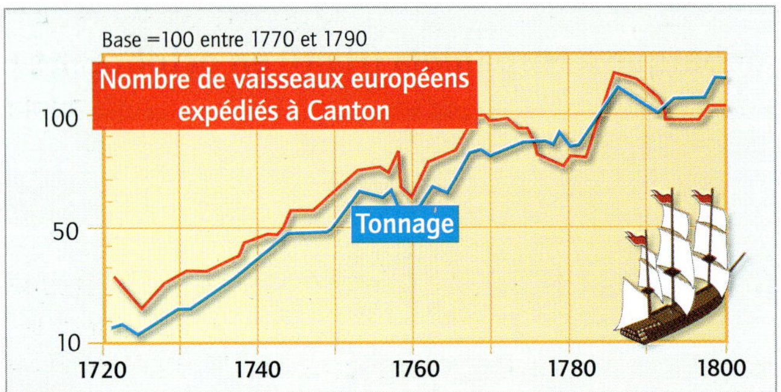

2 Le commerce avec la Chine au XVIIIe siècle.

Questions

L'accumulation de richesses

1. Comment évolue le commerce entre l'Europe et la Chine (doc. 2) ?

2. Quelle est la valeur des métaux précieux arrivés en Espagne en 1520 ? En 1570 ? En 1620 (doc. 1) ?

La mondialisation des échanges

3. Quels territoires découvrent les Européens à partir du XVIe siècle (doc. 5 et carte p. 34-35) ?

La constitution de nouveaux empires

4. Comment qualifier les relations entre les peuples dans les régions découvertes (doc. 3, 4 et 5) ?

3 Les rivalités entre Européens

Allemand au service des Portugais, l'auteur est fait prisonnier par des indiens au sud du Brésil.

« Les sauvages accoururent en me criant : Voilà un Français qui vient d'arriver, nous allons savoir si tu es ou non son compatriote. Cette nouvelle me réjouit beaucoup car je me disais : C'est un chrétien, il va tâcher de me tirer d'affaire.

Ils me conduisirent vers lui, nu comme j'étais. […]. Il me parla en français, que j'avais beaucoup de peine à comprendre ; et les sauvages qui nous environnaient écoutaient avec beaucoup d'attention. Voyant que je ne le comprenais pas, il leur dit, dans leur langue : Tuez-le et mangez-le, car ce scélérat est un vrai Portugais, votre ennemi et le mien. »

Récit de Hans Staden, publié à son retour en Europe (1557). *Nus, féroces et anthropophages*, éditions Métailié, 2005.

4 La brutalité de la conquête. Exécution de l'empereur inca Atahualpa par les conquistadores espagnols (1533).

5 Les explorateurs portugais au Japon.

L'accumulation de richesses

L'enrichissement de l'Europe. L'or et l'argent affluent en Europe. De 1500 à 1650, 300 tonnes d'or et 25 000 tonnes d'argent quittent l'Amérique pour l'Espagne. Les échanges entre l'Europe et le reste du monde sont multipliés par 100 entre 1400 et 1600. D'importants réseaux politiques et économiques se tissent tandis que chaque pays cherche à implanter des établissements commerciaux le long des côtes.

L'organisation du commerce. Des familles de banquiers et de marchands, comme les Fugger ou les Médicis, créent de véritables multinationales, parfois plus puissantes que les monarchies. Pour développer le commerce maritime et profiter de ses bénéfices, les États favorisent dès le XVIIe siècle de grandes compagnies nationales comme les Compagnies des Indes.

La mondialisation des échanges

La supériorité anglaise. Dans l'océan Indien, le commerce passe progressivement aux mains des Anglais. Après 1763, ils assurent leur domination grâce au succès croissant du commerce du thé. Vers 1800, 58% des exportations de marchandises anglaises sont destinées à d'autres continents que l'Europe.

L'influence de l'Europe. L'impact des explorations européennes est immense et touche tous les domaines : économique, politique, démographique ou culturel. De plus en plus d'Européens vivent hors d'Europe : environ un million en 1710.

La constitution de nouveaux empires

Les empires coloniaux. Sur les ruines des civilisations aztèque et inca, brutalement détruites par les conquistadores, les Espagnols fondent un nouvel empire. L'exploitation de l'Amérique du Sud provoque la mort d'une grande partie des populations locales. Elles sont remplacées par des millions d'Africains vendus comme esclaves.

Les rivalités européennes. L'exploration européenne du monde entraîne la colonisation d'énormes territoires. D'abord les Espagnols et les Portugais, puis les Hollandais, les Anglais et les Français entrent progressivement en compétition. Chaque État essaye d'affirmer sa suprématie sur les territoires les plus intéressants et n'hésite pas à massacrer les autres colons pour les décourager ou pour prendre leur place.

Vocabulaire

Conquistador : conquérant, mot espagnol désignant les aventuriers qui engagèrent la conquête de l'Amérique du Sud.

Aztèques et Incas : peuples d'Amérique du Sud ayant bâti de grands empires avant l'arrivée des Européens.

Situation 2 ■ JAMES COOK ET L'EXPLORATION DU PACIFIQUE

Comment ouvrir de nouvelles voies maritimes ?

La situation Des expéditions repoussent les limites du monde connu. Pour réussir, elles rassemblent des hommes de qualité, autonomes, capables de vivre et travailler pendant plusieurs années dans l'incertitude. Trois expéditions dirigées par James Cook, entre 1768 et 1779, ont fortement impressionné ses contemporains.

1 Le deuxième voyage de Cook

« La postérité remarquera, peut-être avec étonnement, qu'il a découvert plus de contrées dans la mer Pacifique et la mer Atlantique, que tous les autres navigateurs ensemble. Il n'a rien négligé de tout ce qui peut intéresser les sciences naturelles, et la navigation, et la géographie en particulier ; il a étudié avec la plus grande exactitude, les mœurs des différents insulaires.

On ne peut trop remercier l'Angleterre qui ordonne des expéditions si éclatantes et si utiles, et qui répand chez tous les peuples les découvertes de ses navigateurs, tandis que d'autres puissances en font un secret. »

Présentation par son traducteur français du deuxième voyage de Cook *Voyage dans l'hémisphère austral et autour du monde (1772-1775)*, Paris, 1778

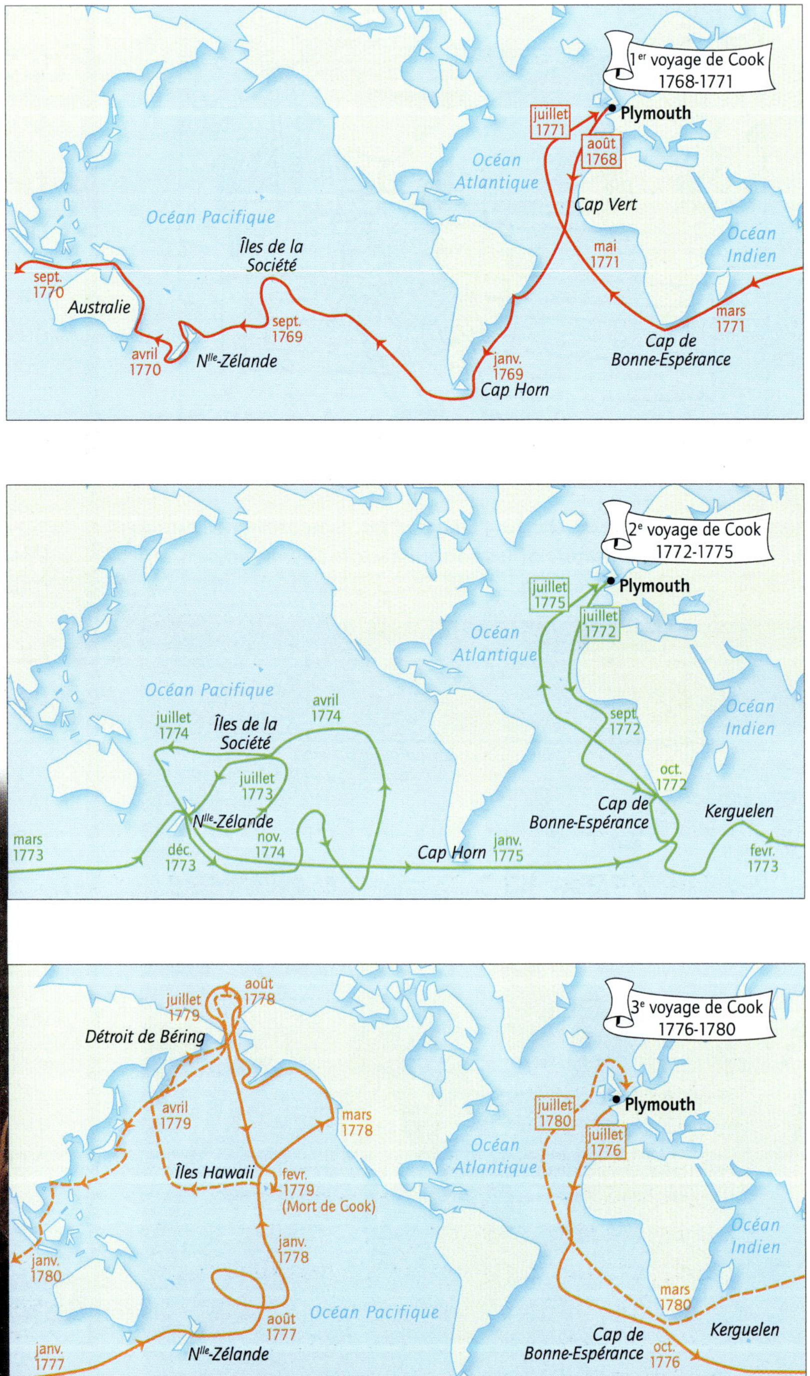

2 Les trois voyages de Cook.
Durant son troisième voyage, James Cook est tué par des Hawaïens le 14 février 1779.

James Cook (1728-1779). Marin britannique, James Cook, issu d'un milieu modeste, a débuté comme mousse puis a gravi tous les échelons pour terminer capitaine de la Marine royale.

3 L'équipage du navire de James Cook

Cook note dans son journal : « L'équipage a traversé toutes les fatigues et les dangers du voyage avec gaieté et vaillance »

Officiers, Matelots et soldats			
Capitaine	1	armurier et seconds	3
lieutenants et aspirants	9	voiliers	2
maître d'équipage et aides	8	cuisiniers	2
charpentier et aides	8	quartier-maître	6
chirurgien et seconds	3	bons matelots	45
secrétaire du capitaine	1	officiers et soldats	20
canonnier et seconds	3	tambour	1
TOTAL	**112**		

James Cook, *Voyage dans l'hémisphère austral et autour du monde*, (1772-1775), Paris, 1778.

4 Cook partage un repas avec des Hawaïens en 1779.

5 Les échanges avec les populations

« Pendant les six semaines que nous avions passées dans ces îles, nous disposâmes à profusion de porc frais et de tous les fruits de la saison ; avec du poisson à Tahiti et des poulets dans d'autres îles. Nous obtenions tout cela en échange de hachettes, clous, ciseaux, étoffes, plumes rouges, grains de verroterie, couteaux, miroirs, etc., objets qui seront toujours appréciés de ces insulaires[1]. »

James Cook, note de juin 1774.

1. Insulaire : habitant d'une île.

Étude de la situation

Analyse des documents

1. Quelles caractéristiques distinguent Cook des autres capitaines de son temps (doc. 1) ?

2. Quels lieux James Cook a-t-il principalement explorés lors de ses trois voyages (doc. 2) ?

3. Quels sont les grands objectifs de ses expéditions (doc. 1 et 2) ?

4. Quelle est la proportion de marins dans l'équipage (doc. 3) ?

5. Quelles professions embarquent pour cette expédition ? Comment expliquer leur présence et leurs effectifs (doc. 3) ?

6. Quels sont les produits échangés ? Quelles relations semblent entretenir Cook avec les populations (doc. 4 et 5) ?

Bilan

À partir de l'ensemble des informations disponibles, faites la liste des qualités et compétences que doit posséder un explorateur au XVIIIe siècle.

Cours

L'influence des voyages sur les sociétés européennes

▶ Quels changements les voyages et découvertes ont-ils apportés en Europe ?

De nombreux explorateurs et ceux qui les financent espèrent trouver gloire et fortune. Toutefois, d'autres motivations guident les expéditions, notamment l'envie de mieux connaître et comprendre le monde.

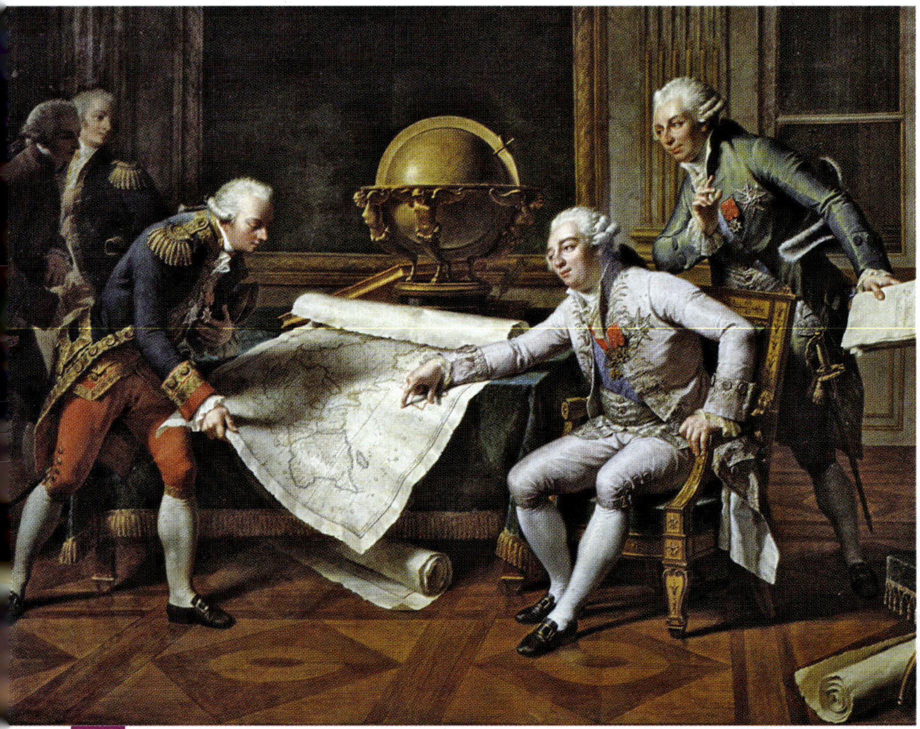

1 **Louis XVI donnant des instructions au navigateur Lapérouse en juin 1785.**

2 Le rôle nouveau des équipages

« Le scorbut et d'autres maladies contagieuses enlevaient jadis la moitié et quelquefois les deux tiers des équipages, durant des voyages qui n'étaient pas très longs. Aujourd'hui, on voit souvent des vaisseaux qui, après avoir fait le service le plus pénible dans les régions les plus éloignées, après avoir éprouvé, durant une absence de plus de trois ou quatre ans, toutes les variations du climat, depuis les chaleurs brûlantes de la zone torride, jusqu'au froid glacial des cercles polaires, ramener leurs équipages en parfaite santé, sans que la mortalité à bord, par des accidents ou des maladies ordinaires, ne dépasse la mortalité de l'Angleterre. »

George Vancouver, *Voyages de découvertes dans l'Océan Pacifique du nord et autour du monde* (1798).

3 L'esprit des découvertes

« L'esprit des découvertes se ranime en Europe. Ces nouvelles entreprises vont faire une mémorable époque dans le monde et nous parviendrons enfin à l'entière connaissance du globe. Ces nouveaux Colomb et Cortés ont d'aussi vastes champs de gloire à parcourir, mais c'est le siècle de l'humanité, et il faut du moins espérer que les Européens ne veulent plus faire connaissance avec leurs frères de l'hémisphère austral que pour leur enseigner la vérité et les rendre heureux par la vertu. »

Prince de Nassau-Siegen, compagnon de Bougainville, *Conclusion du Voyage autour du monde*, 1771.

Questions

La curiosité scientifique

1. Comment le tableau souligne-t-il l'intérêt du roi (assis) pour le voyage de Lapérouse (doc. 1) ?

2. Quelles sont les conséquences des progrès sanitaires sur les expéditions maritimes (doc. 2) ?

La découverte d'espèces animales et végétales

3. Pourquoi les naturalistes sont-ils indispensables (doc. 5) ?

4. Quelles plantes ont particulièrement influencé la vie quotidienne des Européens à partir du XVIe siècle ? Pourquoi (doc. 4 et 5) ?

La rencontre de cultures inconnues

5. Expliquez l'expression « l'esprit des découvertes se ranime » ? Quel souhait exprime l'auteur du témoignage (doc. 3) ?

4 Nouvelles plantes, nouveaux usages

« J'ai voulu me racommoder avec le chocolat. J'en ai pris avant-hier pour digérer mon dîner, afin de bien souper, et j'en ai pris hier pour me nourrir afin de jeûner jusqu'au soir : il m'a fait tous les effets que je voulais. »

Madame de Sévigné, lettre du mercredi 28 octobre 1671 à Madame de Grignan.

« La princesse prend tous les jours douze tasses de thé [...]. Cela, dit-elle, la guérit de tous ses maux. Elle m'assura que [son neveu] en prenait quarante tous les matins [...]. Il était mourant, cela le ressuscita à vue d'œil. »

Lettre du mercredi 4 octobre 1684 à Madame de Grignan.

Provenance	Plantes
Amériques	tomate, avocat, piment, maïs, cacao, tabac, pomme de terre, cacahuètes
Asie	thé, riz, banane, soja, canne à sucre, clou de girofle et épices
Afrique	café

5 Le travail des scientifiques.

Georg Forster et son père accompagnent le deuxième voyage de Cook. Ils procèdent à chaque étape à des relevés minutieux.

La curiosité scientifique

La maîtrise technique. Les cartes, de plus en plus précises, sont, grâce aux atlas imprimés, rapidement diffusées. Les capitaines affinent les techniques de navigation, améliorent leurs vaisseaux et les conditions sanitaires de la vie à bord.

Le goût des sciences. À partir du milieu du XVIIe siècle le souci de faire progresser les connaissances grâce aux navigateurs et aux habitants des colonies prédomine. Des voyageurs partent avec des instructions écrites, des expériences à réaliser. Sous l'influence des Lumières, des expéditions scientifiques sont organisées au XVIIIe siècle. Cook et Bougainville ont à leur bord des astronomes et des naturalistes.

La découverte d'espèces animales et végétales

Une nature luxuriante. Les voyageurs constituent d'abondantes collections de minéraux, de plantes et d'animaux. Ils les dessinent, les naturalisent pour les conserver et les classent pour faire un inventaire encyclopédique de la nature.

La botanique. Près de 10 000 nouvelles plantes sont identifiées au Mexique. La consommation et la culture de certaines, comme le maïs, sont introduites en Europe. Quelques-unes s'imposent rapidement comme le tabac et le cacao. D'autres, comme la pomme de terre, prendront des siècles pour s'implanter.

La rencontre de cultures inconnues

La confrontation aux autres. Dès le XVIe siècle, certains marins, savants ou missionnaires, étudient les langues et les coutumes des indigènes. Les sociétés européennes construisent deux représentations extrêmes des indigènes qui persisteront longtemps : l'une répulsive, celle du cannibale, l'autre attractive, celle du « bon sauvage » qui vit sur une île paradisiaque.

Un christianisme conquérant. L'esprit de croisade reste vivant et la confrontation à des cultures inconnues renforce les ambitions universelles du christianisme. Convertir les peuples rencontrés devient une priorité et des missionnaires implantent, parfois brutalement, le catholicisme sur tous les continents.

Vocabulaire

Scorbut : maladie provoquée par le manque de vitamine C dans l'alimentation. Elle se déclarait après environ deux mois de voyage sans escale.

Naturaliste : savant qui étudie la nature, particulièrement sa faune et sa flore.

Que va chercher Bougainville dans le Pacifique ?

La situation À la fin du XVIIIe siècle les monarques européens lancent des expéditions vers le dernier océan encore inconnu : le Pacifique. En France, Louis XV suit de près l'organisation de l'expédition qu'il confie à Bougainville. Son voyage durera 28 mois.

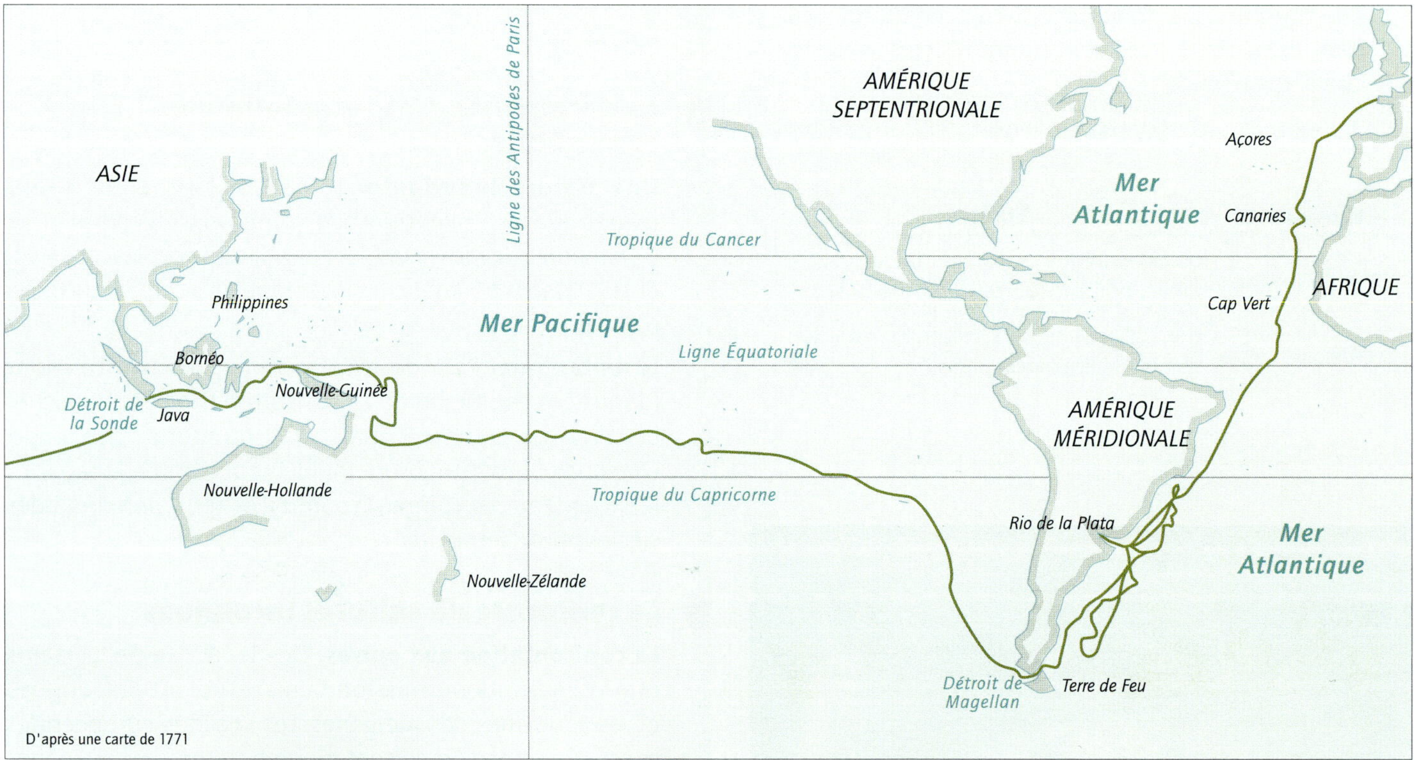

1 **Le voyage de Bougainville.**

Louis Antoine de Bougainville (1729-1811). Premier capitaine français à boucler un tour du monde entre novembre 1766 et mars 1769.

2 Les instructions du roi à Bougainville

« En traversant pour se rendre en Chine, le sieur de Bougainville reconnaîtra dans l'océan Pacifique autant et du mieux qu'il lui sera possible les terres entre les Indes et la côte occidentale de l'Amérique dont différentes parties ont été aperçues par des navigateurs et nommées Terre de Diemen, Nouvelle-Hollande, Carpentarie, Terre du Saint-Esprit, Nouvelle-Guinée, etc.

La connaissance de ces îles ou continents étant à peine ébauchée, il est très intéressant de la perfectionner. D'ailleurs, comme aucune nation européenne n'a ni établissement ni droit sur ces terres, il ne peut être que très avantageux pour la France de les reconnaître et d'en prendre possession si elles peuvent offrir des objets utiles à son commerce et à sa navigation. »

Document signé par Louis XV et Choiseul (secrétaire d'État à la Marine), le 26 octobre 1766.

3 L'étude des plantes exotiques.

Pendant l'expédition, le naturaliste Commerson collectionne 5 000 espèces de plantes et d'animaux. Ici, les exemples de la pomme de terre et du café.

4 L'escale à Tahiti.

Des 28 mois d'expédition, les contemporains retiennent surtout les 10 jours d'escale à Tahiti, perçue comme un paradis terrestre. Une image qui perdure dans les idéaux touristiques d'aujourd'hui.

Étude de la situation

Analyse des documents

1. Qu'attend Louis XV de l'expédition qu'il ordonne (doc. 2) ?

2. L'itinéraire suivi par Bougainville correspond-il aux instructions données ? Justifiez votre réponse (doc. 1 et 2).

3. Observez ces dessins botaniques. Pourquoi sont-ils si précis (doc. 3) ?

4. Quelle image des Tahitiens et de leur île donne cette gravure ? Pourquoi selon-vous, les contemporains de Bougainville parlaient-ils de « bons sauvages » (doc. 4) ?

Bilan

À l'aide de l'ensemble des documents, dressez un bilan de l'expédition de Bougainville. Pourquoi est-elle souvent considérée comme la première expédition scientifique française ?

L'essentiel

Connaissances

Des hommes audacieux découvrent le monde

Au XVe siècle, la recherche de nouvelles routes commerciales conduit des expéditions maritimes au-delà des limites du monde connu. Des Européens parviennent progressivement en Extrême-Orient, découvrant le continent américain. Ces voyages changent la vision des Européens sur le monde.

Le développement des échanges

Dans cette quête des richesses, la concurrence entre pays européens est impitoyable. Les Portugais et les Espagnols bâtissent les premiers empires coloniaux en Amérique du Sud, concurrencés ensuite par les Hollandais, les Français et surtout les Anglais. À partir du XVIe siècle, les Européens jouent un rôle croissant sur les mers et les continents.

L'impact des voyages sur les sociétés européennes

Favorisées par les découvertes, les techniques se perfectionnent. Par ailleurs, l'intérêt pour les sciences se développe. Au XVIIIe siècle, les monarques soutiennent des expéditions à vocation scientifique. Les nombreuses plantes venues du monde entier modifient les pratiques alimentaires. Enfin, la découverte de civilisations inconnues transforme les conceptions du monde.

Acteurs clés

Christophe Colomb (1450-1506) : marin originaire de Gênes en Italie. L'expédition espagnole qu'il organise et dirige en 1492 découvre par hasard l'Amérique.

James Cook (1728-1779) : navigateur anglais. Il explore systématiquement le Pacifique sud en trois voyages à partir de 1768.

Louis Antoine de Bougainville (1729-1811) : officier du roi, il dirige la première expédition française qui effectue un tour du monde de 1766 à 1769.

Notions clés

Grandes découvertes : période (du milieu du XVe au milieu du XVIe siècle) durant laquelle les Européens élargissent considérablement leurs connaissances grâce à de nombreux voyages d'exploration.

Conquistadores : conquérants espagnols en Amérique du Sud lors de l'exploration de ce continent (au XVIe siècle).

Naturaliste : savant qui étudie la nature, spécialement sa faune et sa flore. Terme surtout utilisé au XVIIIe siècle quand ces travaux sont au centre des voyages de découverte.

Repères chronologiques

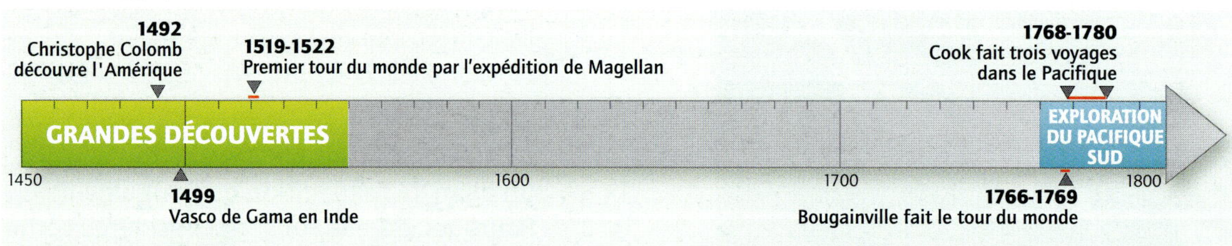

Relever les informations essentielles dans un témoignage

Entre le Japon et les autres pays, il y a force et bons négoces[1], mais très grande est la pénurie de vaisseaux capables de faire de longs trajets, bien que les Japonais fassent quand même ces voyages en divers lieux mais au prix de très grands risques, à savoir aux îles Philippines, où ils transportent de la farine de blé et autres sortes de victuailles et marchandises avec des gains entre 60 % et 100 %.

Les peuples chinois et japonais sont pleins de civilité[2] et d'intelligence et je dis, Prince Sérénissime[3], que le Japon est l'un des meilleurs pays, plus beaux et plus prometteurs en gain que j'aie vus, en naviguant de part et d'autre du monde. Mais il faudrait y envoyer des vaisseaux à notre façon et des marins de chez nous, car on pourrait y faire rapidement d'incroyables fortunes, et cela à cause du besoin qu'ils ont de toutes sortes d'objets manufacturés et de l'abondance d'argent et de vivres qui est la leur.

Francesco Carletti, marchand florentin,
Voyage autour du monde (1594-1606)

1. Négoce : activité commerciale.
2. Civilité : courtoisie.
3. Prince Sérénissime : Ferdinand Ier de Médicis, seigneur de Florence en Italie.

1. L'auteur. Repérer s'il s'agit d'un responsable (politique, entrepreneur...) ou d'un exécutant, d'un témoin direct ou indirect.

2. La date et le lieu. Dater les faits et localiser les lieux évoqués permettent de déterminer le contexte historique.

3. Le thème. Repérer de quel sujet traite le texte. Relever le vocabulaire employé.

4. Le point de vue exprimé. L'auteur parle-t-il en son nom personnel ? Exprime-t-il une opinion ?

5. L'objectif. Le témoignage peut viser à rapporter des faits, à transmettre une expérience ou à convaincre.

Démarche

1. L'auteur. Qui est l'auteur? D'après son métier, pourquoi son témoignage peut-il être intéressant ?

2. Ladate et le lieu. À quelle époque ce témoignage se situe-t-il ? Quels sont les grands événements marquants de cette époque ?

3. Le thème. De quoi parle ce texte ? Justifiez votre réponse avec des citations.

4. Le point de vue. Relevez les éléments qui montrent que l'auteur parle en son nom personnel. À qui s'adresse-t-il ?

5. L'objectif du texte. D'après vous, dans quel but ce témoignage a-t-il été écrit ? Justifiez votre réponse avec des citations.

Évaluation

Mobiliser ses connaissances (10 points)

1 Utiliser le vocabulaire disciplinaire (2 points)

- À quoi servait un astrolabe ?
- La caravelle a été l'outil indispensable des Grandes Découvertes.

Qu'est-ce qu'une caravelle ? Relever la bonne réponse :
- Un bateau
- Un instrument de navigation
- Une carte

2 Restituer les principales connaissances et notions (2 points)

- Qui a découvert l'Amérique ?
- Quels peuples européens explorent le monde au début du XVIe siècle ?

- Les Espagnols
- Les Portugais
- Les Norvégiens
- Les Anglais
- Les Français

3 Raconter un événement historique (2 points)

Décrivez brièvement un voyage de découverte et ses objectifs.

4 Situer les faits les uns par rapport aux autres (1,5 point)

Classez dans l'ordre les événements suivants :
A. Le tour du monde de l'expédition de Magellan
B. L'exploration du Pacifique par James Cook
C. La découverte de l'Amérique

5 Distinguer temps long et temps court (2,5 points)

À l'aide de quelques exemples, montrez quelles habitudes de notre mode de vie actuel sont des conséquences des Grandes Découvertes.

Analyser un document (10 points)

« Hommes et femmes se peignent le corps ; dans leur langue, on dit tatou. Cela se fait en injectant de la couleur noire sous la peau de telle manière que la trace en est indélébile. [...] Beaucoup de vieillards et quelques hommes d'âge moyen ont le visage marqué, ou tatoué en noir, et nous en avons vu qui ont les fesses, les cuisses et d'autres parties du corps marquées, mais cela est moins commun. Les marques du visage suivent généralement la forme d'une spirale, elles sont gravées et entremêlées avec beaucoup de minutie et de goût. À part les vieux hommes, peu d'entre eux ont le visage entièrement tatoué. De cela je conclus que cela prend du temps, peut-être des années, d'achever l'opération, et que ceux qui l'ont entreprise n'ont pas tous la persévérance de la mener à bien ; le procédé employé est certainement très douloureux. »

Capitaine James Cook, *Journal du premier voyage, Description de la Nouvelle-Zélande* (1770).

Sione Lauaki, joueur de l'équipe de rugby de Nouvelle-Zélande, All Blacks.

▶ Relever les informations contenues dans le témoignage (7 points)

1. Qui est l'auteur du texte ? Dans quel domaine son témoignage peut-il être intéressant ?

2. Quand ce texte a-t-il été écrit ? Quels sont les événements importants de cette époque ?

3. De quoi parle ce texte ? La pratique décrite par Cook semble-t-elle connue des Européens ? Justifiez vos réponses par des citations.

4. L'auteur exprime-t-il une opinion ou rapporte-t-il des faits ? Quel est l'objectif de ce texte ?

▶ Mettre en relation avec ses connaissances (3 points)

5. Confrontez le texte à la photo : en quoi le témoignage de Cook permet-il de comprendre le monde d'aujourd'hui ?

Vue du port de Marseille au XVIIIe siècle.

Le port de Marseille est le lieu d'une intense activité commerciale au XVIIIe siècle. La ville, qui possède une Chambre de commerce depuis le début du XVIIe siècle, devient alors un port de réexportation. Tableau de Joseph Vernet, 1754, musée de la Marine, Paris.

Sujet d'étude

3

Le premier empire colonial français (XVIe-XVIIIe siècles)

Le premier empire colonial français naît au cours du XVIIe siècle avec la conquête de nouvelles terres aux Amériques, en Asie et en Afrique. Le commerce de produits coloniaux comme le sucre, le café, le thé, les soieries mais aussi la traite d'esclaves prennent leur essor. À la fin du XVIIIe siècle, la rivalité avec la Grande-Bretagne et la Révolution française entraînent le déclin de cet empire.

Quelles sont les caractéristiques du premier empire colonial français ?

Carte

L'empire colonial français au début du XVIIIe siècle

Océan Glacial Arctique
ASIE
Océan Pacifique
Chandernagor
INDE
Pondichéry
Équateur
Océan Indien
Île de France
(Maurice)
Île Bourbon
(la Réunion)
Principaux ports français
Principales révoltes
aux XVIIe et XVIIIe siècles
Terres encore inconnues
au début du XVIIIe siècle

Cours

La construction du premier empire colonial français

▶ Quelles sont les caractéristiques de la puissance coloniale ?

La France, au début du XVIIIe siècle, dispose d'un grand empire colonial. Celui-ci s'étend à l'ouest du Canada, le long du Mississippi, dans les Caraïbes, en Inde. La conquête de ces territoires a commencé au XVIe siècle pour s'affirmer lors du siècle suivant.

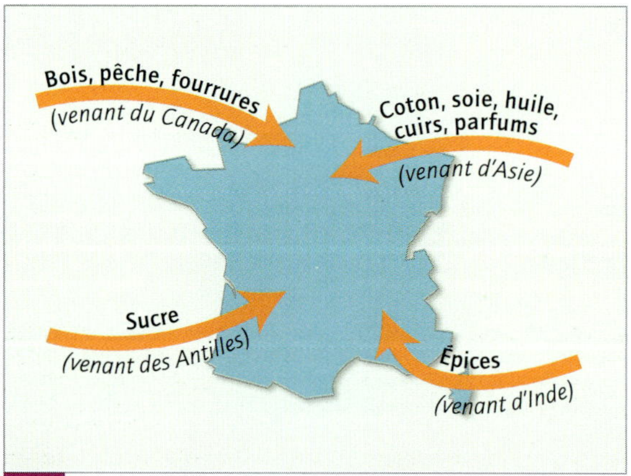

1 Les produits du commerce colonial.

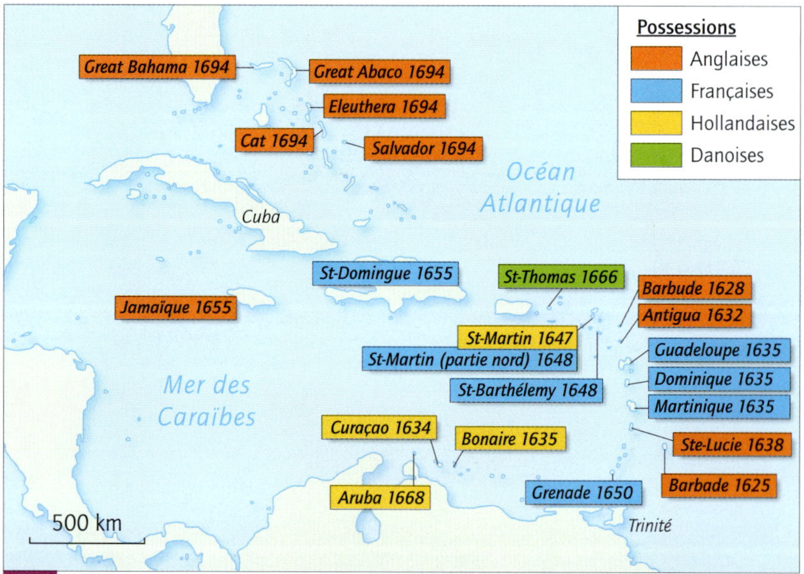

2 Les puissances coloniales aux Antilles vers 1660.

3 La ville de Cap-François à Saint-Domingue en 1778.

La ville de Cap-François est le centre administratif de Saint-Domingue. C'est là que résident les représentants du roi, les soldats et leurs casernes, les ordres religieux.

4 L'enrichissement du royaume

« Il n'y a que l'abondance d'argent dans un État qui fasse la différence de sa grandeur et de sa puissance. Le bon état des finances et l'augmentation des revenus de Votre Majesté consistent à augmenter par tous les moyens le nombre de la monnaie qui roule continuellement dans le royaume.

Trois voies permettent d'y arriver : attirer l'argent des pays d'où il vient, le conserver au-dedans du royaume et empêcher qu'il n'en sorte [...].

Il est certain que, par les manufactures[1], un million de personnes gagneront leur vie dans la navigation et sur les ports de mer. »

Jean-Baptiste Colbert (1619-1683)

Colbert, ministre de Louis XIV, organise et gère les possessions coloniales. Il crée des compagnies commerciales pour développer le commerce.

1. Manufacture : établissement industriel et commercial regroupant de nombreux ouvriers qui travaillent à la main sur les mêmes ouvrages.

Colbert, *Mémoires sur le commerce*, 1664.

Questions

La conquête de territoires

1. Citez les principales possessions françaises dans les Antilles (doc. 2 et 3).

2. En vous aidant de la carte p. 54 citez deux autres colonies françaises situées dans d'autres continents.

L'administration et le commerce

3. Quel est l'objectif économique de Colbert (doc. 4) ?

4. Quels sont les moyens d'enrichir le royaume (doc. 1 et 4) ?

Les conséquences de l'expansion coloniale

5. Quels pays européens autres que la France sont-ils présents aux Antilles ? Quel est celui qui détient les possessions les plus nombreuses (doc. 2) ?

La conquête de territoires

Les premières implantations coloniales. Aux Antilles, des colons français s'installent progressivement d'île en île à partir de 1625. La Martinique et la Guadeloupe sont occupées entre 1635 et 1637, puis Saint-Domingue, délaissée par les Espagnols. En Afrique, les Français arrivent au Sénégal dès 1639. En Extrême-Orient, des ports ouverts au négoce que l'on appelle des comptoirs commerciaux s'ouvrent, notamment en Inde : à Pondichery et à Chandernagor.

Les conquêtes en Amérique. Au Canada, les Français s'installent dans la vallée du fleuve Saint-Laurent à partir de la fondation de Québec en 1608 ; les différentes possessions canadiennes forment la Nouvelle-France. En 1682, Robert Cavelier de la Salle prend possession des terres autour du Mississippi, qu'il nomme Louisiane.

L'administration et le commerce

Une administration royale. Les colonies sont placées sous l'autorité du secrétariat d'État à la Marine puis sous celle d'un bureau des Colonies. Toute l'organisation se fait au nom du roi. Dans toutes les possessions, le Code Noir, conçu par le ministre de Louis XIV, Colbert, codifie l'esclavage.

Le commerce colonial. Aucune colonie n'est autorisée à faire des échanges avec des pays étrangers. La totalité des marchandises est destinée au royaume : c'est le système de l'Exclusif. Certains ports comme Bordeaux, Nantes, Marseille ou Lorient se développent considérablement. Le commerce doit se faire au seul profit de la métropole et de l'État qui doit y trouver une source d'enrichissement. Ce système, appelé mercantilisme, a été développé par Colbert.

Les conséquences de l'expansion coloniale

De nouvelles habitudes de consommation. Le sucre, le thé, le café ou le cacao ainsi que les épices arrivent en quantité grâce au commerce colonial. Ces nouveaux produits sont de plus en plus largement consommés et modifient les habitudes alimentaires des Français.

De nouvelles rivalités. La concurrence coloniale et commerciale est forte avec l'Angleterre, puissance rivale de la France. Cette rivalité aboutit à des guerres qui entraînent des pertes coloniales importantes pour la France. Après la guerre de Sept Ans en 1763, la France perd ses possessions canadiennes et une partie de la Louisiane.

Vocabulaire

Colon : mot désignant à l'origine un expatrié outre-mer propriétaire d'une terre qu'il exploite. Par la suite, tous les habitants originaires du pays colonisateur.

Colonie : territoire étranger administré par un État qui l'entretient dans un rapport de dépendance politique, économique et culturelle.

Système de l'exclusif : système par lequel le pays colonisateur impose à une colonie de ne faire du commerce qu'avec lui.

Situation 1

LA COMPAGNIE DES INDES ORIENTALES

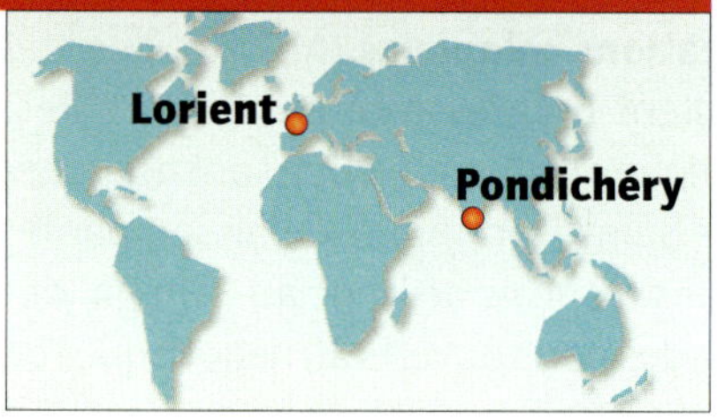

Pourquoi le roi de France crée-t-il la compagnie des Indes orientales ?

La situation En 1664, Louis XIV crée la Compagnie des Indes orientales qu'il installe dans le port de Lorient. Elle obtient le monopole, c'est-à-dire l'exclusivité du commerce avec l'Orient, et fonctionne jusqu'en 1793.

1 Le symbole de la compagnie.
Le blason de la Compagnie des Indes porte la devise : « Je prospérerai partout où je serai porté. »

2 Les objectifs de la Compagnie des Indes orientales

« [La Compagnie doit procurer] les épices, drogues[1] et autres choses que nos provinces ne produisent pas, dont nous ne pouvons nous passer, et que nous serions absolument obligés de tirer de nos voisins, [car] si nous cessons d'aller chercher nous-mêmes ces marchandises, nous serons dans la nécessité de les recevoir des Hollandais ou des autres nations étrangères qui nous les apporteront, et auxquels il faudra payer non seulement le prix du premier achat de ces marchandises dans les Indes, mais encore tous les frais qu'ils auront faits pour les aller chercher et le profit qu'ils doivent faire sur la revente, ce qui revient à sept ou huit fois plus que le prix du premier achat. Par conséquent, l'État perdrait sept à huit fois plus d'argent qu'il ne le fait. »

1. Drogues : café et thé.

Dutot, *Réflexion sur le commerce et les finances*, publié à La Haye en 1738.

3 Les entrepôts de la Compagnie en Inde à Pondichéry.
Des milliers de cotonnades sont stockées dans les majestueux entrepôts de la Compagnie avant leur chargement dans des navires à destination du port de Lorient.

4 Le port de Lorient au XVIIIe siècle.

Lorient, qui s'est développé à partir du port fortifié de Port-Louis, a le quasi-monopole des armements de la Compagnie des Indes orientales. À partir de 1720, chaque année, 18 navires sortent du port avec leur cargaison de marchandises (vins, fers, plomb, tissus) à destination de l'Asie. Les cargaisons en provenance des Indes y sont également débarquées.

5 Les cargaisons des navires de la Compagnie des Indes.

La livre est une mesure de poids. Une livre représente 0,48 kg.

Produits	Début XVIIIe siècle	1740-1750	Fin XVIIIe siècle
Thé	100 000 livres	500 000 livres	2 millions livres
Café		1,8 à 2 millions de livres	2 à 2,5 millions de livres
Poivre		500 000 livres	
Porcelaine de Chine	150 000 pièces	200 000 pièces	300 000 pièces
Tissus cotonnades	100 000 pièces	200 000 pièces	300 000 pièces
Salpêtre composant de la poudre		250 000 livres	250 000 livres
Bois de teinture bois rouge		400 000 livres	400 000 livres
Cauris *		200 000 livres	200 000 livres

*Les cauris sont de petits coquillages utilisés comme monnaie d'échange en Afrique.

Étude de la situation

Analyse des documents

1. À quoi la Compagnie des Indes sert-elle ? Quels sont ses objectifs (doc. 1 et 2) ?
2. Quels éléments montrent la puissance de la Compagnie des Indes (doc. 3) ?
3. À quoi peut-on voir que Lorient est un port actif (doc. 4) ?
4. Quels types de produits la Compagnie rapporte-t-elle en France ? Comment évoluent les cargaisons (doc. 5) ?

Bilan

Expliquez en quelques phrases quel a été le rôle de la Compagnie des Indes orientales.

Cours

L'économie de plantation et la société coloniale

▶ Comment l'économie coloniale s'organise-t-elle ?

Après le temps de la conquête s'ouvre celui de l'exploitation des nouvelles terres. L'agriculture et le commerce avec la métropole sont les bases de l'économie coloniale.

1 La naissance d'une plantation

Alexandre Oexmelin, chirurgien originaire d'Honfleur, voyage et s'installe dans les Antilles en 1666.

« Quand ils veulent commencer une habitation[1] ils s'associent à deux, quelquefois trois ; ils font un contrat par lequel ils mettent en commun tout ce qu'ils ont. […] L'habitation étant bornée, ils en choisissent l'endroit le plus commode pour y planter leur domicile, et c'est communément assez près de la mer. […] Les habitants commencent par planter des légumes. […]. Après avoir pourvu à la nourriture, ils bâtissent une plus grande loge qu'ils nomment case. […] L'habitant n'a plus qu'à cultiver les légumes qu'il a plantés et à abattre du bois pour défricher une place où il puisse pareillement planter du tabac. Le lieu où on le plante veut être net de toute sorte d'ordure ou d'herbes étrangères et, pour cela, on est obligé de sarcler[2] tous les huit jours. Pendant que le tabac croît, les habitants bâtissent une ou deux cases pour le mettre, le tordre, et le serrer en attendant la commodité de l'embarquer. Dès qu'ils en ont une certaine quantité, ils l'envoient en France et se procurent alors haches, houes, grattoirs, toiles pour faire des sacs et pour s'habiller. Il y en a qui passent en France lorsqu'ils ont gagné quelque chose ; ils achètent eux-mêmes des marchandises et engagent des hommes qu'ils amènent aux colonies pour se faire servir. »

1. Habitation : plantation.
2. Sarcler : arracher les mauvaises herbes avec un outil.

Alexandre Oexmelin, *Histoire des Aventuriers*, cité dans Pierre Pluchon, *Histoire de la colonisation française*, Librairie Arthème-Fayard, 1991.

2 Le Code Noir

Ce texte de 70 articles, signé par Louis XIV, réglemente l'esclavage aux Antilles.

« **Article 2.** Tous les esclaves qui seront dans nos îles seront baptisés et instruits dans la religion catholique.
Article 12. Les enfants qui naîtront des mariages entre esclaves seront esclaves et appartiendront aux maîtres des femmes esclaves […].
Article 28. Déclarons les esclaves ne pouvoir rien avoir qui ne soit à leurs maîtres.
Article 33. L'esclave qui aura frappé son maître, sa maîtresse ou le mari de sa maîtresse, ou leurs enfants avec contusion ou effusion de sang, ou au visage, sera puni de mort.
Article 38. L'esclave fugitif qui aura été en fuite pendant un mois, à compter du jour que son maître l'aura dénoncé en justice, aura les oreilles coupées et sera marqué d'une fleur de lys sur une épaule ; s'il récidive, il aura le jarret coupé, et il sera marqué d'une fleur de lys sur l'autre épaule ; et, la troisième fois, il sera puni de mort.
Article 44. Déclarons les esclaves être meubles et comme tels entrer dans la communauté. »

Code Noir, édit royal, mars 1685.

3 En Martinique, esclaves au travail sous la surveillance de contremaîtres.

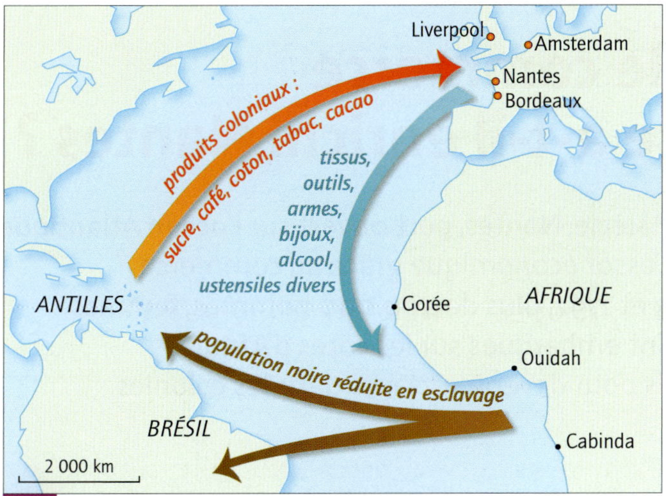

4 Le commerce triangulaire.

5 **L'inventaire d'une plantation en 1792**

Ces extraits proviennent d'un inventaire établi après le décès d'un planteur.

« Un mauvais buffet en chêne, dix fers à repasser tant bons que mauvais, une petite glace et une jarre à l'eau. Item douze couverts d'argent, quatre cuillères à ragoût, une cuillère à soupe […].

Les nègres et leur estimation.

1. Cupidon, nation[1] Thiamba, âgé d'environ trente-neuf ans, étampé[2] DE, estimé à cinq mille livres
2. Alerte, nation Mondongue, âgé d'environ trente-trois ans, étampé Barnaud, estimé à trois mille livres.
5. La Fortune, nation Moque, âgé d'environ vingt-trois ans, sans étampe, estimé à mille livres […]

1. Nation : peuple ou ethnie d'origine.
2. Etampé : marqué au fer rouge des initiales ou du nom du propriétaire

Inventaire d'une plantation à Saint-Domingue.

Questions

L'économie coloniale

1. Qu'appelle-t-on système de la plantation (doc. 1 et 3) ?

2. Quelles sont les phases du développement d'une plantation (doc. 1) ?

Les fondements de la prospérité coloniale

3. Décrivez les étapes du commerce triangulaire (doc. 4).

La société coloniale

4. Comment les Noirs sont-ils considérés (doc. 2, 3 et 5) ? Justifiez votre réponse.

5. Quels signes montrent que l'esclave est au plus bas de la hiérarchie coloniale (doc. 2, 3 et 5) ?

L'économie coloniale

La domination du sucre. Chaque colonie a une spécialité : les fourrures au Canada, le coton en Louisiane, le thé, les cotonnades et les épices aux Indes. Aux Antilles, les plantations de canne à sucre connaissent une prospérité rapide et supplantent celles de tabac ou d'indigo car la consommation de sucre augmente dans toute l'Europe.

Le système de la plantation. Le système de la plantation repose sur l'exploitation d'esclaves. Il associe mise en culture de la canne, fabrication du sucre et commercialisation. Afin de répondre à la demande croissante, les plantations s'étendent de plus en plus (300 ha en moyenne), utilisant toujours plus d'esclaves et de capitaux.

Les fondements de la prospérité coloniale

La traite négrière. Le petit nombre de colons ne peut répondre au besoin de main-d'œuvre. La demande d'esclaves est donc une constante. Sur la plantation, les conditions de vie et de travail des esclaves sont telles qu'environ 30 % d'entre eux meurent moins de trois ans après leur arrivée. Cette forte mortalité accélère la pratique systématique de la traite.

Le commerce triangulaire. Les circuits de la traite suivent des routes qui forment un triangle entre l'Europe atlantique, les côtes de l'Afrique et les Amériques. Les esclaves sont achetés sur la côte allant du Sénégal à l'Angola, puis vendus aux Antilles. Les navires repartent ensuite vers la France chargés de produits coloniaux.

La société coloniale

Une société métissée. Le métissage est une donnée majeure de la société coloniale. La couleur de la peau devient un marqueur social : les hommes et femmes sont classés en fonction du degré de métissage.

Une société hiérarchisée. Trois grands groupes coexistent : en bas de l'échelle, les esclaves noirs constituent le groupe le plus nombreux. Les « libres de couleur » sont les esclaves affranchis (c'est-à-dire libérés) par leur maître et des métis. La population blanche, peu nombreuse, se compose de propriétaires de plantation, de négociants et d'artisans. Ce dernier groupe règne en maître sur la plantation.

Vocabulaire

Commerce triangulaire : commerce entre l'Europe, les côtes africaines atlantiques et l'Amérique, qui associe produits bruts ou manufacturés d'Europe, esclaves et produits tropicaux.

Plantation : système économique fondé sur une monoculture et une main-d'œuvre composée d'esclaves.

Traite : commerce d'esclaves.

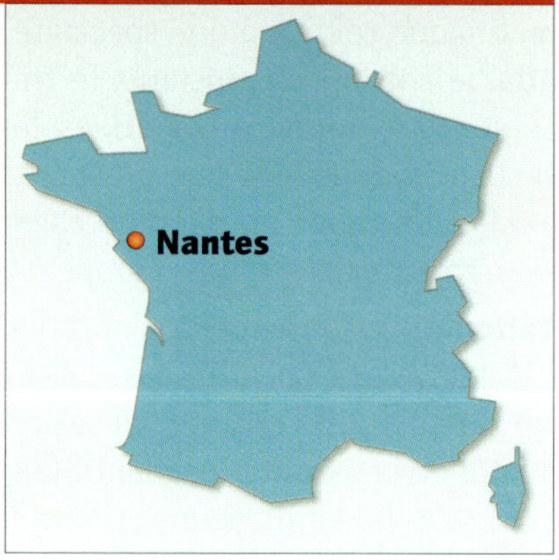

Comment le commerce triangulaire a-t-il enrichi Nantes ?

La situation Au XVIIIe siècle, Nantes, port ouvert sur l'océan Atlantique, connaît un important essor économique grâce au commerce triangulaire. Entre 1713 et 1792, plus de 400 000 hommes, femmes et enfants africains sont embarqués sur les côtes d'Afrique par des navires nantais pour devenir esclaves dans les colonies.

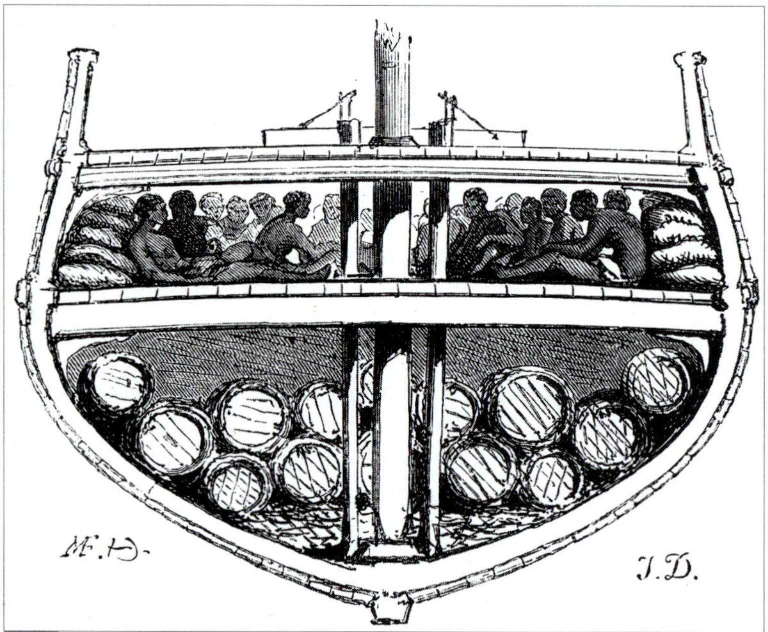

1 Coupe d'un navire négrier.

Chaque navire peut transporter jusqu'à 700 esclaves, entassés dans l'entrepont pour une traversée qui dure plus de deux mois.

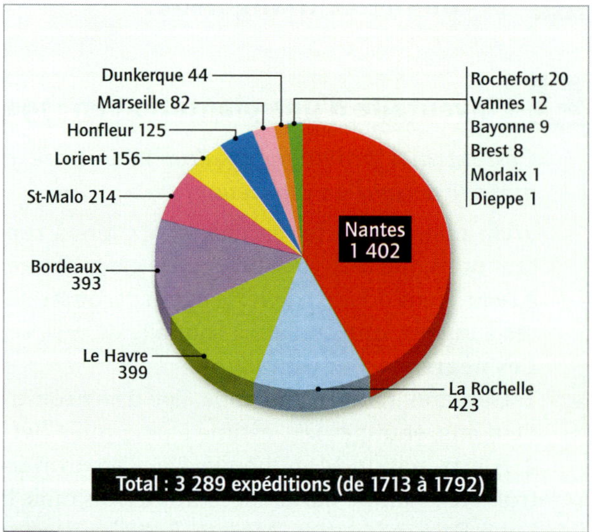

2 Les expéditions des ports négriers français.

3 La cargaison d'un navire

« Le 21 juin 1769 a comparu J.E. Tanquerel, capitaine du navire le *Maréchal de Luxembourg*, du port de Nantes [...]. Il a déclaré être parti le 1er février 1768 pour aller à la Côte de l'or[1] où il serait arrivé le 28 mars. Il y aurait traité 691 Noirs de tous sexes et âges. Il serait reparti le 30 octobre pour Saint- Domingue où il serait arrivé le 20 février 1769. Il aurait fait la vente de ses Noirs, à l'exception de 50 qui sont morts tous pendant la traversée. La vente finie, il aurait chargé 270 tonneaux d'indigo. Son chargement fini, il serait parti le 15 mai dernier pour venir à Nantes, et serait arrivé le 19 de ce mois. »

D'après le Registre d'entrée de long cours de l'amirauté de Nantes, 1769.

1. Côte de l'or : en Afrique.

4 **Le port de Nantes au XVIIIe siècle.**

5 Jean Mosneron, armateur nantais

Né en 1701, Jean Mosneron devient capitaine de navire négrier en 1723.

« Il quitta donc la mer à 35 ans et se donna tout entier à la partie des armements[1]. Plusieurs capitalistes eurent confiance en lui. [...] Sa fortune à l'époque de son mariage se bornait à 18 000 livres et ma mère n'apporta que 10 000 livres en dot. [...] Son grand commerce consistait dans les armements de navires et le temps qu'il ne passait pas au cabinet, il l'employait aux chantiers de construction à faire des marchés pour les fournitures de ses bâtiments. Il voyait et appréciait tout par lui-même... Il avait le plus grand intérêt à le faire, car il était ordinairement fondé pour les deux tiers[2] ou les trois quarts dans la propriété des navires qu'il expédiait. [...] Il parvint à élever sa fortune au-delà de 800 000 livres en 1773. »

1. Armement : mise hors d'eau et exploitation commerciale d'un navire.
2. Fondé pour les deux tiers : propriétaire des deux tiers de chaque navire.

Récit de Joseph Mosneron, fils de Jean, cité par O. Pétré Grenouilleau, *Moi Joseph Mosneron*, Apogée, 1995.

Étude de la situation

Analyse des documents

1. Dans le commerce de la traite, quelle est la place de Nantes par rapport aux autres ports français (doc.2) ?

2. Quels éléments du paysage montrent l'activité de Nantes (doc. 4) ?

3. Sur quelle activité la prospérité de Nantes repose-t-elle ? Expliquez ses caractéristiques (doc. 1, 3 et 4).

4. Comment Jean Mosneron fait-il fortune ? Par combien et en combien de temps multiplie-t-il son capital de départ (doc. 5) ?

Bilan

Expliquez comment un armateur nantais pouvait, au XVIIIe siècle, amasser une immense fortune.

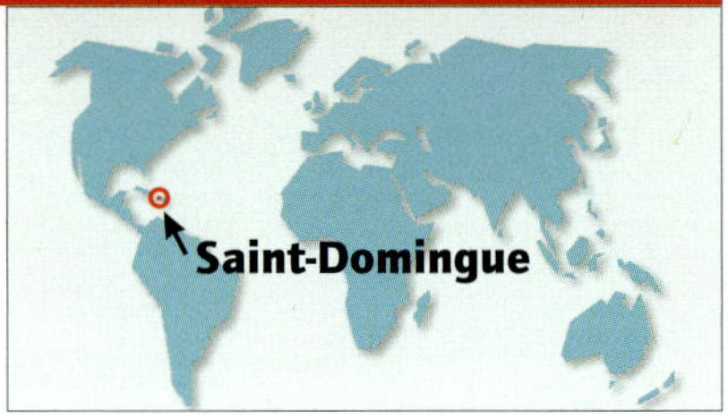

Situation 3

UNE PLANTATION AU XVIIIE SIÈCLE

Comment fonctionne une plantation ?

La situation Au XVIIIe siècle, Saint-Domingue est dans l'empire colonial français l'île des Antilles la plus importante pour la production et le commerce du sucre. Elle est un rouage essentiel de l'économie coloniale et ses plantations exploitent des milliers d'esclaves arrachés à l'Afrique.

1 Le travail sur la plantation Fleuriau

Le nombre moyen d'esclaves au travail sur la plantation entre 1775 et 1790 est de 253.

Les différents types d'esclaves	Le travail	Les conditions de vie
Esclaves de pioche ou de jardin	Travail agricole dans les champs ; la moitié de l'effectif total	Travaux les plus épuisants ; brimades, punitions régulières
Esclaves à talents	Ouvrier sucrier ; charpentier, chauffeur (s'occupe des chaudières), contremaître	Logement à part des esclaves de pioche ; avantages matériels (primes)
Domestiques au service du maître planteur	Cuisinier, servantes, nourrice, valet de chambre, cocher…	Meilleure alimentation, habillement plus élaboré

D'après J. de Cauna *Au temps des isles à sucre. Histoire d'une plantation de Saint-Domingue au XVIIIe siècle*, Karthala, 2003.

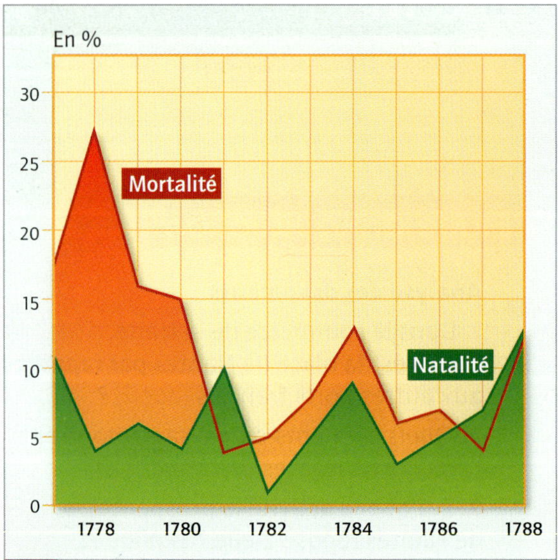

2 La natalité et la mortalité des esclaves de la sucrerie Fleuriau.

Les conditions de travail et les maladies ont pour conséquence un taux de mortalité élevé. Entre 1774 et 1788, 133 nouveaux esclaves ont ainsi été achetés pour remplacer les morts.

3 Les comptes de la plantation

Dates	Recettes	Dépenses	Revenu net (frais divers déduits)
Années 1770	100 000 livres	26 000 livres	69 779 livres
Années 1780	De 160 000 à 200 000 livres	De 30 000 à 40 000 livres	81 000 livres
Début 1790	De 200 000 à 300 000 livres	De 40 000 à 50 000 livres	150 000 livres

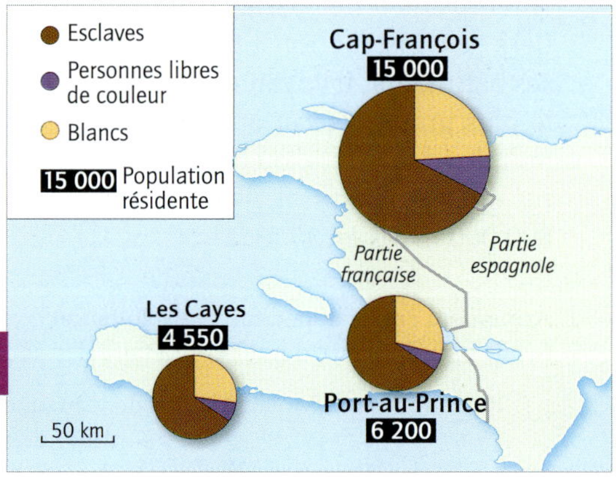

4 La population de Saint-Domingue en 1789.

5 **Le travail de la canne à sucre.**

Étude de la situation

Analyse des documents

1. Tous les esclaves sont-ils traités de la même façon ? Pourquoi selon vous (doc. 1) ?

2. Comparez les taux de natalité et de mortalité des esclaves. Que pouvez-vous en déduire concernant leurs conditions de vie (doc. 2) ?

3. Quelles sont les composantes de la population de Cap-François ? Quel groupe est le plus important et pourquoi (doc. 4) ?

4. Que produit la plantation ? Comment la production s'organise-t-elle ? Qui travaille (doc. 5) ?

5. La plantation Fleuriau est-elle rentable ? Justifiez votre réponse (doc. 3).

Bilan

Après avoir expliqué l'organisation d'une plantation, vous direz comment fonctionne l'économie coloniale.

La fin du premier empire colonial

▶ Pourquoi le premier empire colonial français disparaît-il ?

Dans la seconde moitié du XVIIIe siècle les critiques sur les colonies et leur administration sont courantes. La traite et l'esclavage sont remis en cause par les Lumières. C'est aussi le moment où la rivalité avec l'Angleterre atteint son apogée.

1 La révolte de 1791 à Saint-Domingue. En 1789, Saint-Domingue compte 465 000 esclaves, 27 500 Africains libres et 30 000 Blancs. L'île est secouée par une insurrection d'esclaves en 1791, qui devient une véritable guerre coloniale quand les Anglais débarquent sur l'île en 1794.

2 Voltaire dénonce l'esclavage

« En approchant de la ville, ils rencontrèrent un nègre étendu par terre, n'ayant plus que la moitié de son habit, c'est-à-dire un caleçon de toile bleue ; il manquait à ce pauvre homme la jambe gauche et la main droite.

– Eh, mon Dieu, lui dit Candide en hollandais, que fais-tu là, mon ami, dans l'état horrible où je te vois ?

– J'attends mon maître, M. Vanderdendur, le fameux négociant, répondit le nègre.

– Est-ce M. Vanderdentur, dit Candide, qui t'a traité ainsi ?

– Oui, monsieur, dit le nègre, c'est l'usage. On nous donne un caleçon de toile pour tout vêtement deux fois l'année. Quand nous travaillons aux sucreries, et que la meule nous attrape le doigt, on nous coupe la main ; quand nous voulons nous enfuir, on nous coupe la jambe : je me suis trouvé dans les deux cas. C'est à ce prix que vous mangez du sucre en Europe. »

Voltaire, *Candide ou l'optimisme*, 1759.

3 Toussaint Louverture. Cet ancien esclave affranchi devient général. Il soutient le gouvernement révolutionnaire et combat les Anglais débarqués à Saint-Domingue. Il impose son pouvoir sans partage entre 1797 et 1802.

4 L'abolition de l'esclavage

« La Convention nationale déclare que l'esclavage des nègres dans toutes les colonies est aboli ; en conséquence, elle décrète que tous les hommes, sans distinction de couleur, domiciliés dans les colonies, sont citoyens français et jouiront de tous les droits assurés par la Constitution. »

Décret de la Convention nationale du 4 février 1794.

5 L'hostilité franco-anglaise dans les colonies au XVIIIe siècle

De 1756 à 1763	Une guerre qui dure sept ans oppose les Anglais aux Français. Elle a pour origine un conflit de frontières au Canada, entre colons anglais et français. La rivalité porte aussi sur la vallée de l'Ohio, alors française.
1759	Québec, assiégée par les Anglais, capitule.
1760	Chute de Montréal.
1763	Traité de Paris. La France cède à l'Angleterre : – ses possessions au Canada ; – la vallée de l'Ohio ; – la rive gauche du Mississippi ; – Marie Galante, Tobago et la Désirade aux Antilles ; – tous les territoires des Indes sauf cinq comptoirs.

Questions

Les critiques contre la colonisation

1. Quels aspects de la colonisation sont dénoncés dans ce texte (doc. 2) ?

Le choc de la Révolution Française

2. Quelle forme prend la révolte à Saint-Domingue (doc. 1) ?

3. Pourquoi cette révolte est-elle particulièrement importante à Saint-Domingue (doc. 1 et 3) ?

4. Quel changement radical ce texte impose-t-il (doc. 4) ?

L'effondrement de l'empire colonial

5. Quels événements accélèrent la fin de l'empire colonial (doc. 5) ?

Les critiques contre la colonisation

La remise en cause des colonies. Certaines colonies ne sont pas aussi rentables que les Antilles : à Madagascar, le développement des plantations a échoué. Au Canada, les crédits de la métropole sont absorbés dans des constructions militaires pour s'opposer aux Anglais.

La condamnation de l'esclavage. Des philosophes des Lumières comme Montesquieu, Rousseau ou Voltaire dénoncent la traite et l'esclavage. Un mouvement abolitionniste naît alors : la Société des Amis des Noirs est créée en 1788 et vise à obtenir une abolition progressive de l'esclavage. Mais l'opposition est forte car l'abolition remet en cause le système économique des Antilles.

Le choc de la Révolution Française

Les soulèvements des esclaves. La Déclaration des droits de l'homme et du citoyen parvient dans les colonies. Dès 1789, les Antilles sont secouées par des révoltes d'esclaves et d'hommes libres de couleur. À Saint-Domingue, une insurrection sans précédent démarre en 1791. Toussaint Louverture, ancien esclave devenu chef de guerre, se rallie avec ses troupes à la Révolution. Il met en place un État quasi indépendant entre 1797 et 1802.

L'abolition de l'esclavage. Un décret de la Convention, le 4 février 1794, abolit officiellement l'esclavage. Toutefois, le décret ne s'applique pas sur l'île Bourbon et l'île de France (actuelles île de la Réunion et île Maurice).

L'effondrement de l'empire colonial

L'échec du rétablissement de l'esclavage. Arrivé au pouvoir en 1799, Bonaparte rétablit l'esclavage en 1802. À la demande des propriétaires de plantations, il envoie des troupes aux Antilles contre les révoltés. Mais la guerre contre Toussaint Louverture et ses successeurs est un échec. Alors que ce dernier meurt en prison, Saint-Domingue se déclare indépendante et prend en 1804 le nom d'Haïti.

La rivalité avec l'Angleterre. La guerre contre l'Angleterre, autre grande puissance coloniale qui domine les mers, joue un rôle essentiel. Après la défaite de Waterloo en 1814, la France perd l'essentiel de ses possessions coloniales, à l'exception notamment de la Martinique et de la Guadeloupe. La traite est interdite en 1815, mais l'esclavage n'y est définitivement aboli qu'en 1848.

Vocabulaire

Abolitionnisme : mouvement de pensée qui dénonce la traite et l'esclavage et milite pour leur suppression.

L'essentiel

Connaissances

La construction du premier empire colonial français

Les bases du système colonial français se mettent en place au XVIIe siècle : conquêtes et implantation aux Antilles, en Amérique, en Afrique et en Asie. Colbert organise cette exploitation en créant des compagnies de commerce et en instaurant le système du commerce exclusif entre les colonies et la métropole.

L'économie de plantation et la société coloniale

La plantation est à la fois un système de production et de commercialisation. Le sucre est la culture dominante. Le travail est assuré par des esclaves, dont la vie est régie par le Code Noir, et qui sont acheminés depuis les côtes africaines par les circuits de la traite.

La fin du premier empire colonial français

Un mouvement abolitionniste se met en place dans la seconde moitié du XVIIIe siècle. Les révoltes dans les colonies, les guerres provoquent la quasi-disparition de ce premier empire en 1814, qui se limite alors à quelques îles. Saint-Domingue devient indépendante en 1804.

Acteurs clés

Jean-Baptiste Colbert (1619-1683). Contrôleur général des Finances de Louis XIV et secrétaire d'État à la marine. Il organise les colonies et le commerce avec la métropole.

Les philosophes des Lumières. Montesquieu, Condorcet, Voltaire condamnent la traite des Noirs et l'esclavage.

Toussaint Louverture (1743-1803). Ancien esclave affranchi, il devient général et prend la tête de la rébellion des Noirs à Saint-Domingue et tente d'y établir un État indépendant entre 1797 et 1802.

Notions clés

Système de plantation : système économique fondé sur une monoculture et une main-d'œuvre servile qui associe production, transformation et commercialisation.

Commerce triangulaire : commerce entre l'Europe, les côtes africaines atlantiques et l'Amérique qui associe produits d'Europe, esclaves et produits tropicaux.

Abolitionnisme : mouvement de pensée qui, à partir du XVIIIe siècle, vise à mettre fin à la traite des Noirs et à l'esclavage.

Repères chronologiques

Lire et interpréter un tableau de chiffres

Les expéditions négrières entre 1748 et 1751

Ports	Nombre d'expéditions	Tonnage[1] total	% du tonnage total
Bordeaux	23	3 774	10,6
Bayonne	4	885	2,5
Dunkerque	4	440	1,2
Honfleur	1	250	0,7
La Rochelle	31	6 057	17
Le Havre	9	1 142	3,2
Lorient	5	2 459	6,9
Nantes	97	16225	45,6
Saint-Malo	22	3 967	11,2
Vannes	3	400	1,1
Totaux	199	35 599	100

1. Tonnage : capacité de transport d'un navire évaluée par le volume intérieur. L'unité de mesure est le tonneau.

Source : R. Michon, *La Traite négrière au milieu du XVIIIe siècle*, Cahier des anneaux de la mémoire,

1. Le thème et la source. Identifier le sujet du tableau et l'origine des données présentées.

2. Les unités utilisées. Repérer le principe de classement des colonnes et rechercher à quoi renvoient les nombres (pourcentages, effectifs...).

3. Les informations données par les chiffres. Rechercher les chiffres les plus élevés et les plus bas. Procéder à des comparaisons à partir du total.

4. La confrontation des chiffres. Comparer les chiffres pour les interpréter : importance des écarts, évolution, stagnation...

Démarche

1. Le thème et la source
Que montre le tableau ? Quelle est son origine ?

2. Les unités utilisées
Quelles sont les unités utilisées ? À quoi chaque colonne renvoie-t-elle ?

3. Les informations des chiffres
Quels ports sont-ils les plus actifs dans le commerce des esclaves ?

4. La confrontation des chiffres
Quelle part du tonnage total les trois ports les plus actifs représentent-ils ?

Mobiliser ses connaissances (10 points)

1 Dater des faits importants (1 point)

L'abolition de l'esclavage est voté en
a. 1802
b. 1794
c. 1814

2 Utiliser un vocabulaire disciplinaire (2 points)

- Donnez la définition du commerce triangulaire
- Donnez la définition du système de l'exclusif

3 Citer des acteurs (2 points)

Citez le nom du personnage qui a organisé le premier empire colonial français au XVIIe siècle. Donnez un exemple de son action.

4 Caractériser un événement (2 points)

En quoi l'insurrection de 1791 à Saint-Domingue a-t-elle été décisive dans l'évolution de l'empire colonial ?

5 Justifier une affirmation (3 points)

Justifiez l'affirmation suivante :
Dans le premier empire colonial français le système de l'exclusif joue un rôle essentiel.

Analyser un document (10 points)

Colonies françaises	Blancs	Métis ou Nègres libres	Esclaves	Totaux
Saint-Domingue	27 717	21 808	405 564	455 089
Martinique	10 603	4 851	73 416	88 870
Guadeloupe	13 466	3 044	85 461	101 971
Sainte-Lucie	2 159	1 588	17 221	20 961
Cayenne	1 307	394	10 748	12 549
Tobago	425	231	13 295	13 951
Île Bourbon	8 182	1 029	47 195	56 406
Île de France	4 457	2 456	37 915	44 828
Saint-Pierre-et-Miquelon	1 500			1 500
Inde	4 000			4 000
TOTAUX	**73 816**	**35 501**	**690 815**	**800 125**

D'après P. Pluchon, *Histoire de la colonisation française*, Fayard, 1991.

La population des colonies françaises à la fin du XVIIe siècle.

▶ Lire le tableau de chiffres (6 points)

1. Quel est le thème du tableau ? Quelle est la source du tableau ?

2. Quelles sont les unités utilisées ? À quoi renvoie chaque colonne ?

3. Dans quelle colonie la population est-elle la plus nombreuse ? Quelles sont les caractéristiques de cette population ?

4. Dans quelle colonie la proportion d'esclaves par rapport à la population totale est-elle la plus élevée ?

▶ Mettre en relation avec ses connaissances (4 points)

5. Expliquez les caractéristiques et l'origine de la population de Saint-Domingue.

Le serment du Jeu de paume, 20 juin 1789.

Le 20 juin, à Versailles, les députés du tiers état envahissent une salle habituellement consacrée à un jeu de balle, la salle du Jeu de paume. Ils jurent de ne pas se séparer avant d'avoir donné une Constitution à la France. À travers cet événement, le peuple devient souverain. (Huile sur toile d'après l'esquisse de David, musée Carnavalet, Paris.)

Sujet d'étude

4

Les Lumières, la Révolution française et l'Europe : les droits de l'homme

Tout au long du XVIIIe siècle, de nombreux penseurs remettent en cause le pouvoir absolu. Ils imaginent un monde de liberté, de tolérance et de bonheur où les droits de l'homme sont reconnus comme les droits naturels de chaque individu. Leurs réflexions se diffusent dans la société et inspirent les hommes de la Révolution française.

Comment les idées des Lumières s'imposent-elles en France et en Europe ?

Les Lumières, la Révolution française et l'Europe au XVIIIe siècle

1 **Les Lumières en Europe.**

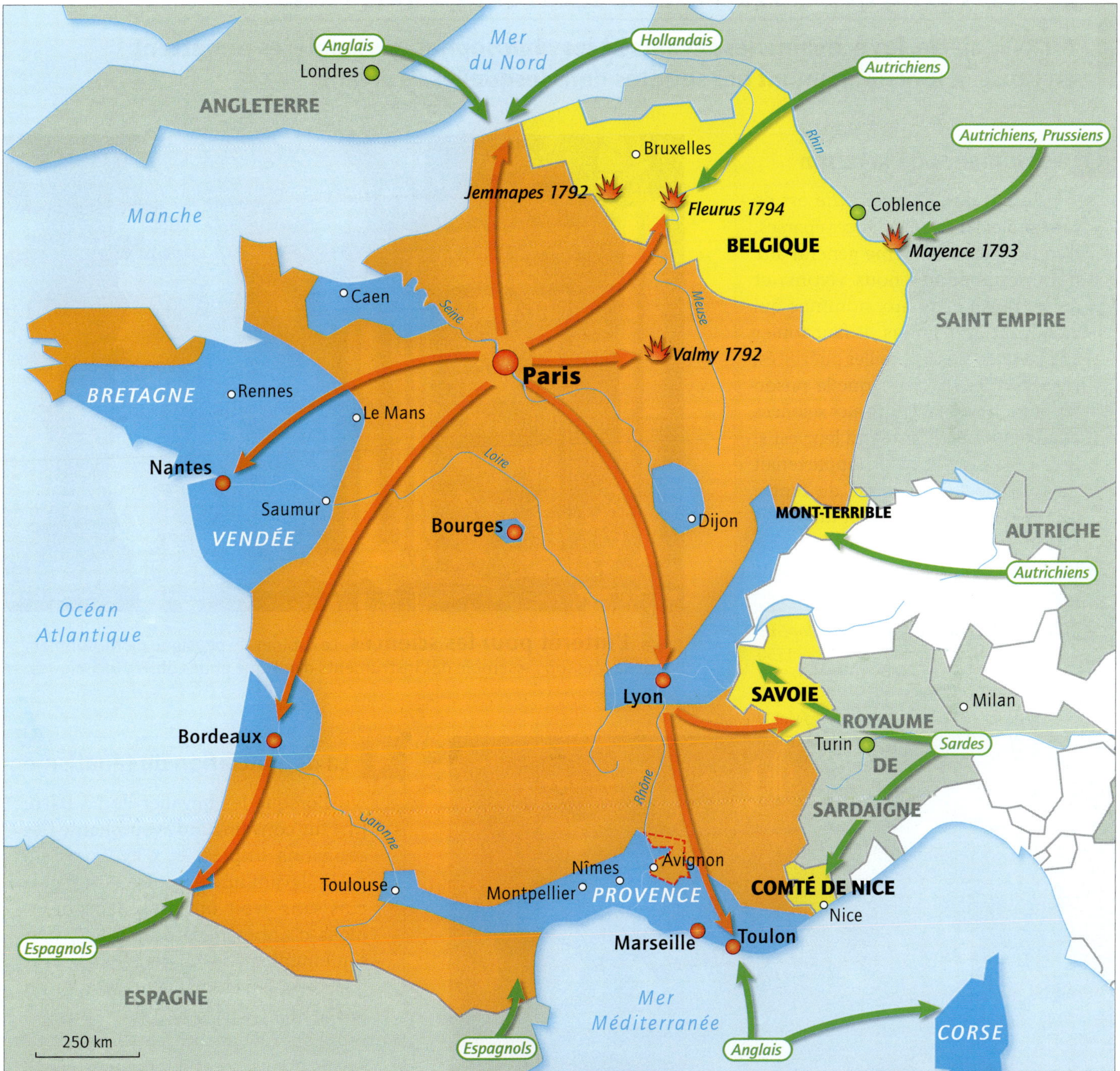

La Révolution

- La France en 1789
- Cœur de la Révolution française
- Territoire rattaché à la France en 1791
- Villes accueillant des émigrés nobles venant de France
- Offensive des armées de la Révolution

Les fronts extérieurs

- États unis contre la France
- Offensive de puissances coalisées contre la France
- Victoire française
- Territoires annexés par la France (1792-1796)

Les fronts intérieurs

- Régions et villes soulevées contre la Révolution

2 **La France de la Révolution (1789 –1796).**

Les nouvelles idées des Lumières

▶ Quels principes les idées des Lumières défendent-elles ?

Au XVIIIe siècle, les écrivains, les savants et les philosophes des Lumières remettent en cause le fonctionnement des sociétés dans lesquelles ils vivent.

1 Les lumières de la raison

« Le but de l'*Encyclopédie* est de rassembler les connaissances éparses, d'en exposer le système général aux hommes avec qui nous vivons, et de le transmettre aux hommes qui viendront après nous. Il faut fouler aux pieds toutes les vieilles puérilités, renverser les barrières que la raison n'a point posées ; rendre aux sciences et aux arts une liberté qui leur est si précieuse. J'ai dit qu'il n'appartenait qu'à un siècle philosphe de tenter une encyclopédie ; il fallait un temps raisonneur, où l'on ne cherchât plus les règles dans les auteurs mais dans la nature. »

Diderot, prospectus pour l'*Encyclopédie*, 1750.

2 L'intérêt pour les sciences. Le cabinet de physique de M. Bonnier de la Mosson rassemble des instruments d'optique et des objets techniques.

3 Le dîner des philosophes à Ferney.
❶ Condorcet, ❷ Voltaire, ❸ Diderot.

4 La dénonciation du fanatisme

« Lorsque le chevalier de La Barre [...] fut convaincu[1] d'avoir chanté des chansons impies, et d'avoir même passé devant une procession de capucins sans avoir ôté son chapeau, les juges d'Abbeville ordonnèrent, non seulement qu'on lui arrachât la langue, qu'on lui coupât la main, et qu'on brûlât son corps à petit feu[2] ; mais ils l'appliquèrent encore à la torture pour savoir précisément combien de chansons il avait chantées, et combien de processions il avait vu passer le chapeau sur la tête.

Ce n'est pas dans le XIIIe ou dans le XVe siècle que cette aventure est arrivée, c'est dans le XVIIIe. »

1. Convaincu : reconnu coupable.
2. La sentence est exécutée le 1er juillet 1766.

Voltaire, article « Torture », *Dictionnaire philosophique portatif*, 1769.

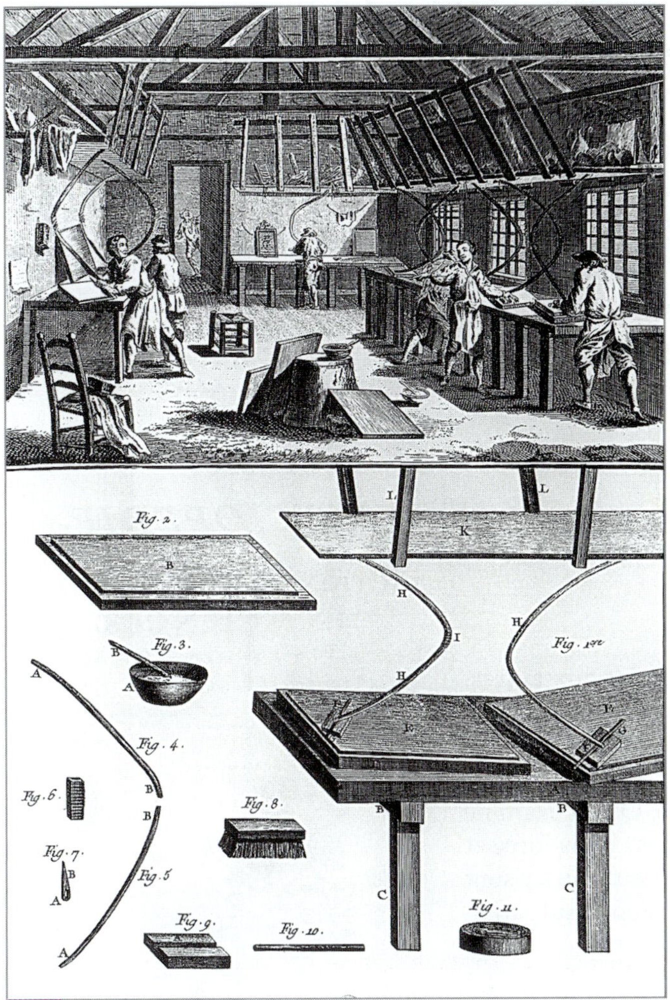

5 **Une planche de *l'Encyclopédie*.**
Onze des 28 volumes sont constitués par des planches gravées.

Questions

L'importance de la raison

1. Quel doit être le rôle de l'*Enclyclopédie* pour Diderot (doc.1) ?

2. Décrivez ce cabinet. Que révèle-t-il sur le développement des sciences (doc.2) ?

3. Pourquoi cette planche de l'*Encyclopédie* est-elle aussi précise (doc.5) ?

La revendication de liberté

4. Que reproche-t-on au chevalier de la Barre ? Que lui arrive-t-il (doc.4) ?

5. Que dénonce ici Voltaire ? En quoi son combat est-il emblématique des Lumières (doc.4) ?

La naissance d'une opinion

6. Quelle est l'activité des personnages présents ? En quoi illustre-t-elle le mouvement des Lumières (doc.3) ?

L'importance de la raison

Le droit à la critique raisonnée. Jusqu'au XVIIIe siècle, l'existence d'un dieu tout-puissant explique l'organisation de l'univers. Pour les philosophes des Lumières, seule la réflexion fondée sur la raison permet de comprendre la nature. L'homme conquiert sa liberté par la connaissance.

Le développement des sciences. Dès le début du XVIIIe siècle, des sociétés savantes et des académies des sciences se développent. Les savants des Lumières n'acceptent pour vérité que ce qui est vérifié par l'observation et l'expérience. Le philosophe et mathématicien allemand Leibniz, le physicien anglais Newton, puis le chimiste français Lavoisier contribuent à la naissance de la science moderne.

La revendication de liberté

Le refus d'un pouvoir arbitraire. Prenant en exemple la monarchie parlementaire anglaise, Voltaire appelle à résister à l'oppression. Diderot remet en cause l'autorité absolue des rois. Montesquieu plaide pour la séparation des pouvoirs exécutif, législatif et judiciaire. De telles propositions conduisent, pour un temps, Voltaire et Diderot en prison.

L'affirmation de l'égalité entre les hommes. Les écrivains des Lumières réclament le respect des libertés fondamentales : liberté individuelle, liberté de pensée et liberté d'expression. Rousseau affirme que tous les hommes sont libres et égaux en droit. Au plan religieux, ces revendications se traduisent par des appels à la tolérance. Les penseurs des Lumières dénoncent la superstition, le fanatisme et le sort réservé aux juifs et aux protestants.

La naissance d'une opinion

La publication de l'*Encyclopédie*. L'*Encyclopédie*, dirigée par Diderot et D'Alembert, est une œuvre collective qui rassemble les grandes idées des Lumières. Publiés entre 1751 et 1772, les 28 volumes de l'*Encyclopédie* se vendent à 25 000 exemplaires, moitié en France, moitié à l'étranger, malgré les problèmes parfois posés par la censure.

La circulation des idées. Seulement 10 % d'une classe d'âge a alors fréquenté l'école. Les idées circulent cependant dans les clubs, dans les cafés où sont lues les gazettes, ou dans les salons de l'aristocratie. Cela contribue à former une opinion publique que le pouvoir ne peut ignorer.

Vocabulaire

Lumières : Mouvement intellectuel du XVIIIe siècle qui veut libérer l'homme de toutes les formes de dépendance et lui permettre d'accéder au bonheur par les lumières de la raison.

Opinion publique : Ensemble des avis librement exprimés par un groupe humain, sans lien de dépendance avec le pouvoir en place.

Raison : Pour les hommes des Lumières, faculté de penser et d'acquérir des connaissances afin d'agir en toute autonomie, dégagé du poids des traditions et des croyances.

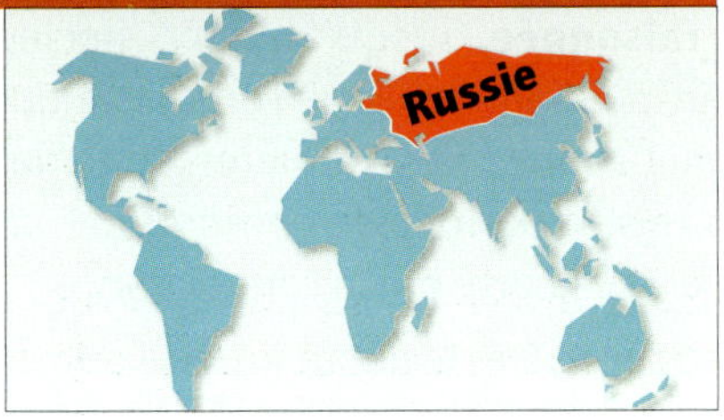

Quelles idées nouvelles Diderot soutient-il ?

La situation Les idées des philosophes sur l'autorité et l'exercice du pouvoir intriguent de nombreux souverains. Animés du désir de convaincre, de nombreux penseurs parcourent l'Europe. Diderot gagne Saint-Pétersbourg en 1773 à l'invitation de Catherine II, impératrice de Russie. Ils échangent leurs idées pendant plusieurs mois.

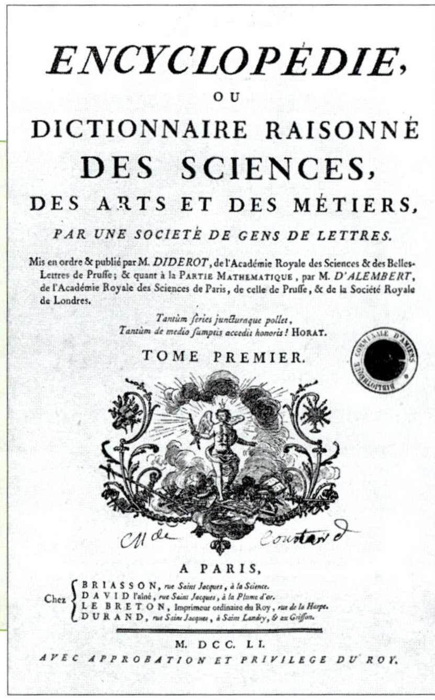

ENCYCLOPÉDIE,
OU
DICTIONNAIRE RAISONNÉ
DES SCIENCES,
DES ARTS ET DES MÉTIERS,
PAR UNE SOCIETÉ DE GENS DE LETTRES.

Mis en ordre & publié par M. *DIDEROT*, de l'Académie Royale des Sciences & des Belles-Lettres de Prusse ; & quant à la PARTIE MATHEMATIQUE, par M. *D'ALEMBERT*, de l'Académie Royale des Sciences de Paris, de celle de Prusse, & de la Société Royale de Londres.

Tantùm series juncturaque pollet,
Tantùm de medio sumptis accedit honoris ! HORAT.

TOME PREMIER.

A PARIS,

Chez BRIASSON, *rue Saint Jacques, à la Science.*
DAVID l'aîné, *rue Saint Jacques, à la Plume d'or.*
LE BRETON, Imprimeur ordinaire du Roy, *rue de la Harpe.*
DURAND, *rue Saint Jacques, à Saint Landry, & au Griffon.*

M. DCC. LI.
AVEC APPROBATION ET PRIVILEGE DU ROY.

1 La contestation du pouvoir absolu

« Aucun homme n'a reçu de la nature le droit de commander aux autres. [...] Si la nature a établi quelque autorité, c'est la puissance paternelle ; mais la puissance paternelle a ses bornes ; et dans l'état de nature, elle finirait aussitôt que les enfants seraient en état de se conduire.

Toute autre autorité vient d'une autre origine que la nature. Qu'on examine bien, et on la fera toujours remonter à l'une de ces deux sources : ou la force et la violence de celui qui s'en est emparé ou le consentement de ceux qui s'y sont soumis. [...] La puissance qui s'acquiert par la violence n'est qu'une usurpation et ne dure qu'autant que la force de celui qui commande l'emporte sur celle de ceux qui obéissent. »

Denis Diderot, article « Autorité politique », *Encyclopédie*, 1751.

Denis Diderot, 1713-1784.
Il se consacre pendant plus de vingt ans à la rédaction de la première encyclopédie.

2 Diderot : le pouvoir appartient au peuple

« Il n'y a point de vrai souverain que la nation, il ne peut y avoir de vrai législateur que le peuple ; il est rare qu'un peuple se soumette sincèrement à des lois qu'on lui impose, il les aimera, il les respectera, il y obéira, il les défendra comme son propre ouvrage, s'il en est lui-même l'auteur. »

Diderot, *Observations sur les instructions à l'Assemblée consultative*, La Haye, 1774.

3 Catherine II : le pouvoir appartient au roi

« Le monarque doit être souverain, sa puissance ne peut être partagée parce qu'il n'y a que le pouvoir réuni dans sa personne qui puisse agir conséquemment à l'étendue d'un aussi grand empire, [...] et parce qu'il vaut mieux obéir aux lois sous un que sous plusieurs maîtres. »

Catherine II, *Instructions à l'Assemblée consultative*, Saint-Pétersbourg, 1767.

4 La Russie et Catherine II, vues par Diderot

En 1765, Catherine II achète à Diderot sa bibliothèque en viager : « Il aurait été cruel de séparer un savant d'avec ses livres ». Jusqu'à sa mort, Diderot voue une réelle reconnaissance à sa bienfaitrice, tout en demeurant critique sur son « despotisme[1] éclairé ». En septembre 1774, de retour de Russie, Diderot écrit.

« Catherine II permet qu'on l'interroge et elle ne trouve pas mauvais qu'on l'interrompe, comme j'en ai fait souvent la sottise ; son âme est forte et douce [...]. Elle a bien l'art d'écarter la question à laquelle il ne lui plaît pas de répondre [...].

Quant au climat, aux mœurs, aux lois, aux coutumes, aux usages, je vous en dirai, comme Corneille du fameux cardinal[2] : “Ma prose ni mes vers ne diront jamais rien. / Je serais un ingrat si j'en disais du mal ; / Je serais un menteur si j'en disais du bien.”

Vous ne pourriez répéter cette parodie à qui que ce soit sans me compromettre. »

Denis Diderot, Lettre à Madame Necker, *Correspondances*, tome 14, mai 1774-octobre 1776, Les éditions de minuit, 1968.

1. Despotisme : forme de gouvernement dans laquelle le pouvoir est détenu par une seule personne.
2. Il s'agit du cardinal de Richelieu.

5 Le regard de Catherine II sur Diderot

En avril 1787, Catherine de Russie évoque Diderot devant un témoin, le comte de Ségur.

« Je m'entretins longtemps et souvent avec lui, mais avec plus de curiosité que de profit. Si je l'avais cru, tout aurait été bouleversé dans mon empire ; législation, administration, politique, finances, j'aurais tout renversé pour y substituer d'impraticables théories. [...]

Alors lui parlant franchement, je lui dis : “Monsieur Diderot, j'ai entendu avec le plus grand plaisir tout ce que votre brillant esprit vous a inspiré ; mais avec tous vos grands principes que je comprends très bien, on ferait de beaux livres et de mauvaises besognes. Vous oubliez, dans tous vos plans de réforme la différence de nos deux positions : vous, vous ne travaillez que sur le papier, qui souffre tout ; il est uni, souple, et n'oppose d'obstacles ni à votre imagination, ni à votre plume ; tandis que moi, pauvre impératrice, je travaille sur la peau humaine, qui est bien autrement irritable et chatouilleuse.” »

Rapporté par Philippe de Ségur, *Histoire et mémoires*, Firmin-Didot, 1877.

6 Catherine II, 1729-1796.

Impératrice de Russie à partir de 1762, Catherine II s'inspire des écrits de Montesquieu, un philosophe français, pour ses instructions à l'Assemblée consultative, posées devant elle sur ce tableau. Toutefois, aucune réforme ne voit le jour et Catherine II dirige, seule, d'une main de fer, son immense empire.

Étude de la situation

Analyse des documents

1. Quelle est la conception du pouvoir de Diderot (doc. 1 et 2) ?

2. Quelle est celle de Catherine II (doc. 3 et 6) ?

3. Leurs conceptions du pouvoir diffèrent sensiblement. Montrez ce qui les oppose (doc. 2, 3 et 4).

4. Catherine II est-elle convaincue par les idées de Diderot ? Pourquoi (doc. 5) ?

Bilan

Montrez que Diderot et Catherine II s'estiment mutuellement mais ne partagent pas les mêmes idées.

Cours

Les principes universels de la Révolution française

▶ Quels sont les grands principes de la Révolution ?

À la fin du XVIIIe siècle, les idées de la Révolution bouleversent l'organisation sociale et politique. Ces principes marquent encore aujourd'hui la vie des Français.

1 Le clergé, la noblesse et le tiers état.
(Gravure de 1789.)

2 La Déclaration des droits de l'homme du 26 août 1789

« **Art. 1er.** Les hommes naissent libres et demeurent égaux en droit. Les distinctions sociales ne peuvent être fondées que sur l'utilité commune.
Art. 3. Le principe de toute souveraineté réside essentiellement dans la nation. Nul corps, nul individu ne peut exercer d'autorité qui n'en émane expressément.
Art. 10. Nul ne doit être inquiété pour ses opinions, même religieuses pourvu que leur manifestation ne trouble pas l'ordre établi par la loi.
Art. 11. La libre communication des pensées et des opinons est un des droits les plus précieux de l'homme ; tout citoyen peut donc parler, écrire, imprimer librement, sauf à répondre de l'abus de cette liberté dans les cas déterminés par la loi. »

Déclaration des droits de l'homme et du citoyen, 26 août 1789.

3 La fête de la Fédération à Paris, le 14 juillet 1790.
260 000 Parisiens et 100 000 délégués de toute la France, célèbrent en présence de Louis XVI son acceptation du nouvel ordre politique et social. (Gravure de David, 1790, musée Carnavalet, Paris.)

4 **Les symboles de la République.** Gravure réalisée en 1793.

5 **L'introduction du système métrique en 1800.** 1. Le litre 2. Le gramme 3. Le mètre.

Questions

La Déclaration des droits de l'homme et du citoyen

1. Expliquez l'article 1 (doc. 2).

2. Quelles autres libertés sont évoquées dans les articles 10 et 11 (doc. 2) ?

Le citoyen souverain

3. Décrivez la caricature (personnages, actions). Quelle situation évoque-t-elle (doc. 1) ?

4. À l'aide du vocabulaire ci-contre, expliquez chaque phrase de l'article 3 (doc. 2).

L'unité de la nation

5. La fête de la Fédération est une manifestation de l'unité de la nation. Pourquoi (doc. 3) ?

6. Étudiez la signification de chacun des symboles de la République (doc. 4).

7. Quel est l'intérêt d'un système commun de mesures (doc. 5) ?

La Déclaration des droits de l'homme et du citoyen

L'héritage des Lumières. La Déclaration des droits de l'homme et du citoyen est adoptée le 26 août 1789 par l'Assemblée nationale. Elle proclame l'égalité des droits entre tous les hommes. Elle met aussi en place les libertés individuelles et la tolérance envers toutes les opinions, même religieuses.

Le fondement du droit républicain. La Déclaration s'inscrit dans la suite logique des décrets du 4 août 1789. Elle les prolonge en élargissant le champ de l'égalité devant l'impôt à tous les autres domaines de la vie en société. Ses articles prennent rapidement une dimension universelle.

Le citoyen souverain

La fin des ordres privilégiés. Jusqu'à la Révolution, la société française est divisée en trois ordres : le clergé, la noblesse et le tiers état. Le clergé et la noblesse, groupes privilégiés, ne payent pratiquement pas d'impôts et en prélèvent à leurs profits. Le tiers état, qui représente 96% de la population, paye des impôts au roi, au clergé et à la noblesse. L'égalité civile proclamée le 4 août 1789 abolit les privilèges liés à la naissance.

Le citoyen et la nation. Avant 1789, le pouvoir politique appartient au roi seul. Avec la Révolution, la politique devient l'affaire de tous : l'homme n'est plus un sujet, il est citoyen et les citoyens réunis constituent la nation. Ils délèguent pour un temps leur pouvoir à des représentants élus. Il n'existe pas de pouvoir supérieur à celui de la nation. Elle est l'autorité suprême, elle est souveraine.

L'unité de la nation

La nouvelle organisation de la France. La Révolution, puis Napoléon Ier, contribuent à uniformiser la nation. 83 départements remplacent les innombrables subdivisions territoriales de la France des rois. L'instauration d'un système métrique remplace l'infinie diversité des poids et mesures utilisés jusque-là dans les provinces.

La mise en place de références communes. Le souci des hommes de la Révolution de renforcer l'unité de la nation passe aussi par le partage de nouvelles valeurs et de symboles collectifs : la devise « Liberté, Égalité, Fraternité », le drapeau et la cocarde tricolores, le bonnet phrygien et Marianne.

Vocabulaire

Droits de l'homme : Droits et libertés que chaque individu possède dès la naissance.

Nation : Groupe d'hommes et de femmes qui ont conscience d'être unis par un passé et un avenir communs.

Souveraineté nationale : Principe selon lequel la source de tout pouvoir politique provient de la nation formée par l'ensemble des citoyens.

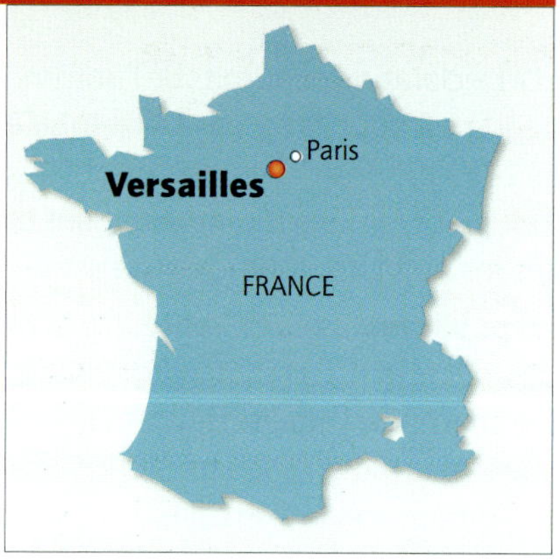

En quoi la nuit du 4 août 1789 a-t-elle changé l'histoire ?

La situation Dans la nuit du 4 au 5 août 1789, dans un climat enfiévré, les mille représentants de l'Assemblée nationale réunis à Versailles votent par acclamation l'abolition des privilèges dont bénéficiaient la noblesse et le clergé.

1 L'incendie d'un château.

À partir du 20 juillet 1789, des milliers de châteaux sont attaqués par les paysans. Dans deux mille cas, les archives où figurent taxes et corvées sont brûlées. (Gravure anonyme colorée, musée Carnavalet.)

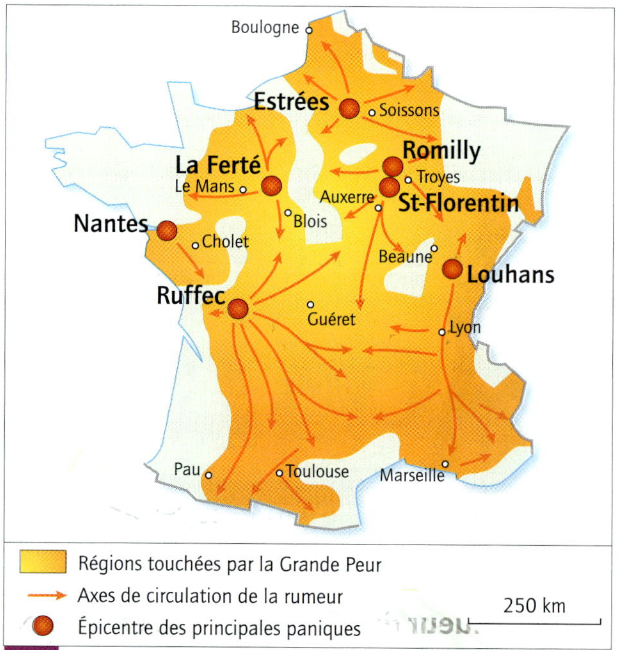

2 La Grande Peur de l'été 1789.

Dans les campagnes, à la suite des événements du 14 juillet à Paris, des rumeurs annoncent l'arrivée de brigands armés par les nobles.

Des citoyens en 1790. Ils symbolisent la liberté gagnée par le peuple.

3 Le décret de la nuit du 4 août 1789

« **Article 1er.** L'Assemblée nationale détruit entièrement le régime féodal. Elle décrète que, dans les droits et devoirs, tant féodaux que censuels[1], ceux qui tiennent à la servitude[2] personnelle et ceux qui les représentent sont abolis sans indemnité. Tous les autres sont déclarés rachetables, et le prix et le mode de rachat seront fixés par l'Assemblée nationale.

Article 3. Le droit exclusif de chasse est aboli. [...] M. le Président[3] sera chargé de demander au roi le rappel des galériens et des bannis pour simple fait de chasse et l'élargissement des prisonniers actuellement détenus à cet égard.

Article 5. Les dîmes[4] de toutes natures et les redevances qui en tiennent lieu sont abolies.

Article 9. Les privilèges pécuniaires[5] personnels ou réels sont abolis à jamais. »

Décret du 4 août 1789, Assemblée nationale.

1. Le cens est un impôt sur la terre dû à la noblesse.
2. Impôts en journées de travail dues à la noblesse.
3. Le Président de l'Assemblée nationale.
4. Impôt sur les récoltes dû au clergé.
5. Les privilèges en argent, le droit de lever des impôts.

4 La destruction des privilèges après la nuit du 4 août 1789.

5 L'unanimité du vote

Jeune juriste genevois, Étienne Dumont est, en 1789, secrétaire de Mirabeau, député du tiers état.

« Jamais on n'expédia tant d'ouvrage en si peu d'heures. Ce qui aurait demandé une année de soins et de méditations fut proposé, délibéré, voté, résolu par acclamation générale. J'ai été témoin de cette scène si imprévue.

On commença par un rapport sur les désordres des provinces, les châteaux brûlés, les troupes de bandits qui attaquaient la noblesse et ravageaient les campagnes. Le duc d'Aiguillon, Noailles et plusieurs autres de la minorité de la noblesse s'écrièrent qu'il n'y avait qu'un grand acte de générosité qui pût calmer le peuple, et qu'il était temps d'abandonner des privilèges odieux et de lui faire sentir les bienfaits de la révolution. Je ne sais quelle effervescence gagna l'assemblée. Il n'y eut plus ni sang-froid ni calcul. Chacun venait proposer un sacrifice, apporter une nouvelle offrande sur l'autel de la patrie, se dépouiller ou dépouiller les autres : une contagion sentimentale entraînait les cœurs. »

Étienne Dumont, *Souvenirs sur Mirabeau*, Londres 1832.

6 « La lueur des flammes de leurs châteaux »

L'Ami du peuple *paraît du 12 septembre 1789 au 14 juillet 1793.*

« Sans doute des actes multipliés de justice et de générosité, dictés par l'humanité et l'amour patriotique impatient de se signaler, devaient porter au comble l'admiration des spectateurs. Était-ce bien le cas ? Ne soyons dupes de personne. Si c'est la bienfaisance qui dictait ces sacrifices, il faut convenir qu'elle a attendu un peu tard pour élever la voix. Quoi ! C'est à la lueur des flammes de leurs châteaux incendiés qu'ils ont la grandeur d'âme de renoncer au privilège de tenir dans les fers des hommes qui ont recouvré leur liberté les armes à la main ! »

Marat, *L'Ami du peuple*, 21 septembre 1789.

Étude de la situation

Analyse des documents

1. Quels événements précèdent la nuit du 4 août 1789 (doc. 1 et 2) ?

2. Un mot revient dans chaque article du décret du 4 août. Lequel ? Que signifie-t-il (doc. 3) ?

3. À quel groupe social appartiennent les quatre personnages ? Que symbolisent leurs gestes (doc. 4) ?

4. La séance du 4 août est doublement exceptionnelle. Pourquoi (doc. 5) ?

5. D'après Étienne Dumont et Marat, par quoi le vote du 4 août a-t-il été précipité (doc. 5 et 6) ?

6. Quel problème pose, pour le peuple, la dernière phrase de l'article 1 du décret du 4 août (doc. 3) ?

Bilan

Expliquez pourquoi le 4 août 1789 est une rupture forte dans l'histoire de France.

Cours

La diffusion des idées révolutionnaires en Europe

▶ Comment les principes révolutionnaires se répandent-ils auprès des peuples européens ?

Entre 1792 et 1815, les armées françaises combattent hors des frontières. Les princes européens se sont en effet alliés pour faire barrage aux idées nouvelles.

1 **« L'étincelle de la liberté renverse tous les trônes des brigands couronnés ».** (Caricature de 1789.)

2 **L'entrée des troupes françaises dans Milan, le 15 mai 1796.** Après la fuite des Autrichiens, les Français sont accueillis en libérateurs.

3 **Caricature antifrançaise italienne.**
Publiée après le pillage de la ville de Pavie par les Français, cette caricature est intitulée : « Indigestion d'un officier français ».

4 **Marianne assaillie par les puissances européennes.** (Caricature révolutionnaire.)

5 **Le programme de la République dans les territoires occupés**

« Dans les pays qui sont ou seront occupés par les armées de la République, les généraux proclameront sur le champ, au nom de la nation française, la souveraineté du peuple, la suppression de toutes les autorités établies, des impôts ou contributions existants, l'abolition de la dîme, de la féodalité, des droits seigneuriaux et généralement de tous les privilèges.

La nation française [...] promet et s'engage de ne souscrire aucun traité, et de ne poser les armes qu'après affermissement de la souveraineté et de l'indépendance du peuple sur le territoire duquel les troupes de la République sont entrées, qui aura adopté les principes de l'égalité et établi un gouvernement libre et populaire. »

Décret de la Convention, 15 décembre 1792.

Questions

L'écho révolutionnaire en Europe

1. Que représente le personnage à gauche de la gravure ? Que fait-il (doc. 1) ?

2. D'après cette caricature, que tentent de faire les souverains étrangers ? Que symbolise leur geste (doc. 4) ?

L'Europe française

3. Quels détails montrent l'accueil favorable fait aux troupes françaises par les Italiens (doc. 2) ?

4. Quels principes la France veut-elle mettre en application dans les pays occupés (doc. 5) ?

L'Europe entre réaction et aspirations nationales

5. D'après les Italiens, de quelle « indigestion » souffre l'officier français (doc. 3) ?

6. La France a pu faire naître des sentiments nationaux de deux façons. Lesquelles (doc. 2, 3 et 5) ?

L'écho révolutionnaire en Europe

« Un magnifique lever de soleil ». Cette expression du philosophe allemand Hegel montre que la Révolution française est accueillie très favorablement en Europe par les partisans des Lumières. La Déclaration des droits de l'homme et du citoyen est traduite en de nombreuses langues. Les nobles français émigrés entretiennent cependant l'hostilité des rois étrangers contre la France de la Révolution.

Le droit des peuples à disposer d'eux-mêmes. En septembre 1791, la ville d'Avignon – jusque-là État du Pape - est rattachée à la France à la demande de ses habitants. Ce respect du désir d'une population fonde le droit des peuples à disposer d'eux-mêmes. Les monarchies européennes y voient une remise en cause de l'ordre existant sur leur territoire.

L'Europe française

Le temps des Républiques sœurs. Face à un premier rassemblement d'armées étrangères, la France remporte plusieurs victoires dont celle de Valmy, le 21 septembre 1792. Dans les territoires sous influence française, les droits féodaux et les privilèges sont abolis. En 1799, six « Républiques sœurs » s'étendent des Pays-Bas au sud de l'Italie.

Le rejet des annexions territoriales. Après la Révolution, Napoléon Ier poursuit cette politique d'expansion. Mais les Français, d'abord accueillis comme des libérateurs, sont vite considérés comme des occupants. Des mouvements anti-français se développent et toutes les puissances européennes rassemblées conduisent Napoléon Ier à la défaite en 1814.

L'Europe entre réaction et aspirations nationales

L'opposition aux idées de la Révolution française. Dominé par la Russie, la Prusse, l'Angleterre et l'Autriche, le Congrès de Vienne en 1814-1815 veut débarrasser l'Europe de l'influence française et des principes révolutionnaires. Il rétablit l'ordre ancien et les souverains renversés par la Révolution ou par Napoléon Ier. Il ramène la France dans ses frontières de 1792.

La permanence des aspirations nationales. Les conséquences des bouleversements liés à la période révolutionnaire et à la domination française se font cependant sentir. Dans nombre de pays européens, les inégalités de droit ont disparu. Et le sentiment national nourrit les mouvements nationaux de la première moitié du XIXe siècle.

Vocabulaire

Droit des peuples à disposer d'eux-mêmes : Liberté de chaque peuple à choisir son destin, notamment l'État dans lequel il veut vivre.

Comment la Révolution a-t-elle intégré les protestants et les juifs à la société française ?

La situation Au XVIIIe siècle, la France est un royaume catholique où les minorités religieuses protestantes et juives sont hors la loi. Elles ne peuvent pas pratiquer leur religion librement et de nombreuses professions leur sont interdites. Leur intégration à la communauté nationale se fait en plusieurs étapes.

1 Les juifs et les protestants en France à la veille de la Révolution de 1789

	Nombre	Dont
Juifs	40 000	25 000 en Alsace 7 500 en Lorraine
Protestants	725 000	200 000 en Alsace Des communautés dans le sud de la France : Vivarais, Cévennes, Haut Languedoc, Béarn, Montalbanais, Agenais et Poitou.
Population française	28 millions	

2 Décret sur les droits civils et politiques des juifs

« L'Assemblée nationale, considérant que les conditions nécessaires pour être citoyen français sont fixées par la Constitution, et que tout homme qui, réunissant lesdites conditions, prête le serment civique[1], et s'engage à remplir tous les devoirs que la Constitution impose, a droit à tous les avantages qu'elle assure :

Révoque tous ajournements, réserves et exceptions dans les précédents décrets relativement aux individus juifs. »

1. La Constitution du 3 septembre 1791 comportait un serment civique : le candidat citoyen jurait d'être fidèle à la nation, à la loi et au roi.

Assemblée nationale, décret du 27 septembre 1791.

3 Les étapes de l'intégration

1763	Traité sur la tolérance de Voltaire.
1784	Édit royal d'abolition du droit de péage corporel (droit d'entrée journalier) sur les juifs.
1787	Édit royal de tolérance accordant un état civil laïc aux protestants. Ils peuvent faire légitimer leur mariage et leurs enfants. Mais leur culte demeure interdit.
1789 - 26 août	Déclaration des Droits de l'homme et du citoyen. Elle proclame l'égalité de tous les hommes à la naissance et affirme leur liberté d'*« opinions, même religieuses »*.
24 décembre	Loi affirmant l'accessibilité à tous les emplois des non catholiques à l'exception des juifs.
1791 - 3 septembre	Constitution proclamant la liberté de culte. Les protestants et les juifs ont le même droit de pratiquer leur religion que les catholiques.
27 septembre	Décret annulant toutes les *« réserves et exceptions relativement aux individus juifs »*. Les juifs deviennent des citoyens français comme les autres.

Hirtz de Mendelsheim, dit Cerf-Berr.
Fournisseur des armées du roi, Cerf-Berr est le premier juif d'Alsace autorisé à résider dans Strasbourg, en 1768.

4 **Assemblée de protestants dans les carrières de Lecques, près de Nîmes, en 1780.**

Après 1750, la religion protestante est toujours officiellement interdite. Mais les protestants prennent l'habitude de se rassembler en nombre à l'écart des villes. Une tolérance de fait s'installe .

5 **Discours du pasteur Louis-Victor Gabriac**

« Les protestants de cette commune [...] vivant dans l'égalité, la fraternité et l'amour de la patrie, ont entendu les accents d'une République tolérante dans le sentiment de la plus grande reconnaissance, ils la chérissent donc dans tous les principes les plus vertueux, ils l'aiment pour sa bienfaisance et ils la cultiveront à jamais puisqu'elle a brisé les chaînes et détruit l'esclavage qui les tenaient sous l'oppression. Vive la République, vive la Convention nationale, vive la Montagne ! Ces vœux fournis dans le sentiment de la reconnaissance ne peuvent être équivoques. »

Louis-Victor Gabriac, pasteur d'Orthez, le 15 décembre 1793.

6 **Prisonnières protestantes à la Tour de Constance d'Aigues-Mortes vers 1750.**

Les dernières prisonnières pour « crime de religion » sont libérées en 1769. (Peinture de Jeanne Lombard, Musée du Désert.)

Étude de la situation

Analyse des documents

1. Montrez que les juifs et les protestants sont, au XVIIIe siècle, des minorités (doc. 1).

2. Quelle est la situation des juifs avant 1784 (doc. 3) ?

3. Quels droits la Révolution accorde-t-elle aux juifs (doc. 2 et 3) ?

4. Pour les protestants, avant 1791, on parle d'une tolérance de fait. Expliquez cette expression (doc. 3, 4 et 6).

5. Quel sentiment ce pasteur a-t-il pour la République ? Pourquoi (doc. 5) ?

Bilan

Après avoir expliqué la situation des protestants et des juifs de France avant 1789, vous présenterez les étapes de leur intégration à la communauté nationale.

L'essentiel

Connaissances

Les nouvelles idées des Lumières.

Les philosophes des Lumières affirment que, pour être libre, l'homme doit utiliser sa raison et développer ses connaissances. Ils dénoncent le pouvoir absolu des rois et revendiquent, pour tous les hommes, la liberté et l'égalité. L'*Encyclopédie*, ouvrage en 28 volumes, diffuse ces idées.

Les principes universels de la Révolution française.

En août 1789, inspirés par les Lumières, les hommes de la Révolution française abolissent les privilèges de la noblesse et du clergé et proclament la Déclaration des droits de l'homme et du citoyen. Les anciens sujets du roi de France deviennent des citoyens égaux en droits à la naissance. Ils sont désormais la base du pouvoir politique : ils détiennent la souveraineté nationale.

La diffusion des idées révolutionnaires en Europe.

Les principes de la Révolution, l'égalité à la naissance, le droit des peuples à disposer d'eux-mêmes sont largement diffusés en Europe par les armées révolutionnaires qui luttent contre les rois européens alliés contre la France. Le sentiment national nourrit les mouvements nationaux européens du XIXe siècle.

Acteurs clés

Voltaire (1694-1778). Pseudonyme de François Marie Arouet, philosophe des Lumières qui s'est illustré par son combat contre les fanatismes religieux et ses écrits sur la tolérance.

Diderot Denis (1713-1784). Philosophe des Lumières, co-directeur avec D'Alembert de l'*Encyclopédie* dans laquelle il a lui-même rédigé de très nombreux articles.

Notions clés

Lumières. Mouvement intellectuel du XVIIIe siècle qui vise à libérer l'homme par la connaissance, l'usage de la raison et la pensée critique.

Droits de l'homme. Droits et libertés inaliénables dont dispose chaque être humain, dès sa naissance.

Droit des peuples à disposer d'eux-mêmes. Liberté de chaque peuple à choisir son destin, notamment l'État dans lequel il veut vivre.

Repères chronologiques

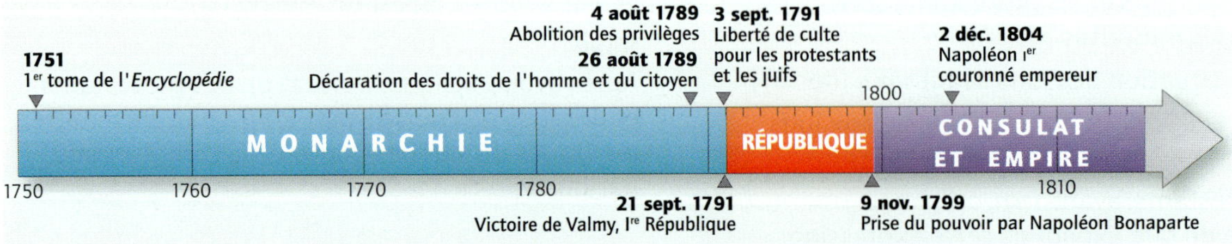

Lire une caricature

3. Les informations textuelles. Déterminer leur rôle : paroles d'un personnage, titre ou commentaire du dessinateur.

2. Les informations du dessin. Identifier les personnages, leurs actions. Repérer les symboles.

1. L'origine de la caricature. Rechercher l'auteur, la date de publication et le public visé.

4. La construction du sens. Dégager le thème développé en liant image et texte. Situer le message exprimé dans le contexte de sa publication.

« J'savois ben qu'jaurions not tour. »
(Gravure coloriée anonyme de 1790, musée Carnavalet, Paris)

Démarche

1. L'origine de la caricature. Quand et où cette caricature a-t-elle été publiée ? Son auteur est-il connu ? Selon vous, à qui est-elle destinée ?

2. Les informations du dessin. Qui sont les trois personnages ? Á quoi les reconnaît-on ? Que font-ils ? Quelques détails sont fortement symboliques. Lesquels ? De quoi ?

3. Les informations textuelles. À quel personnage les paroles peuvent-elles être attribuées ? Pourquoi ?

4. La construction du sens. Á quel événement de la Révolution cette caricature se rapporte-t-elle ? Elle traduit le climat social d'un moment de la Révolution. Lequel ?

Mobiliser ses connaissances (10 points)

1 Dater des faits importants (1 point)

La Déclaration des droits de l'homme et du citoyen a été adoptée en
a. 1751
b. 1789
c. 1799

2 Utiliser le vocabulaire disciplinaire (2 points)

- Laquelle des trois définitions ci-dessous peut-elle s'appliquer aux droits de l'homme ? Justifiez votre réponse.
a. Les droits du père de famille par rapport à son épouse et à ses enfants.
b. Les droits que chaque individu possède du seul fait de son existence.
c. Les droits que chaque individu accumule par ses études et son travail.

- Donnez une définition de la liberté de conscience.

3 Citer des acteurs (2 points)

Citez le nom de deux philosophes des Lumières. Donnez, pour chacun d'eux, un élément caractéristique de son œuvre ou de son action.

4 Restituer les principales connaissances (2 points)

Quels principes universels la Révolution française diffuse-t-elle en Europe à la fin du XVIIIe siècle ?

5 Justifier une affirmation (3 points)

- Quel événement évoque Joseph-Michel Pellerin dans la citation ci-dessous ?
- Quel point de vue présente-t-il ?
- Expliquez ce qu'il veut dire dans chacune de ses phrases.

Joseph-Michel Pellerin, député du tiers état de Nantes, note dans son journal personnel, à l'aube du 5 août 1789, les phrases suivantes :
« La postérité ne voudra jamais croire ce que l'Assemblée nationale a fait dans l'espace de cinq heures. Elle a anéanti des abus qui existent depuis 900 ans et qu'un siècle de philosophie avait en vain combattus. »

Analyser un document (10 points)

« Ma feinte, il était tems que je me réveillisse, car l'oppression de mes fers me donnions le cochemar un peu trop fort. »

(Gravure coloriée anonyme de 1789, musée Carnavalet, Paris)

▶ Lire une caricature (7 points)

1. Quand cette caricature a-t-elle été publiée ? Son auteur est-il connu ?

2. Comment pouvez-vous identifier quel est le bâtiment à l'arrière-plan ?

3. Que fait le personnage à terre ? Quelle est la réaction des deux autres ?

4. Qui prononce la phrase inscrite sous la caricature ? Pourquoi ?

▶ Mettre en relation avec ses connaissances (3 points)

5. Pourquoi cette caricature symbolise-t-elle bien les événements survenus en 1789 en France ?

État et société en France de 1830 à nos jours

Les mutations de l'Europe au XIXe siècle ouvrent une phase nouvelle dans l'histoire de l'humanité. Des bouleversements profonds affectent l'économie, la vie sociale et l'organisation politique de la France. Ceux-ci se poursuivent tout au long du XXe siècle, qui voit s'organiser le mouvement ouvrier, évoluer la condition des femmes, s'imposer la laïcité et s'effondrer puis se reconstruire la République.

Histoire

Première

Histoire

stoire

Sujets d'étude

1 Être ouvrier en France (1830-1975)

2 Les femmes dans la société française de la Belle Époque à nos jours

3 La République et le fait religieux depuis 1880

4 de l'État français à la IVe République (1940-1946)

5 La Ve République, une République d'un nouveau type ?

Le travail des fondeurs à la fin du XIXe siècle.
Ouvriers travaillant dans une usine métallurgique au Creusot, en Bourgogne, en 1887.
La ville du Creusot est alors le grand centre de la sidérurgie, dominé par la société Schneider.
Plus de 10 000 ouvriers travaillent à la production de pièces métalliques essentiellement destinées à la construction de chemins de fer. (*Les fondeurs*, tableau de Jean Rixens, Le Creusot, Écomusée.)

Sujet d'étude

1

Être ouvrier en France (1830-1975)

Alors que se développe l'industrialisation, une nouvelle catégorie sociale apparaît et voit ses effectifs se multiplier en un siècle : les ouvriers. Des luttes jalonnent l'évolution de leurs conditions de travail. Ils prennent peu à peu conscience qu'ils forment un groupe social à part entière, avec des traditions et une culture particulières.

Quelles sont les principales caractéristiques du monde ouvrier ?

Cours

Les mutations du travail ouvrier

▶ Comment le travail des ouvriers évolue-t-il ?

En un siècle et demi, les ouvriers travaillent dans des usines de plus en plus vastes. Ils perdent lentement mais majoritairement leur autonomie dans l'exercice de leur métier.

1 Les ouvriers des forges de Firminy (Loire), vers 1865.
La grande industrie embauche de nombreux paysans pour qui la vie dans les ateliers est pénible.

2 Les fendeurs d'ardoise. (Tableau de Ludovic Alleaune, vers 1887, Musée du Vieux-Château, Laval.)

3 Le règlement de l'usine Schneider au Creusot

« **Art. 1er :** À partir du 1er septembre la durée de la journée de travail est fixée à 12 heures.

Art. 2 : Les entrées et sorties seront réglées sur les bases suivantes, savoir :

1er tiers : À 4 h 30 premier coup de cloche ; à 5 h commencement des travaux ; à 9 h fin des travaux.

2e tiers : À 9 h 45 premier coup de cloche ; à 10 h commencement des travaux ; à 14 h fin des travaux.

3e tiers : À 14 h 45 premier coup de cloche ; à 15 h commencement des travaux ; à 19 h fin des travaux.

Art. 3 : Les portes de l'établissement fermeront au second coup de cloche. Aucune entrée n'est permise après ce moment. Tout ouvrier qui, au second coup de cloche, ne sera pas à son travail, perdra la valeur d'une heure de sa journée. En cas de récidive, l'ouvrier perdra sa place.

Creusot, 1er septembre 1850. Signé : Schneider et Cie »

Questions

1830-1870. La diversité des travaux ouvriers

1. Que nous apprend cette photographie de 1865 sur les ouvriers de la grande industrie naissante : origine, âges, etc. (doc. 1) ?

2. Quels détails montrent que les fendeurs d'ardoise sont détenteurs d'un savoir-faire particulier (doc. 2) ?

3. Expliquez les contraintes d'une journée de travail à l'usine en 1850 (doc. 3).

1870-1950. La mise en place du travail morcelé

4. Quelle est la caractéristique du travail décrit dans ce témoignage (doc. 4) ?

1950-1975. L'automatisation du travail

5. Que cherche à montrer cette affiche (doc. 5) ?

6. L'affiche (doc. 5) dénonce un aspect du travail évoqué dans le texte (doc. 4). Lequel ?

4 Le travail à la chaîne

Premier jour de travail d'une jeune ouvrière dans une raffinerie de sucre.

« Un ouvrier qui passe me conduit à travers un dédale de couloirs, d'escaliers gris, et voici enfin l'atelier en plein travail.

D'abord une chaleur étouffante, un bourdonnement étourdissant. Je ne distingue rien, je ne vois qu'une immense jungle mécanique, tout entière secouée par une vie d'automate. L'homme m'amène auprès de la contremaîtresse, dont la haute silhouette blanche semble régner sur ce chaos de machines et de femmes. Elle me dit, joignant le geste à la parole « Vous allez faire ça ». Elle prend une pile de plaques de fer sur une chaîne à rouleaux à hauteur des hanches et la met sur une machine. J'essaie une ou deux fois. C'est bien, il n'y a qu'à continuer. Et je continue de prendre des plaques de les déposer sur la machine. Il y a beaucoup de machines semblables à côté de la chaîne à rouleaux. [...] Alors je réalise que je suis liée à ces plaques jusqu'à dix heures du soir, et il est à peine trois heures. C'est l'éternité : jamais plus le soir n'arrivera. »

© Christiane Peyre, *Une société anonyme*, 1963.

5 La dénonciation de la condition des OS en mai 1968.

1830-1870. La diversité des travaux ouvriers

Un monde ouvrier aux multiples visages. Dans un monde où la grande usine demeure l'exception, la main-d'œuvre est marquée par une grande diversité. À côté d'ouvriers détenteurs d'un vrai savoir-faire, de nombreux ouvriers peu qualifiés travaillent, au gré des saisons, dans la campagne ou dans des ateliers en ville. Ils souffrent alors de l'enfermement et de la nécessité de se plier aux règlements.

Des ouvriers encore peu nombreux. À la veille de la Révolution, la France compte environ 400 000 ouvriers. Vers 1840, ils sont 1,2 million et atteignent 3 millions en 1870. Dans le même temps, la population active est passée de 10 à 16 millions.

1870-1950. La mise en place du travail morcelé

L'introduction du travail à la chaîne. Imaginée par l'Américain Taylor, l'organisation scientifique du travail décompose une activité en une succession de tâches simples, courtes, répétitives et minutées. Elle met en place le travail à la chaîne qui emploie des ouvriers spécialisés (OS) sans qualification. Mais elle nécessite aussi le recours à des ouvriers qualifiés chargés de l'entretien et des réglages des machines. Elle s'accompagne de deux transformations : la concentration des sites de production et le recours croissant à une main-d'œuvre immigrée.

La forte progression du nombre d'ouvriers. Le nombre d'ouvriers d'industrie augmente fortement dans la première moitié du XXe siècle : 4,7 millions en 1911, 7 millions en 1931. Cette augmentation des effectifs est liée au fort développement du travail dans les mines et dans la métallurgie.

1950-1975. L'automatisation du travail

La généralisation de l'automatisation. Facilitée par les progrès de l'électronique, l'automatisation se répand au début des années 1950, notamment chez les constructeurs automobiles. Des machines exécutent automatiquement toute une série d'opérations sur une pièce, mais l'assemblage est encore confié à des ouvriers spécialisés.

L'apogée des effectifs ouvriers. Il est atteint en France, en 1975, avec 8,2 millions de salariés ouvriers. La croissance de la population ouvrière s'est faite par une féminisation et l'arrivée de nombreux immigrés sur des postes d'OS (qui représentent alors 2,6 millions d'emplois).

Vocabulaire

OS : sigle pour « ouvrier spécialisé ». Ouvrier sans réelle qualification, spécialisé dans un petit nombre de gestes appris dans un temps court.

Ouvrier : salarié qui effectue un travail manuel.

Travail à la chaîne : organisation du travail qui divise une tâche en une série d'opérations simples, spécialise les activités des ouvriers et supprime les déplacements inutiles.

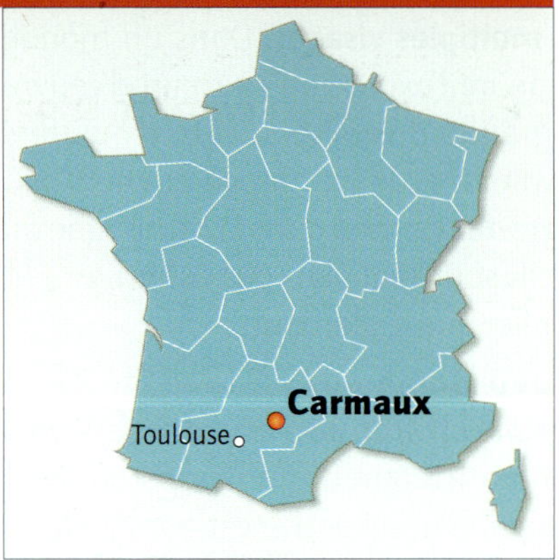

Pourquoi les mineurs de Carmaux font-ils grève en août 1892 ?

La situation Entre 1855 et 1914, les mineurs de Carmaux déclenchent 14 grèves. Celle de l'été 1892 est la plus longue : 72 jours. Elle reçoit le soutien sans faille de Jean Jaurès. C'est à cette occasion que cet enseignant devient un grand dirigeant socialiste.

1 La chronologie de la grève

15 mai 1892	Victoire aux élections municipales de Jean-Baptiste Calvignac, ouvrier et secrétaire général du syndicat de la mine. Il devient maire de Carmaux.
2 août	Renvoi de Calvignac par la Compagnie, en raison d'absences dues à l'exercice de son mandat.
Août-septembre	Grève générale de 2 350 mineurs sur 3 000. Arrestation et condamnation de dix mineurs responsables de la mise à sac du bureau de la direction. Envoi par Loubet, président du Conseil, de 1500 hommes de troupe, et proposition simultanée d'arbitrage. Article de Jaurès : « La Compagnie, en faisant du bulletin de vote une dérision, a criminellement provoqué la violence des ouvriers ».
14 octobre	Devant l'agitation et son retentissement parisien à l'initiative de Jaurès, démission du marquis de Solages de son mandat de député.
30 octobre	Arbitrage de Loubet : Calvignac est réintégré, les grévistes, à l'exception des dix condamnés, sont réembauchés. Jaurès conclut : « La victoire ouvrière de Carmaux donnera un élan nouveau à la démocratie. Elle excitera les travailleurs à se syndiquer plus largement ».
Décembre	Désignation de Jaurès comme candidat des ouvriers et des socialistes, pour l'élection du siège laissé vacant par le marquis de Solages.
8 janvier 1893	Élection de Jaurès. Il l'emporte avec 1 172 voix d'avance, celles des mineurs de Carmaux.

Jean Jaurès devient dirigeant socialiste à partir de 1892. Sa pensée influence toute la réflexion du mouvement ouvrier.

2 Les principaux acteurs de l'événement

Jean-Baptiste Calvignac, l'homme à l'origine de la grève.
Employé à la mine comme ajusteur, il a fondé le syndicat en 1883.

Le marquis de Solages, opposé à la grève.
Député de Carmaux, cet administrateur de la Compagnie est aussi le gendre de son directeur, le baron Reille.

Jean Jaurès, favorable à la grève.
Professeur de faculté, il est séduit par les idées socialistes.
À Carmaux, en 1892, il lutte aux côtés des mineurs pour dénoncer les patrons qui renvoient un ouvrier devenu maire de la ville.

Le Petit Parisien

TOUS LES JOURS Le Petit Parisien 5 CENTIMES

SUPPLÉMENT LITTÉRAIRE ILLUSTRÉ

TOUS LES SAMEDI SUPPLÉMENT LITTÉR. 5 CENTIMES

DIRECTION : 18, rue d'Enghien, PARIS

LA GREVE DES MINEURS DE CARMAUX

Les Gendarmes affichent l'arrêté du Préfet interdisant les attroupements

3 **La grève des mineurs de Carmaux, dans *le Petit Parisien* du 10 octobre 1892.**

4 La condamnation de la grève

« Nous aussi nous défendons un principe, et c'est pour cela que nous résistons. […] Il faut que cette question soit tranchée une fois pour toutes. Il est nécessaire que tous ceux qui ont en France 5, 10, 500 ou 3 000 ouvriers à conduire soient désormais fixés sur la question de savoir s'ils sont maîtres chez eux ou s'ils doivent être exposés au désordre, à la ruine, à la déconsidération chaque fois que cela plaira à un agitateur socialiste ou à un syndicat. »

Extrait d'une interview du Baron Reille, *Le Figaro*, 10 octobre 1892.

5 La victoire des ouvriers

« La grève de Carmaux est terminée. On en peut maintenant marquer les résultats. Ils sont grands, très grands et durables. […] Il est certain maintenant qu'aucune compagnie, aucune société industrielle n'osera créer des difficultés aux ouvriers investis d'un mandat électif : le suffrage universel s'est défendu trop énergiquement pour qu'on puisse l'inquiéter de nouveau. Ainsi, dans toutes les agglomérations industrielles d'abord, et bientôt de proche en proche, dans toutes les communes, les salariés auront une part du pouvoir administratif ; il y aura là pour le socialisme comme des forteresses locales, et de plus les travailleurs auront là un point d'appui pour envoyer des représentants dans toutes les assemblées. […] La victoire de 3 000 ouvriers permet d'affirmer que la solidarité des millions de salariés qui peinent en France aura bientôt raison de toutes les résistances. »

Jean Jaurès, *La Dépêche*, 8 novembre 1892.

Étude de la situation

Analyse de documents

1. Quel événement déclenche la grève de 1892 à Carmaux (doc. 1 et 2) ?

2. Quels liens peut-on établir entre cette grève et Jean Jaurès (doc. 1, 2 et 5) ?

3. Quel moment de la grève l'illustration du *Petit Parisien* représente-t-elle (doc. 1 et 3) ?

4. Au nom de quel principe le directeur de la mine justifie-t-il son action (doc. 4) ?

5. Quel principe Jean Jaurès défend-il en soutenant les mineurs de Carmaux (doc. 1 et 5) ?

Bilan

Présentez les grands traits de la grève de 1892 à Carmaux : motif, acteurs, déroulement, conséquences. Vous soulignerez le rôle joué par Jean Jaurès.

Cours

L'organisation du mouvement ouvrier

▶ Comment le mouvement ouvrier se structure-t-il ?

Pour obtenir de meilleures conditions de travail et de vie, les ouvriers manifestent d'abord leur mécontentement par des révoltes périodiques. Puis des organisations ouvrières se mettent peu à peu en place et structurent les revendications.

1 1831, la première révolte ouvrière

En novembre 1831, à Lyon, les ouvriers de la soie, les canuts, se soulèvent pour protester contre des revenus qui ne leur permettent qu'une vie de misère. Leur révolte est la première du genre et effraie la classe possédante.

« La sédition[1] de Lyon a révélé un grave secret, celui de la lutte intestine[2] qui a lieu dans la société entre la classe qui possède et celle qui ne possède pas. Notre société commerciale et industrielle a sa plaie, comme toutes les autres sociétés ; cette plaie ce sont les ouvriers. Point de fabrique sans ouvriers, et avec une population d'ouvriers toujours croissante et toujours nécessiteuse, point de repos pour la société. »

Marc Girardin, conseiller d'État, *Journal des débats*, 8 novembre 1831.

1. Sédition : révolte contre l'autorité publique.
2. Lutte intestine : conflit à l'intérieur de la société.

2 Quelques lois sociales

1892	loi limitant la journée de travail à 10 heures pour les moins de 16 ans et à 11 heures pour les femmes
1894	première loi sur les retraites ouvrières
1906	loi imposant le repos hebdomadaire
1919	loi limitant la journée de travail à 8 heures
1936	accords de Matignon, lois sur la semaine de 40 heures et sur les congés payés (2 semaines par an)
1958	loi sur l'assurance-chômage
1968	accords de Grenelle, loi sur la reconnaissance de la section syndicale d'entreprise

3 La lutte pour les salaires en 1910.

4 Affiche syndicale pour le 1er mai 1919.

La loi d'avril 1919 fixe la durée de la journée de travail à 8 heures mais prévoit de nombreuses dérogations.

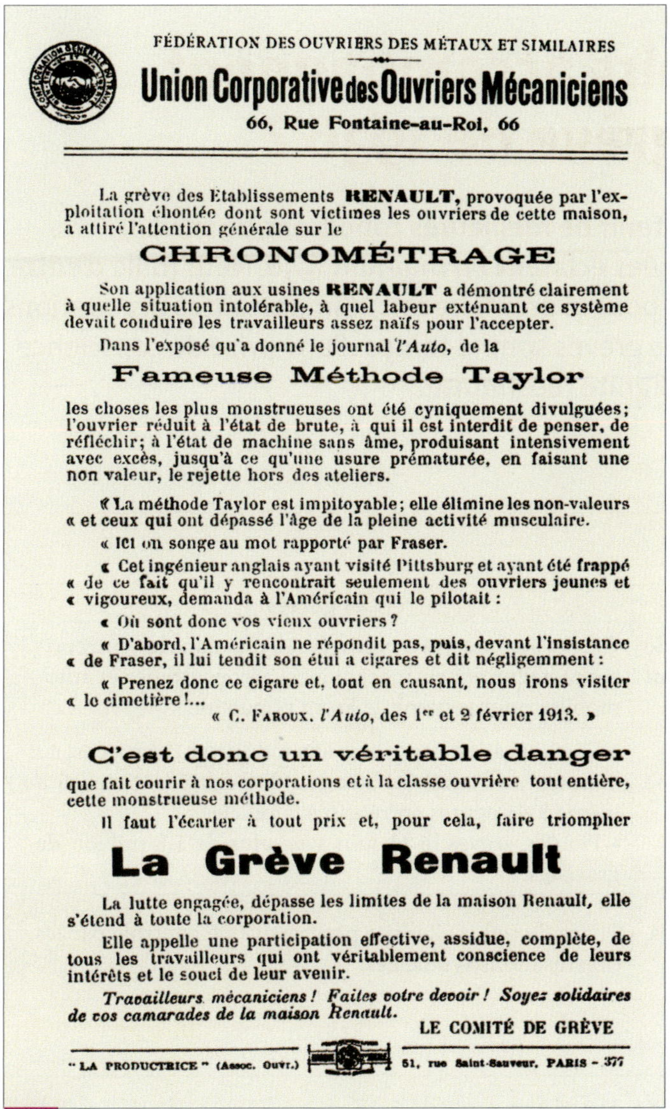

FÉDÉRATION DES OUVRIERS DES MÉTAUX ET SIMILAIRES

Union Corporative des Ouvriers Mécaniciens

66, Rue Fontaine-au-Roi, 66

La grève des Etablissements **RENAULT**, provoquée par l'exploitation éhontée dont sont victimes les ouvriers de cette maison, a attiré l'attention générale sur le

CHRONOMÉTRAGE

Son application aux usines **RENAULT** a démontré clairement à quelle situation intolérable, à quel labeur exténuant ce système devait conduire les travailleurs assez naïfs pour l'accepter.

Dans l'exposé qu'a donné le journal *l'Auto*, de la

Fameuse Méthode Taylor

les choses les plus monstrueuses ont été cyniquement divulguées ; l'ouvrier réduit à l'état de brute, à qui il est interdit de penser, de réfléchir ; à l'état de machine sans âme, produisant intensivement avec excès, jusqu'à ce qu'une usure prématurée, en faisant une non valeur, le rejette hors des ateliers.

« La méthode Taylor est impitoyable ; elle élimine les non-valeurs « et ceux qui ont dépassé l'âge de la pleine activité musculaire.

« Ici on songe au mot rapporté par Fraser.

« Cet ingénieur anglais ayant visité Pittsburg et ayant été frappé « de ce fait qu'il y rencontrait seulement des ouvriers jeunes et « vigoureux, demanda à l'Américain qui le pilotait :

« Où sont donc vos vieux ouvriers ?

« D'abord, l'Américain ne répondit pas, puis, devant l'insistance « de Fraser, il lui tendit son étui à cigares et dit négligemment :

« Prenez donc ce cigare et, tout en causant, nous irons visiter « le cimetière !...

« C. Faroux, *l'Auto*, des 1er et 2 février 1913. »

C'est donc un véritable danger

que fait courir à nos corporations et à la classe ouvrière tout entière, cette monstrueuse méthode.

Il faut l'écarter à tout prix et, pour cela, faire triompher

La Grève Renault

La lutte engagée, dépasse les limites de la maison Renault, elle s'étend à toute la corporation.

Elle appelle une participation effective, assidue, complète, de tous les travailleurs qui ont véritablement conscience de leurs intérêts et le souci de leur avenir.

Travailleurs mécaniciens ! Faites votre devoir ! Soyez solidaires de vos camarades de la maison Renault.

LE COMITÉ DE GRÈVE

"LA PRODUCTRICE" (Assoc. Ouvr.) — 51, rue Saint-Sauveur, PARIS - 377

5 Les ouvriers contre le taylorisme.

Tract du comité de grève CGT de Renault, février 1913.

Questions

1830-1880. Les premiers soulèvements

1. Quelles catégories sociales ce texte évoque-t-il ? Quelles oppositions souligne-t-il (doc. 1) ?

1880-1930. L'organisation des syndicats

2. En décrivant la construction de l'affiche, expliquez la vision de la société qu'a ce syndicat (doc. 3).

3. Relevez les termes utilisés pour désigner la méthode Taylor. Que reproche la CGT à l'application de cette méthode (doc. 5) ?

4. Quelle est la revendication exprimée par cette affiche ? Décrivez sa composition (doc. 4).

1930-1975. L'intégration républicaine

5. Quels progrès ces différentes lois apportent-elles (doc. 2) ?

1830-1880. Les premiers soulèvements

Les révoltes ouvrières. Des révoltes éclatent, souvent liées à des périodes de crise économiques. Émeutes et grèves illégales sont réprimées par un État gendarme qui considère les ouvriers comme une classe dangereuse. La première grande révolte, celle des tisserands, a lieu à Lyon en 1831.

Les solidarités ouvrières. Les coalitions ouvrières étant interdites par la loi Le Chapelier de juin 1791, les premières organisations collectives prennent la forme de sociétés de secours mutuels qui dispensent leurs aides lors des grèves. En défendant des intérêts professionnels, elles constituent les formes premières de chambres syndicales entre 1840 et 1860.

1880-1930. L'organisation des syndicats

La montée en puissance. Le droit de se syndiquer est reconnu en 1884. La syndicalisation s'incarne, au plan local, par la création des bourses du travail qui se fédèrent en 1892 et, au plan national, par la constitution de fédérations de métiers. Ces dernières s'unifient en 1895 en une Confédération Générale du Travail (CGT) qui regroupe 700 000 adhérents en 1914, 3,9 millions au début des années 1930.

Le rôle des syndicats. Par la Charte d'Amiens, adoptée en 1906, la CGT affirme son indépendance des partis politiques. Son rôle est de négocier avec le patronat et les pouvoirs publics pour améliorer les conditions de travail des salariés. La CGT refuse par exemple l'application brutale du taylorisme. Deux tendances s'opposent dans le mouvement syndical. Les réformistes croient à une amélioration possible, sans violence, de la condition ouvrière par l'État. Les révolutionnaires rêvent de grève générale et de « grand soir ». À l'heure du suffrage universel, le pouvoir ne peut ignorer une classe ouvrière aux effectifs croissants et il met en place une législation sociale.

1930-1975. L'intégration républicaine

La politique contractuelle. Pour l'État, les syndicats deviennent davantage des partenaires que des adversaires. Lors des grands conflits sociaux, il organise des négociations patronat-syndicats qui aboutissent aux accords de Matignon en 1936, puis à ceux de Grenelle en 1968.

L'évolution du taux de syndicalisation. Alors que près d'un salarié sur deux est syndiqué en 1950, seul un sur quatre l'est en 1970. Cette baisse s'accompagne d'une perte de puissance des syndicats.

Vocabulaire

Classe sociale : groupe de personne rendu homogène par le mode de vie, les conditions matérielles, les comportements et les intérêts.

Grève : cessation concertée du travail dans le but de faire aboutir des revendications d'ordre social ou salarial.

Syndicat : association professionnelle ayant pour but de défendre les droits et les intérêts de ses membres.

Quels espoirs accompagnent la grande grève de 1936 ?

La situation Pour obtenir de meilleures conditions de travail, 12 000 grèves spontanées éclatent en mai-juin 1936. Neuf mille d'entre elles s'accompagnent, pour la première fois, d'importantes occupations des lieux de travail. Ces grèves sont le temps d'une prise de conscience et l'expression d'une dignité reconquise.

1 Les trois phases des grèves

	La vie politique	Les grèves
du 3 mai au 1er juin	Le 3 mai 1936, le Front populaire (union des partis de gauche) remporte les élections législatives, provoquant une grande liesse populaire.	Grèves spontanées à partir du 11 mai dans les entreprises métallurgiques, mécaniques, aéronautiques et automobiles pour soutenir le Front populaire.
du 2 juin au 11 juin	• Le 4 juin, entrée en fonction du gouvernement formé par Léon Blum, chef de file du Front populaire. • Le 7 juin, accords de Matignon.	• Généralisation des grèves aux industries chimiques, au bâtiment, au textile et aux grands magasins. Extension même à de petites entreprises familiales. • Pic des grèves le 11 juin avec plus de 1,8 million de grévistes.
du 12 juin au mois de juillet	• Le 11 juin, les 2 semaines de congés payés sont votées. • Le 12 juin, la semaine de 40 heures est votée.	Phase de reflux. Reprise progressive de contrôle par les organisations syndicales.

Dans l'euphorie de la victoire du Front populaire et des grèves, le geste du poing levé est symbole de résolution et d'unité.

2 Une fête ouvrière

« Cette grève en elle-même est une joie. Une joie pure. Une joie sans mélange. Oui, une joie. J'ai été voir les copains dans une usine où j'ai travaillé il y a quelques mois. J'ai passé une heure ou deux avec eux. Joie de pénétrer dans l'usine avec l'autorisation souriante de l'ouvrier qui garde la porte. Joie de trouver tant de sourires, tant de paroles d'accueil fraternel. Joie de parcourir librement ces ateliers où on était rivé sur sa machine. Joie d'entendre, au lieu du fracas impitoyable des machines, de la musique, des chants et des rires. On se promène parmi ces machines auxquelles on a donné pendant tant et tant d'heures le meilleur de sa substance vitale, et elles se taisent, elles ne coupent plus les doigts, elles ne font plus mal. [...] Bien sûr, cette vie si dure recommencera dans quelques jours. Mais on n'y pense pas. Enfin, pour la première fois et pour toujours, il flottera autour de ces lourdes machines d'autres souvenirs que le silence, la contrainte, la soumission. Des souvenirs qui mettront un peu de fierté au cœur, qui laisseront un peu de chaleur humaine sur tout ce métal. [...] On n'a pas cette énergie farouchement tendue, cette résolution mêlée d'angoisse si souvent observée dans les grèves. On est résolu, bien sûr, mais sans angoisse. On est heureux. »

Simone Weil, *Visite à un atelier parisien* in *La condition ouvrière*, 10 juin 1936, Gallimard.

3 **Un bal dans une usine occupée.**
Les occupations d'usines donnent lieu à des bals improvisés.

5 Les accords de Matignon

Art. 1 : La délégation patronale admet l'établissement immédiat de contrats collectifs de travail. […]

Art. 3 : L'observation des lois s'imposant à tous les citoyens, les employeurs reconnaissent la liberté d'opinion ainsi que le droit pour tous les travailleurs d'adhérer librement et d'appartenir à un syndicat professionnel. […]

Art. 5 : Dans chaque établissement employant plus de 10 ouvriers […], il sera institué deux ou plusieurs délégués ouvriers suivant l'importance de l'établissement. Ces délégués ont qualité pour présenter à la direction les réclamations individuelles […] visant à l'application des lois, du Code du travail, des tarifs de salaires et des mesures d'hygiène et de sécurité. »

Extraits des Accords de Matignon, 7 juin 1936.

4 **L'occupation des entreprises et le ravitaillement des grévistes.** Dans les usines occupées, la solidarité s'exprime de nombreuses façons. Les familles, les commerçants voisins aident les grévistes.

Étude de la situation

Analyse de documents

1. Le calendrier des grèves coïncide-t-il avec le calendrier politique ? Justifiez votre réponse (doc. 1).

2. Selon Simone Weil, quelle rupture importante apportent les grèves de 1936 dans l'esprit des grévistes (doc. 2) ?

3. Dans quelle atmosphère se déroulent les occupations d'usines (doc. 2, 3 et 4) ?

4. À quels progrès sociaux aboutissent les grèves, les mesures du Front populaire et les Accords de Matignon (doc. 1 et 5) ?

Bilan

Présentez les caractères exceptionnels des grèves de 1936. Expliquez pourquoi, aujourd'hui encore, elles restent une référence dans l'histoire du mouvement ouvrier.

Cours La vie et la culture ouvrières

▶ Quels sont les traits dominants de la vie et de la culture ouvrières ?

À travers leurs luttes et leur façon de vivre, les ouvriers forment un groupe avec des habitudes et des valeurs partagées. Une identité ouvrière se construit peu à peu, autour de pratiques sociales et culturelles communes.

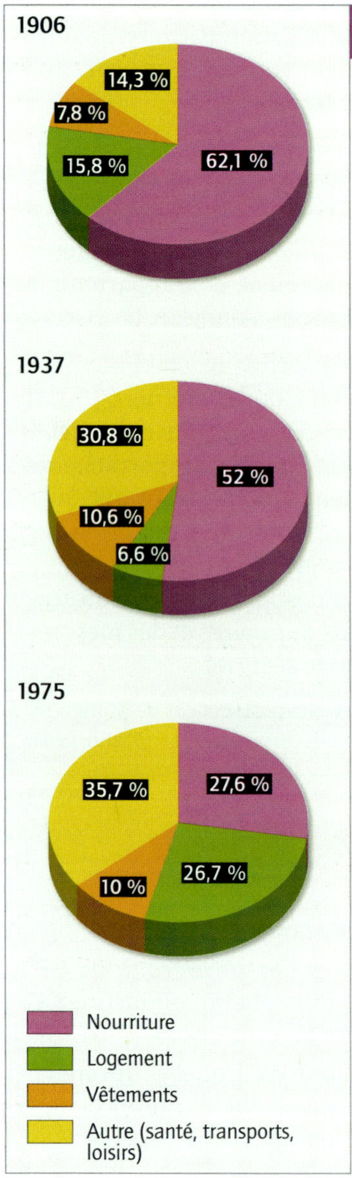

1 L'évolution du budget annuel d'une famille ouvrière.

2 **Une harmonie ouvrière.** Sur le carreau de la mine toute proche, l'harmonie des mineurs de Wingles, dans le Nord, pose, en 1938, avant le défilé.

3 **Le départ du Tour de France à Paris le 5 juillet 1936.**
Comme les matchs de football, le Tour de France est soutenu par un public ouvrier enthousiaste. Le vélo est alors le moyen le plus utilisé pour se rendre au travail et le coureur est, lui-même, souvent issu du monde ouvrier.

4 **L'ouvrier héros de cinéma.**

La Bête humaine, adapté du roman d'Émile Zola, raconte l'histoire d'un conducteur de locomotive. Le film, de Jean Renoir, est tourné en 1938.

Questions

L'évolution du budget ouvrier

1. Comment évoluent les différentes dépenses des ouvriers entre 1906 et 1975 ? D'après vous, comment expliquer cette évolution (doc. 1) ?

La construction d'une identité ouvrière

2. Quels éléments de la photographie révèlent la fierté d'appartenir au monde ouvrier (doc. 2) ?

Le développement d'une culture ouvrière

3. Selon vous, quels points communs réunissent le public et les coureurs (doc. 3) ?

4. En quoi le film de Jean Renoir témoigne-t-il du développement d'une culture ouvrière (doc. 4) ?

L'évolution du budget ouvrier

La répartition des dépenses. Jusque vers 1870, les trois quarts des dépenses sont consacrées à l'alimentation dont le pain constitue l'élément principal. Vers 1939, la part de l'alimentation recule dans les budgets et la viande l'emporte sur le pain. Toutefois, le logement demeure médiocre. En 1975, 38 % des ouvriers sont propriétaires et 74 % possèdent une automobile, contre 4 % en 1954.

L'évolution du pouvoir d'achat. Hormis les périodes de crises, la hausse du pouvoir d'achat est constante depuis 1870. De plus, les allocations familiales constituent, après 1928, un complément de ressources. Enfin, il arrive parfois qu'un encadrement patronal, parfois qualifié de « paternaliste » prenne en charge certains besoins comme le logement des ouvriers ou les dépenses de santé.

La construction d'une identité ouvrière

Le lieu du travail. La dignité ouvrière s'affirme dans des luttes, mais aussi à travers une façon originale de parler du lieu de travail. Les bureaux vitrés qui dominent l'atelier sont appelés « aquarium », « bocal » ou « passerelle ». Le bureau directorial, à l'écart, devient « le château ». Par ailleurs, le poste de travail révèle la personnalité de l'ouvrier à travers des photographies, des dessins d'enfants ou des autocollants. L'ouvrier s'approprie ainsi l'espace de l'usine.

Le quartier. Les quartiers ouvriers sont des lieux d'échange et de paroles. C'est là que se préparent les actions collectives, notamment les défilés. Avec drapeaux et fanfares, ils peuvent être festifs (fête de l'usine ou du saint patron) ou revendicatifs (cortèges de grève ou du 1er mai).

Le développement d'une culture ouvrière

L'éclosion d'une culture ouvrière. C'est dans la prise de conscience des traditions de la vie quotidienne, du travail et des luttes revendicatives qu'une véritable culture ouvrière se constitue. Le livre bon marché, les bibliothèques municipales et syndicales, la presse populaire et, dès les années 1930, la radio, contribuent à sa diffusion.

Des pratiques culturelles collectives. À partir des années 1930, des troupes théâtrales, des chorales se produisent dans les banlieues ouvrières. Le cinéma rencontre un grand succès et l'ouvrier devient sujet de films : la souffrance du rythme des cadences (*À nous la liberté*, de Marcel Carné, 1931), le Front populaire (*La Vie est à nous*, de Jean Renoir, 1936), l'ouvrier qualifié (*La Bête humaine*, de Jean Renoir, 1938, ou les OS (*Élise ou la vraie vie*, de Michel Drack, 1969).

Vocabulaire

Culture : pour un individu, ce sont les connaissances scientifiques, artistiques, littéraires ; pour un groupe, c'est la façon d'être, de penser, de vivre en fonction de repères communs.

Sociabilité : façon de vivre en société en tenant compte de la famille, du voisinage et des collègues de travail.

Situation 3 ÊTRE OUVRIER À...

Quelle est la vie d'un ouvrier chez Renault vers 1950-1960 ?

La situation Dans les années 1950-1960, le travailleur de l'industrie automobile incarne le travail ouvrier. Renault, installé à Boulogne-Billancourt près de Paris, est alors le plus grand constructeur automobile français.

1 Une hiérarchie ouvrière marquée

Daniel Mothé a travaillé de 1950 à 1972 dans les ateliers de l'usine pilote de la régie Renault.

« Nous étions des ouvriers professionnels, "l'aristocratie ouvrière". Les ouvriers spécialisés, les OS, eux, n'avaient que leur force de travail à vendre [...] Nous, les ouvriers qualifiés, nous trouvions toujours des moyens de négocier les délais en disant : "Il faut plus de temps pour faire ça". On pouvait toujours se défendre. C'est très difficile d'établir un temps pour des pièces compliquées et de faible série. L'organisation scientifique du travail était faite pour les OS par les bureaux des méthodes, et on les mettait devant le fait accompli. [...] Les chronométreurs, c'étaient eux les responsables des "cadences infernales". La plupart d'entre eux, du reste, étaient d'anciens ouvriers. En général, la négociation sur les délais des pièces s'effectuait avec quelques engueulades, mais il y avait toujours beaucoup de mise en scène. »

Témoignage de Daniel Mothé, ouvrier chez Renault, *L'Histoire* n° 195, janvier 1996.

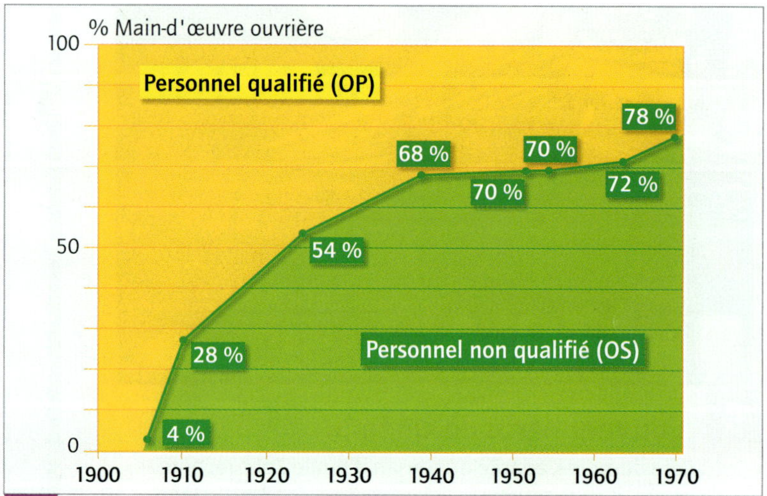

2 La composition du personnel Renault de 1900 à 1970.

3 L'évolution de la carrière

« Chez Renault, dans les années 1950-1960, les ouvriers étaient plein d'espérance. Il y avait alors deux sortes d'espoir pour ceux qui y travaillaient : d'une part, l'espoir individuel d'une promotion, la possibilité d'atteindre un niveau de vie supérieur, d'acheter une voiture – de vieilles voitures que nous réparions nous-mêmes – ; d'autre part, l'espérance collective en un monde meilleur diffusée par les syndicats. [...] On travaillait quarante-huit heures, soit cinq jours et demi, et souvent le samedi toute la journée. Les gars l'acceptaient parce qu'il y avait cet espoir de promotion. La promotion était marquée symboliquement par l'autorisation du port de la blouse. Après la guerre, on travaillait avec des bleus ; la maîtrise avait une blouse grise ou bleue ; au-dessus, le chef d'atelier portait une blouse blanche, les ingénieurs aussi ; donc, le passage du bleu de travail à la blouse, c'était le symbole qu'on avait franchi soit une strate hiérarchique, soit qu'on passait dans les bureaux – les bureaux, c'était l'idéal. »

Témoignage de Daniel Mothé, ouvrier chez Renault, *L'Histoire* n° 195, janvier 1996.

La sortie de l'usine Renault à Boulogne-Billancourt, près de Paris, en 1967.

4 Une « vitrine sociale »

« *L'Histoire.* Quel regard portez-vous, quarante ans après, sur votre passage chez Renault ?

Daniel Mothé. Il est intolérable d'entendre dire que les ouvriers de chez Renault ont été des martyrs ou des héros. Les conditions de travail y étaient bien meilleures qu'ailleurs, la tolérance bien plus grande que chez Simca, Peugeot.... Si nous avons été les premiers à avoir les trois semaines de congé, c'est que nous étions à une époque de compromis, et qu'il n'y avait pas de lutte héroïque pour les arracher. On ne risquait rien à être syndiqué chez Renault ; on ne risquait rien à fomenter une grève. Moi, je n'ai jamais été mis à la porte, et pourtant j'ai organisé des débats dans l'atelier. »

Témoignage de Daniel Mothé, ouvrier chez Renault, *L'Histoire*, n° 195, janvier 1996.

5 Chaîne de montage de la 4L en 1967.

La 4L a été un immense succès. En 1967, la production annuelle dépasse 260 000 exemplaires.

6 33 jours de grève en 1968.

Au terme d'une longue grève avec occupation d'usine, les 38 000 ouvriers obtiennent des augmentations de salaires, la réduction d'une heure de la semaine de travail, des droits syndicaux améliorés et le paiement à 50 % des jours de grève.

Étude de la situation

Analyse de documents

1. Dans le travail, comment se marque la différence entre les deux catégories d'ouvriers (doc. 1) ?

2. Comment la hiérarchie des salariés Renault transparaît-elle dans le vêtement de travail (doc. 1) ?

3. Comment évolue la composition du personnel ouvrier de Renault entre 1905 et 1970 (doc. 2) ?

4. D'après cette image, en quoi consiste le travail des ouvriers sur la chaîne (doc. 5) ?

5. Quelles sont les revendications exprimées (doc. 6) ?

6. Pourquoi peut-on parler, à l'époque couverte par le témoignage, de « vitrine sociale » à propos de l'usine de Renault Billancourt ? Donnez au moins trois exemples (doc. 3 et 4).

Bilan

Présentez en quelques lignes ce qui fait la particularité du travail aux usines Renault. Évoquez l'organisation, les possibilités de carrière des travailleurs et le climat social.

L'essentiel

Connaissances

Les mutations du travail ouvrier

Après avoir gardé des aspects artisanaux dans la première moitié du XIXe siècle, le travail ouvrier se concentre ensuite dans de grandes usines. Le début du XXe siècle voit l'apparition du travail à la chaîne effectué par des OS. Dans les années 1950, l'automatisation se répand.

L'organisation du mouvement ouvrier

Longtemps hors la loi, le mouvement ouvrier se structure autour des syndicats après 1884. Leur action favorise la mise en place de la législation du travail. À partir des années 1930, ils deviennent pour l'État des partenaires actifs des négociations collectives et de la politique contractuelle.

La vie et la culture ouvrières

Après avoir stagné jusque vers 1870, le niveau de vie des ouvriers ne cesse ensuite d'augmenter. Ils constituent un groupe social qui développe une identité forte faite d'habitudes de vie et de pratiques culturelles partagées : défilés, formations musicales, loisirs cinématographiques ou sportifs.

Acteurs clés

Jean Jaurès (1859-1914).
Homme politique français, député de Carmaux, il devient un des chefs du parti socialiste.

Frederick Winslow Taylor
(1856-1915). Ouvrier américain devenu contremaître puis ingénieur, il invente le travail à la chaîne. Il divise toute tâche en une suite d'opérations simples, spécialise les activités des ouvriers et supprime les déplacements inutiles.

Notions clés

OS : abréviation pour ouvrier spécialisé.
Dans la réalité, ouvrier sans réelle qualification, spécialisé dans un petit nombre de gestes appris dans un temps court.

Syndicat : association professionnelle ayant pour but de défendre les droits et les intérêts de ses membres.

Culture : pour un individu, connaissances scientifiques, artistiques, littéraires ;
pour un groupe, façon d'être, de penser, de vivre en fonction de repères communs.

Repères chronologiques

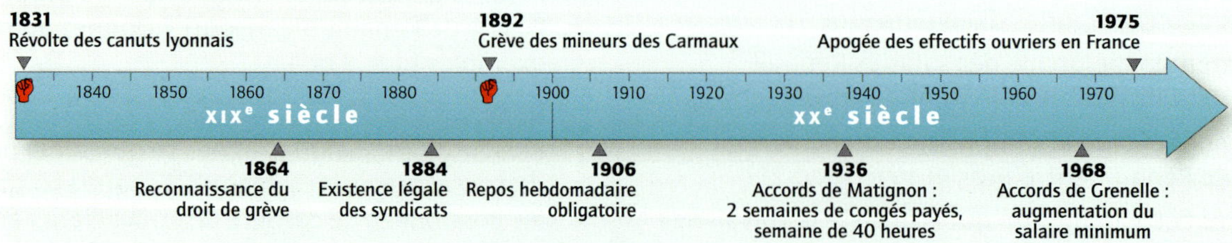

Distinguer temps long et temps court

Les luttes sociales et le mouvement ouvrier de 1830 à 1975

1830	**Monarchie de juillet.**
1831	Révolte des canuts lyonnais.
1848	**Deuxième République.**
1852	**Second Empire.**
1864	Reconnaissance du droit de grève.
1870	Grèves des ouvriers du Creusot.
1870	**Troisième République.**
1871	Commune de Paris et sa répression en mai.
1884	Loi instaurant la liberté syndicale.
1890	Première fête du travail du 1er mai.
1892	Grève des mineurs de Carmaux.
1895	Création de la Confédération générale du travail. (CGT)
1906	Charte d'Amiens.
1919	Création de la Confédération française des travailleurs chrétiens. (CFTC)
1936	Grèves « sur le tas » du Front populaire. (1,8 million de grévistes).
1940	**État français.**
1941	Création de « syndicats » regroupant employeurs et salariés. Suppression du droit de grève.
1945	**Quatrième République.**
1946	Inscription du droit de grève et du droit du travail dans la Constitution.
1947	Vagues de grèves (3 millions de grévistes).
1947	Création de Force Ouvrière (FO).
1958	**Cinquième République.**
1963	Grèves des mineurs.
1964	Création de la Confédération française démocratique du travail. (CFDT)
1968	Vagues de grèves (10 millions de grévistes).

Question

Combien de temps a-t-il fallu au mouvement ouvrier français pour s'organiser ?

Réponse

Le mouvement ouvrier se structure à travers un siècle et demi sous des régimes politiques différents. Les luttes sociales s'étendent, de la révolte des canuts à Lyon en 1831, aux grèves de mai 1968.

Cependant des phénomènes se développent sur des temps plus courts. Par exemple, en vingt ans, entre 1864 et 1884, on reconnaît aux ouvriers le droit de grève et le droit de se syndiquer. Les grandes confédérations syndicales naissent, en un peu plus d'un demi-siècle, entre 1895 et 1964. Mais, l'État français, entre 1940 et 1944, marque une rupture, un recul dans une progression continue : les « vrais » syndicats n'existent plus et les grèves sont interdites.

1. Évoquer le temps long. Il est supérieur à la durée de vie des hommes.

2. Expliquer le temps court. C'est le temps des événements, des individus.

Comprendre la méthode

1. Le temps long. Pourquoi la fin du XIXe siècle marque-t-elle un tournant dans l'histoire du mouvement ouvrier ? Quel régime politique (monarchie, empire, république) a duré le plus longtemps ?

2. Le temps court. Combien de temps courts la réponse proposée isole-t-elle ? Quelle est la caractéristique de chaque temps court ?

Mobiliser ses connaissances (10 points)

1 Dater des faits importants (1 point)

Les syndicats ont une existence légale en France depuis :
a. 1864
b. 1884
c. 1936

2 Utiliser le vocabulaire disciplinaire (1 point)

Quelle définition correspond au terme « OS » ?
a. Un ouvrier syndiqué, c'est-à-dire un ouvrier qui a adhéré à un syndicat pour défendre ses intérêts professionnels.
b. Un ouvrier spécialiste doté d'une haute qualification professionnelle.
c. Un ouvrier spécialisé dans un petit nombre de gestes techniques et donc sans réelle qualification professionnelle.

3 Citer un acteur (3 points)

Citez le nom d'un personnage important dans l'histoire des ouvriers et expliquez quel a été son rôle.

4 Dégager l'intérêt d'un document. (5 points)

Étudiez attentivement ce tract syndical de 1906 et dégagez le message principal qu'il adresse aux salariés.

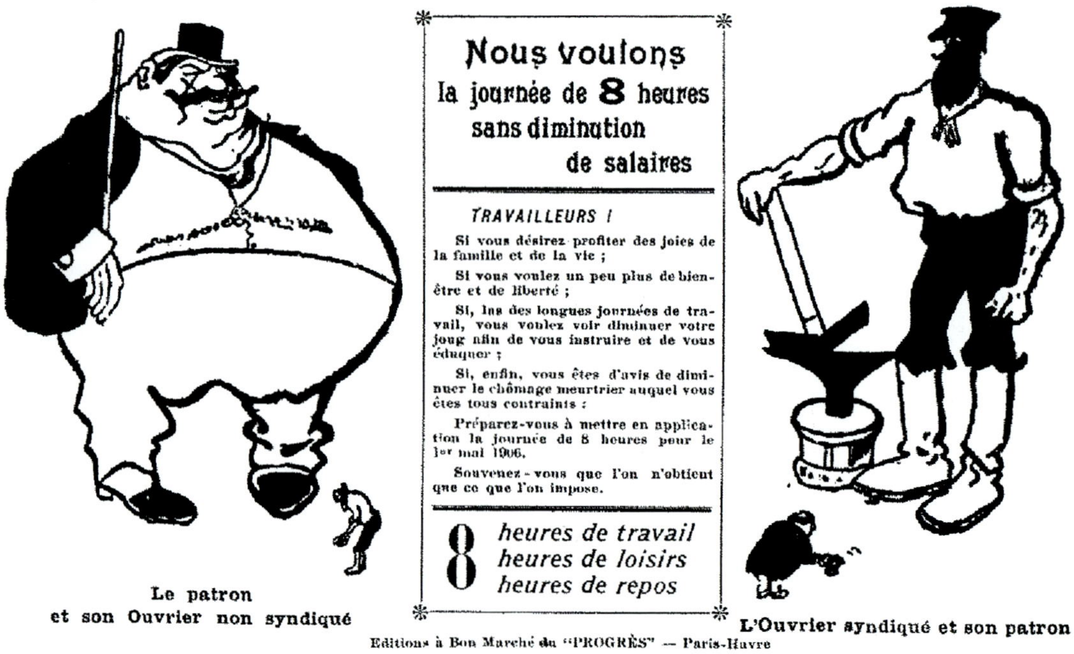

Analyser un document (10 points)

Les conditions de travail et le temps libre de 1830 à 1975.

1830	**Monarchie de juillet**
1841	Limitation de la journée de travail à 12 h pour les 12-16 ans, et à 8 h pour les 8-11ans
1848	**Seconde République**
1848	Limitation de la journée de travail à 10 h à Paris et à 11 h en province
1852	**Second Empire**
1870	**Troisième République**
1874	Création de l'Inspection du travail
1898	Loi sur les accidents de travail établissant la responsabilité patronale
1874	Interdiction de l'emploi des enfants de moins de 12 ans
1906	Repos hebdomadaire obligatoire de 24 h
1910	Fixation de l'âge de la retraite à 65 ans
1919	Instauration de la journée de huit heures (6 jours par semaine)
1936	Accords Matignon : augmentation des salaires de 7 % à 15 % selon les secteurs. Mise en place de la semaine de 40 h (5 journées de 8 h) et de deux semaines de congés payés
1940	**État français**
1943	Mise en place du Service du travail obligatoire (STO), en Allemagne, pour les jeunes Français de 21 à 23 ans
1945	**Quatrième République**
1950	Création du Salaire minimum interprofessionnel garanti (SMIG)
1956	Troisième semaine de congés payés
1958	**Cinquième République**
1968	Interdiction des heures supplémentaires pour les moins de 18 ans
1968	Accords de Grenelle. Augmentation du SMIG de 35 %
1969	Quatrième semaine de congés payés
1970	Remplacement du SMIG par le SMIC (salaire minimum interprofessionnel de croissance)

▶ Distinguer temps long et temps court (7 points)

1. Quelles sont les dates extrêmes de cette chronologie ?

2. La limitation de la durée de la journée de travail s'inscrit-elle dans un temps long ou dans un temps court ? Justifiez votre réponse.

3. Quel(s) temps court(s) pouvez-vous isoler dans cette chronologie ?

4. Quelle est l'unité de chacun ?

▶ Mettre en relation avec ses connaissances (3 points)

5. Dans quelle mesure la succession des régimes politiques (monarchie, empire, république, état français) et l'histoire du mouvement ouvrier permettent-elles d'expliquer l'évolution des conditions de travail et du temps libre ?

Les manifestations pour obtenir de nouveaux droits rythment le combat des femmes. Celles-ci ont inventé de nouvelles formes de lutte, parfois spectaculaires et audacieuses, pour que leurs revendications soient entendues. Cette lutte, commencée au XIXe siècle, se poursuit toujours pour imposer l'égalité des droits. L'association Mix-Cité, ici lors d'un défilé en 2001, défend l'égalité entre les hommes et les femmes dans tous les domaines de la vie sociale.

Sujet d'étude

2

Les femmes dans la société française de la Belle Époque à nos jours

Des années 1900 à aujourd'hui, célèbres ou inconnues, militantes ou simples citoyennes, de nombreuses femmes ont fait évoluer la société française. Dans les usines et les bureaux, dans les associations, elles ont œuvré et œuvrent encore pour l'égalité des droits.

Quels combats essentiels les femmes ont-elles menés au cours du XXe siècle ?

Cours

Le combat des femmes pour l'égalité

▶ Quelles luttes décisives les femmes ont-elles menées ?

Publié au début du XIXe siècle, le Code civil considère les femmes comme juridiquement mineures, placées sous l'autorité de leur père puis de leur mari. Pour mettre fin à cette situation, les femmes entrent en lutte.

1 Chronologie du combat des femmes

1810	L'avortement est défini comme un crime.
1920	Interdiction de toute information sur les méthodes contraceptives.
1942	L'avortement est passible de la peine de mort.
1943	Marie-Louise Giraud est guillotinée pour avoir pratiqué des avortements.
1944	Droit de vote accordé aux femmes.
1955	L'avortement thérapeutique est autorisé.
1965	Loi accordant aux femmes la liberté d'exercer un emploi sans l'autorisation de leur mari.
1967	Loi Neuwirth autorisant la vente de contraceptifs.
1972	Procès de Bobigny : une jeune fille est poursuivie pour avoir avorté. Défendue par la militante féministe Gisèle Halimi, elle est acquittée.
1974	Simone Veil fait adopter un projet de loi visant à autoriser l'interruption volontaire de grossesse (IVG).
1983	Loi Roudy sur l'égalité entre les hommes et les femmes dans le monde du travail.
2000	Loi sur la parité hommes/femmes pour les candidatures aux élections.

3 1945, les femmes votent pour la première fois.

2 Les résistances à l'émancipation des femmes

Gilberte Brossolette (1905-2004) démarre sa carrière dans le journalisme et s'engage aux côtés de son mari dans la Résistance. En 1945, elle est élue députée puis sénatrice.

« Le débat sur l'attribution du droit de vote aux femmes fut amorcé après la Première Guerre mondiale. Les Allemandes et les Britanniques l'ont obtenu immédiatement. En France, ce fut une autre affaire ! Pendant des années, le Sénat a fait de l'obstruction. Le vote des femmes était dans le programme socialiste, mais Léon Blum[1] n'aurait pas trouvé de majorité sur le sujet. Il a fait ce qu'il a pu et nommé trois femmes dans son gouvernement. C'était déjà une première ! […] C'est dans la Résistance que les femmes ont gagné le droit de voter et d'être élues. Elles avaient montré leur courage, pris des risques fous, reçu les clandestins, assuré la transmission des messages. Il était impossible de leur dénier encore le droit de vote. Ce n'est pas de Gaulle qui le leur a donné. Ce sont les femmes qui l'ont glorieusement gagné. […] En 1945, les socialistes m'avaient désignée comme candidate dans l'Aube[2] où mon mari s'était investi avant guerre. Mais sur place il y a eu des protestations : « Quoi ? Une Parisienne ? Et une femme en plus ? » […]

Je trouve que les femmes n'ont pas assez profité des pouvoirs dont elles pouvaient se saisir. Elles auraient dû s'introduire plus massivement dans les partis, les journaux. Je sais que c'était difficile. La religion, la tradition, les réticences masculines sont des freins permanents. »

Entretien avec Gilberte Brossolette, mars 2001.

1. Léon Blum : socialiste, chef du gouvernement du Front populaire.
2. Aube : Département de la région Champagne-Ardennes.

4 Conserver le droit à l'avortement.

À la suite d'un amendement instituant un délit d'interruption involontaire de grossesse adopté à l'Assemblée, une manifestation défend le droit à l'avortement le 27 novembre 2003.

5 La loi sur la parité

« L'Assemblée nationale a adopté, dans la nuit du mardi 25 au mercredi 26 janvier 2000, le projet de loi gouvernemental sur la parité, visant à accorder un égal accès des hommes et des femmes aux fonctions politiques. Désormais, les listes pour les élections municipales et régionales devront comporter autant d'hommes que de femmes, par tranches de six candidats. Pour les listes aux sénatoriales (pour les sénateurs élus à la proportionnelle) et aux européennes, hommes et femmes devront strictement alterner sur les listes. Pour les législatives, les partis devront présenter un nombre sensiblement égal d'hommes et de femmes, avec un écart maximal de 2 %, sous peine de sanction financière. »

Dépêche AFP, 26 janvier 2000.

Questions

La conquête des droits civils

1. Dans quels domaines de la vie civile a-t-il fallu faire des lois pour donner aux femmes un statut égal à celui des hommes (doc. 1) ?

Le combat pour l'égalité des droits politiques

2. Quelles oppositions la lutte pour les droits politiques des femmes rencontre-t-elle ?
Dans quelles circonstances obtiennent-elles le droit de vote (doc. 2)

3. En quoi cette image est historique (doc. 3) ?

4. Quel est l'objectif de la loi sur la parité (doc. 5) ?

La lutte pour la maîtrise des naissances

5. En quoi la lutte des femmes est-elle toujours actuelle (doc. 1 et 4) ?

La conquête des droits civils

Le début du féminisme. Au XIXe siècle, les femmes ne disposent pas du droit de vote et doivent obtenir l'autorisation de leur mari pour avoir un compte en banque. Devant ces inégalités, des femmes s'organisent en association et revendiquent les mêmes droits que les hommes.

L'acquisition des droits civils. Des réformes sont peu à peu votées qui modifient le Code civil. Mais les progrès sont lents, d'autant que seuls des hommes siègent à l'Assemblée. Peu à peu, dans certains domaines, les femmes acquièrent les mêmes droits que les hommes. Ainsi, à partir de 1907, une femme mariée qui travaille peut disposer librement de son salaire, autrefois versé à son mari.

Le combat pour l'égalité des droits politiques

La conquête du droit de vote. Au début du XXe siècle, le mouvement suffragiste cherche à se faire entendre par tous les moyens pour obtenir le droit de vote : irruption dans les bureaux de vote, femmes candidates à des élections, manifestations symboliques. Enfin, en 1944, ce droit est acquis. C'est notamment le résultat de leur participation active aux combats de la Résistance.

La participation à la vie politique. Aux élections de 1945, 36 femmes sont élues députées. Mais, depuis cette date, le nombre de femmes élues ne progresse pas et leur participation à la vie politique reste limitée. Les causes en sont multiples : difficultés à concilier vie publique et responsabilités familiales, sexisme des partis politiques. Depuis janvier 2000, une loi sur la parité impose un certain nombre de candidates femmes aux différentes élections.

La lutte pour la maîtrise des naissances

Une législation répressive. Le recours à l'avortement, la publicité et l'information sur la contraception ont été longtemps interdits. Les avortements sont pratiqués dans la clandestinité, entraînant souvent des accidents ou des décès.

Le temps des changements. Dans la seconde moitié du XXe siècle, des mouvements comme le Planing familial militent pour l'abolition des lois répressives et facilitent l'accès aux produits contraceptifs venus de l'étranger. En 1967, la loi Neuwirth autorise la commercialisation de la pilule contraceptive. En 1975, la loi Veil légalise le recours à l'avortement sous certaines conditions. Ces conquêtes changent profondément la condition des femmes.

Vocabulaire

Féminisme : mouvement collectif visant à améliorer la condition, la place des femmes dans la société et à lutter pour l'égalité des droits entre les hommes et les femmes.

Sexisme : discrimination visant à interdire ou à promouvoir l'accès de l'un ou l'autre sexe à certaines tâches.

Suffragisme : mouvement qui, entre la fin du XIXe siècle et les années 1930, a lutté pour le droit de vote des femmes.

Quelles luttes les femmes ont-elle menées pour obtenir le droit de vote ?

La situation Comme d'autres militantes féministes avant elle, Louise Weiss se lance dans le combat pour l'obtention des droits politiques. Elle invente de nouvelles formes de lutte modernes et spectaculaires pour servir la cause des femmes. Elle s'appuie sur la presse pour faire pression sur les hommes politiques, afin qu'ils accordent enfin l'égalité des droits politiques aux femmes.

1 Les opérations menées par Louise Weiss

1935	Les membres de l'association « La Femme nouvelle » lâchent des ballons rouges, lestés de tracts, dans le stade de la finale de la Coupe de France de football.
1er juin 1936	Elles distribuent aux députés des myosotis, fleurs qui signifient symboliquement « Ne m'oubliez pas ».
2 juin 1936	Elles offrent aux sénateurs des chaussettes avec l'inscription : « Même si vous nous donnez le droit de vote, vos chaussettes seront raccommodées. »
28 juin 1936	Elles investissent la piste du champ de course de Longchamp lors du Grand Prix, avec des pancartes portant l'inscription : « La Française doit voter ».
10 juillet 1936	Elles s'enchaînent les unes aux autres et empêchent la circulation, rue Royale, à Paris.

Louise Weiss (1893-1983) est la fondatrice de La Femme nouvelle, association militant « pour l'égalité des droits civiques entre les Françaises et les Français ».

2 Un combat médiatique.

Louise Weiss, au premier plan à gauche, est ici place de la Bastille à Paris en mai 1935. Lors de cette manifestation, les « femmes nouvelles » jettent symboliquement leurs chaînes au feu, devant la presse convoquée pour l'occasion.

La Française

Journal d'information et d'action féminines

PARAIT LE SAMEDI

Directrice : C. BRUNSCHVICG

Trois Femmes font partie du Gouvernement

Par la grande porte...

Vers l'égalité

Mlle SUZANNE LACORE, sous-secrétaire d'État à la protection de l'Enfance.

Mme IRÈNE JOLIOT-CURIE sous-secrétaire d'État à la recherche scientifique.

Mme C. BRUNSCHVICG sous-secrétaire d'État à l'Éducation Nationale

LES FEMMES VEULENT LE DROIT DE VOTE

Une démarche au Palais-Bourbon

3 Des femmes dans un gouvernement.

Cécile Brunschvig, Suzanne Lacore et Irène Joliot-Curie sont les trois premières femmes à entrer dans un gouvernement, lors du Front Populaire en 1936.

Étude de la situation

Analyse des documents

1. Quelle cause défend Louise Weiss (doc. 1) ?

2. Comment pourrait-on qualifier les actions qu'elle mène (doc. 1, 2 et 4) ?

3. Quels sont les arguments des opposants au droit de vote des femmes (doc. 5) ?

4. Décrivez cette image. Selon vous, pourquoi ce journal insiste-t-il sur cet événement (doc. 3) ?

Bilan

Après avoir présenté Louise Weiss et ses actions, vous expliquerez les différentes étapes du combat pour l'obtention du droit de vote.

4 L'entrée en campagne électorale

Malgré l'impossibilité pour les femmes de voter ou d'être élues, Louise Weiss décide de se présenter symboliquement aux élections municipales de mai 1935. Elle obtient 18 000 voix.

« Je poserai ma candidature dans le 18e arrondissement en organisant des sections de vote officieuses dans le voisinage des sections de vote officielles. Nos partisans seront priés de déposer dans nos urnes un bulletin portant mon nom et notre programme, ainsi résumé : "La Française désire administrer les intérêts de la cité comme elle administre les intérêts de son foyer." Des cartons à chapeau seront les urnes de nos sections de vote. […]

Le dimanche 5 mai, nos équipes gagnèrent leurs emplacements. Je me tenais au café Nord-Sud. Bientôt, je vis déferler en débandade toute mon organisation. […] Le préfet de police avait ruiné ma manifestation. Reporters et photographes constatant cette débâcle s'apprêtaient à téléphoner que mon élection était en faillite et le féminisme en recul. Pour moi, l'alternative était nette : la soumission sans explication ou l'esclandre justifié. La mort dans l'âme, j'optai pour la bagarre. Journalistes et cinéastes nous guettaient. Les agents nous prirent à bras le corps. L'un d'eux m'empoigna et me jetta dans le commissariat. Dehors, Montmartrois et Montmartroises hurlaient : "Vivent les suffragettes !" »

Louise Weiss, *Combat pour les femmes, 1934-1939*, Albin Michel, 1970.

5 L'opposition au vote des femmes

Dans les années 1920 et 1930, les sénateurs font systématiquement obstacle à l'obtention du droit de vote pour les femmes. Ils s'expriment contre en 1919 puis en 1935.

« Les mains des femmes sont-elles bien faites pour le pugilat de l'arène publique ? Plus que pour manier le bulletin de vote, les mains des femmes sont faites pour être baisées, baisées dévotement quand ce sont celles des mères, amoureusement quand ce sont celles des femmes et des fiancées… Séduire et être mère, c'est pour cela qu'est faite la femme. »

Alexandre Bérard, séance du Sénat du 3 octobre 1919.

« Nous sommes disposés à accorder aux femmes tout ce que leur sexe a le droit de demander, mais en dehors de la politique […]. Donner le droit de vote aux femmes, c'est l'aventure, le saut dans l'inconnu, et nous avons le devoir de ne pas nous précipiter dans cette aventure.

Ayons le courage de rester nous-mêmes. Nous avons remonté d'autres courants que le féminisme. Nous avons remonté le courant du boulangisme, le courant du nationalisme et toutes les fois que la République a été en péril c'est le Sénat qui l'a sauvée. »

Armand Calmel, séance du Sénat du 5 juillet 1932.

Comment Simone Veil a-t-elle remporté le combat pour l'IVG ?

La situation En France, jusqu'au début des années 1970, l'avortement était interdit et une femme pouvait mourir des suites d'une intervention clandestine. Simone Veil, ministre de la Santé, présente en novembre 1974 un projet de loi qui vise à autoriser le recours à l'interruption volontaire de grossesse (IVG). Après des débats houleux, la loi est adoptée.

1 Le combat des femmes pour le droit à l'IVG

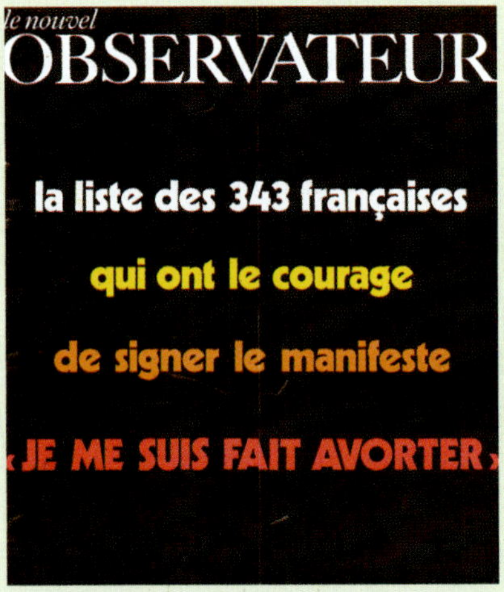
le nouvel OBSERVATEUR

la liste des 343 françaises

qui ont le courage

de signer le manifeste

« JE ME SUIS FAIT AVORTER »

« Ce manifeste a fait scandale. Ce n'était pas le fait que nous ayons avorté. Tout le monde savait que tout le monde avortait. Mais les gens pensaient : "elles ont avorté, qu'elles la bouclent." Ce qui a énormément choqué, c'est que nous le disions, que nous revendiquions ce droit d'avorter. Une limite était franchie. La dépénalisation était irréversible. »

Témoignage de Gisèle Halimi, avocate, signataire du manifeste des 343 en avril 1971.

2 Le soutien d'associations militantes. Affiche du Mouvement pour la liberté de l'avortement et de la contraception (MLAC) de 1973.

Simone Veil, née en 1927, a été déportée à Auschwitz. Magistrate, elle devint ministre de la Santé en 1974.

3 L'IVG et la loi

Novembre 1974	Simone Veil présente son projet de loi sur la dépénalisation de l'interruption volontaire de grossesse. Le texte est voté pour une période de cinq ans.
Janvier 1975	Promulgation de la loi Veil. Elle est reconduite à titre définitif en 1979.
Décembre 1982	La loi permet le remboursement de l'IVG.
Années 1980	Actions de commandos anti-IVG dans les hôpitaux et cliniques.
Janvier 1993	La loi crée le délit d'entrave à l'IVG.
Juillet 2001	Allongement du délai légal pour recourir à l'IVG. L'autorisation des parents n'est plus obligatoire pour les mineures.
Juillet 2004	Autorisation de l'IVG médicamenteuse pour les grossesses inférieures à cinq semaines.

4 Simone Veil défend son projet de loi

« Je voudrais tout d'abord vous faire partager une conviction de femme – je m'excuse de le faire devant cette Assemblée presque exclusivement composée d'hommes : aucune femme ne recourt de gaieté de cœur à l'avortement. Il suffit d'écouter les femmes. C'est toujours un drame et cela restera toujours un drame. […] Actuellement, celles qui se trouvent dans cette situation de détresse, qui s'en préoccupe ? La loi les rejette non seulement dans l'opprobre, la honte et la solitude, mais aussi dans l'anonymat et l'angoisse des poursuites. Contraintes de cacher leur état, trop souvent elles ne trouvent personne pour les écouter, les éclairer et parmi ceux qui combattent aujourd'hui une éventuelle modification de la loi répressive, combien sont-ils ceux qui se sont préoccupés d'aider ces femmes dans leur détresse ? […]

Ainsi, conscient d'une situation intolérable pour l'État et injuste aux yeux de la plupart, le gouvernement a renoncé à la voie de la facilité, celle qui aurait consisté à ne pas intervenir.

C'eût été cela le laxisme. Assumant ses responsabilités, il vous soumet un projet de loi propre à apporter à ce problème une solution à la fois réaliste, humaine et juste. »

Simone Veil, Assemblée nationale, débats parlementaires du 26 novembre 1974.

5 L'opposition au projet

« J'ai, pour ma part, toujours accepté l'avortement d'extrême détresse, mais lorsqu'on voit où mène le texte qui nous est proposé, on est effrayé. Ce sont les poubelles remplies des petits corps des enfants avortés. La vie est un tout. […] On ne fait pas d'expérimentation, fût-elle limitée à cinq ans, avec les lois, la morale, la civilisation de la France. On ne passe pas du régime du droit au régime du bon plaisir. »

Pierre Bas, Assemblée nationale, débats parlementaires du 27 novembre 1974.

Étude de la situation

Analyse des documents

1. Selon vous, quel est l'objectif de ce manifeste (doc.1) ?

2. Relevez les arguments utilisés par Simone Veil pour convaincre les députés. Quelle critique fait-elle à l'ancienne loi (doc. 4) ?

3. Quels arguments développe cet opposant à la loi (doc. 5) ?

4. Quels éléments montrent que l'adoption du droit à l'avortement a été une bataille (doc. 1, 2 et 3) ?

Bilan

Présentez Simone Veil et le contexte historique de la loi de 1974. Montrez ensuite que le droit à l'avortement est le résultat d'un long combat.

Le quotidien des femmes au XXe siècle

▶ Comment le quotidien des femmes a-t-il évolué ?

La place des femmes dans la société a longtemps été limitée à la famille et à la vie domestique. Au cours du XXe siècle, les femmes investissent de nouveaux domaines : salariées dans tous les secteurs d'activité, résistantes pendant la guerre, artistes engagées dans la création...

1 Le développement des métiers du tertiaire.

Institut féminin pour l'apprentissage de la dactylographie. Entraînement à la frappe des textes à la machine à écrire, en 1909.

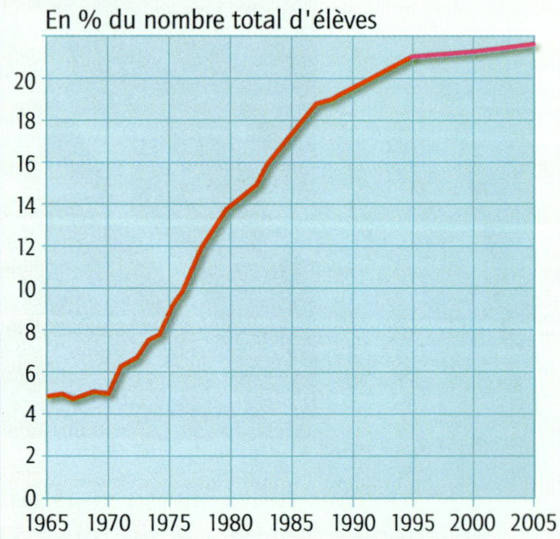

Source : F. et C. Lelièvre, *Histoire de la scolarisation des filles*, Nathan

3 L'évolution du nombre de filles dans les écoles d'ingénieurs.

2 Les femmes dans la Résistance pendant la guerre

« À Lens, en 1941, le jour de la fête des mères, le tract suivant circule : "Mères, Exigez un supplément de pain pour la Fête des Mères. Pas de discours trompeur, pas de médailles, pas de cadeaux ! Nous voulons du pain."

À Paris, le 31 mai 1942, à l'initiative d'une institutrice, Madeleine Marzin, une foule de ménagères se rassemble rue de Buci devant un magasin d'alimentation réservé aux Allemands et s'empare de boîtes de conserve et de sucre. En dépit des arrestations, l'exemple fait école.

À Paris, en 1942, Jo Cardin, élève au collège Sévigné, est arrêtée parce qu'elle s'était confectionné une ceinture qu'elle avait ornée de petites étoiles jaunes dont la réunion dessinait le mot victoire. Les Allemands l'envoient à Drancy où elle reste trois mois. À la sortie du camp, avec sa mère, et malgré les risques encourus, elle n'hésite pas à camoufler les enfants de George Wellers dont la famille est recherchée parce que juive.

À Londres, en 1941, Jeanne Bohec, ingénieur chimiste, s'est engagée dans le corps féminin des Forces françaises libres. Elle témoigne : "Chez les FFL, seuls les postes subalternes et non combattants nous étaient réservés. J'eus le plus grand mal à me faire accepter pour partir en mission. Une fois en France, ma qualité de femme ne causa aucun problème à mes camarades résistants. Passé la première surprise, je fus adoptée par eux. En revanche, à chaque fois que dans les combats, je fus en contact avec l'armée régulière, il en alla autrement. On me disait : ce n'est pas la place d'une femme." »

Les Femmes dans la Résistance en France, Taillandier, 2003.

4 L'arrivée du lave-linge.

Dans les années 1950, le lave-linge domestique devient accessible.
Dans de nombreux foyers, il libère les femmes d'un travail de lessive long et pénible.
(Publicité de 1954.)

5 Anne Lauvergeon en conférence de presse en 2008. Anne Lauvergeon est présidente d'Areva, premier groupe industriel français spécialisé dans les métiers de l'énergie.

6 Temps quotidien consacré aux tâches domestiques

	1986		2000	
	Femmes	Hommes	Femmes	Hommes
Soins aux enfants	42 mn	9 mn	38 mn	11 mn
Ménage, courses, cuisine…	4 h 10	1 h 10	3 h 40	1 h 15
Total	5 h 07	2 h 07	4 h 36	2 h 13

Questions

Les femmes dans le monde du travail

1. Selon vous, à quel type de travail ces femmes se destinent-elles (doc. 1) ?

2. Quel est le rôle de cette femme dans le groupe Areva ? Que peut-on en déduire sur l'évolution du monde du travail (doc. 5) ?

Les femmes entre vie privée et engagement

3. De quelles manières les femmes ont-elles participé à la Résistance ? (doc. 2)

4. Pourquoi a-t-on pu dire que l'arrivée de l'électroménager a libéré la femme (doc. 4) ?

5. Quelles évolutions montre ce tableau ? (doc. 6) ?

La conquête du savoir et de la culture

6. Relevez les progrès et les limites de l'accès des filles aux écoles d'ingénieurs (doc. 3)

Les femmes dans le monde du travail

L'ouvrière et l'employée de bureau. Dès le XIXe siècle, les femmes ont travaillé dans les usines : les activités peu qualifiées sont faiblement rémunérées. Dans la première moitié du XXe siècle, de nouveaux métiers naissent avec le développement du secteur tertiaire. Les femmes sont plus nombreuses à devenir vendeuses, dactylographes ou employées des postes. Mais leur salaire reste en moyenne de 30 % à 40 % inférieur à celui des hommes.

L'ouverture aux responsabilités. Le taux d'activité des femmes est élevé en France. Des métiers auparavant interdits aux femmes, comme la magistrature, s'ouvrent peu à peu. Elles sont désormais plus nombreuses à être juges, avocates, médecins, ingénieurs et cadres. Par ailleurs, des lois interdisent les discriminations en matière de salaire et d'embauche à l'encontre des femmes.

Les femmes entre vie privée et engagement

La mère de famille. Le modèle de la ménagère qui se consacre à sa famille et à l'éducation des enfants est courant dans la société du XXe siècle. Mais dans les années 1960 et 1970, l'action militante bouscule cette représentation. Cependant, les femmes continuent à consacrer largement plus de temps aux activités ménagères que les hommes.

L'engagement dans les conflits mondiaux. Pendant la Première Guerre mondiale, les femmes participaient à l'effort de guerre dans les usines, les campagnes et les services sanitaires. De 1940 à 1944, de nombreuses femmes ont contribué à faire vivre des réseaux de Résistance en transmettant le courrier, cachant des clandestins, rédigeant des tracts, voire en participant à des opérations de combat.

La conquête du savoir et de la culture

La scolarisation continue des filles. En 1924, les filles préparent pour la première fois un baccalauréat identique à celui des garçons. À cette époque, l'accès à l'université leur est limité. Depuis 1960, l'ouverture de l'enseignement secondaire a permis aux filles d'investir toutes les filières. Ce mouvement s'accompagne d'une réussite scolaire significative.

Les arts et la création. Les femmes artistes ont longtemps été perçues comme marginales, à l'image de la sculpteure Camille Claudel. Au cours du XXe siècle, les femmes s'affirment dans tous les domaines de la création artistique (haute couture, arts plastiques, cinéma…).

Vocabulaire

Taux d'activité : c'est le pourcentage d'hommes et de femmes qui travaillent, par rapport au nombre total d'hommes et de femmes en âge de travailler.

Comment les filles ont-elles conquis le baccalauréat ?

La situation À sa création, en 1808, le baccalauréat était exclusivement masculin, les lycées pour filles n'existant pas. Les études s'ouvrent progressivement aux filles grâce à l'opiniâtreté de pionnières, comme Victoire-Julie Daubié, première bachelière en 1861. Les filles sont, depuis, de plus en plus nombreuses à passer et à réussir le baccalauréat.

1 L'enseignement secondaire féminin à la fin du XIXe siècle

Depuis 1880, les filles peuvent poursuivre leurs études après l'école primaire. Toutefois, l'enseignement secondaire féminin ne conduit pas au baccalauréat et s'appuie sur des programmes spécifiques.

« Chapitre II – Devoirs de famille

1. La famille en général. Épreuves et difficultés de la famille.

2. Devoirs des enfants envers les parents. Affection, respect et obéissance.

3. Rôle de la mère dans l'éducation. Les rôles sont partagés entre le père et la mère : l'autorité et la douceur, mais en tempérant toujours l'un de ces principes par l'autre. La mère doit s'habituer à l'autorité pour le cas toujours possible où elle resterait seule pour l'éducation des enfants.

4. Le ménage, la maîtresse de maison. Ne pas dédaigner le ménage : nécessité d'une administration domestique. »

Notions de morale pratique, extraits du sommaire, 1883.

ENSEIGNEMENT SECONDAIRE DES JEUNES FILLES
D'APRÈS LES NOUVEAUX PROGRAMMES OFFICIELS

NOTIONS
DE
MORALE PRATIQUE
PAR
PAUL JANET
MEMBRE DE L'INSTITUT
PROFESSEUR A LA FACULTÉ DES LETTRES DE PARIS

Troisième année.

PARIS
LIBRAIRIE CH. DELAGRAVE
15, RUE SOUFFLOT, 15
1883

2 L'ouverture du baccalauréat aux filles

Ce décret autorise les filles à passer le même examen que les garçons, en plus d'un enseignement spécifiquement féminin.

« **Art. 1er.** L'enseignement secondaire des jeunes filles comprend six années d'études.

Art. 2. Le diplôme de fin d'études […] sera délivré après la dernière année du cours d'études, à la suite d'un examen dont les matières seront fixées par arrêté ministériel.

Art. 3. Il est institué dans les lycées et collèges un enseignement facultatif dont la sanction est le baccalauréat.

Art. 4. Les programmes de l'enseignement des garçons sont intégralement appliqués dans l'enseignement facultatif prévu par l'article 3.

L'économie domestique, les travaux à l'aiguille et la musique font partie obligatoire de l'enseignement dans les lycées et collèges de jeunes filles. »

Décret du 25 mars 1924.

3 L'épreuve du baccalauréat en 1951.

4 **L'épreuve du baccalauréat en 2004.**

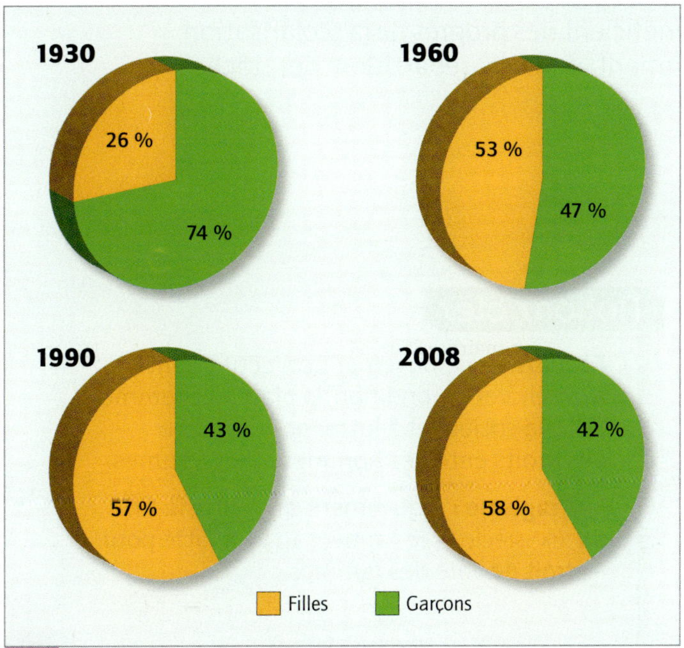

5 **La part des filles dans les bacheliers.**

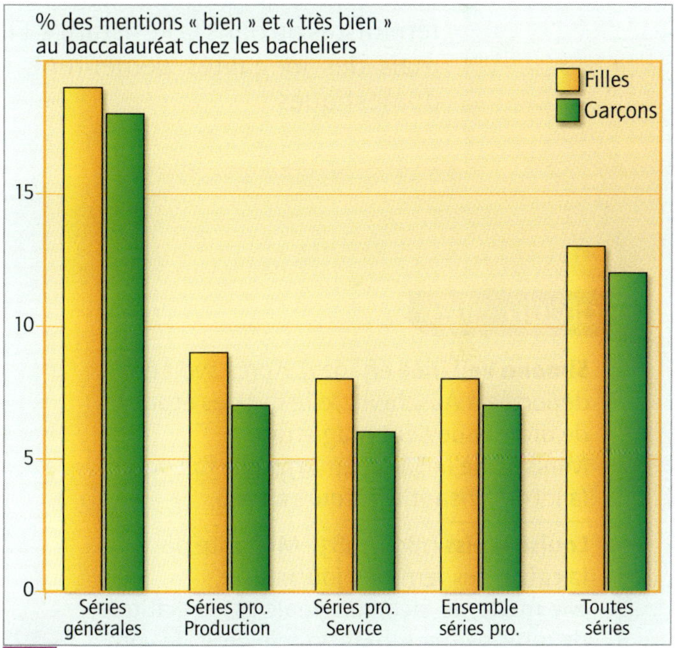

6 **La réussite des filles.**

Étude de la situation

Analyse des documents

1. En quoi consiste l'enseignement secondaire pour les filles à la fin du XIXe siècle (doc. 1) ?

2. Quels sont les changements apportés par le décret de 1924 ? Quels enseignements spécifiques concernent les filles ? Pourquoi, selon vous (doc. 2) ?

3. Quel changement principal pouvez-vous observer entre ces deux sessions du baccalauréat (doc. 3 et 4) ?

4. Dans quelles filières du baccalauréat les filles réussissent-elles le mieux (doc. 6) ?

5. Qui connaît la meilleure réussite au baccalauréat ? Justifiez votre réponse (doc. 5 et 6).

Bilan

Après avoir présenté les obstacles rencontrés par les filles pour passer le baccalauréat au début du XXe siècle, faites le bilan la situation actuelle.

L'essentiel

Connaissances

Les combats des femmes pour l'égalité

Au cours du XXe siècle, certaines femmes s'organisent afin de lutter contre les inégalités juridiques, politiques et sociales qui les séparent des hommes. Leurs combats aboutissent à de nouveaux droits. Elles ne sont plus juridiquement des mineures, dépendantes d'un père ou d'un mari. En 1944, elles deviennent citoyennes et peuvent voter. À partir de 1974, elles peuvent légalement décider de mettre fin à un début de grossesse. Elles conquièrent également le monde du travail, toutefois des inégalités salariales, par rapport aux hommes, existent encore.

Le quotidien des femmes

Ménagère et mère de famille sont pendant longtemps les rôles traditionnels attribués aux femmes. Tout au long du XXe siècle, elles s'engagent dans des activités nouvelles : dans la responsabilité professionnelle, dans les associations féministes ou dans la Résistance. Elles bénéficient des progrès de la scolarisation, mais des inégalités demeurent, notamment dans la répartition des tâches domestiques.

Acteurs clés

Simone Veil (née en 1927). Après avoir été déportée à Auschwitz, elle fait des études de droit et devient magistrate.
Ministre de la Santé en 1974, elle fait voter la loi autorisant le recours à l'IVG.

Louise Weiss (1893-1983). Militante de la cause des femmes, journaliste, elle mène, de façon originale et médiatique, de multiples combats pour le droit de vote des femmes.

Notions clés

Féminisme : mouvement collectif visant à améliorer la condition, la place des femmes dans la société et à lutter pour l'égalité des droits entre les hommes et les femmes.

Suffragisme : mouvement qui, entre la fin du XIXe siècle et les années 1930, a lutté pour le droit de vote des femmes.

Repères chronologiques

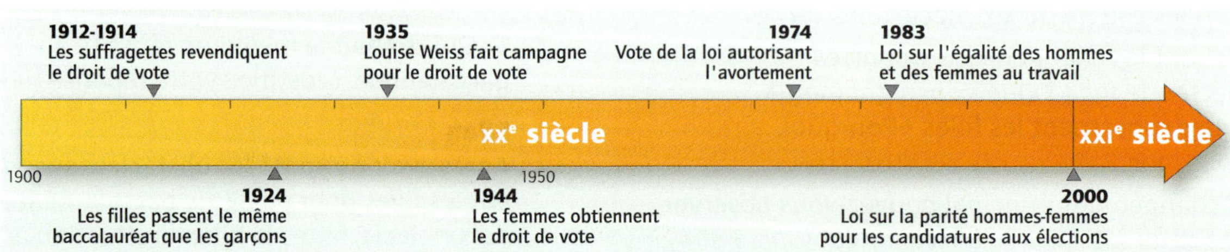

Capacités

Comparer des situations historiques

1 Contre le droit de vote des femmes

« Dans chaque circonscription – à Paris du moins – un candidat pour la frime fait bénéficier certaine ligue féministe de l'affichage gratuit sur les panneaux électoraux. Ainsi sont placardées des proclamations où se détachent en lettres énormes, ces mots rituels :

LA FEMME VEUT VOTER !

Eh bien ! Non, ce n'est pas vrai, elle ne veut pas voter. Sans doute il y a des femmes qui réclament le droit au suffrage, qui exigent des isoloirs pour dames, mais elles sont une infime minorité. Sur ces affiches électorales, les féministes proclament le principe de l'égalité des sexes. Ce principe est faux. La femme n'est pas supérieure à l'homme, elle ne lui est pas inférieure et elle ne sera jamais son égale. »

Clément Vautel, journaliste, Hebdomadaire *Cyrano*, le 24 avril 1936.

2 Pour la parité

« Une pratique renouvelée du pouvoir et de la démocratie ne sera possible que soutenue par une volonté et une pression politique sans faille. L'objectif est d'arriver, par étapes, à la parité. Voici ce que nous proposons :

Une politique volontariste des partis, du gouvernement et des associations féminines conjugués. Les pays nordiques montrent l'efficacité de cette attitude. Quand il le faut, ils n'hésitent pas à utiliser les quotas. Sans cet aiguillon, il y aura toujours de bonnes raisons de ne rien faire. [...] En tout état de cause, il faudrait atteindre le seuil significatif du tiers des élus de chaque assemblée concernée. »

Manifeste des 10 pour la parité : 6 juin 1996, M. Barzach, F. Bredin, E. Cresson, H. Gisserot, C. Lalumière, V. Neiertz, M. Pelletier, Y. Roudy, C. Tasca, S. Veil.

Question

En confrontant les deux documents, expliquez le chemin parcouru dans le combat pour l'égalité des droits civiques entre les hommes et les femmes.

Réponse

Le document 1 est daté de 1936. Il est écrit par un journaliste qui s'oppose au droit de vote des femmes. Soixante ans plus tard, un manifeste (document 2) signé par plusieurs femmes réclame des mesures nouvelles en faveur des femmes dans la vie politique.

1. Évoquer la situation

En 1936, de nombreux mouvements s'opposent au droit de vote des femmes. En 1996, les femmes ont, depuis longtemps, le droit de vote. Ces deux dates montrent le chemin parcouru : depuis 1944 les femmes sont électrices et éligibles, elles sont donc engagées dans la vie politique.

2. Décrire l'évolution

Mais le manifeste de 1996 révèle de nouvelles inégalités. Les signataires réclament une parité, c'est-à-dire une représentation égale des femmes et des hommes dans les différentes assemblées élues. Les femmes restent, en effet, faiblement représentées à l'Assemblée nationale ou au Sénat.

3. Expliquer les progrès à réaliser

Comprendre la méthode

1. La situation. Repérez les dates des documents 1 et 2. Calculez le nombre d'années qui sépare les deux documents.

2. L'évolution. Quel droit essentiel les femmes ont-elles obtenu entre ces deux dates ?

3. Les progrès à réaliser. Quelle revendication contient le manifeste de 1996 ?

Évaluation

Mobiliser ses connaissances (10 points)

1 Dater des faits importants (1 point)

Les femmes ont obtenu le droit de vote en
- 1919
- 1936
- 1944

2 Utiliser le vocabulaire disciplinaire (2 points)

Quelle est la définition de « féminisme » ?
a. Mouvement collectif qui lutte pour l'obtention du droit de vote pour les femmes.
b. Mouvement collectif qui lutte pour l'égalité des droits et l'amélioration de la condition des femmes.

3 Hiérarchiser des informations (2 points)

Les événements suivants ont contribué à l'établissement de l'égalité des droits entre les femmes et les hommes. Classez-les du plus important au moins important.

1907 Les femmes mariées peuvent disposer de leur salaire.
1910 Institution de la journée des femmes.
1924 Les filles préparent et passent le même baccalauréat que les garçons.
1944 Droit de vote pour les femmes.
1974 Vote de la loi sur l'interruption volontaire de grossesse.
1981 Première femme nommée préfète dans un département.
2000 Loi sur la parité hommes-femmes.

4 Restituer les principales connaissances (2 points)

Quel est l'objectif de la loi sur la parité ?

5 Justifier une affirmation (3 points)

Vous développerez deux exemples qui justifient l'affirmation suivante : « Les inégalités entre les hommes et les femmes ont diminué au cours du XXe siècle. Cependant, certaines subsistent encore. »

Analyser des documents (10 points)

1 Le féminisme au XXe siècle

« Les premiers mouvements féministes, qui apparaissent dès la fin du XIXe siècle, concentrent leurs actions dans le domaine du travail et des droits civiques. À travail égal, salaire égal, revendiquent les ouvrières américaines et européennes qui commencent à créer leurs propres syndicats et à multiplier les grèves. Le second mot d'ordre des pionnières du siècle concerne la participation à la vie civique, qui passe d'abord par l'obtention du droit de vote. La lutte est longue pour l'obtenir. Modernité oblige, c'est encore en Occident que naît, dans le sillage de 1968, la seconde génération du féminisme. L'heure est à la lutte du mouvement féministe pour le droit à la contraception et à l'avortement dans les nombreux pays où l'une ou l'autre sont interdits. »

D'après Sophie Bessis, *Cent ans de féminisme*, site www.unesco.org

2 Le féminisme au XXIe siècle

« "Fières d'être féministes" clamaient les représentantes de six organisation de jeunesse. "Être féministe c'est rêver à d'autres formes de relations moins normées, plus libres, aux antipodes de la guerre des sexes. Nos mères et nos grand-mères ont remporté des victoires contre l'ordre établi, pourquoi pas nous ?" répètent-elles encore. Leurs combats prioritaires sont ceux du quotidien. La nouvelle génération se bat pour l'égalité scolaire et professionnelle, pour des modes de garde d'enfant plus accessibles, pour un réel partage des tâches domestiques.

Le Monde, 8 mars 2000.

▶ Comparer deux situations historiques (7 points)

1. Sur quel thème portent les deux documents ? À quelle période chaque document fait-il référence ?

2. Quels sont les objectifs des mouvements féministes dans la première moitié du XXe siècle (doc. 1) ?

3. Aujourd'hui, dans quels domaines reste-t-il des progrès à accomplir ? Quels sont les combats menés par les féministes aujourd'hui (doc. 2) ?

▶ Mettre en relation avec ses connaissances (3 points)

4. En confrontant les deux documents expliquez le chemin parcouru dans les combats des mouvements féministes.

Un bureau de vote à Paris lors du référendum de 1962 sur l'élection du président de la République au suffrage universel direct. Ces religieuses se sont déplacées en groupe pour accomplir leur devoir citoyen.

Sujet d'étude

3

La République et le fait religieux depuis 1880

Les fondateurs de la IIIe République veulent une société laïque, c'est-à-dire libérée de l'influence de la religion. Les luttes d'opposition entre républicains et catholiques dominent la vie politique des années 1880 à 1914. Par la suite, les rapports entre la République et les Églises s'améliorent. Le XXe siècle voit cependant périodiquement ressurgir cette fracture, même si les tensions s'apaisent.

Comment la laïcité devient-elle un principe et une valeur de la République ?

Cours

La séparation entre l'État et la religion

▶ Comment la République française est-elle devenue laïque ?

En France, pendant des siècles, l'État et l'Église catholique ont été étroitement liés. Entre 1880 et 1905, les républicains entreprennent de séparer l'État de la religion. Ils se heurtent alors aux catholiques, à de multiples occasions.

1 Le programme des républicains

En 1869, le républicain Léon Gambetta se présente aux élections législatives. Son programme devient celui de tous les républicains.

« Au nom du suffrage universel, base de toute organisation politique et sociale, donnons mandat à notre député de revendiquer énergiquement :
- la liberté individuelle, désormais placée sous l'égide[1] des lois ;
- la liberté de la presse dans toute sa plénitude[2] ;
- la liberté de réunion avec la possibilité de discuter toute matière religieuse, philosophique, politique ou sociale ;
- la liberté d'association pleine et entière ;
- la suppression du budget des cultes[3] et la séparation de l'Église et de l'État ;
- l'instruction primaire laïque, gratuite et obligatoire ».

Léon Gambetta, extrait du programme, dit de Belleville, pour les élections législatives de 1869.

1. Égide : autorité.
2. Plénitude : intégralité.
3. Cultes : ensemble des rites et des pratiques religieux.

2 Les dates de la laïcisation

1880	Loi contre les congrégations religieuses.
1881	Loi scolaire instaurant la gratuité.
1882	Loi scolaire portant sur l'obligation scolaire et la laïcité de l'école.
1886	Loi qui laïcise le personnel enseignant.
1902	Interdiction de nombreuses congrégations.
1904	Loi interdisant d'enseignement toutes les congrégations religieuses.
1905	Loi de séparation des Églises et de l'État.
1906	Encyclique (déclaration) du pape condamnant la séparation.

3 Lettre de Jules Ferry aux instituteurs

« Monsieur l'Instituteur,

L'instruction religieuse appartient aux familles et à l'Église, l'instruction morale à l'école. Le législateur a eu pour premier objet de séparer l'école de l'Église, d'assurer la liberté de conscience[1] et des maîtres et des élèves, de distinguer enfin deux domaines trop longtemps confondus : celui des croyances, qui sont personnelles, libres et variables, et celui des connaissances, qui sont communes et indispensables à tous. Mais il y a autre chose dans la loi du 28 mars : elle affirme la volonté de fonder chez nous une éducation nationale. [...] Pour cette partie capitale de l'éducation, c'est sur vous, Monsieur, que les pouvoirs publics ont compté. En vous dispensant de l'enseignement religieux, on n'a pas songé à vous décharger de l'enseignement moral : c'eut été vous enlever ce qui fait la dignité de votre profession. Au contraire, il a paru tout naturel que l'instituteur, en même temps qu'il apprend aux enfants à lire et à écrire, leur enseigne aussi ces règles élémentaires de la vie morale qui ne sont pas moins universellement acceptées que celles du langage ou du calcul. »

Jules Ferry, *Lettre aux instituteurs*, 27 novembre 1883.

1. Liberté de conscience : totale liberté d'avoir une opinion.

4 La séparation de l'Église et de l'État.

Sur cette image de 1904, sous le regard de Voltaire, Émile Combes, chef très anticlérical du gouvernement, entreprend de couper le lien qui réunit le pape (l'Église) à Marianne (la République).

5 **L'instruction obligatoire.**
Sur le fronton est inscrite la devise *Fiat lux* : Que la lumière soit. (Gravure de 1881.)

L'engagement des républicains

Le programme. Les républicains refusent que l'Église joue le premier rôle dans la société. Ils revendiquent une laïcisation, c'est-à-dire une séparation entre l'Église et l'État. Ils se réunissent autour d'un programme anticlérical, hostile à l'influence du clergé catholique, et le mettent en œuvre dans les années 1880.

La fondation d'une école laïque. L'école primaire joue un rôle déterminant dans la diffusion des valeurs républicaines. Elle doit accueillir et former tous les citoyens. Les lois scolaires de Jules Ferry rendent, en 1881 et 1882, l'école primaire gratuite, obligatoire et laïque. L'enseignement religieux disparaît au profit de l'instruction civique et morale.

Les combats pour la laïcité

L'opposition des catholiques. Les catholiques condamnent cette école où il n'est plus question de religion. Ils appellent les Français à refuser une « école sans Dieu » et à mettre leurs enfants dans des écoles privées confessionnelles proposant un enseignement religieux. La division des Français sur cette question est profonde.

La laïcisation progressive de la société. D'autres lois mettent en place la laïcisation des locaux scolaires, puis celle des personnels enseignants (1886). Les congrégations religieuses sont progressivement interdites d'enseignement (1904). Le droit au divorce est établi.

La loi de 1905 : la charte de la laïcité

Le compromis sur la laïcité. Au début du XXe siècle, les républicains radicaux veulent étendre et approfondir la laïcité. Une loi de séparation des Églises et de l'État est préparée par Aristide Briand dans un esprit de compromis. Définitivement adoptée le 9 décembre 1905, elle garantit le libre exercice des cultes.

La religion, une affaire privée. En vertu de la loi, l'État « ne reconnaît, ne salarie, ni ne subventionne aucun culte ». À partir de 1905, il n'y a donc plus de religion officielle en France. La liberté de conscience laisse à chacun le droit de croire ou de ne pas croire en un dieu, mais la foi et la pratique religieuse relèvent désormais de la vie privée.

Questions

L'engagement des républicains

1. Quelles mesures directement inspirées du programme des républicains sont mises en œuvre par des lois (doc. 1 et 2) ?

Les combats pour la laïcité

2. Dans l'enseignement, quelles mesures importantes la loi de 1882 met-elle en place (doc. 2 et 3) ?

3. Quel est le rôle de l'instituteur, selon Jules Ferry, ministre de l'Instruction publique (doc. 3) ?

4. Qui sont les personnages chassés du temple ? Quels bienfaits l'instruction apporte-t-elle (doc. 5) ?

La loi de 1905 : la charte de la laïcité

5. Décrivez les personnages. Qui sont-ils et que représentent-ils (doc. 4) ?

6. Quel point de vue exprime cette image sur la loi de séparation (doc. 4) ?

Vocabulaire

Anticléricalisme : refus et dénonciation de l'influence et du pouvoir du clergé catholique sur la société et l'État.

Congrégation religieuse : au sens large, nom donné à tous les ordres religieux assurant une mission d'enseignement.

Laïcité : valeur fondatrice et principe de la République. Elle assure la neutralité de l'État en matière de religion.

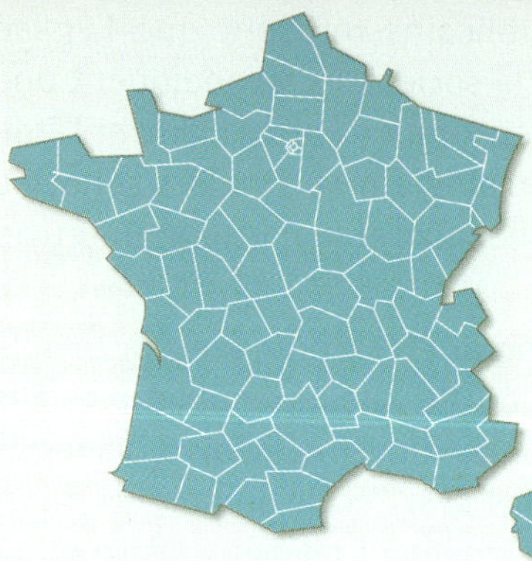

Pourquoi les lois scolaires de Jules Ferry ont-elles divisé les Français ?

La situation L'œuvre scolaire de Jules Ferry marque un tournant dans l'histoire de la République. Les lois de 1881 et 1882 consacrent une école laïque, gratuite et obligatoire. Mais cette laïcisation de l'enseignement ne fait pas l'unanimité.

1 La rentrée scolaire de 1882, vue du côté catholique

L'Univers *est un journal catholique antirépublicain.*

« Dans l'école laïque, le crucifix et l'image de la Sainte Vierge ont été enlevés, les pieuses sentences[1], les principes de la morale chrétienne inscrits sur les murs ont été effacés. Le maître a commencé sa classe sans invoquer le nom de Dieu.

Au nom de la religion, au nom du patriotisme, il faut maudire ce jour d'innovation funeste[2], qui livre nos écoles, nos enfants, à l'expérience d'un enseignement contraire à la tradition française, contraire à la religion nationale, contraire à la sagesse politique. Aux catholiques de se regrouper et d'agir pour qu'il ne produise pas tout le mal qui doit en résulter. C'est notre dernière ressource, jusqu'à ce que le mépris, ou le bon sens, ou la force des choses, ou le châtiment divin, nous délivre de la République. »

L'Univers, 2 octobre 1882.

1. Sentence : pensée, maxime.
2. Funeste : catastrophique.

Jules Ferry (1832-1893). Ministre de l'Instruction publique de 1879 à 1883, il fait voter des lois sur l'obligation scolaire, la gratuité et la laïcité de l'enseignement.

2 Les lois Ferry

Loi du 16 juin 1881

« **Art. 1.** Il ne sera plus perçu de rétribution[1] scolaire dans les écoles primaires publiques. »

Loi du 28 mars 1882

« **Art. 1er.** L'enseignement primaire comprend :
- l'instruction morale et civique ;
- la lecture et l'écriture ;
- la langue et les éléments de la littérature française ;
- la géographie, particulièrement celle de la France ;
- l'histoire, particulièrement celle de la France jusqu'à nos jours ;
- quelques notions usuelles de droit et d'économie politique ;
- les éléments des sciences naturelles, physiques et mathématiques, leurs applications à l'agriculture, à l'hygiène, aux arts industriels, travaux manuels et usage des outils des principaux métiers ;
- les éléments du dessin, du modelage et de la musique ;
- la gymnastique ;
- pour les garçons, les exercices militaires ;
- pour les filles, les travaux d'aiguilles.

Art. 2. Les écoles primaires vaqueront un jour[2] par semaine, outre le dimanche, afin de permettre aux parents de faire donner, s'ils le désirent, à leurs enfants, l'instruction religieuse, en dehors des édifices scolaires.

Art. 4. L'instruction primaire est obligatoire pour les enfants des deux sexes âgés de six ans révolus à treize ans révolus.

Art. 6. Il est institué un certificat d'études primaires ; il est décerné après un examen public auquel pourront se présenter les enfants dès l'âge de onze ans. Ceux qui, à partir de cet âge, auront obtenu le certificat d'études primaires, seront dispensés du temps de scolarité obligatoire qui leur restait à passer. »

Lois scolaires, dites lois Ferry, de 1881 et 1882.

1. Rétribution : paiement.
2. Vaquer : être en congé.

3 **Le choix de l'école en 1879, vu du côté républicain.** Le *Don Quichotte* est un journal anticlérical : il combat l'influence de l'Église catholique.

4 **L'école publique laïque en 1912, vue par un journal catholique.**
La Bastille est un journal clérical : il combat les idées républicaines.

5 **L'école primaire d'Orbigny, Indre-et-Loire, en 1909.** La République consacre d'importants budgets à la construction d'écoles aux salles de classe larges et bien éclairées. Elle les équipe d'un mobilier spécifique et de matériel pédagogique : tableau noir, cartes murales, livres, ardoises, cahiers...

Étude de la situation

Analyse des documents

1. Quelles disciplines l'école laïque doit-elle enseigner (doc. 2) ?

2. Quelles transformations profondes les lois scolaires apportent-elles (doc. 2) ?

3. Quelles critiques les opposants à l'école laïque formulent-ils (doc. 1 et 4) ?

4. Expliquez comment cette image oppose deux écoles. Quel point de vue défend-elle ? Justifiez votre réponse (doc. 3).

5. Décrivez cette salle de classe. Relevez les éléments que l'ont peut retrouver dans une classe d'aujourd'hui (doc. 5).

Bilan

Expliquez quelles lois ont peu à peu installé une école publique. Décrivez l'opposition entre les partisans et les opposants à cette école en citant leurs arguments.

Cours

La République et les religions depuis 1905

▶ Comment la laïcité finit-elle par s'imposer ?

Tout au long du XXe siècle, les Français acceptent progressivement la laïcité. Cette valeur de la République fonde même aujourd'hui l'identité française. Les tensions se sont apaisées, même si certaines crises, souvent liées à l'école, mobilisent encore des foules importantes.

1 La résistance aux inventaires, à Cominac, dans l'Ariège.

Protégé par les montreurs d'ours et entouré de ses paroissiens, le curé de Cominac s'oppose à l'inventaire des biens de son église ordonné par la loi de 1905.

2 La laïcité dans les Constitutions

« **Préambule.** Le peuple français proclame que tout être humain, sans distinction de race, de religion ni de croyance, possède des droits inaliénables et sacrés. [...] L'organisation de l'enseignement gratuit et laïque à tous les degrés est un devoir de l'État. [...]

Des institutions de la République.
Article 1. La France est une République indivisible, laïque, démocratique et sociale. »

Constitution de 1946, IVe République.

« **Article premier.** La France est une République indivisible, laïque, démocratique et sociale. Elle assure l'égalité devant la loi de tous les citoyens sans distinction d'origine, de race ou de religion. Elle respecte toutes les croyances. [...] »

Constitution de 1958, Ve République.

3 Manifestation en faveur de l'école libre (privée) en 1984.

Un million de manifestants protestent, à Versailles, contre un projet de réunification des écoles privées et publiques.

4 Manifestation en faveur de l'école publique laïque, en 1993.

Six cent mille personnes défilent à Paris, contre la proposition d'augmentation des subventions publiques aux écoles privées.

5 La laïcité garante de la neutralité de l'État

« La laïcité garantit la liberté de conscience. Elle protège la liberté de croire ou de ne pas croire. Elle assure à chacun la possibilité d'exprimer et de pratiquer sa foi, paisiblement, librement, sans la menace de se voir imposer d'autres convictions ou d'autres croyances. Elle permet à des femmes et à des hommes venus de tous les horizons, de toutes les cultures, d'être protégés dans leurs croyances par la République et ses institutions. [...] C'est la neutralité de l'espace public qui permet la coexistence harmonieuse des différentes religions. »

Discours prononcé par Jacques Chirac, président de la République, 17 décembre 2003.

6 La laïcité à l'école

« Dans les écoles, les collèges et les lycées publics, le port de signes ou tenues par lesquels l'élève manifeste ostensiblement une appartenence religieuse est interdit.

Les signes et tenues qui sont interdits sont ceux dont le port conduit à se faire immédiatement reconnaître par son appartenance religieuse tels que le voile islamique, quel que soit le nom qu'on lui donne, la kippa ou une croix de dimension manifestement excessive. [...]

La loi ne remet pas en cause le droit des élèves de porter des signes religieux discrets. »

Bulletin officiel de l'Éducation nationale n°21, 27 mai 2004.

Questions

Des débuts difficiles

1. Comment certains catholiques marquent-ils leur refus d'accepter la loi de 1905 (doc. 1) ?

La consolidation d'une République laïque

2. Sur quels principes s'établissent les rapports entre la République et les religions (doc. 2) ?

3. Comment ces extraits soulignent-ils l'importance de la laïcité pour la République (doc. 2) ?

4. Expliquez les slogans sur les banderoles en vous aidant de la légende des photographies (doc. 3 et 4).

La République et les religions au XXIe siècle

5. En quoi la loi applicable à l'école s'inscrit-elle dans le cadre fixé par la Constitution (doc. 2 et 6) ?

6. Quelles garanties la laïcité offre-t-elle pour les hommes et les femmes vivant en France (doc. 5) ?

Des débuts difficiles

L'affaire des inventaires. La loi de séparation de 1905 prévoit de remettre à des associations la gestion des lieux de culte. L'État fait donc procéder, en 1906, à un inventaire des biens qu'ils contiennent. Cette procédure est acceptée par les protestants et les juifs. Les catholiques s'y opposent par la force. Devant la violence des incidents, l'État suspend les inventaires.

Du rejet des catholiques au rapprochement de 1914. Le pape condamne la loi de 1905. L'Église catholique, très largement majoritaire, joue de son influence contre la laïcité dans les régions qu'elle contrôle. Les tensions s'apaisent en 1914, lorsque l'Église rejoint « l'Union sacrée » qui réunit tous les Français à la veille de la guerre.

La consolidation d'une République laïque

Un lent apaisement. Par la suite, malgré des crises, la laïcité devient inséparable de l'identité de la France. L'affirmation du caractère laïque de la République figure d'ailleurs dans les Constitutions de 1946 et de 1958, approuvées par les Français. Les relations entre la République et les religions se sont normalisées. Un problème demeure cependant : celui du financement de la construction de nouveaux lieux de culte.

Des tensions souvent liées à l'école. Les rapports entre l'enseignement public laïque (4/5 des élèves) et l'enseignement privé catholique (1/5 des élèves) reposent sur un fragile équilibre. Toute tentative de le modifier, au gré des alternances politiques, provoque de gigantesques manifestations.

La République et les religions au XXIe siècle

La nécessaire réaffirmation de la laïcité. Périodiquement, les principes de la laïcité doivent être réaffirmés. Ils s'appliquent à tous les niveaux de l'État, aux institutions publiques, comme les hôpitaux et les prisons. Á l'école, la laïcité est à nouveau précisée pour les élèves, en 2004. Une loi interdit le port de signes religieux ostensibles dans les écoles publiques, quelle que soit la religion.

L'enjeu de la laïcité aujourd'hui. Si la France demeure en majorité catholique (40 millions), le pluralisme religieux s'est développé. Les cinq millions de musulmans constituent la deuxième religion du pays, devant les protestants (1 million) et les juifs (0,6 million). En plaçant ce qui est commun à tous les hommes au-dessus de leurs différences, la laïcité constitue un rempart contre les fanatismes et les dérives communautaristes.

Vocabulaire

Inventaires : liste des biens que l'administration doit dresser, avant de confier les lieux de culte à des associations chargées de leur gestion.

Lieu de culte : église, temple, synagogue, mosquée, tout édifice où des fidèles pratiquent leur religion.

Comment la séparation de l'État et des églises s'est-elle faite ?

La situation Après un quart de siècle d'affrontements passionnés à la tribune des assemblées ou dans la presse, les républicains font voter une loi qui limite définitivement l'influence de l'Église dans la vie politique. La modération du texte final doit beaucoup au principal animateur des débats à la Chambre des députés et au Sénat : Aristide Briand, député socialiste de la Loire.

1 La chronologie du vote de la loi

1901	Loi accordant la liberté de fonder une association, sauf pour les congrégations religieuses qui doivent demander une autorisation.
1903	Création du groupe de travail parlementaire de séparation des Églises et de l'État et désignation d'Aristide Briand comme rapporteur.
1904	Interdiction d'enseigner pour les congrégations religieuses. Rupture des relations diplomatiques entre la France et le Vatican.
1905	Après 48 séances de discussion, vote de la loi par les députés (341 voix pour, 233 contre). Vote par le Sénat de la loi (181 voix pour, 102 contre).
1906	Condamnation par le pape de la loi de séparation.

2 Le respect de la sensibilité catholique

« Dans ce pays où des millions de catholiques pratiquent leur religion, il était impossible d'envisager une séparation qu'ils ne pussent accepter. Ce mot a paru extraordinaire à beaucoup de républicains qui se sont émus de nous voir préoccupés de rendre la loi acceptable par l'Église.

Messieurs, l'Église, je le répète, c'est en France, plusieurs millions de citoyens. Outre qu'on ne fait pas une réforme contre une aussi notable portion du pays, je vous demande s'il ne serait pas imprudent de provoquer par des vexations inutiles tant d'autres citoyens, aujourd'hui indifférents en matière religieuse, mais qui demain ne manqueraient pas de se passionner pour l'Église s'ils pouvaient supposer que la loi veut leur faire violence. »

Aristide Briand, discours à la Chambre des députés, 3 juillet 1905.

1. Grief : reproche.

Aristide Briand à la tribune en 1905. Durant les débats qui accompagnent le vote de la loi de séparation, ses qualités de négociateur et ses talents d'orateur permettent de trouver un compromis.

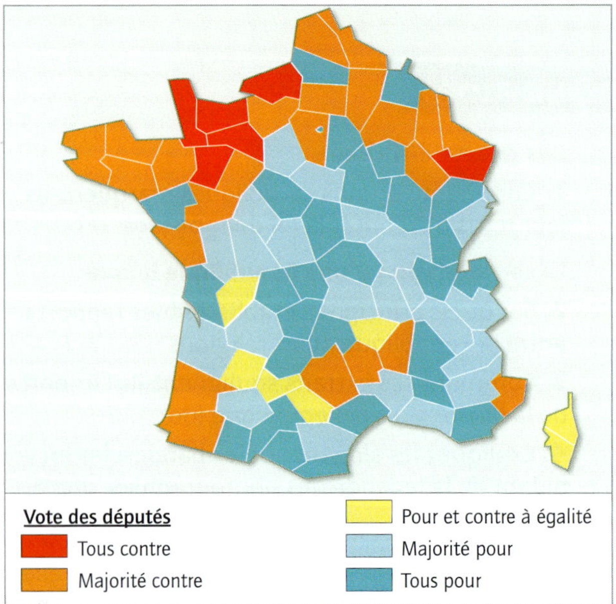

3 Les résultats du vote du 3 juillet 1905.

Les régions opposées à la loi de séparation des Églises et de l'État sont celles où la pratique religieuse est la plus dynamique.

4 La loi de 1905

« **Article 1.** La République assure la liberté de conscience. Elle garantit le libre exercice des cultes sous les seules restrictions édictées ci-après dans l'intérêt de l'ordre public.

Article 2. La République ne reconnaît, ne salarie ni ne subventionne aucun culte[1]. En conséquence, à partir du 1er janvier qui suivra la promulgation de la présente loi, seront supprimées des budgets de l'État, des départements et des communes, toutes dépenses relatives à l'exercice des cultes. […]

Article 4. Dans le délai d'un an, à partir de la promulgation de la présente loi, les biens mobiliers et immobiliers [des] établissements publics du culte seront, avec toutes leurs charges et obligations […], transférés par les représentants légaux de ces établissements aux associations[2] qui se seront légalement formées […] pour l'exercice de ce culte. »

Journal officiel de la République française, 11 décembre 1905.

1. Culte : ensemble des rites et des pratiques religieuses.
2. Ces associations cultuelles sont chargées de la gestion des lieux de culte.

Plus malades après qu'avant.

5 L'apaisement (1906).

Briand, ministre des Cultes, et Clemenceau, chef du gouvernement, observent une Marianne épuisée par la longue crise.

Étude de la situation

Analyse des documents

1. Quel est l'objectif de Briand (doc. 2) ?

2. Pourquoi plusieurs étapes ont-elles été nécessaires pour aboutir au vote de la loi de 1905 (doc. 1 et 2) ?

3. Quels ensembles régionaux ont voté massivement contre la loi ? Lesquels ont voté pour (doc. 3) ?

4. La loi de séparation interdit-elle aux Français de pratiquer une religion ? Comment la séparation des Églises et de l'État français se traduit-elle de façon concrète (doc. 4) ?

5. Relevez les mots montrant que la loi s'adresse à toutes les pratiques religieuses (doc. 4).

6. Que représentent les personnages du premier plan ? Comment cette image traduit-elle l'intensité des affrontements autour du vote de la loi (doc. 5) ?

Bilan

Présentez la loi de séparation des Églises et de l'État : contenu, contexte. Vous soulignerez le rôle joué par Aristide Briand dans le vote de cette loi.

Comment, aujourd'hui, construire un nouveau lieu de culte ?

La situation Les lieux de culte édifiés avant la loi de 1905 appartiennent aux communes, aux départements, à l'État qui assurent l'entretien des bâtiments. Depuis plus d'un siècle, l'État ne finance plus la construction de nouveaux édifices religieux. Leur création relève de financements privés.

1 La construction des différents lieux de culte

« Il s'est créé en France métropolitaine autant de lieux de culte musulmans ces trente dernières années que d'églises catholiques depuis un siècle : 2 000 environ. Constat analogue pour les lieux de culte évangélique protestants : sur cette même période, 1 000 lieux nouveaux.

La création des lieux de culte musulmans s'est accélérée ces dernières années. En 1976, on recensait 150 salles de prières musulmanes, en 1985, 900. En 2001, 1 555 mosquées et salles de prières sont dénombrées, aujourd'hui elles sont au nombre de 2 147.

Sur les 3 000 lieux de culte protestants, 1 200 sont réformés, luthériens[1] ou autres dénominations « historiques » et 1 800 sont évangéliques. Ces derniers étaient 800 en 1970.

Le nombre de synagogues est quant à lui plutôt stable : 280 environ, les ouvertures en région parisienne compensant les fermetures en province.

Parallèlement, durant les cinq dernières années, l'Église catholique a construit une vingtaine d'églises et une soixantaine ont perdu leur vocation religieuse. Le chiffre total des lieux de culte catholique dans l'Hexagone reste de 45 000. La majorité des diocèses n'a pas d'édifices en chantier en ce début de troisième millénaire, alors que chacun portait plusieurs projets de construction dans les années 1960-1970. »

Pierre Schmidt, *La Croix*, 26 octobre 2006.

1. Réformés, luthériens… : branches du protestantisme.

2 Une manifestation pour la construction d'une mosquée à Nice en 2005.

Aucune mosquée n'avait été construite en France avant la loi de 1905. Et depuis cette date, l'État ne finance plus aucun culte.

3 Les lois depuis 1905

Loi de 1905	Les édifices religieux construits après 1905 ne peuvent plus être financés par des fonds publics.
Loi de 1908	L'État, les départements, les communes peuvent engager les dépenses nécessaires pour les charges et les réparations des églises construites avant 1905.
Début des années 1930	Une commune peut céder un terrain pour la construction d'un édifice religieux. Ce terrain est concédé pour un bail de 99 ans.
Loi de 1961	Un département ou une commune peuvent garantir les emprunts contractés par des associations pour la construction d'un édifice religieux.
Aujourd'hui	Un département ou une commune peuvent subventionner un projet mixte, qui comporte un centre culturel à côté d'un espace réservé au culte. Exemples : le musée d'art sacré de la cathédrale d'Évry ou l'institut musulman de la Grande Mosquée de Paris.

4 **La cathédrale de la Résurrection d'Évry (Essonne).**

La construction de la cathédrale d'Évry s'est achevée en 1996. Le budget a été de 9,15 millions d'euros. Le ministère de la Culture et la région Ile-de-France ont subventionné la partie du projet correspondant au musée d'art sacré. Le reste provient de financements privés (souscription auprès du public, mécénat d'entreprise, fonds religieux).

5 **La mosquée Sahaba de Créteil (Val-de-Marne).**

L'inauguration de la mosquée a eu lieu en 2008. Le budget du projet s'est élevé à 4,7 millions d'euros. 2,2 millions d'euros proviennent de fonds privés. Une subvention d'un million d'euros a été accordée par la ville pour l'espace culturel et de loisirs et un emprunt de 1,5 million d'euros a été cogaranti par Créteil et le conseil général du Val-de-Marne. La ville a mis le terrain à la disposition de l'Union des associations musulmanes de Créteil, avec un bail de 99 ans.

Étude de la situation

Analyse des documents

1. Quelles sont les grandes périodes de construction de nouveaux lieux de culte pour la religion catholique, pour les protestants et pour l'islam (doc. 1) ?

2. Quelle évolution la construction des lieux de culte musulman a-t-elle connue (doc. 1) ?

3. Que réclament ces manifestants (doc. 2) ?

4. Selon la loi, de quelle manière une commune ou un département peuvent-ils s'impliquer dans la construction d'un lieu de culte (doc. 3) ?

5. Comment la construction de la cathédrale d'Évry et celle de la mosquée de Créteil ont-elles été financées (doc. 4 et 5) ?

Bilan

Présentez les obligations de la loi de 1905. Expliquez ensuite comment on peut, aujourd'hui, construire un lieu de culte.

L'essentiel

Connaissances

La séparation entre l'État et les religions

À partir de 1880, les républicains entreprennent de supprimer l'influence de l'Église catholique sur la société française. Les lois Ferry de 1881 et 1882 instaurent l'école primaire gratuite, obligatoire et laïque. En 1886, les religieux ne peuvent plus enseigner dans les écoles publiques. En 1905 enfin, la loi sépare définitivement les Églises de l'État. La pratique religieuse relève désormais de la vie privée.

Les relations entre la république et les religions depuis 1905

L'application de la loi de 1905 s'accompagne d'incidents, mais la laïcité finit par s'imposer. Elle est une composante de l'identité de la France et figure dans la Constitution. Les relations entre l'État et les représentants des religions se sont normalisées. Des tensions autour de la laïcité subsistent parfois dans les établissements d'enseignement publics. Mais le respect strict de la laïcité, c'est-à-dire de la neutralité de l'État au plan des croyances, s'impose dans tous les secteurs : santé, enseignement, administration...

Acteurs clés

Jules Ferry (1832-1893). Avocat et journaliste, ce républicain joue un rôle décisif entre 1879 et 1882 comme ministre de l'Instruction publique. Il rend l'école primaire laïque, gratuite et obligatoire.

Aristide Briand (1862-1932). Avocat et homme politique socialiste, onze fois président du Conseil, il cumule souvent ce poste avec celui de ministre des Affaires étrangères.
En 1905, il est le porte-parole du projet de loi de séparation des Églises et de l'État.

Notions clés

Anticléricalisme : refus et dénonciation de l'influence et du pouvoir du clergé de l'Église catholique sur la société et sur l'État.

Congrégation religieuse : nom donné à tous les ordres religieux, masculins ou féminins, assurant une mission d'enseignement.

Laïcité : valeur fondatrice et principe de la république. Elle assure la neutralité de l'État qui ne subventionne aucun culte.

Repères chronologiques

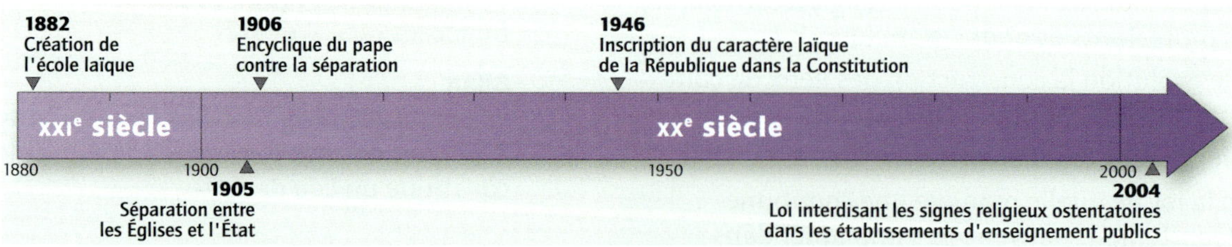

Capacités

Raconter et caractériser un événement historique

1 L'ouverture d'une école primaire laïque

« Les incidents qui ont le plus marqué mon enfance se rapportent à l'époque des laïcisations, lorsque ma mère fut renommée dans le canton de Charolles en 1903 ou 1904. Seules des religieuses en habit enseignaient aux filles de la localité. Ma mère y créa donc l'école laïque. Tout de suite ce fut la guerre... En chaire, le curé se déchaîna contre la nouvelle école et tout ce qui s'y rattachait. Maîtres, parents, enfants furent voués à l'enfer. Á l'église, le petit groupe des laïques (cinq à dix élèves) fut parqué loin des élues (une trentaine) qui continuaient à aller chez les sœurs. »

Témoignage cité par J. Ozouf, *Nous les maîtres d'école*, Julliard-Gallimard, coll. « Archives », 1995.

2 Une école normale d'institutrices, vers 1910.
On compte 22 établissements en France en 1879, et 88 en 1889. Depuis 1886, l'enseignement dans les écoles publiques doit être confié à un personnel laïque. L'école normale forme les futurs instituteurs et institutrices.

Question

Dans quelle mesure, ce qui se produit dans le canton de Charolles est-il révélateur d'une évolution à l'échelle nationale ?

Réponse

Le témoin raconte l'ouverture de l'école publique laïque de filles à Charolles en Saône-et-Loire vers 1903-1904. Il témoigne sur « la guerre » entre l'école publique et l'école privée. Le curé n'accepte pas que l'éducation des filles échappe aux religieuses. Lors de la messe, il condamne l'école laïque, l'institutrice, ses élèves et leurs parents. Les élèves de l'école laïque qui se rendent à l'église sont mis à l'écart.

1. Présenter l'événement : lieu, date, personnages, succession des faits.

Cet événement montre le climat de guerre scolaire qui entoure la mise en place de l'école primaire laïque et obligatoire. La loi de laïcisation du corps enseignant dans le primaire date de 1886 et l'ouverture de l'école laïque de filles, à Charolles, a lieu 7 à 8 ans après.

2. Caractériser l'événement : contexte, caractère habituel ou exceptionnel.

Comprendre la méthode

1. Présenter l'événement
De quel événement s'agit-il ? Où se produit-il ? Que se passe-t-il ?

2. Caractériser l'événement
Cet événement se produit-il ailleurs en France ? Quelle information nous apporte-t-il sur la mise en application de la loi de 1886 ?

Évaluation

Mobiliser ses connaissances (10 points)

1 Retrouver l'année d'un événement (1 point)

Attribuez à chaque événement la date qui convient.
a. La création de l'école laïque :
❑ 1789 ❑ 1882 ❑ 1905
b. La loi de séparation des Églises et de l'État :
❑ 1886 ❑ 1905 ❑ 1912

2 Définir une notion (1 point)

Qu'est-ce que la laïcité ?

3 Identifier un personnage (2 points)

Quel homme se cache derrière chacune des informations suivantes ?
a. Avocat et homme politique socialiste, il conduit avec tolérance le débat sur la loi de séparation entre les Églises et l'État.
b. Avocat et journaliste, il rend l'école primaire gratuite, laïque et obligatoire.

4 Trouver la réponse exacte (2 points)

Choisissez à chaque fois la réponse juste.

Une personne faisant preuve d'anticléricalisme rejette :
- l'existence des catholiques en général.
- le pouvoir des clercs de notaire et des notaires.
- l'influence de l'Église catholique et de son clergé.

La loi qui sépare les Églises et l'État concerne :
- seulement les religions chrétiennes, catholique et protestante.
- seulement les religions juive et musulmane.
- la totalité des religions présentes sur le sol français.

5 Expliquer une expression (2 points)

Les catholiques, lors des débats des années 1880, s'opposent à « l'école sans Dieu ». Que signifie, pour eux, cette expression ?

6 Rendre compte d'une réalité (2 points)

Classez par ordre croissant (nombre de fidèles) les principales religions aujourd'hui présentes sur le territoire français : protestantisme, islam, judaïsme, catholicisme.

Analyser un document (10 points)

Les inventaires à Montregard (Haute-Loire).

« Les inventaires dans les églises, ordonnés en vertu de la loi de séparation, ont été, à Paris et dans plusieurs régions, l'occasion d'échauffourées et de rencontres sanglantes.

Á Montregard, un véritable combat s'est engagé. Le percepteur de Montfaucon, chargé de l'inventaire dans cette commune, a dû se réfugier dans la mairie avec son escorte de gendarmes. Assiégés par la foule, ceux-ci ont tiré des coups de revolver. Enfin, forcés de quitter la mairie, poursuivis par les habitants, le percepteur et les gendarmes ont essayé de gagner la route de Montfaucon. Mais la foule les a rejoints, les a attaqués à coups de fourches et de bâtons. Le percepteur est tombé, à demi assommé, un gendarme a été blessé. Les autres ont fait feu sur les assaillants, en ont blessé plusieurs, heureusement, une voiture est arrivée de Montfaucon. Les gendarmes y ont hissé les blessés, puis ils y sont montés eux-mêmes, et ils ont ainsi pu échapper aux ressentiments de la foule.

Des faits du même genre ont ensanglanté d'autres régions. »

Le Petit Journal illustré, 18 mars 1906.

▶ Raconter et caractériser un événement historique (6 points)

1. De quel événement (lieu, date, acteurs) s'agit-il ?

2. Que se passe-t-il ?

3. Quelle loi le document cite-t-il ?

▶ Mettre en relation avec ses connaissances (4 points)

4. Que nous apprennent les événements de Montregard sur les relations entre la République et l'Église catholique, à ce moment-là de l'histoire de France ?

La libération de Paris.

Le 26 août 1944, le général de Gaulle descend les Champs-Élysées à Paris, accompagné des Compagnons de la Libération et des membres du Conseil national de la Résistance. Après quatre années passées à diriger la lutte contre l'occupant, une tâche immense attend le chef de la Résistance : reconstruire un pays et lui donner de nouvelles institutions.

Sujet d'étude

4

De l'État français à la IVe République (1940-1946)

En juin 1940, la France subit une grave défaite face à l'Allemagne nazie et une partie de son territoire est occupée. Son système politique, la Troisième République, s'effondre. Un nouveau régime le remplace et s'engage dans une collaboration avec l'occupant. Quelques années après, la victoire des Alliées permet le retour de la démocratie et la mise en place d'une nouvelle République.

Quels changements politiques la France a-t-elle connus entre 1940 et 1946 ?

La France et ses colonies pendant la Seconde Guerre mondiale

- Zone annexée par l'Allemagne
- Zone occupée
- Zone rattachée au commandement allemand de Bruxelles
- Zone interdite
- Ligne de démarcation
- Zone d'occupation italienne (1940-1942)
- Zone sud « libre » jusqu'en nov. 1942
- Alliés
- États neutres

1 La France occupée.

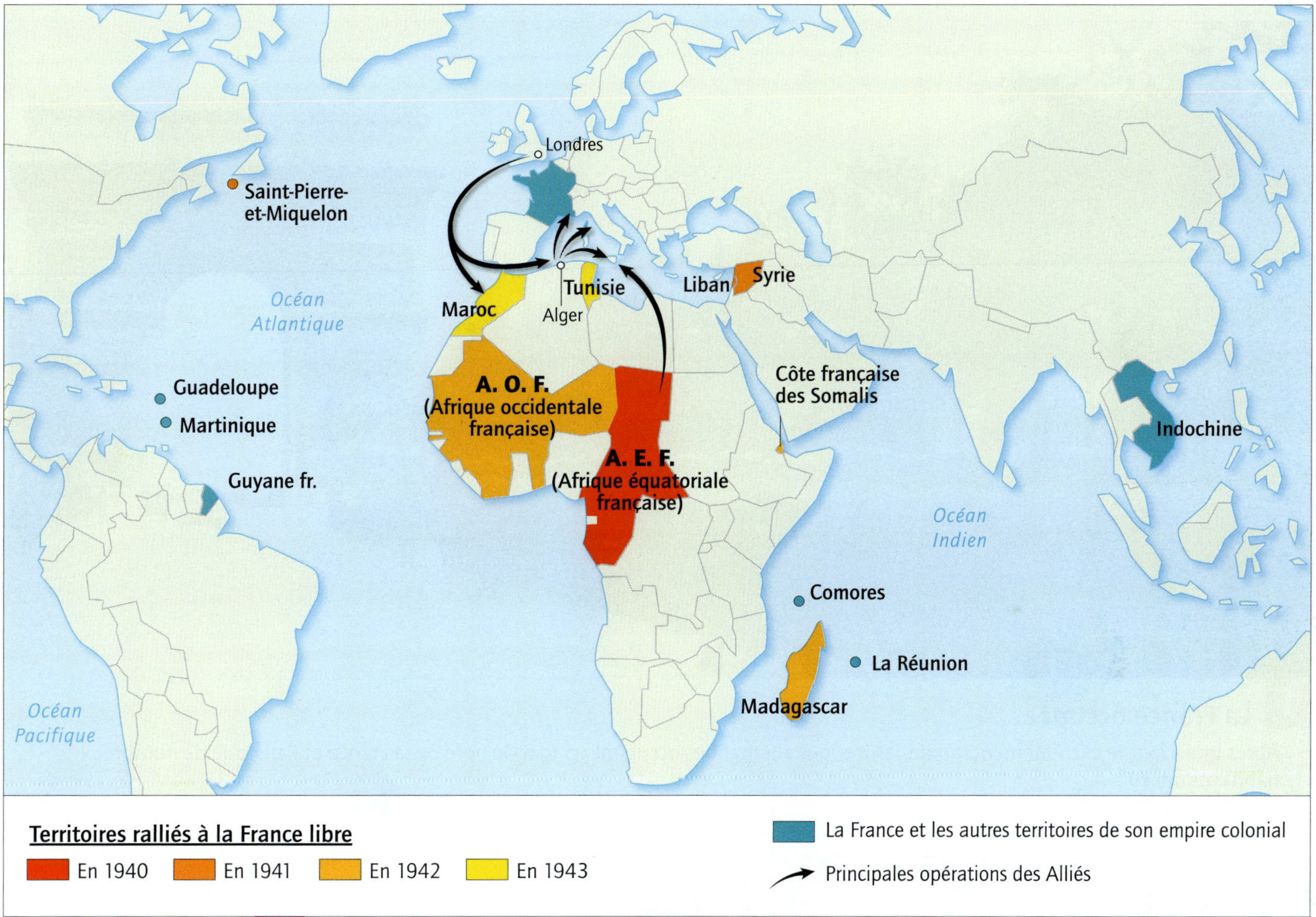

2 **L'empire colonial français dans la Seconde Guerre mondiale.**

Cours

Le régime de Vichy et la collaboration

▶ Quel pouvoir s'installe en France en juin 1940 ?

Depuis la Révolution française, la Troisième République est le régime le plus stable et le plus durable qu'ait connu la France. Pourtant, après soixante-dix ans d'existence, elle s'effondre brutalement avec la défaite des armées françaises.

1 La France occupée.

Après une avancée extrêmement rapide, les troupes allemandes occupent en 1940 le nord de la France et Paris, que de nombreux habitants ont fui.

2 Le maréchal Pétain.

Le 10 juillet 1940, 569 parlementaires présents à Vichy votent les pleins pouvoirs au Maréchal Pétain.

Questions

La défaite française et le régime de Vichy

1. Que représente cette photographie (doc. 1) ?

2. Quelle image cette affiche donne-t-elle du maréchal Pétain ? Justifiez votre réponse (doc. 2).

3. D'après cette affiche de Vichy, à quoi la ruine de la France est-elle due ? Sur quelles bases doit-elle se reconstruire (doc. 3) ?

La collaboration et l'exclusion

4. Selon l'auteur de cet article, qui collabore et pourquoi (doc. 4) ?

5. Comment se concrétise la politique antisémite de Vichy (doc. 5) ?

3 **La Révolution nationale.** (Affiche de 1940)

4 **La collaboration**

Fondé en 1940, le journal La Gerbe *soutient la politique du maréchal Pétain.*

Les Français sont engagés dans la collaboration avec les Allemands. [...] Peu importe les heurts, les malentendus, les échecs, les grincements de dents, les désespoirs, les recours à la radio anglaise, – nous collaborons et cela est une garantie de vie. Les gens de l'administration, les gens dans les affaires, les intellectuels collaborent. Des contacts, des relations, des échanges de services s'organisent. Cela croît et grossit tous les jours. C'est l'essentiel et le nécessaire, si ce n'est pas le suffisant.

Pierre Drieu la Rochelle, article publié dans *La Gerbe* le 10 octobre 1940.

5 **L'exclusion des Juifs.**

À partir du 7 juin 1942 « il est interdit aux Juifs, dès l'âge de 6 ans révolus, de paraître en public sans porter l'étoile juive ».

La défaite française et le régime de Vichy

La débâcle. En 1940, la défaite militaire française face à l'armée allemande provoque l'exode de la population vers le sud. Près d'un Français sur quatre est sur les routes. Toute l'administration est désorganisée, le gouvernement fuit à Bordeaux et demande l'armistice, qui est signé le 22 juin. L'armée allemande occupe tout le nord du pays.

Le chef de l'État français. Héros de la guerre de 1914-1918, le maréchal Pétain est considéré comme celui qui peut protéger les Français. Suite au choc de la défaite et à la désorganisation générale du pays, il obtient les pleins pouvoirs. Il entend s'en servir pour réformer la France car pour lui, la défaite est surtout imputable à la dérive de la société française. Il crée le régime de l'État français et installe son gouvernement à Vichy.

Le nouveau régime. L'État français supprime l'essentiel des libertés et rétablit la censure. Il lance la « Révolution nationale » et adopte une nouvelle devise conforme à son idéologie : « Travail, Famille, Patrie ». Pour revenir à des valeurs traditionnelles, les femmes sont incitées à rester au foyer, le catholicisme est valorisé, ainsi que la paysannerie et l'artisanat. Les syndicats sont dissous.

La collaboration et l'exclusion

La collaboration. L'armistice signé avec l'Allemagne impose de lourdes charges à la France. Divisée en zones, dont seule la zone dite « libre » reste sous l'autorité du gouvernement français, elle doit payer l'Allemagne et la fournir en marchandises. 1,6 million de soldats restent prisonniers. Convaincu que l'Allemagne va gagner la guerre et s'imposer comme la nouvelle puissance, le régime de Vichy décide de collaborer pour obtenir une position favorable dans l'Europe nazie. Pour ce faire, il n'hésite pas à anticiper les demandes de l'occupant.

La politique antijuive. Les premières mesures antijuives sont prises, sans pression des Allemands, dès le mois d'octobre 1940. Un statut particulier exclut les Juifs de la fonction publique et de certaines professions. La police française est mise à la disposition des nazis. Elle contribue, directement ou indirectement, à l'arrestation de plus de 75 000 Juifs, qui sont déportés vers des camps d'extermination.

Vocabulaire

Armistice : accord entre pays en guerre pour suspendre les combats en attendant la négociation de la paix.

Collaboration : coopération d'État avec l'Allemagne dans les domaines politique, économique et militaire.

Génocide : actes commis dans l'intention de détruire un groupe national, ethnique ou religieux.

Situation 1

LA RAFLE DU VÉL D'HIV

Comment le régime de Vichy s'engage-t-il dans la déportation des Juifs de France ?

La situation Français ou réfugiés venus de l'est, les Juifs résidant en France se pensent à l'abri des persécutions dans le pays des Lumières et des Droits de l'homme. Pourtant, le régime de Vichy les met progressivement à l'écart de la société, avant de les livrer aux nazis. Le 16, puis le 17 juillet 1942 se déroule à Paris la première grande rafle.

1 Repères chronologiques

3-4 octobre 1940	Premier statut des Juifs (notamment série d'interdictions professionnelles).
29 mars 1941	Création d'un Commissariat général aux questions juives.
2 juin 1941	Second statut des Juifs (étendant la liste des interdits professionnels).
22 juillet 1941	Début de « l'aryanisation des entreprises juives » (vente forcée conduisant à une confiscation de fait) en zone occupée.
27 mars 1942	Premier convoi de déportation parti de Drancy pour Auschwitz.
7 juin 1942	Obligation du port de l'étoile jaune en zone occupée.
16-17 juillet 1942	Rafle du Vél' d'Hiv' (Vélodrome d'Hiver).

2 Rapport sur la déportation des enfants juifs

« Paris, le 6 juillet 1942

URGENT ! À remettre immédiatement !
À l'office central de Sûreté du Reich IV B 4 Berlin.
Objet : Déportation de France des juifs.

À Paris, le 1er juillet 1942.

Les pourparlers avec le gouvernement français ont abouti, jusqu'à présent, au résultat suivant : le président Laval[1] a proposé, lors de la déportation des familles juives de la zone non occupée, d'y comprendre également les enfants âgés de moins de seize ans.
La question des enfants juifs restant en zone occupée ne l'intéresse pas.
Je vous demande de prendre une décision d'urgence, par télégramme, afin de savoir si, à partir du quinzième convoi de juifs, les enfants au-dessous de seize ans pourront également être déportés. Pour terminer, j'attire votre attention sur le fait que, pour déclencher les rafles, il ne peut être question, pour le moment, que de juifs apatrides[2] ou étrangers. Pour la seconde phase, l'on s'attaquera aux juifs naturalisés en France depuis 1919 ou depuis 1927.

Par ordre, signé :
Dannecker, SS-Hauptsturmführer »

1. Pierre Laval : chef du gouvernement de Pétain.
2. Apatride: personne dépourvue de nationalité. Parmi elles, une partie des Juifs naturalisés français après 1927, auxquels la nationalité française a été retirée à partir de 1940.

3 Le matin du 16 juillet 1942

Extraits de témoignages d'enfants survivants

« M. B. était un homme formidable qui travaillait au commissariat. Il était brigadier et venait renseigner des personnes qu'il connaissait qui étaient juives. Il est venu prévenir mon père. Il est souvent venu nous prévenir qu'il allait y avoir une rafle, qu'il fallait faire attention, qu'il fallait nous cacher. Et puis une fois, il est venu et il a dit : « Là, il n'y aura pas de quartier. Ils vont aller partout, ça va être terrible ». »

Simone

« La grande rafle a été horrible. Ce dont je me souviens particulièrement, c'est le grand silence, le grand silence qui s'est abattu sur Belleville. Je n'avais pas l'habitude que ce soit tellement silencieux. Et tout d'un coup, des tambourinements aux portes, des cris, un brouhaha. C'était inquiétant. J'entendais beaucoup de bruits dans l'escalier. Et maman, me plaquant la main carrément sur la bouche, et regardant par la fenêtre. »

Raymonde

« C'est malheureusement la police française qui arrête les Juifs. On nous fait monter dans les autobus qui portent encore leurs plaques de destinations diverses. Nous roulons à travers les rues de ce quartier de Belleville d'habitude si joyeux et, partout, c'est le même spectacle de Juifs emmenés comme des criminels entre les agents. Nous arrivons devant la grande porte du Vél' d'Hiv, rue Nelaton. »

Sarah

Extraits de J.-P. Guéno et Y. Laplume, *Paroles d'étoiles, Mémoire d'enfants cachés* (1939-1945), Librio/Radio France, 2002.

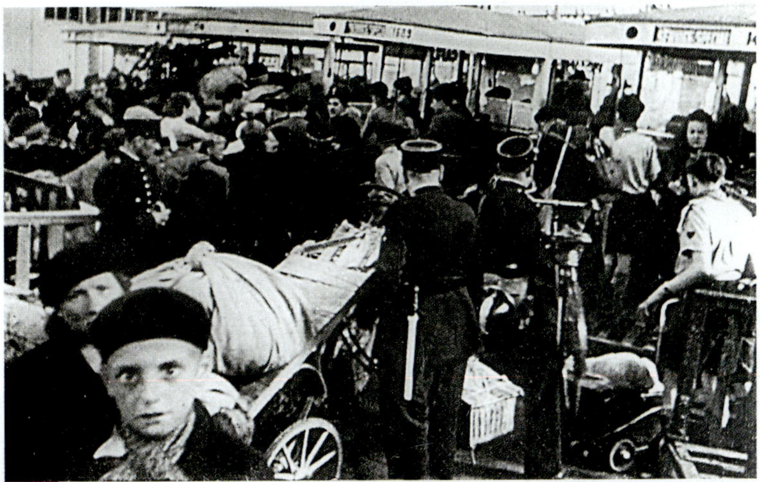

4 L'arrestation des Juifs, le 16 juillet 1942.

13 152 personnes ont été raflées à Paris les 16 et 17 juillet 1942. Plus de 8 000, essentiellement des femmes et des enfants, sont enfermés dans le Vélodrome d'Hiver avant d'être répartis dans différents camps d'internement français. Les célibataires sont envoyés directement au camp de Drancy.

5 Le Mur des noms au Mémorial de la Shoah à Paris.

Sur le Mur des noms ont été gravés ceux de 76 000 Juifs, dont 11 000 enfants, déportés de France vers les camps d'extermination nazis. Seuls 2 500 survivants sont revenus de ces camps.

Étude de la situation

Analyse des documents

1. Quelle est la situation des Juifs vivant en France durant la Seconde Guerre mondiale et comment évolue-t-elle (doc. 1) ?

2. Qui est l'auteur de ce rapport ? Que nous apprend-il sur la position du gouvernement de Vichy par rapport à la déportation des Juifs (doc. 2) ?

3. Résumez les principales étapes de la rafle du 16 juillet 1942 (doc. 3 et 4).

4. Pourquoi appelle-t-on cette journée « la rafle du Vél' d'Hiv' » (doc. 3 et 4) ?

5. D'après la légende du document, quel est le bilan humain de la Shoah en France (doc. 5) ?

Bilan

En vous appuyant sur vos réponses aux questions, expliquez la part de responsabilité du régime de Vichy dans le génocide juif.

Cours — La France de la Résistance

▶ Comment s'opposer au régime de Vichy ?

En 1940, la puissance de l'armée allemande s'impose à l'Europe. Dernier adversaire de taille, la Grande-Bretagne ne semble plus en mesure de retourner la situation.
Tandis que les dictatures dominent quasiment toute l'Europe, la résistance s'organise.

1 La « France libre » du général de Gaulle.
Le 14 juillet 1940 à Londres, de Gaulle passe en revue les troupes féminines des Forces françaises de libération.

2 Appel à la Résistance.
Tract des Comités féminins de France, juin 1942.

3 La pénurie en ville.

4 Le « V » de la victoire

D'avril à décembre 1941, la police répertorie près de 500 000 dessins de V en région parisienne.

« 25 mai 1941

Les surveillances exercées par les services de police en vue de réprimer la propagande "gaulliste" qui se manifeste par l'inscription de la lettre "V" sur les murs des immeubles de la région parisienne, se sont poursuivies avec vigilance.

Au cours de la journée d'hier, 962 inscriptions de ce genre, relevées sur 227 immeubles, ont été effacées.

En outre, 19 sanctions ont été prises contre les propriétaires, concierges ou gardiens d'immeubles sur lesquels ces inscriptions avaient été tracées. »

Archives de la Préfecture de police.

5 La répression

René Roeckel est un résistant. Arrêté le 11 décembre 1943, il est exécuté le 23 mars 1944.

« Nous sommes tous courageux et nous vous quittons pleins d'espoir en un avenir meilleur et radieux pour vous, et c'est la certitude d'y avoir contribué qui nous réconforte par cette belle journée de printemps. Ne nous regrettez pas, ne nous pleurez pas et ne perdez pas de temps sur ma tombe, oubliez-nous et soyez heureux. Nous avons une belle mort. »

Extrait de *La Vie à en mourir, lettres de fusillés* (1941-1944), Tallandier, 2003.

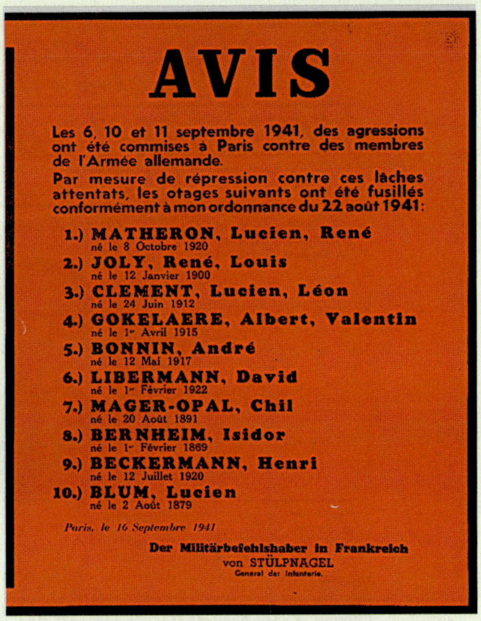

Avis d'exécution placardé par les Allemands le 16 septembre 1941.

Questions

Un pays occupé

1. Quelle image de la vie des Français en 1942 donne cette photographie (doc. 3) ?

2. Que révèle ce rapport de 1941 sur la population française (doc. 4) ?

La Résistance extérieure

3. D'après cette photographie, qu'est-ce-que la France libre (doc. 1) ?

La Résistance intérieure

4. Qui a réalisé ce tract ? Expliquez les deux appels : « pensez à nous » et « sabotez » (doc. 2).

5. Comment René Roeckel présente-t-il son engagement de résistant (doc. 5) ?

6. Quelles sont les actions menées par la Résistance intérieure (doc. 2, 4 et 5) ?

Un pays occupé

Les restrictions. Dès l'occupation allemande en 1940 les restrictions se multiplient et les produits de première nécessité manquent. Les produits sont rationnés par le régime de Vichy. La sous-alimentation se répand dans les villes.

Le rejet du régime. Progressivement, les exigences alle-mandes augmentent et la propagande n'arrive plus à cacher leur poids économique et politique. Par ailleurs, les décisions du nouveau pouvoir choquent un nombre croissant de Français. La population s'intéresse de plus en plus à l'information clandestine et se détourne de la presse officielle, soumise à la censure.

La Résistance extérieure

Le général de Gaulle. Le premier appel à la résistance est lancé le 18 juin 1940 à la radio anglaise par le général de Gaulle. Il commence à réunir une troupe de quelques milliers de volontaires, appelée Forces françaises libres (FFL). Leur lutte débute à la radio anglaise, qui diffuse des messages à destination de la France. Ils tissent des réseaux de renseignements sur le territoire français pour aider les forces alliées.

La France libre. Les gouvernements de la plupart des pays occupés se sont réfugiés à Londres d'où ils continuent la lutte contre l'Allemagne. Mais le gouvernement de Vichy est reconnu dans le monde comme le gouvernement légal de la France. Toutefois, des colonies françaises, surtout en Afrique, rallient progressivement le combat de la « France libre ».

La Résistance intérieure

L'isolement des débuts. En 1940, une minorité isolée lutte contre l'occupation allemande et le régime de Pétain. Ces hommes et ces femmes diffusent des tracts, commettent des sabotages, entrent dans la clandestinité. Les premiers réseaux et mouvements de Résistance s'organisent. Présentés comme des « terroristes », ils sont traqués par les Allemands et la police de Vichy.

Le développement progressif. Avec le temps et l'aide des Alliés, la Résistance se renforce. En 1941, les communistes y participent plus largement ainsi que des réfugiés étrangers, particulièrement persécutés et poursuivis. En 1943, l'instauration du Service du travail obligatoire (STO), qui oblige les jeunes Français à aller travailler en Allemagne, pousse vers le maquis un nombre croissant de résistants.

Vocabulaire

Alliés : terme désignant la Grande Alliance entre le Royaume-Uni, les États-Unis et l'URSS contre l'Allemagne à partir de 1942.

FFL (Forces françaises libres) : armée constituée à Londres, elle s'illustre en Afrique et au Proche-Orient avant d'être intégrée dans l'armée d'Afrique. Son emblème est la croix de Lorraine.

Maquis : groupe de résistants armés caché dans une zone difficile d'accès et qui mène des opérations de guérilla.

Comment Jean Moulin organise-t-il la lutte contre l'occupant ?

La situation Des hommes et des femmes refusent la défaite de la France et la nouvelle politique mise en place par le régime de Vichy. Isolés, motivés par des parcours personnels et des choix politiques différents, voire opposés, ils s'efforcent, malgré une sanglante répression, de combattre pour la démocratie. Dans cette lutte, Jean Moulin joue un rôle déterminant.

1 Jean Moulin dans la Résistance

Septembre 1941	Arrivée à Londres.
2 janvier 1942	Parachuté en France, il organise les moyens techniques des réseaux (radio, presse, liaisons avec l'extérieur).
Octobre 1942	Réunion des effectifs militaires des mouvements de zone sud (Armée secrète).
Janvier-mars 1943	Structuration progressive des mouvements de résistance.
14 février-20 mars 1943	Deuxième séjour à Londres.
27 mai 1943	Préside la réunion à Paris du premier bureau du « Conseil National de la Résistance ».
21 juin 1943	Arrêté avec d'autres chefs de la résistance (à Caluire).
8 juillet 1943	Décès des suites de tortures.

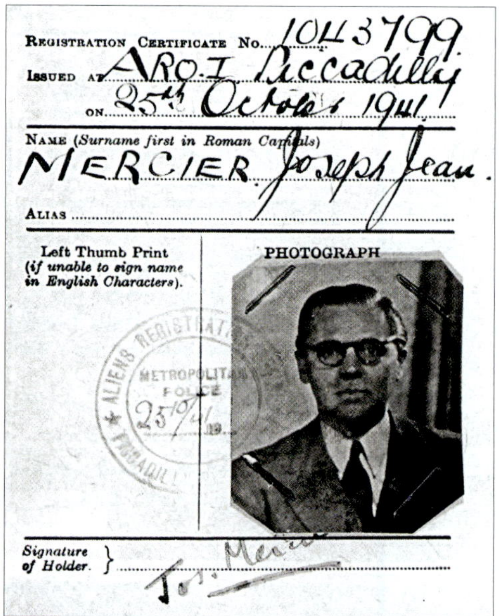
REGISTRATION CERTIFICATE No. 1043799
ISSUED AT Aro I Piccadilly
ON 25th October 1941
NAME (Surname first in Roman Capitals) MERCIER Joseph Jean
ALIAS
Left Thumb Print (if unable to sign name in English Characters).
PHOTOGRAPH
Signature of Holder Jos. Mercier

2 Faux papiers de Jean Moulin en 1941.

Préfet en congé, il se rapproche de la Résistance et entre progressivement dans la clandestinité.

Jean Moulin (1899-1943).
Haut fonctionnaire, il participe à différents cabinets ministériels. Démis de ses fonctions de préfet par Vichy en novembre 1940, il rejoint la Résistance.

3 Le représentant du général de Gaulle

Le chef de la France libre demande à Jean Moulin de revenir en France et dans la clandestinité, d'unifier la Résistance.

« Le Conseil de la Résistance assurera la représentation des groupements de la Résistance, des formations politiques résistantes et des syndicats ouvriers résistants, qui acceptent que leur rassemblement s'effectue autour des principes suivants :

- contre les Allemands, leurs alliés et leurs complices, par tous les moyens et particulièrement les armes à la main ;
- contre toutes les dictatures et notamment celle de Vichy, quel que soit le visage dont elles se parent ;
- pour la Liberté ;
- avec de Gaulle dans le combat qu'il mène pour libérer le territoire et redonner la parole au peuple français.

Le Conseil de la Résistance forme l'embryon d'une représentation nationale réduite, conseil politique du général de Gaulle à son arrivée en France. »

Ordre de mission de Jean Moulin (extraits), par Charles de Gaulle, mars 1943.

4 Des parachutages en aide à la Résistance. Pour mener leurs actions les résistants dépendent largement du soutien matériel et financier des Anglais. Cette contrainte contribue à la réussite de la mission de Jean Moulin.

5 La composition du Conseil national de la Résistance (CNR)

Président
Jean Moulin
(jusqu'au 21 juin 1943)

Bureau politique
5 membres

Assemblée plénière
1 représentant par structure

8 mouvements de Résistance
Zone sud
Combat
Libération-Sud
Franc-tireur

Zone nord
Libération-Nord
OCM (Organisation civile et militaire)
Le Front national*
CDLL (Ceux de la Libération
CDLR (Ceux de la Résistance)

6 partis politiques
Parti communiste
Parti socialiste
Parti radical
Démocrates populaires
Alliance démocratique
Fédération républicaine

2 syndicats
CGT
(Confédération générale du travail)
CFTC
(Confédération française des travailleurs chrétiens)

*Organisation créée à l'initiative du Parti communisme, sans aucun lien avec l'actuel parti politique.

6 L'unification de la Résistance

« Ce n'est pas sans difficulté que je suis parvenu à constituer et à réunir le Conseil de la Résistance : difficultés de principe, difficultés de personnes, difficultés matérielles [...]

Après une série de discussions, où je me suis attaché à démontrer l'intérêt que représentait, à l'intérieur, et plus encore à l'extérieur, l'intégration dans la résistance des éléments sains des anciennes formations politiques et syndicales, j'ai obtenu finalement l'adhésion des huit mouvements coordonnés, sous la réserve que ces derniers resteraient l'organe d'exécution du Conseil. »

Jean Moulin, Rapport au général de Gaulle du 4 juin 1943.

Étude de la situation

Analyse des documents

1. À l'aide de la chronologie, expliquez pourquoi Jean Moulin utilise des faux-papiers (doc. 1 et 2).

2. Résumez en quelques phrases la mission confiée à Jean Moulin en 1943 (doc. 3 et 6).

3. Pourquoi les mouvements de résistance sont-ils en partie dépendants de la résistance extérieure (doc. 4) ?

4. Décrivez l'organisation du Conseil national de la Résistance (doc. 5).

Bilan
Expliquez pourquoi l'unification de la Résistance a été nécessaire et quel rôle a joué Jean Moulin dans ce processus.

Cours

La naissance de la IVe République

Sur quelles bases la IVe République s'installe-t-elle ?

Les résistants veulent chasser l'occupant nazi et renverser le régime de Vichy, puis reconstruire le pays sur des bases nouvelles en rétablissant la démocratie.

1 La chute du régime de Vichy.
Arrestation de collaborateurs par des membres des FFI.

2 Le rétablissement de la République.
À Bugey, dans l'Ain, les Allemands ont démonté la statue de la République. Le 14 juillet 1944, des résistants placent le buste de Marianne sur le socle resté vide.

LA FRANCE VOUS PARLE

MANIFESTE

POUR LA NATION FRANÇAISE

L'heure de la délivrance approche. Le gouvernement de Vichy suivra Hitler dans sa déroute. Il s'effondrera dans la boue et dans le sang. Alors, après avoir châtié les traitres et les profiteurs, après avoir aboli les lois honteuses de Vichy, après avoir réparé les injustices du gouvernement de la défaite, COMBAT vous propose de rétablir la liberté, de fonder une QUATRIEME REPUBLIQUE et de faire TOUS ENSEMBLE LA REVOLUTION QUI S'IMPOSE.

NOUS VOULONS UNE FRANCE LIBRE,

NOUS VOULONS UNE FRANCE JUSTE,

NOUS VOULONS UNE FRANCE HONNETE,

REFAIRE la REPUBLIQUE

NOUS VOULONS LA REPUBLIQUE,

LA QUATRIEME REPUBLIQUE

de la LIBERTE,
de l'EGALITE,
et de la FRATERNITE

POUR CELA NOUS FERONS UNE REPUBLIQUE

MODERNE! FORTE! VIVANTE!

MODERNE,

FORTE,

VIVANTE,

ET FAIRE LA VERITABLE REVOLUTION

NOUS VOULONS FAIRE LA REVOLUTION.

LA REVOLUTION QUE NOUS PORTONS EN NOUS SERA SOCIALE,

UNE REVOLUTION DE L'ESPRIT

L'Aube d'une Civilisation Nouvelle

LES ETATS-UNIS D'EUROPE

LIBERTE, L'EGALITE ET DE LA FRATERNITE

avec le Général de Gaulle

REFERONS LA FRANCE

COMBAT

Imprimé : Quelque part en France (Février 1943)

3 Les projets de la Résistance.
(Tract diffusé en juillet 1943.)

4 Le changement de république

L'une des questions posées aux Françaises et aux Français au référendum du 21 octobre 1945 est : « Voulez-vous que l'assemblée élue ce jour soit constituante ? », c'est-à-dire qu'elle devra élaborer une nouvelle République.

	total	%
électeurs	25 744 992	
exprimés	19 283 882	
oui	18 584 746	96,37
non	699 136	3,63

5 La création de la Sécurité sociale, en octobre 1945.

6 Les principales nationalisations de la Libération

Décembre 1944	Houillères du Nord et du Pas-de-Calais.
Janvier et mars 1945	Usines Renault, Air France.
Décembre 1945	Banque de France, Crédit Lyonnais, Société générale, Banque nationale du commerce et de l'industrie, Comptoir national d'escompte de Paris (ces deux derniers formeront la BNP en 1966).
Avril 1946	Création d'Électricité de France, de Gaz de France, des Charbonnages de France. Nationalisation de 34 sociétés d'assurance et de la Caisse des dépôts et consignations.
Mai 1946	Crédit foncier, Crédit national et caisses du Crédit agricole.

Questions

Le rétablissement de la démocratie

1. Décrivez cette scène. Pourquoi est-elle le signe d'un changement politique (doc. 1) ?

2. Quels symboles pouvez-vous repérer sur cette image (doc. 2) ?

3. Sur quelles bases la France doit-elle se reconstruire, selon la Résistance (doc. 3) ?

La construction de la nouvelle République

4. Quels ont été les résultats du référendum ? Quelles en seront les conséquences (doc. 4) ?

5. Quel est, d'après cette affiche, l'objectif de la sécurité sociale (doc. 5) ?

6. Quels sont les secteurs économiques concernés par les nationalisations (doc. 6) ?

Le rétablissement de la démocratie

Le Conseil national de la Résistance (CNR). Les groupes de résistants se fédèrent progressivement sous l'influence de Jean Moulin, envoyé par le général de Gaulle, et fondent le CNR le 27 mai 1943. Ses membres s'engagent, après la victoire, à reconstruire le pays sur des bases démocratiques, républicaines et sociales.

La Libération. Après le débarquement allié du 6 juin 1944, une « épuration » spontanée et parfois violente est menée contre les Français accusés de collaboration avec l'ennemi. Les principaux soutiens du régime de Vichy sont arrêtés et jugés, certains sont exécutés. Plus de 120 000 personnes sont poursuivies et 38 000 sont condamnées à des peines de prison.

Le gouvernement provisoire. Grâce à la Résistance, la France est admise parmi les nations vainqueures et le pays évite la tutelle d'un gouvernement d'occupation anglo-américain. Après Londres puis Alger, le gouvernement provisoire, dirigé par le général de Gaulle, s'installe à Paris en août 1944. Son arrivée marque le retour de la République et du droit français.

La construction de la nouvelle République

La concrétisation des projets. Le gouvernement provisoire engage une politique ambitieuse de réformes fondée sur les projets du CNR : nationalisations et création des comités d'entreprise, mise en place de la Sécurité sociale, droit de vote des femmes. Dans le domaine économique, les destructions sont énormes et la pénurie est générale. Pourtant, grâce à leurs efforts et au soutien financier des États-Unis (plan Marshall), les Français retrouvent en quelques années les niveaux de production de 1938.

La IVe République. En octobre 1945, les Français décident par référendum d'élaborer de nouvelles institutions. Un an plus tard, en octobre 1946, la réforme de la Constitution est adoptée et la IVe République est mise en place. Pourtant, les résistants ne parviennent pas à constituer des forces politiques nouvelles. Rapidement, la vie publique reprend son cours d'avant-guerre avec le jeu traditionnel des partis au Parlement et le maintien des mêmes élites économiques.

Vocabulaire

CNR (Conseil national de la Résistance) : conseil créé en 1943 par Jean Moulin, qui le dirige jusqu'à son arrestation, pour unifier la Résistance et préparer le retour de la démocratie.

Épuration : processus visant à punir les personnes ayant collaboré avec l'occupant allemand et le gouvernement de Vichy.

Nationalisation : opération par laquelle l'État prend le contrôle d'une entreprise privée.

Situation 3

Quelle France les résistants veulent-ils reconstruire ?

La situation Dès 1940, les premiers résistants veulent rompre avec le régime de Vichy et rénover la démocratie française. Mais quelle société construire ? Le projet élaboré par le Conseil national de la Résistance (CNR) sert de base à la reconstruction de la France.

1 La reconstruction d'une France nouvelle.
(Affiche de 1944.)

Les Forces françaises de l'intérieur dans le combat pour la libération de Paris en août 1944.

2 Le gouvernement provisoire le 21 novembre 1945.
Premier rang, de gauche à droite : Georges Bidault, Maurice Thorez (sur la deuxième marche), Vincent Auriol, Charles de Gaulle. L'objectif de ce gouvernement est d'appliquer le programme du CNR.

3 Les ambitions de la Résistance

Publiée et diffusée dans la clandestinité, la première édition du Programme d'action a pour titre Les jours heureux.

« Née de la volonté ardente des Français de refuser la défaite, la Résistance n'a pas d'autre raison d'être que la lutte quotidienne sans cesse intensifiée.

Cette mission de combat ne doit pas prendre fin à la Libération. Ce n'est, en effet, qu'en regroupant toutes ses forces autour des aspirations quasi unanimes de la Nation, que la France retrouvera son équilibre moral et social et redonnera au monde l'image de sa grandeur et la preuve de son unité. »

Introduction du Programme d'action de la Résistance par le Conseil national de la Résistance, 15 mars 1944.

4 Le projet économique du CNR

« • L'instauration d'une véritable démocratie économique et sociale ;

• une organisation rationnelle de l'économie assurant la subordination des intérêts particuliers à l'intérêt général ;

• l'intensification de la production nationale selon les lignes d'un plan arrêté par l'État ;

• le retour à la nation de tous les grands moyens de production monopolisés, fruits du travail commun, des sources d'énergie, des richesses du sous-sol, des compagnies d'assurances et des grandes banques ;

• le droit d'accès, dans le cadre de l'entreprise, aux fonctions de direction et d'administration, pour les ouvriers possédant les qualifications nécessaires. »

Programme d'action de la Résistance, 15 mars 1944 (extraits).

5 Le projet social du CNR

Le programme contient une série de « mesures destinées à instaurer, dès la Libération du territoire, un ordre social plus juste ».

« • Le droit au travail et le droit au repos ;

• la garantie d'un niveau de salaire et de traitement qui assure à chaque travailleur et à sa famille la sécurité, la dignité et la possibilité d'une vie pleinement humaine ;

• un plan complet de sécurité sociale, visant à assurer à tous les citoyens des moyens d'existence dans tous les cas où ils sont incapables de se les procurer par le travail, avec gestion appartenant aux représentants des intéressés et de l'État ;

• la sécurité de l'emploi, la réglementation des conditions d'embauchage et de licenciement, le rétablissement des délégués d'atelier ;

• une retraite permettant aux vieux travailleurs de finir dignement leurs jours. »

Programme d'action de la Résistance, 15 mars 1944 (extraits).

6 Les conquêtes sociales de la Libération.

Affiche du Parti communiste pour le dixième anniversaire du Front populaire qui avait mis en place les premières grandes mesures sociales.

Étude de la situation

Analyse des documents

1. Quelle est la signification de cette affiche (doc. 1) ?

2. Quelles sont, selon le CNR, les missions de la Résistance une fois la France libérée (doc. 2 et 3) ?

3. À l'aide des différentes mesures mentionnées, expliquez l'expression « une organisation rationnelle de l'économie » et reformulez chaque mesure avec vos propres mots (doc. 4).

4. Quelles sont les cinq grandes mesures sociales du programme (doc. 5) ?

5. Montrez que de nombreuses mesures accroissent l'influence de l'État (doc. 4 et 5).

6. Quelles mesures sociales énoncées dans le programme sont réalisées en 1946 (doc. 5 et 6) ?

Bilan

À partir de l'ensemble des documents, décrivez les caractéristiques sociales et politiques de la France que les résistants veulent reconstruire.

L'essentiel

Connaissances

Le régime de Vichy

En juin 1940, la IIIe République s'effondre brutalement avec la défaite des armées françaises. Après l'armistice, le maréchal Pétain obtient les pleins pouvoirs et met en place un nouveau régime : l'État français, souvent appelé « régime de Vichy ». Sous prétexte de réformer la société, il supprime l'essentiel des libertés et collabore avec l'Allemagne nazie. Il facilite la déportation des Juifs.

La France de la Résistance intérieure et extérieure

Les difficultés quotidiennes, l'augmentation de la répression et la multiplication des exclusions renforcent l'opposition au nouveau régime. À Londres, le général de Gaulle s'affirme comme « le chef de tous les Français libres ». En France, les résistants luttent activement contre l'occupation allemande et l'idéologie nazie. Ils s'organisent avec l'aide des Alliés.

La naissance de la IVe République

Le Conseil national de la Résistance (CNR) publie en 1944 un programme politique fondé sur des bases démocratiques, républicaines et sociales. À la libération, le Gouvernement provisoire engage d'importantes réformes issues de ce programme tandis que les responsables du régime de Vichy sont jugés et condamnés. En octobre 1946, la IVe République se met en place.

Acteurs clés

Philippe Pétain (1856-1951). Maréchal français, il dirige le régime de Vichy et collabore avec l'Allemagne nazie.

Charles de Gaulle (1890-1970). Général et homme politique français. Il incite à la résistance et dirige la « France libre ». Président de la Ve République de 1959 à 1969.

Jean Moulin (1899-1943). Haut fonctionnaire et grand résistant français chargé de l'organisation de la Résistance.

Notions clés

Génocide : actes commis dans l'intention de détruire un groupe national, ethnique ou religieux.

Collaboration : coopération du régime de Vichy et de ses sympathisants avec l'Allemagne dans les domaines politiques, économiques et militaires.

Résistance : Ensemble des individus et des mouvements qui se sont opposés aux nazis et aux collaborateurs durant la seconde guerre mondiale.

Repères chronologiques

Capacités

Caractériser un personnage et raconter son action

GAULLE (Charles de), homme d'État français (1890-1970). Jeune officier, il combat pendant la Première Guerre mondiale. Colonel depuis 1937, il est nommé général de brigade puis sous-secrétaire d'État à la Défense en juin. Refusant l'armistice en 1940, il part pour Londres, d'où il lance le 18 juin un appel invitant les Français à poursuivre le combat. Cette rébellion lui vaut d'être condamné à mort par contumace[1]. Il réalise progressivement le ralliement des forces restées libres dans l'Empire colonial français (1940-1943) et charge Jean Moulin d'unifier la Résistance en France (1943). Il fonde, à Alger, le Comité français de libération nationale (juin 1943). Ce comité devient, en juin 1944, le Gouvernement provisoire de la République française, qui s'installe en août à Paris. À la tête de ce gouvernement, de Gaulle rétablit la République et accomplit d'importantes réformes (nationalisations, lois sociales, droit de vote pour les femmes). Hostile au projet de constitution de la IVe République, il démissionne en janvier 1946.

1. Condamnation par contumace : condamnation prononcée en l'absence de l'accusé.

De Gaulle lançant l'appel du 18 juin 1940 à la radio de Londres.

Question

Présentez Charles de Gaulle et racontez, en quelques lignes, son action de résistant durant la Seconde Guerre mondiale.

Réponse

Charles de Gaulle, né en 1890, a joué un rôle déterminant dans l'histoire de la France du XXe siècle, notamment durant la Seconde Guerre mondiale.

Présenter le personnage.

Il refuse, en 1940, l'armistice signé par Pétain. Il part à Londres, d'où il lance l'appel du 18 juin. Entre 1940 et 1943, il rassemble progressivement derrière lui la Résistance extérieure et charge Jean Moulin de l'unifier en France. En août 1944, il prend la tête du Gouvernement provisoire de la République française, dans Paris libéré.

Dater et raconter les événements décisifs.

Le rôle de Charles de Gaulle a été essentiel car il a permis l'unification de la Résistance et il a imposé la place de la France dans la lutte contre le nazisme.

Faire le bilan de son action.

Comprendre la méthode

1. Le personnage. Quelle est la caractéristique essentielle de Charles de Gaulle ?

2. Les événements décisifs. Quels événements importants donnent sens à son action ? Quelle est leur date ?

3. Le bilan de son action. Que peut-on conclure de l'action de Charles de Gaulle pendant la Seconde Guerre mondiale ?

Mobiliser ses connaissances (10 points)

1 Dater des faits importants (1 point)

La IVe République débute :
a. en 1940
b. en 1944
c. en 1946

2 Utiliser le vocabulaire disciplinaire (1 point)

Qu'appelle-t-on la « collaboration » ?
a. Le travail en commun des résistants.
b. La politique menée par de Gaulle avec les Alliés.
c. La politique menée par Pétain avec les nazis.

3 Raconter un événement historique (3 points)

En quelques phrases, racontez l'année 1940 en France.

4 Restituer les principales connaissances (3 points)

Présentez brièvement :
- la Résistance extérieure ;
- la Résistance intérieure ;
- le rôle de Jean Moulin.

5 Situer des faits dans un contexte chronologique (2 points)

Mettez en relation dates et événements.

a. Octobre 1940	**1.** Rafle du Vél' d'Hiv'
b. Mai 1941	**2.** Définition d'un statut spécifique pour les juifs
c. Juillet 1942	**3.** Début des arrestations collectives

Analyser un document (10 points)

1 La dernière lettre de Georges Geoffroy à sa famille

« Prison de Fresnes – 21 février 1944

Ma bien chère Maman, mon bien cher Papa, ma chère Petite Yvonne,

Il y a quelques instants, on est venu me chercher dans ma cellule, et maintenant, me voici avec Yves et mon autre camarade Le Cornec.

Mon cas était plus grave que je ne le pensais, voyez-vous, mais jamais je n'aurais pensé mourir de cette façon. J'étais jeune, et j'avais confiance dans ma jeunesse. Pauvre maman, que de chagrin, que de tourments t'ai-je donnés.

Enfin, c'est la vie, que voulez-vous ; s'il y a un au-delà, espérons que je vous y retrouverai.

J'avais toujours eu l'ambition d'être soldat, de servir ma patrie. Voilà ce qu'il m'en coûte. Cependant, je ne regrette pas ce que j'ai fait sur cette terre. […] »

Publiée dans *La Vie à en mourir, lettres de fusillés (1941-1944)*, Tallandier, 2003.

2 Georges Geoffroy, éléments biographiques

1925	Naissance à Saint-Brieuc
1942	Participe dans son lycée à un groupe de Résistance dirigé par Yves Salaün.
1943	Les lycéens tracent des graffitis dont le « V » de la victoire, distribuent des tracts et des journaux clandestins, volent les armes des soldats allemands dans les cafés, etc.
octobre 1943	Une équipe tue un soldat allemand.
10 décembre	Arrestation, sur dénonciation, d'une vingtaine de lycéens. Une majorité d'entre eux est déportée. Trois sont transférés à Fresnes, jugés et condamnés à mort.
21 février 1944	Georges, Yves et Pierre sont fusillés par les Allemands au mont Valérien.

▶ Caractériser un personnage et raconter son action (6 points)

1. Présentez Georges Geoffroy.

2. Relevez les événements décisifs de son action et racontez chacun d'eux en une phrase.

3. À l'aide des deux documents, faites le bilan de l'action de ce jeune résistant.

▶ Mettre en relation avec ses connaissances (4 points)

En vous aidant des réponses précédentes, dites en quoi l'action de Georges Geoffroy participe au mouvement de toute de la Résistance.

La présentation de la Constitution de la Ve République.

Le 4 septembre 1958, le général de Gaulle expose les fondements de la nouvelle Constitution. Le lieu choisi est emblématique : la place de la République à Paris, au pied de la statue qui représente la République. Sur le piédestal en pierre, trois statues (seulement deux sont visibles ici) figurent l'Égalité, la Liberté et la Fraternité.

Sujet d'étude

5

La Vᵉ République, une république d'un nouveau type ?

En 1958, le général de Gaulle, fonde la Vᵉ République. Le nouveau régime repose sur un système politique original, dans lequel le président de la République possède un pouvoir fort.

Quels changements la Vᵉ République apporte-t-elle dans la vie politique française ?

Cours

1958-1969 : la République gaullienne

▶ Quelles sont les caractéristiques du nouveau régime ?

En 1958, le général de Gaulle revient au pouvoir. Il propose aux Français une nouvelle constitution, fondant ainsi la Ve République.

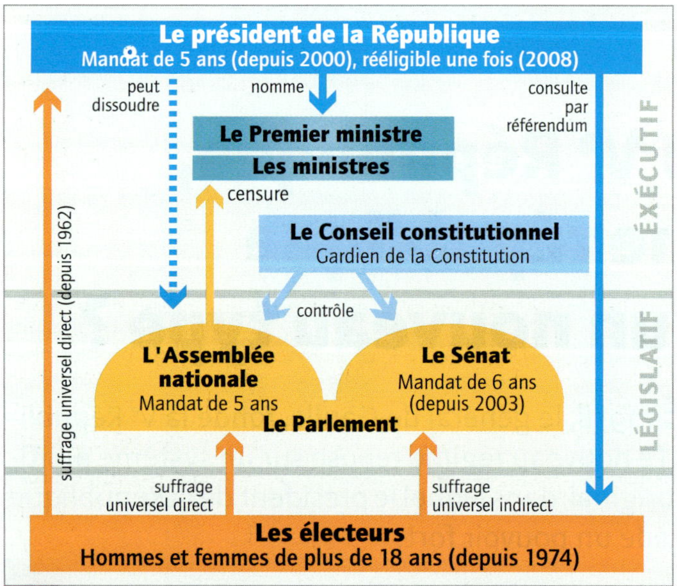

1 La Constitution de la Ve République.

L'article 16 de la Constitution permet au président de la République de prendre les pleins pouvoirs en cas d'atteinte à la sûreté de l'État.

2 La politique extérieure.

Le général de Gaulle se « réserve » la politique extérieure. Pour affirmer la « grandeur » de la France, il multiplie les voyages dans les pays de l'Est de l'Europe et dans le tiers-monde, comme ici au Mexique, en 1964.

3 Le général de Gaulle et les Français.

De Gaulle recherche le contact direct avec les Français par les référendums, les discours radiotélévisés, les conférences de presse. Il se déplace dans toute la France comme ici, à Verdun, en février 1968.

4 L'usure du pouvoir

En 1965, lors des premières élections présidentielles au suffrage universel direct, Charles de Gaulle n'est élu qu'au second tour.

« Plus que l'âge du président, ce qui a joué contre lui, c'est l'impression qu'avec la même équipe dirigée pendant sept ans par le même homme, la politique économique et sociale française ne trouverait pas les possibilités du renouvellement auquel une grande partie de l'opinion aspire [...]. Ce qui a pesé sans doute encore, c'est, avec l'impopularité de certains ministres, le style hautain du régime et, pour une partie de l'électorat, une rancœur véritable à l'égard du général lui-même. Enfin, il convient de le reconnaître, le "mythe gaulliste" n'éveille plus chez les jeunes que des échos très affaiblis. »

A. Mathiot, *Chronique*, 1965.

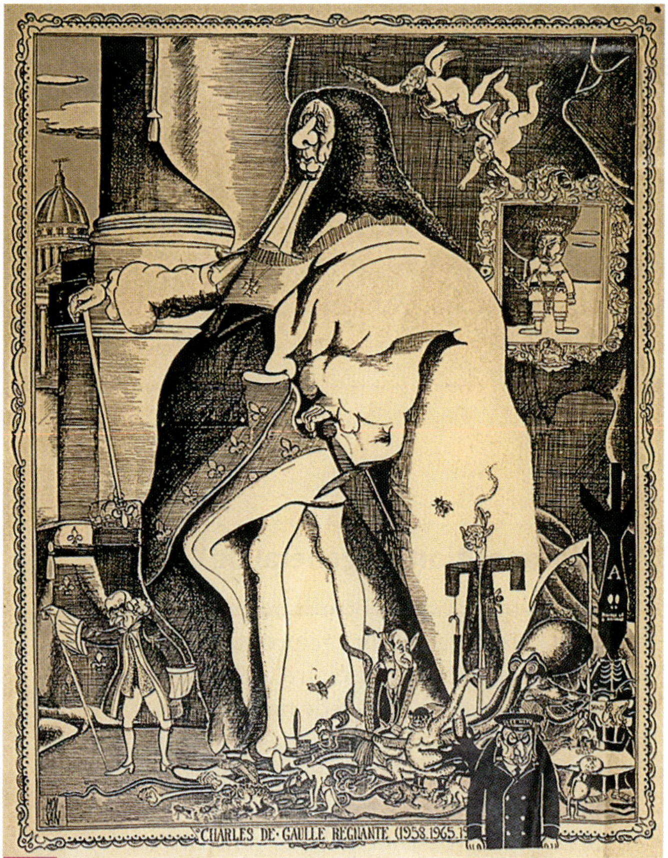

5 **Un exercice personnel du pouvoir.**
Caricature de Moisan parue dans le journal satirique *Le Canard enchaîné* en 1965.

Questions

La naissance de la Ve République

1. Analysez cet organigramme. Quel pouvoir est le plus puissant sous la Ve République (doc. 1) ?

2. Quelles différences constatez-vous entre l'Assemblée nationale et le Sénat (doc. 1) ?

L'exercice du pouvoir

3. D'après cette photographie, quelle image de la France le général de Gaulle souhaite-t-il véhiculer à l'étranger (doc. 2) ?

4. Décrivez la scène. Que révèle-t-elle sur l'exercice du pouvoir selon la conception du président de Gaulle (doc. 3) ?

L'usure du pouvoir

5. Relevez dans le texte les critiques faites à de Gaulle (doc. 4).

6. Décrivez cette caricature. À quel personnage de Gaulle est-il comparé ? Quel est le message de ce dessin (doc. 5) ?

La naissance de la Ve République

La nouvelle Constitution. Le texte installant la Ve République est soumis à un référendum le 28 septembre 1958 : 80 % des électeurs l'approuvent. Afin de garantir la stabilité gouvernementale, le pouvoir exécutif est prépondérant mais le contrôle parlementaire est préservé. Le général de Gaulle, élu par un collège électoral de 80 000 personnes, devient président de la République.

Le renforcement du pouvoir exécutif. En 1962, les Français approuvent par référendum la proposition du général de Gaulle d'élire le président de la République au suffrage universel direct. L'autorité présidentielle en sort renforcée. L'élection du président de la République devient un événement essentiel de la vie politique française.

L'exercice du pouvoir

L'achèvement de la décolonisation. En 1960, l'indépendance des colonies d'Afrique subsaharienne se réalise sans heurts graves. Cependant, la guerre d'Algérie se poursuit. En 1961, des généraux, partisans de l'Algérie française, tentent un coup d'État. L'OAS (Organisation armée secrète), qui revendique aussi le maintien d'une Algérie française, multiplie les attentats. Finalement, en mars 1962, les accords d'Évian, reconnaissent l'indépendance algérienne. Près d'un million de Français d'Algérie arrivent en métropole.

La volonté d'indépendance nationale. Dans le contexte de la croissance économique des Trente Glorieuses (30 années de prospérité), de Gaulle dote la France de l'arme nucléaire. Il met en œuvre une politique étrangère forte, qui refuse la domination des États-Unis, et poursuit la construction européenne en se rapprochant de l'Allemagne. La France reconnaît la Chine communiste et mène une politique de soutien au tiers-monde.

L'usure du pouvoir

La montée des oppositions. Les critiques à l'égard de la politique extérieure et de l'exercice trop personnel du pouvoir par de Gaulle se multiplient. Aux élections présidentielles de 1965, de Gaulle n'est réélu qu'au second tour, devant François Mitterrand, candidat unique de la gauche.

Mai 1968. La crise est à la fois étudiante, sociale et politique. L'importance des manifestations et des grèves montre l'ampleur du mécontentement et du malaise social. De Gaulle, malgré une victoire apparente, sort affaibli de la crise. Après l'échec d'un référendum sur la régionalisation, il démissionne en 1969.

Vocabulaire

Référendum : Consultation directe des citoyens qui doivent répondre par oui ou par non à une question.

Régionalisation ou décentralisation : Transfert aux régions de compétences appartenant au pouvoir central.

Quels changements le suffrage universel direct a-t-il entraînés ?

La situation En septembre 1962, de Gaulle propose que l'élection du président de la République s'effectue au suffrage universel direct, c'est-à-dire par l'ensemble des électeurs. Ce projet déclenche une importante crise politique. Cependant, les électeurs, par référendum, approuvent cette proposition.

1 Les étapes vers le suffrage universel direct

2 octobre 1962	Adoption en Conseil des ministres du projet de référendum : « Approuvez-vous le projet de loi soumis au peuple français par le président de la République et relatif à l'élection du président de la République au suffrage universel ? »
5 octobre 1962	Vote d'une motion de censure par l'Assemblée nationale. Démission du gouvernement Pompidou.
6 octobre 1962	De Gaulle dissout l'Assemblée nationale.
28 octobre 1962	Référendum sur l'élection du président de la République au suffrage universel (62,25 % de « oui »).
18 et 25 novembre 1962	Élections législatives favorables aux partis soutenant le général de Gaulle. Nouveau gouvernement Pompidou.

2 La proposition du général de Gaulle

« Sans que doivent être modifiés les droits respectifs, ni les rapports réciproques des pouvoirs, exécutif, législatif, judiciaire, tels que les fixe la Constitution, mais en vue de maintenir et d'affermir dans l'avenir nos institutions vis-à-vis des entreprises factieuses[1], de quelque côté qu'elles viennent, ou bien des manœuvres de ceux qui, de bonne ou de mauvaise foi, voudraient nous ramener au funeste système d'antan[2], je crois donc devoir faire au pays[3] la proposition que voici : quand sera achevé mon propre septennat, ou si la mort ou la maladie l'interrompaient avant terme, le président de la République sera dorénavant élu au suffrage universel. »

Charles de Gaulle, extrait de l'allocution télévisée du 20 septembre 1962.

1. Factieuses : préparant des troubles contre le gouvernement légal.
2. Allusion au pouvoir des partis sous la IVe République.
3. Le général de Gaulle choisit la voie du référendum et non la consultation parlementaire pour sa réforme.

Un bureau de vote lors du référendum du 28 octobre 1962.

3 L'opposition au général de Gaulle

Le président du Sénat, Gaston Monnerville, critique la procédure engagée par le général de Gaulle.

« Laissez-moi vous dire que la motion de censure[1] m'apparaît comme la réponse directe, légale, constitutionnelle, à ce que j'appelle une forfaiture[2] [...]. À tous ceux qui ont foi en la République, à tous ceux qui croient en la démocratie comme le seul régime garantissant la personne humaine, sa dignité, ses droits et, encore une fois, ses libertés, je dis : dressez-vous pour sa défense et pour sa sauvegarde. »

Gaston Monnerville, extraits du discours du 29 septembre 1962.

1. Motion de censure : texte voté par l'Assemblée nationale censurant le gouvernement et entraînant la démission de celui-ci.
2. Forfaiture : crime ou trahison commis par un fonctionnaire dans l'exercice de ses fonctions.

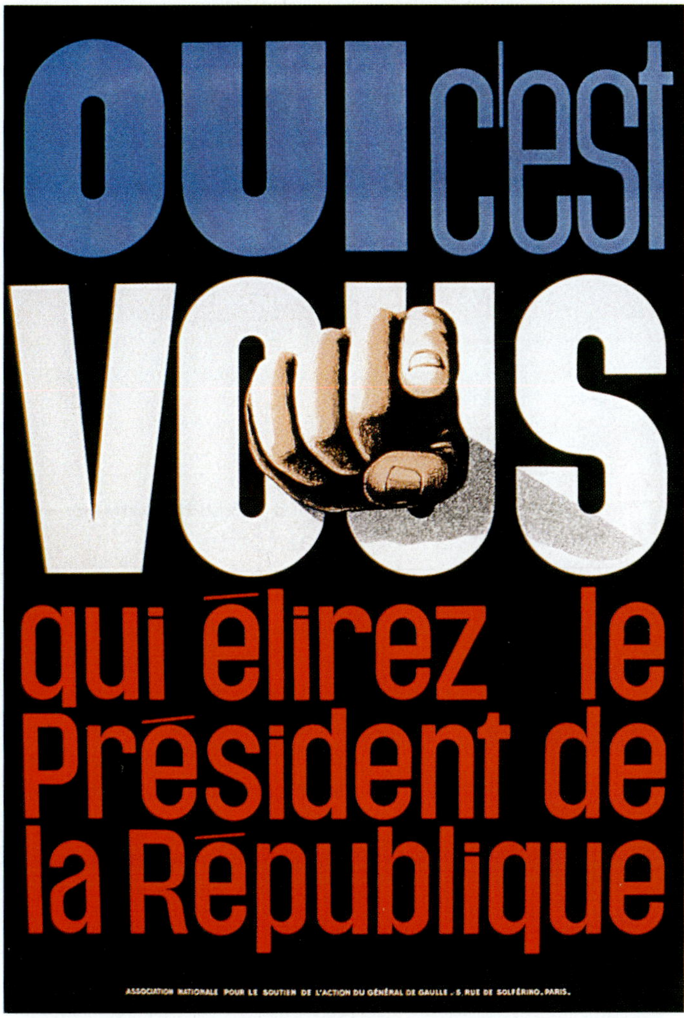

4 **Une affiche gaulliste pour le « oui » au référendum d'octobre 1962.**

5 Le jugement de Pierre Mendès France

Pierre Mendès France, radical-socialiste, fut président du Conseil en 1954-1955, sous la IVe République. Il compare celle-ci à la Ve République.

« Sous la IVe République, il n'y avait en réalité, qu'un pouvoir : l'Assemblée ; le gouvernement n'existait plus, il était dominé, écrasé, phagocyté[1] par le Parlement. Sous la Ve, il n'y a de nouveau qu'un pouvoir : l'exécutif, le gouvernement ou plutôt le président ; l'Assemblée ne joue aucun rôle, sinon de pure figuration. On est passé d'un extrême à l'autre. Je ne pense pas qu'il soit sain et démocratique d'investir comme aujourd'hui, de moyens aussi larges et aussi incontrôlés un seul homme et pour sept ans… Un homme élu par trente millions d'électeurs est forcément très puissant : or, volontairement, on n'a prévu aucun contre-poids, aucun partage, aucune institution de contrôle. »

Pierre Mendès France, *Choisir*, Stock, 1974.

1. Phagocyté : absorbé et neutralisé.

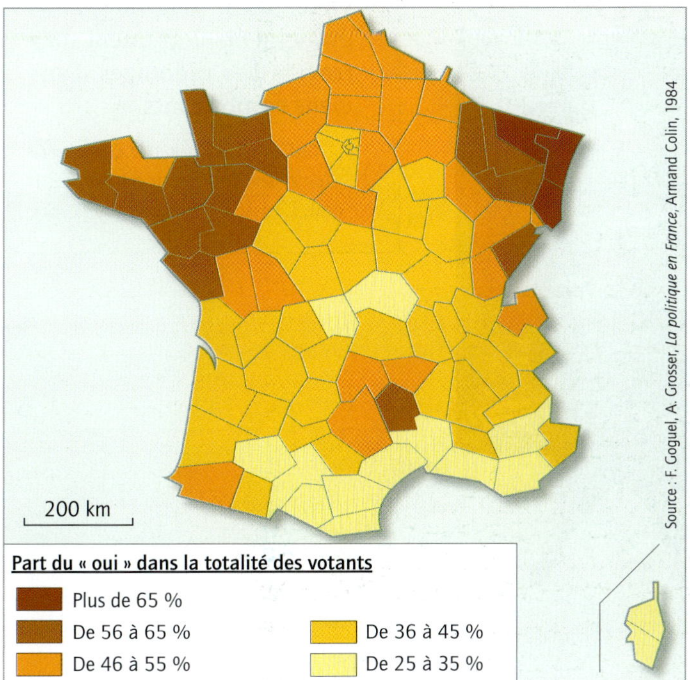

6 **Le résultat du référendum du 28 octobre 1962.**

Étude de la situation

Analyse des documents

1. Que propose le général de Gaulle ? Par quel procédé veut-il consulter les Français (doc. 1 et 2) ?

2. Quelles craintes Gaston Monnerville exprime-t-il (doc. 3) ?

3. Quel sentiment cette affiche cherche-t-elle à susciter chez l'électeur (doc. 4) ?

4. Quel jugement Pierre Mendès France porte-t-il sur le pouvoir du président de la République (doc. 5) ? Comparez-le avec les arguments du général de Gaulle (doc. 2).

5. Quelles régions comptabilisent le plus grand nombre de « oui » au référendum (doc. 6) ?

Bilan

Expliquez la proposition du général de Gaulle. Présentez les oppositions qu'elle rencontre et rappelez les résultats du référendum.

Situation 2

MAI 1968

Par quelle grave crise la France est-elle secouée en mai 1968 ?

La situation Au début du mois de mai 1968, des mouvements d'étudiants se transforment en véritable révolte. À Paris, le Quartier latin s'enflamme et une crise sociale paralyse tout le pays. L'ampleur des contestations révèle l'usure politique du gaullisme.

1 Chronologie des événements

22 mars	Occupation de l'université Paris-X Nanterre par les étudiants.
3 mai	évacuation par la police de la Sorbonne occupée par les étudiants.
6 mai	Premiers heurts violents entre étudiants et policiers.
13 mai	La Sorbonne est rendue aux étudiants, qui « l'occupent ». Grève générale à Paris (étudiants, ouvriers, employés).
22 mai	8 millions de grévistes en France.
27 mai	Accord de Grenelle (au ministère de l'Intérieur à Paris) entre syndicats et patronat.
28 mai	Réunion des militants de gauche au stade Charléty.
30 mai	De Gaulle annonce la dissolution de l'Assemblée nationale. Grande manifestation gaulliste sur les Champs-Élysées.
23 et 30 juin	Victoire gaulliste aux élections législatives.

2 Une révolte contre l'autorité

« La crise qui secoue la France au mois de mai 1968 met à la fois en cause l'organisation économique d'une société industrielle développée, le système d'éducation dont cette société a hérité, et le régime politique qu'elle s'est laissé imposer. D'où le caractère complexe de la crise et la multiplication de ses aspects [...]. Il y a aussi le désir naturel de la jeunesse de rompre avec la banalité de la vie quotidienne et de vivre, à son tour, de grands événements autrement qu'à travers des radotages d'anciens combattants. »

Gilles Martinet, *La Conquête des pouvoirs*, Éditions du Seuil, coll. L'histoire immédiate, 1968.

3 L'affrontement entre les étudiants et les forces de police, le 6 mai 1968 à Paris.

4 La paralysie des transports.
Les cheminots bloquent les voies de la gare Saint-Lazare, à Paris.

5 Des journées cruciales

« Dans la nuit du 24 au 25 mai, Paris connut une série d'émeutes impressionnantes par leur étendue, leur violence et leur durée… Le 25 mai, débutaient rue de Grenelle les négociations entre le Premier ministre et les grandes centrales syndicales, négociations capitales dont l'issue commandait la suite des événements. »

D'après Maurice Grimaud, préfet de police de Paris en mai 1968.

6 La réaction du pouvoir

Charles de Gaulle, président de la République, semble un moment dépassé par les événements. Le 30 mai, il s'exprime à la radio. Son discours est suivi d'une immense manifestation de soutien.

« Françaises, Français,

Étant le détenteur de la légitimité nationale et républicaine, j'ai envisagé depuis 24 heures toutes les éventualités, sans exception, qui me permettraient de la maintenir. J'ai pris mes résolutions. Dans les circonstances présentes, je ne me retirerai pas. J'ai un mandat du peuple, je le remplirai. […] Je dissous aujourd'hui l'Assemblée nationale. […]

Quant aux élections législatives, elles auront lieu dans les délais prévus par la Constitution, à moins qu'on entende bâillonner le peuple français tout entier, en l'empêchant de s'exprimer en même temps qu'on l'empêche de vivre, par les mêmes moyens qu'on empêche les étudiants d'étudier, les enseignants d'enseigner, les travailleurs de travailler. »

Charles de Gaulle, allocution radiodiffusée, 30 mai 1968.

PARIS : Gigantesque démonstration pour le retour à la paix sociale

LE FIGARO

ÉDITION DE 5 HEURES

VENDREDI 31 MAI 1968

DE GAULLE : « JE NE ME RETIRERAI PAS »

LE CHOIX

Dans une pathétique intervention, le chef de l'État : « J'AI UN MANDAT DU PEUPLE JE LE REMPLIRAI »

• 23 ou 30 juin : ÉLECTIONS législatives

" Partout et tout de suite, il faut que s'organise l'action civique "

« L'Assemblée nationale est dissoute »

LE P.C. : "Nous irons à la consultation"

• Référendum différé

• M. Pompidou remanie profondément le cabinet

Officiel : S.M.I.G. majoré de 35 % au 1er juin

RÉACTIONS DES SYNDICATS

• La C.G.T. : « LA CLASSE OUVRIÈRE NE SE LAISSERA PAS INTIMIDER »

• La C.F.D.T. : « CHANTAGE INADMISSIBLE »

De la Concorde à l'Étoile : PLUS DE 600.000 MANIFESTANTS - plus d'un million selon les organisateurs - applaudis par une foule nombreuse

• Un flot de drapeaux tricolores

Des cris «De Gaulle n'est pas seul»

« NON AU DÉSORDRE »

" Le communisme ne passera pas "

• LE DÉFILÉ, DANS LE CALME, A DURÉ DEUX HEURES VINGT

7 Une du *Figaro* du 31 mai 1968.

Étude de la situation

Analyse des documents

1. De quelles manières la révolte étudiante se manifeste-t-elle (doc. 1, 2 et 3) ?

2. Décrivez la photographie. Quel type d'action les cheminots utilisent-ils (doc. 4) ?

3. Pourquoi la journée du 25 mai est-elle une journée cruciale (doc. 5) ?

4. Comment Charles de Gaulle réagit-il et quelles décisions prend-il (doc. 6) ?

5. De Gaulle est-il soutenu par une partie de l'opinion ? Justifiez votre réponse (doc. 7).

Bilan

En vous aidant le la chronologie, décrivez les différents moments et les caractéristiques de la crise de mai 1968.

Cours

La Ve République depuis 1969, la continuité et l'alternance

▶ Comment le régime a-t-il évolué depuis 1969 ?

la Ve République a aujourd'hui plus de cinquante ans. Les enjeux politiques, économiques, et sociaux rencontrés ont conduit à d'importantes mutations du régime.

1 Le choix d'une économie moderne.
Derrière le président de la République, Georges Pompidou, on distingue l'avion supersonique franco-britannique Concorde.

2 Affiche de Valéry Giscard d'Estaing pour la campagne présidentielle de 1974.

3 L'abolition de la peine de mort

Après examen par l'Assemblée, en septembre 1981, le projet de loi est voté par 369 voix contre 113. À la suite de son adoption par le Sénat, la loi abolissant la peine de mort est promulguée le 10 octobre 1981.

« Dans la réalité judiciaire, qu'est-ce que la peine de mort ? Ce sont douze hommes et femmes[1], deux jours d'audience, l'impossibilité d'aller jusqu'au bout des choses et le droit, ou le devoir, de trancher en quelques quarts d'heures, parfois quelques minutes, le problème si difficile de la culpabilité, et au-delà, de décider de la vie ou de la mort d'un autre être. Douze personnes, dans une démocratie, qui ont le droit de dire : celui-là doit vivre, celui-là doit mourir ! Je le dis : cette conception de la justice ne peut être celle des pays de liberté, précisément pour ce qu'elle comporte de signification totalitaire. »

Robert Badinter, ministre de la Justice, discours devant l'Assemblée nationale, 17 septembre 1981.

1. Le jury de cour d'assises, qui juge les crimes, comprend 3 magistrats et 9 jurés ; la cour d'assises en appel comprend 12 jurés.

4 L'affirmation de l'amitié franco-allemande.
Le président de la République française François Mitterrand et le chancelier allemand Helmut Kohl se rencontrent à Verdun, le 11 novembre 1984. Ils rendent hommage aux « morts des combats passés ».

5 Les modifications de la constitution

Pour s'adapter aux mutations politiques et sociales et prendre en compte l'appartenance à l'Union européenne, la Constitution est modifiée à plusieurs reprises. C'est une séance du Congrès qui réunit les députés et les sénateurs. Ils procèdent aux changements par vote, comme cela a été le cas en juillet 2008.

« **Président de la République**
Article 6. Nul ne peut exercer plus de deux mandats consécutifs.
Article 18. Il [le président] peut prendre la parole devant le Parlement réuni à cet effet en Congrès. Sa déclaration peut donner lieu, hors de sa présence, à un débat qui ne fait l'objet d'aucun vote.

Parlement
Article 24. Le Parlement vote la loi. Il contrôle l'action du gouvernement. Il évalue les politiques publiques.

Rapports entre le Parlement et le gouvernement
Article 43. Les projets et propositions de loi sont envoyés pour examen à l'une des commissions permanentes, dont le nombre est limité à huit dans chaque assemblée. »

Articles de la Constitution, modifiés le 23 juillet 2008 (extraits).

Questions

1969-1981 : l'évolution de l'héritage gaullien

1. Quels objectifs à la fois nationaux et européens cette image met-elle en évidence (doc. 1) ?

2. Comment, sur cette affiche, Valéry Giscard d'Estaing cherche-t-il à montrer qu'il prend en compte les évolutions de la société (doc. 2) ?

1981-1995 : la présidence socialiste de François Mitterrand

3. Quels arguments Robert Badinter avance-t-il en faveur de l'abolition de la peine de mort (doc. 3) ?

4. Décrivez la photographie. Pourquoi la présence de ces deux hommes et le choix du lieu sont-ils symboliques (doc. 4) ?

Depuis 1995, le retour des présidents de droite

5. Quelles assemblées le Congrès rassemble-t-il (doc. 5) ?

6. À partir des documents de cette page, expliquez cette affirmation :
« La Ve République est un régime parlementaire à direction présidentielle » (doc. 5) ?

1969-1981 : l'évolution de l'héritage gaullien

La présidence de Georges Pompidou : 1969-1974. L'ancien Premier ministre du général de Gaulle, Georges Pompidou, poursuit la modernisation de la France et la construction européenne. Il cherche aussi à gouverner plus au centre.

La présidence de Valéry Giscard d'Estaing : 1974-1981. Homme de la droite libérale non gaulliste, Valéry Giscard d'Estaing propose la « société libérale avancée ». D'importantes réformes sont votées, tel l'abaissement de la majorité de 21 à 18 ans et la légalisation de l'interruption volontaire de grossesse (IVG). Mais, dès 1974, la crise mondiale touche la France.

1981-1995 : la présidence socialiste de François Mitterrand

1981-1988 : le premier septennat. L'alternance se réalise avec l'élection du socialiste François Mitterrand à la présidence de la République. Les premières années sont marquées par de grandes réformes comme les nationalisations, l'abolition de la peine de mort, la décentralisation... Mais la crise économique et sociale dure, et la barre des 2 millions de chômeurs est franchie en 1983.

1988-1995 : le second septennat. François Mitterrand, réélu, conforte la construction européenne avec le traité de Maastricht, en 1992, qui fonde l'Union européenne. Le président doit cependant accepter deux cohabitations, à la suite d'élections législatives favorables à la droite.

Depuis 1995, le retour de présidents de droite

1995-2007 : les présidences de Jacques Chirac. Issu de la droite gaulliste, Jacques Chirac fait campagne sur la réduction des inégalités sociales. De 1997 à 2002, il doit accepter une cohabitation avec le socialiste Lionel Jospin. Des lois comme la réduction du temps de travail à 35 heures hebdomadaires et comme la parité, sont votées. Le mandat présidentiel est réduit à 5 ans ; celui des sénateurs à 6 ans. En 2002, les électeurs se mobilisent pour faire barrage au candidat d'extrême-droite arrivé au second tour : Jacques Chirac est massivement réélu avec plus de 80 % des suffrages.

Depuis 2007, la présidence de Nicolas Sarkozy. Le nouveau président entreprend de vastes réformes. La loi sur les 35 heures est assouplie. Cependant, depuis 2008, la France est confrontée à une très grave crise financière et économique mondiale.

Vocabulaire

Alternance : succession à la présidence, de deux tendances politiques opposées.

Cohabitation : situation dans laquelle le Président de la République et le Premier ministre, tous deux représentant le pouvoir exécutif, appartiennent à des courants politiques opposés.

Quinquennat : limitation à 5 ans du mandat présidentiel (au lieu de 7 ans précédemment).

Situation 3

LA COHABITATION

Dans quelles circonstances la cohabitation se met-elle en place sous la Ve République ?

La situation Des élections législatives peuvent conduire à l'Assemblée une majorité politique différente de celle du président de la République. Le chef de l'État choisit alors son Premier ministre dans cette majorité parlementaire opposée. C'est ce que l'on appelle la « cohabitation ». Cette situation s'est produite à trois reprises.

1 François Mitterrand et la cohabitation

« Vous avez élu dimanche une majorité nouvelle de députés à l'Assemblée nationale. Cette majorité est faible numériquement, mais elle existe. C'est donc dans ses rangs que j'appellerai demain la personnalité que j'aurai choisie pour former le gouvernement, selon l'article 8 de la Constitution.

Je mesure l'importance du changement qu'implique dans notre démocratie l'arrivée aux responsabilités d'une majorité politique dont les choix diffèrent sur des points essentiels de ceux du président de la République. Il n'y a de réponse à cette question que dans le respect scrupuleux de nos institutions et la volonté commune de placer au-dessus de tout l'intérêt national. »

François Mitterrand, allocution du 17 mars 1986.

2 Les cohabitations de la Ve République

Durée de la cohabitation	Président de la République	Premier ministre
1986-1988	François Mitterrand	Jacques Chirac
1993-1995	François Mitterrand	Édouard Balladur
1997-2002	Jacques Chirac	Lionel Jospin

3 La première cohabitation, 1986-1988.

Caricature de Plantu parue dans le journal *Le Monde* le 20 novembre 1986.

4 La troisième cohabitation, 1997-2002.

Le Premier ministre, le socialiste Lionel Jospin, s'adresse au président de la République, Jacques Chirac, lors d'un sommet européen.

5 L'expérience de la cohabitation

De 1993 à 1995, Simone Veil est ministre d'État, des Affaires sociales, de la Santé et de la Ville, sous le gouvernement Balladur.

« J'ai ainsi vécu l'expérience de la cohabitation et d'une ambiance d'autant plus lourde que François Mitterrand était très malade... [Le Conseil des ministres] durait quelques dizaines de minutes, le temps d'entériner les projets de loi et les nominations... Cependant, aussi évanescente[1] qu'ait pu être la présence présidentielle, on ne peut pas dire qu'Édouard Balladur avait les mains libres. J'étais frappée de son extrême prudence, due sans doute à une courtoisie et à un sens hiérarchique sans faille, mais aussi au fait qu'il ne voulait pas mécontenter François Mitterrand. Sans doute jugeait-il la situation du pays suffisamment difficile pour qu'on n'y rajoute pas le triste spectacle d'un bras de fer permanent à la tête de l'État, comme la première cohabitation s'y était trop abandonnée... ».

Simone Veil, *Une vie*, Stock, 2007.

1. Évanescent : qui semble prêt à disparaître d'un instant à l'autre.

6 La cohabitation et le quinquennat

« Le quinquennat limite les risques, sans les écarter toutefois, de la cohabitation dont, il est vrai, tout le monde se plaint, mais dont chacun s'accommode. Mais cette cohabitation, en devenant si fréquente, peut finir par modifier insensiblement la nature de nos institutions, en faisant du chef de l'État tantôt un chef de l'exécutif doté de très larges pouvoirs – et même de pouvoirs sans limites autres que la fidélité ou l'infidélité de sa majorité parlementaire – tantôt, lorsqu'une élection intermédiaire est venue le priver de ce soutien législatif, un simple arbitre, voire le chef de l'opposition. »

Intervention du socialiste François Hollande, lors du débat parlementaire sur le quinquennat, le 16 juin 2000.

Étude de la situation

Analyse des documents

1. Dans quelle circonstance la cohabitation se produit-elle (doc. 1 et 2) ?

2. Quel rôle la cohabitation donne-t-elle au président de la République (doc. 3, 5 et 6) ?

3. Identifiez les personnages en précisant leur fonction et leur courant politique (doc. 4).

4. Pourquoi le quinquennat limite-t-il les risques de cohabitation (doc. 6) ?

Bilan

Définissez ce qu'est la cohabitation. Vous expliquerez comment elle modifie les rapports entre le président de la République et le Premier ministre, ainsi que le gouvernement du pays.

L'essentiel

Connaissances

1958-1969 : la république gaullienne

En 1958, le général de Gaulle fonde la Vᵉ République. En 1962, il met fin à la guerre d'Algérie et fait approuver, par référendum, l'élection du président de la République au suffrage universel. Il mène une politique de grandeur mais, ébranlé par la crise de mai 1968, de Gaulle démissionne en 1969.

Depuis 1969, la pratique de l'alternance

Deux présidents de droite se succèdent : Georges Pompidou, ancien Premier ministre du général de Gaulle, poursuit et modernise l'héritage de celui-ci. Valéry Giscard d'Estaing, homme de droite non gaulliste, fait voter des réformes de société. L'alternance se réalise à partir de 1981, avec les deux septennats du socialiste François Mitterrand. La peine de mort est abolie, la décentralisation mise en œuvre. De nouveau, à partir de 1995, se succèdent des présidents de droite : Jacques Chirac et Nicolas Sarkozy. Depuis 2000, le mandat présidentiel est réduit à 5 ans.

Acteurs clés

Charles de Gaulle (1890-1970). Fondateur de la Vᵉ République, il en est le président jusqu'à sa démission en 1969.

Valéry Giscard d'Estaing (né en 1926). Président de la République de 1974 à 1981.

Jacques Chirac (né en 1932). Président de la République de 1995 à 2002, puis avec le quinquennat, de 2002 à 2007.

Georges Pompidou (1911-1974). Premier ministre de 1962 à 1968, puis président de la République de 1969 jusqu'à sa mort en 1974.

François Mitterrand (1916-1996). Président de la République de 1981 à 1995.

Nicolas Sarkozy (né en 1955). Président de la république depuis 2007.

Notions clés

Alternance. Succession au pouvoir présidentiel de deux tendances politiques différentes.

Cohabitation. Situation où le président de la République et le Premier ministre sont de tendances politiques opposées.

Repères chronologiques

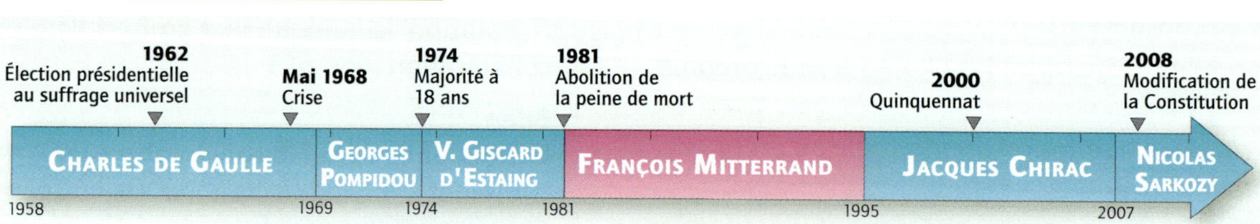

Relever les informations essentielles d'une affiche

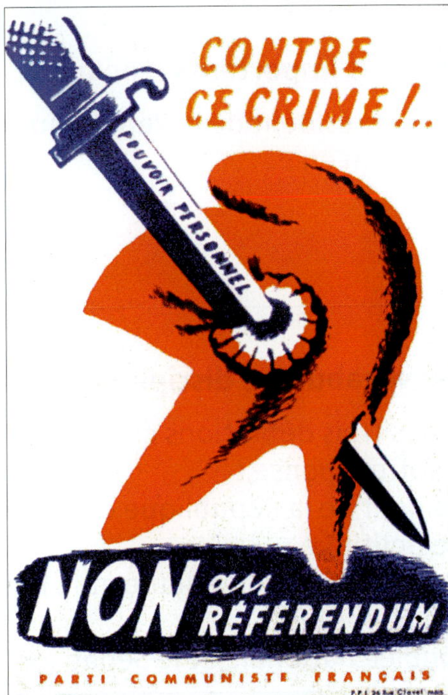

Affiche du Parti communiste, pour le référendum du 28 octobre 1962.

Question

Quelles informations l'affiche apporte-t-elle sur la situation politique de la France, en octobre 1962 ?

Réponse

L'affiche est commanditée par le Parti communiste français à l'occasion de la campagne pour le référendum du 28 octobre 1962. Les Français doivent répondre par « oui » ou par « non » à la proposition du général de Gaulle de faire élire le président de la République au suffrage universel direct, c'est-à-dire par tous les citoyens.

1. Rechercher l'origine de l'affiche et situer le contexte

Sur un fond blanc, le dessinateur montre un bonnet phrygien rouge, orné d'une cocarde tricolore. Le bonnet est transpercé par un poignard bleu foncé sur lequel est inscrit « pouvoir personnel ». Un slogan, en haut de l'affiche, dénonce un « crime ». Au bas de l'affiche, un autre slogan, « non au référendum », se détache en blanc sur fond bleu.

2. Décrire l'affiche

Le Parti communiste français appelle à voter « non » au référendum. L'élection par tous les Français accentuerait le pouvoir personnel de de Gaulle et serait, selon les communistes, un crime contre la République (symbolisée par le bonnet phrygien). Il s'oppose à la proposition du général de Gaulle.

3. Interpréter l'affiche

Comprendre la méthode

1. L'origine de l'affiche et le contexte. Quel parti politique est à l'origine de l'affiche ? À qui celle-ci est-elle destinée ? Quel contexte historique a donné naissance au document ?

2. La description. Quel est l'élément central de l'affiche ? Que représente l'objet qui le transperce ? Quels slogans remarque-t-on ? Quelles couleurs le dessinateur a-t-il employées ?.

3. L'interprétation. Quel est le message de l'affiche ? Quel est l'objectif de son commanditaire ?

Évaluation

Mobiliser ses connaissances (10 points)

1 Dater des faits importants (1 point)

L'élection du président de la République au suffrage universel est votée par référendum en :

a. 1958.

b. 1962.

c. 1968.

2 Utiliser le vocabulaire disciplinaire (2 points)

Laquelle des trois définitions ci-dessous peut s'appliquer à la cohabitation ? Justifiez votre réponse.

a. Le président de la République et le Premier ministre sont de même tendance politique.

b. Le président de la République et le Premier ministre sont de tendances politiques opposées.

c. L'Assemblée nationale et le Sénat sont de tendances politiques opposées.

3 Citer des acteurs (2 points)

Citez le nom de deux présidents de la République. Donnez pour chacun d'eux un élément caractéristique de son action.

4 Restituer les principales connaissances (2 points)

Quelles sont les principales caractéristiques de la crise de mai 1968 ?

5 Justifier une affirmation (3 points)

a. Quel événement le général de Gaulle évoque-t-il dans la citation ci-dessous ?

b. Quel point de vue exprime-t-il ?

c. Expliquez les allusions concernant le contexte de l'événement.

« La nation étant maintenant en plein essor, les caisses remplies, le franc plus fort qu'il ne le fut jamais, la décolonisation achevée, le drame algérien terminé, l'armée rentrée tout entière dans la discipline, le prestige français replacé au plus haut dans l'univers, bref tout danger immédiat écarté et la situation de la France bien établie au-dedans et au-dehors, on vit tous les partis de jadis se tourner contre de Gaulle. […]

En dépit, le cas échéant, de toutes habitudes locales et considérations fragmentaires, puissiez-vous confirmer, par la désignation des hommes, le choix qu'en votant "oui" vous avez fait quant à notre destin ! »

Discours du général de Gaulle lors de la campagne pour les élections législatives, 7 novembre 1962.

Analyser un document (10 points)

Affiche pour le référendum du 28 septembre 1958 sur la Constitution.

▶ Rechercher les informations essentielles de l'affiche (6 points)

1. Identifiez l'origine de l'affiche. Recherchez le contexte de parution.

2. Décrivez l'affiche en identifiant les personnages. Relevez la construction, le choix des couleurs, les informations textuelles.

3. Dégagez l'objectif poursuivi par le commanditaire de l'affiche.

▶ Mettre en relation avec ses connaissances (4 points)

4. En vous appuyant sur vos réponses précédentes, expliquez en quoi cette affiche illustre la naissance de la Ve République.

Sociétés et développement durable

Les inégalités de développement, la question alimentaire, la crise énergétique et la géographie des risques mettent en évidence les enjeux mondiaux actuels. Les réponses à ces défis ne peuvent se construire que dans une logique de développement durable, c'est-à-dire en répondant aux besoins des générations présentes sans compromettre la satisfaction de ceux des générations futures.

Géographie

Seconde

Sujets d'étude

Des champs de blé dans le désert jordanien.

Ces champs circulaires d'un kilomètre de diamètre sont arrosés par des rampes tournantes qui puisent l'eau dans une nappe souterraine. La Jordanie a pu ainsi conquérir de nouvelles terres agricoles. Mais cette technique risque d'épuiser la nappe phréatique, car il faut mille tonnes d'eau pour produire une tonne de blé.

Sujet d'étude

1

Nourrir les hommes

La production alimentaire a doublé depuis cinquante ans, et les hommes sont globalement mieux nourris. Cependant, certaines parties du monde connaissent encore la faim. Il faut donc produire encore plus.

Comment nourrir tous les hommes sans épuiser les ressources de la planète ?

Carte

La répartition de la population et la situation

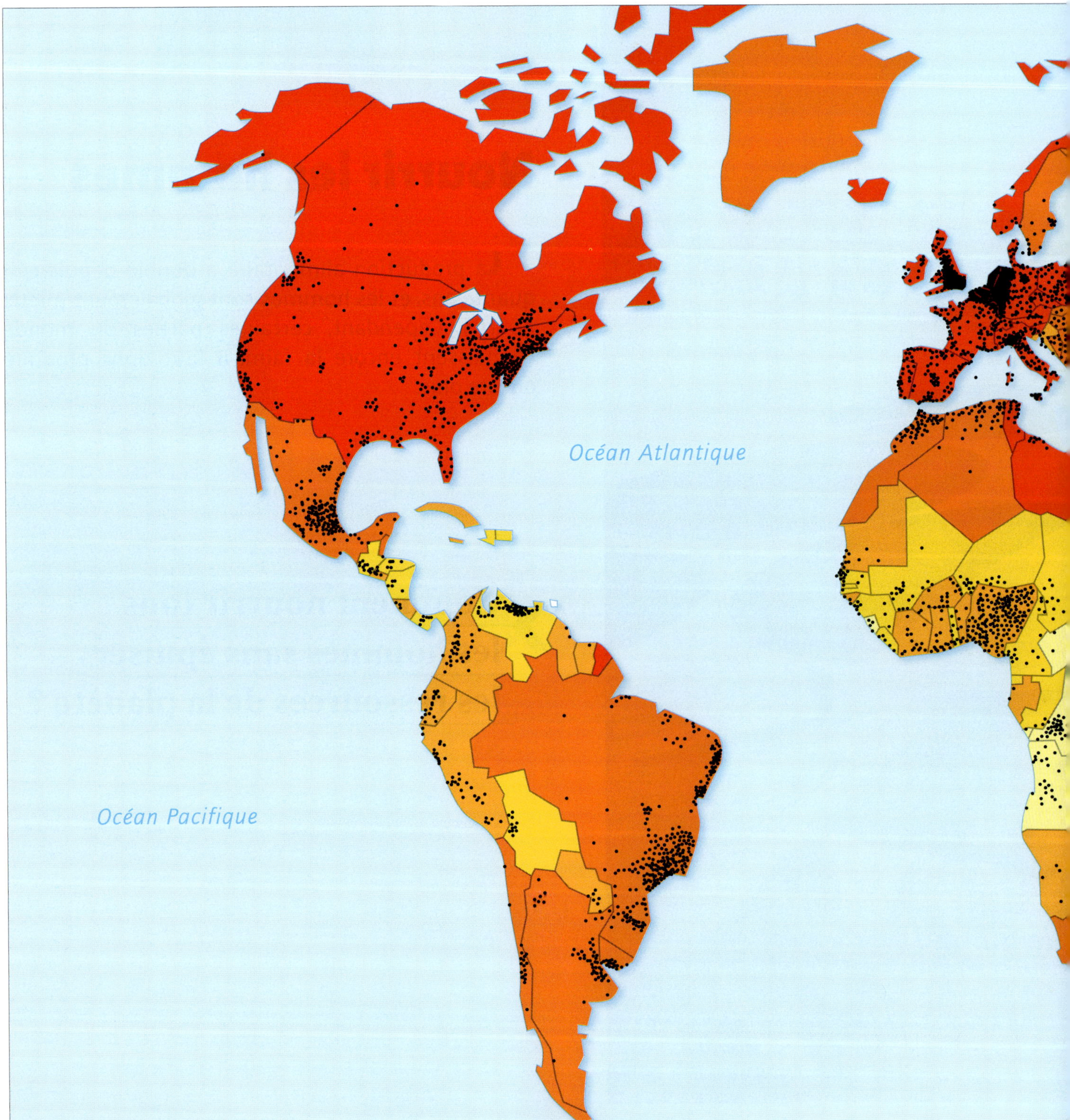

La répartition de la population mondiale

- 1 point représente 500 000 habitants

Ration calorique moyenne par jour et par habitant

Plus de 3 200 calories
Ration très élevée

alimentaire dans le monde

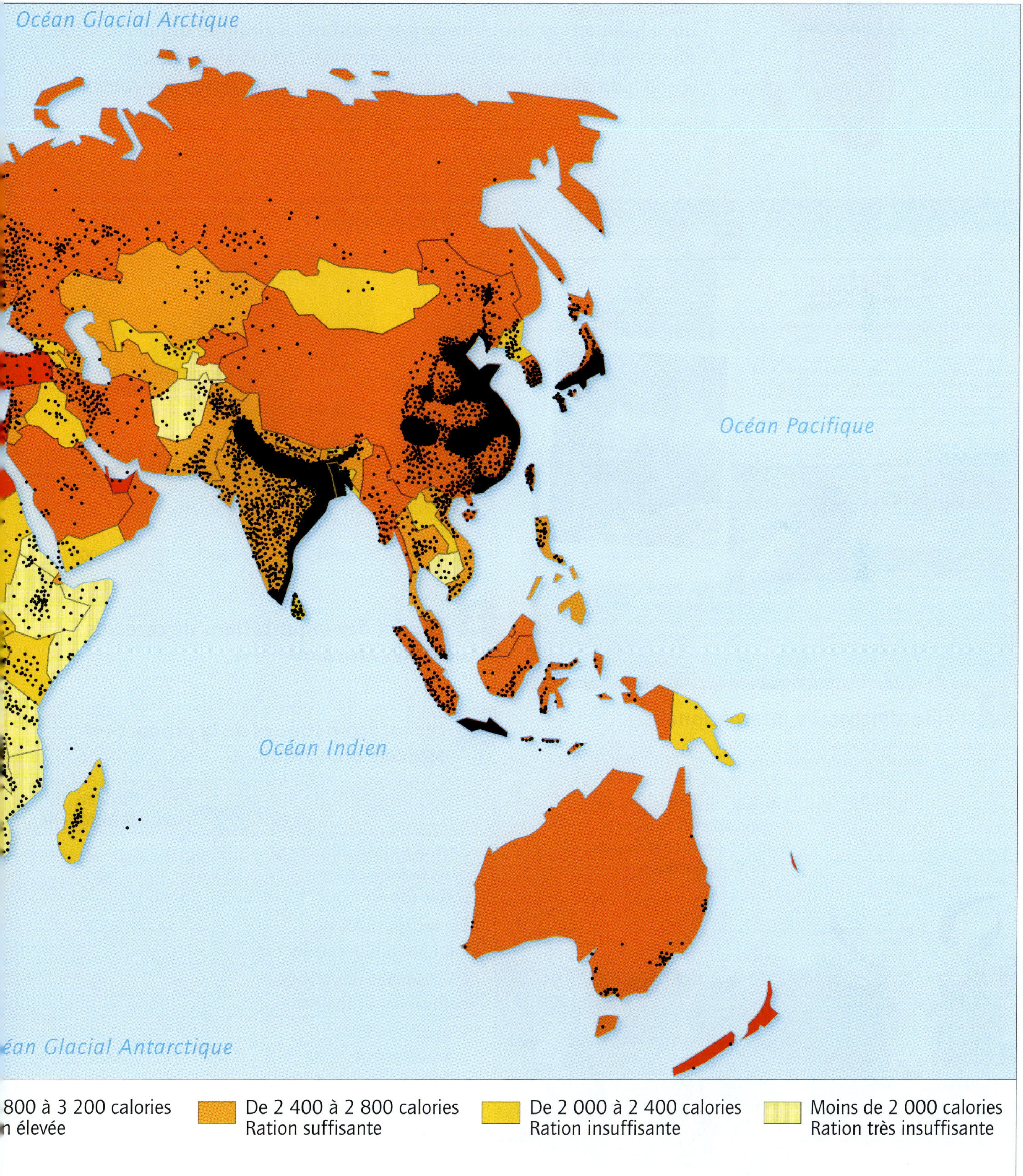

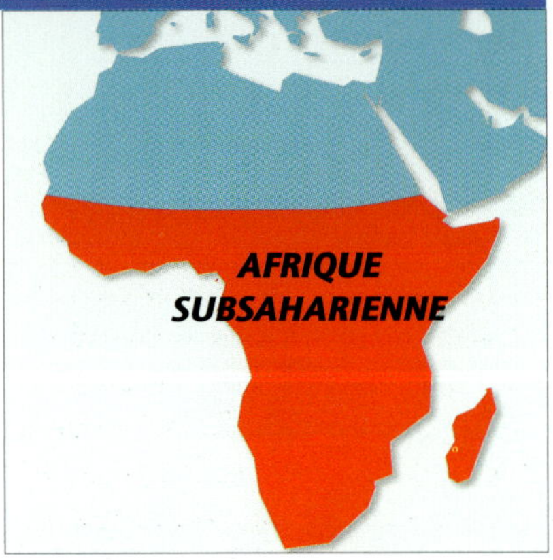

L'Afrique peut-elle se passer de l'aide alimentaire ?

La situation L'Afrique subsaharienne est la seule partie du monde où la production alimentaire par habitant a diminué depuis le milieu du XXe siècle. Pourtant, bien que certaines zones aient besoin d'une aide alimentaire, d'autres dégagent des surplus agricoles.

1 **L'aide alimentaire internationale.**

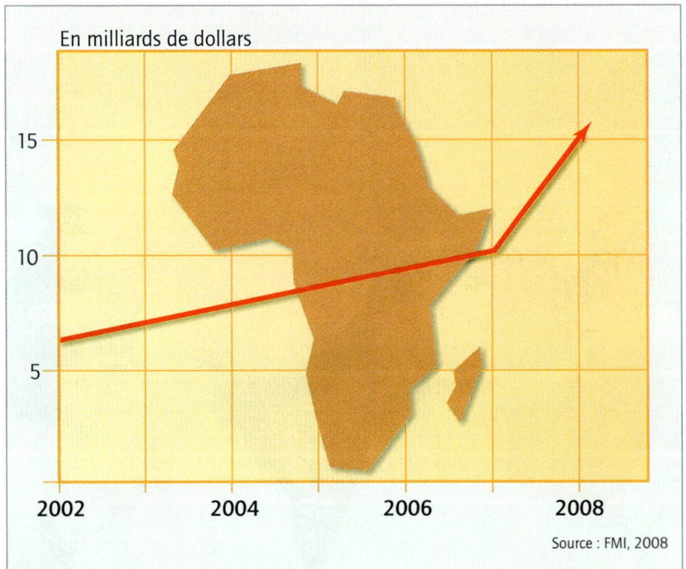

2 **Le coût des importations de céréales des pays africains.**

3 **Les caractéristiques de la production agricole en Afrique**

	Afrique	Pays en développement
Part des agriculteurs dans la population active (en %)	62	54
Surface agricole par habitant (en hectares)	1,51	0,67
Pourcentage des terres cultivables irriguées	3,7	22,7
Engrais (en kilos par hectare de terre cultivée)	12,6	109
Rendements céréaliers (en quintaux par hectare)	10	28

Source : FAO, 2008.

L'Afrique rassemble 13 % de la population de la planète mais seulement 2 % du parc mondial de tracteurs.

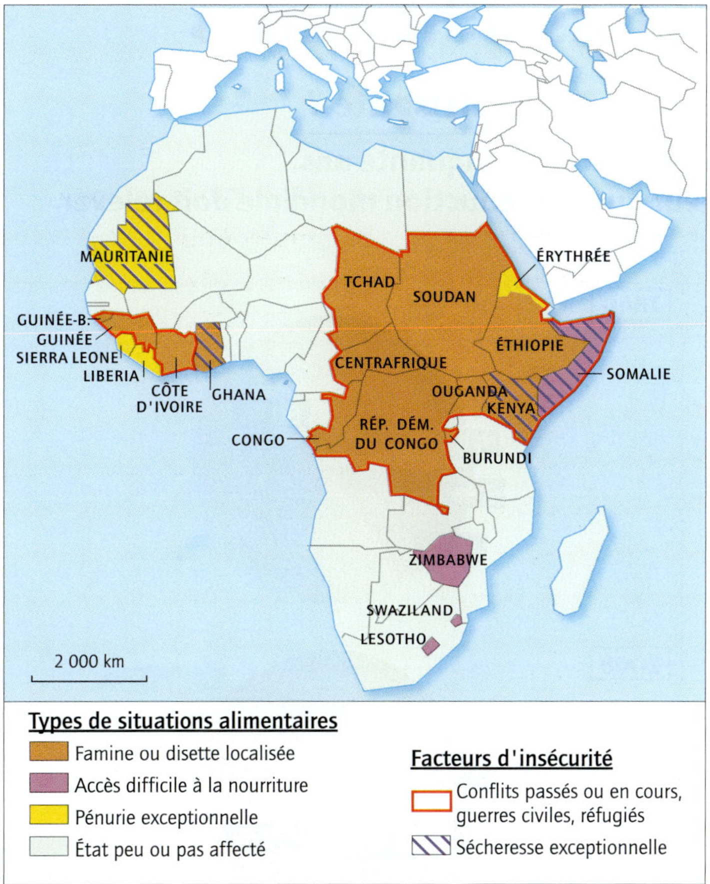

4 L'urgence alimentaire en 2008.

5 Le problème de la fertilité des sols

« La majorité des sols africains sont pauvres sous l'effet conjugué de pluies relativement fortes et d'une température élevée. Les agriculteurs africains n'ont pas les moyens de résoudre ce problème par l'application d'engrais compte tenu de leur faible pouvoir d'achat. Les méthodes traditionnelles surmontent cette difficulté par une période de jachère[1]. La durée de la jachère détermine la fertilité de la terre, qui est optimale après 10-15 ans de jachère. Du fait de la grave pénurie de main-d'œuvre - et non à cause de la pression démographique comme on l'a souvent suggéré - et de l'exode des jeunes, en majorité des hommes, les agriculteurs ont eu tendance à raccourcir la période de jachère. En effet, au-delà de cinq à six ans, le défrichement est difficile lorsque la main-d'œuvre est peu nombreuse et sans machines. Du fait du raccourcissement de la jachère, le sol est moins fertile et les rendements plus faibles. »

1. Jachère : champ laissé au repos pour reconstituer la fertilité du sol.

D'après la Banque Mondiale, 2008.

6 L'urbanisation, moteur du développement agricole

« Une étude menée au Cameroun a montré que des centaines de milliers de ménages ruraux tirent un revenu de la transformation et de la vente de produits alimentaires en ville. La plupart des produits qui étaient autrefois cultivés pour l'autoconsommation au village sont devenus des cultures commerciales. Du coup, les systèmes de culture évoluent, les producteurs innovent, les femmes s'organisent. Elles cultivent un champ commun, se cotisent pour acheter un moulin à manioc, s'entraident pour commercialiser leurs produits. Dans certaines zones où l'on cultivait essentiellement des produits d'exportation comme le café ou le cacao, l'on voit maintenant des jeunes se lancer dans les cultures commerciales telles que le maïs ou la tomate. »

Source : CIRAD, 2008.

Étude de la situation

Analyse des documents

1. Quelle est la situation alimentaire de la Somalie en 2008 ? Quelles sont les trois causes de cette situation (doc. 1 et 2) ?

2. Quel est le rôle de la jachère ? Pourquoi la période de jachère est-elle de plus en plus courte ? Quelles en sont les conséquences (doc. 5) ?

3. Quelles sont les caractéristiques de la production agricole en Afrique ? Quels indicateurs expliquent la faiblesse des rendements (doc. 3) ?

4. Combien de pays d'Afrique sont-ils en situation d'urgence alimentaire en 2008 ? Quelles sont les causes principales de ces situations (doc. 2 et 4) ?

5. Quelles sont les cultures en essor dans les zones proches des villes ? Pourquoi ? Quels progrès permettent-elles (doc. 6) ?

Bilan

Montrez l'importance et les causes de l'insécurité alimentaire en Afrique subsaharienne. Expliquez ensuite quels espaces africains peuvent se passer de l'aide alimentaire et pourquoi.

Cours

Nourrir sept milliards d'hommes

▶ La production alimentaire mondiale est-elle suffisante ?

La population de la planète a plus que doublé en moins de cinquante ans. Nourrir tous les hommes est donc un défi majeur que la production mondiale doit relever.

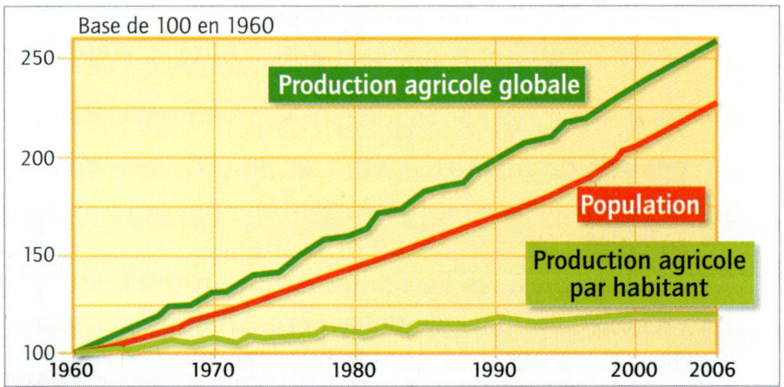

1 La croissance de la population et de la production agricole dans le monde

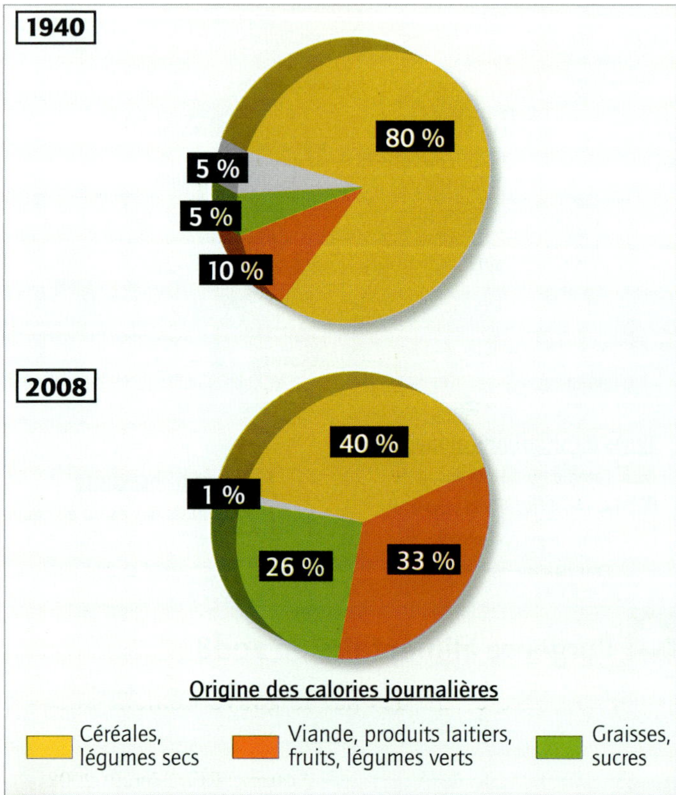

2 La consommation alimentaire en France en 1940 et en 2008

3 L'évolution du nombre de calories par jour et par habitant

	1964-1966	2001-2003
Monde	**2 358**	**2 790**
Pays industrialisés	2 947	3 490
Afrique subsaharienne	2 058	2 260
Afrique du Nord Proche-Orient	2 290	3 006
Asie	1 987	2 670
Amérique latine	2 393	2 870

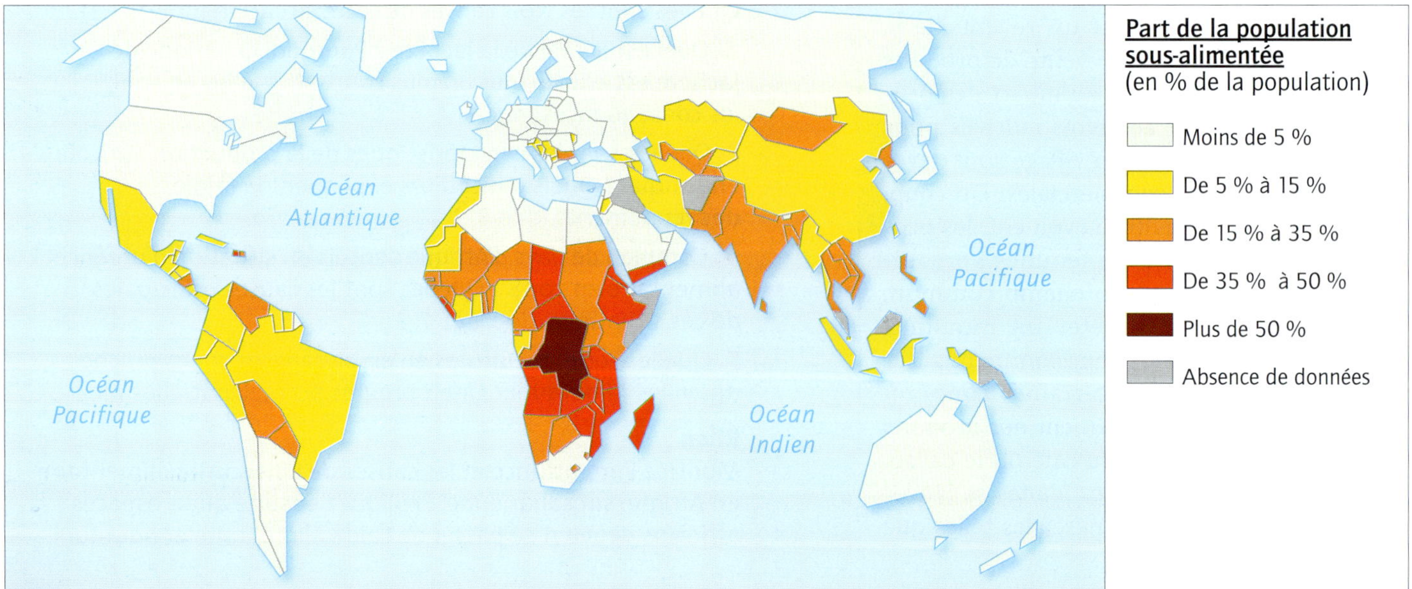

4 La sous-alimentation dans le monde.

5 **Émeute de la faim à Dakar en mars 2008.**

Depuis 2006, la flambée des prix des produits alimentaires de base a déclenché des émeutes dans les villes d'une vingtaine de pays pauvres.

6 **La crise alimentaire aux États-Unis**

« Le nombre d'Américains bénéficiant de bons d'aide alimentaire (*food stamps*) est en hausse. Outre-Atlantique, le lait a augmenté de 17 % en 2007 ; le riz, les pâtes et le pain de 12 % ; les œufs de 25 %. Le budget nourriture d'une famille de quatre personnes à faible revenu a ainsi augmenté de 6 % en 12 mois. Selon le ministère de l'Agriculture, près de 28 millions de personnes aux États-Unis, soit 9,2 % de la population, reçoivent des bons d'aide alimentaire distribués par le gouvernement pour pouvoir nourrir leurs familles. »

Source : RFI, 27 août 2008.

Questions

Des besoins croissants

1. Dans quelles proportions la population mondiale a-t-elle augmenté depuis 1960 (doc. 1) ?

2. Quels aliments ont vu leur part augmenter fortement dans la consommation française de 1940 à aujourd'hui (doc. 2) ?

Une progression de la production alimentaire

3. La production a-t-elle augmenté plus ou moins vite que la population (doc. 1) ?

4. Dans quelles parties du monde la ration journalière par habitant dépasse-t-elle 2 400 calories (doc. 3) ?

Des inégalités persistantes

5. Quelles sont les parties du monde touchées par la sous-alimentation (doc. 4) ?

6. Qui la crise alimentaire touche-t-elle à Dakar (doc. 5) et aux États-Unis (doc. 6) ?

Des besoins croissants

La population augmente. La terre comptait trois milliards d'habitants en 1960, et près de sept milliards au début du XXIe siècle. Malgré un ralentissement de la croissance démographique depuis les années 1980, la population de la planète pourrait atteindre les neuf milliards en 2050.

La consommation évolue. Les habitants des pays riches et les classes moyennes des pays en développement mangent de plus en plus de viande et de produits laitiers. Or, l'alimentation animale absorbe trois à cinq kilos de céréales par kilo de viande. La demande en céréales augmente donc.

Une progression de la production alimentaire

Les rendements augmentent. Entre 1960 et 2000, la production alimentaire mondiale a augmenté plus vite que la population grâce à la croissance des rendements et à l'extension des surfaces cultivées. La ration journalière moyenne a donc augmenté.

La croissance est mal répartie. C'est en Asie et dans les pays développés d'Europe et d'Amérique du Nord que la croissance de la production a été la plus forte. L'Afrique du Nord, l'Amérique latine ont également connu des progrès sensibles. En Afrique subsaharienne en revanche, l'augmentation de la production a été à peine plus rapide que celle de la population.

Des inégalités persistantes

La faim regagne du terrain. Le nombre de personnes souffrant de sous-nutrition, qui avait reculé entre 1960 et 2000, recommence à augmenter. On l'évalue à 854 millions en 2008. En outre, deux milliards de personnes sont touchés par la malnutrition. À l'inverse, une part des habitants des pays riches sont suralimentés.

La crise alimentaire s'étend. L'envolée des cours de l'énergie dans les années 2000 et la concurrence des biocarburants ont provoqué une forte hausse des prix des denrées alimentaires. Les classes moyennes urbaines des pays émergents et les populations les plus pauvres des pays développés ont de plus en plus de mal à s'approvisionner.

Vocabulaire

Malnutrition : situation d'une personne dont l'alimentation n'est pas assez équilibrée pour lui permettre de vivre en bonne santé.

Rendement : quantité produite sur un hectare de terre.

Sous-nutrition : situation d'une personne qui reçoit un apport calorique moyen inférieur à 2 400 calories par jour, quantité nécessaire à l'organisme pour subsister.

L'INDE : PLUS D'UN MILLIARD D'HOMMES À NOURRIR

Comment l'Inde a-t-elle réussi à échapper à la famine ?

La situation L'Inde a connu de grandes famines jusqu'au milieu du XXe siècle. Grâce à un ensemble d'innovations agricoles qu'on désigne sous le nom de révolution verte, elle n'a plus besoin d'importer des céréales.

1 La révolution verte en chiffres

	1950	1960	1970	1980	1990	2000
Population en millions	361	439	548	683	846	1 000
Production de céréales (millions de tonnes)	51	82	108	130	176	202
Importations de céréales (millions de tonnes)	5	10	8	1	0,3	0
Surface cultivée en céréales (millions d'hectares)	78	92	102	104	103	101
Part de la surface en céréales irriguée (en %)	21	22	28	34	41	47
Des variétés de céréales à haut rendement (en %)	-	3	15	45	64	74
Consommation d'engrais (kg par hectare)	-	-	37	112	171	170

Source : Gouvernement indien.

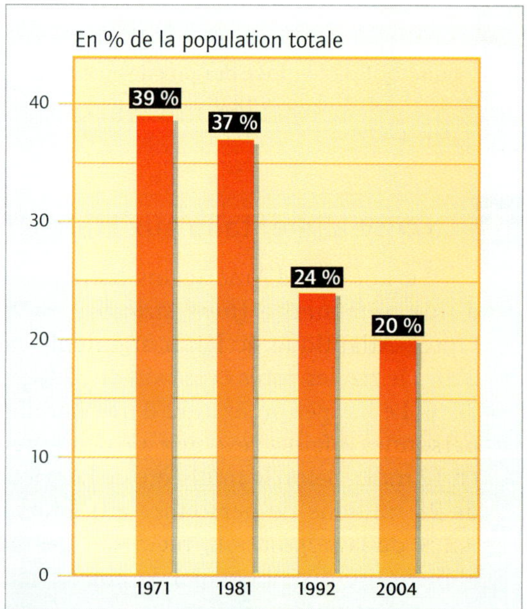

2 Le recul de la sous-alimentation.

En Inde, la main-d'œuvre agricole est très nombreuse, en conséquence, la mécanisation reste limitée.

3 Le rôle de l'État dans la révolution verte

« Le succès de la révolution verte provient en grande partie de la politique agricole qui a été appliquée en Inde. Tout d'abord, les semences ont été subventionnées, ainsi que les engrais et souvent les produits phytosanitaires. Ensuite, les prix agricoles ont été garantis et stables ; l'achat des récoltes a été assuré par l'État qui les revendait dans des boutiques où les prix étaient eux aussi subventionnés. Par ailleurs, les agriculteurs avaient accès à un crédit pour l'achat des semences et fournitures, ainsi que pour les investissements (motoculteurs, creusement de puits et achat de pompes). »

D'après Michel Griffon, *Révolution verte, révolution doublement verte*, CIRAD, 2002.

4 **Le travail dans les rizières de la plaine du Gange.**

Paquet de riz vendu en France. **5**

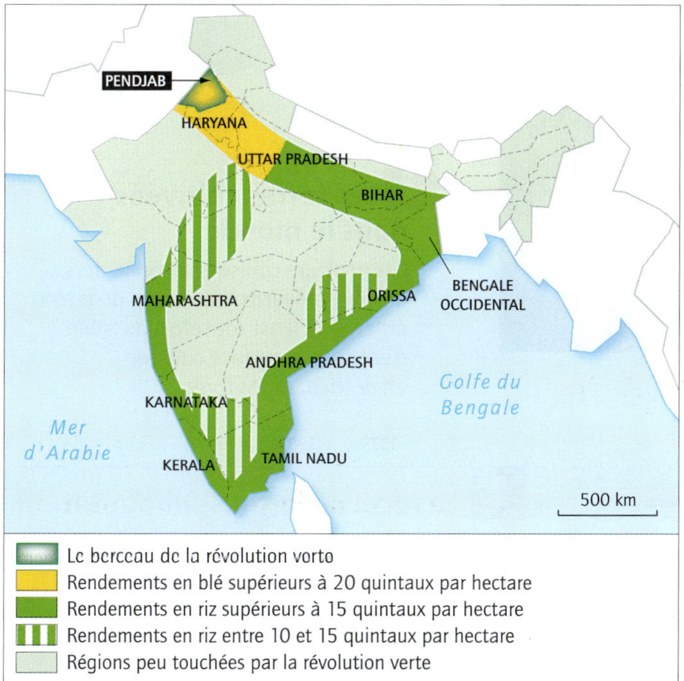

6 **Les inégalités régionales de la révolution verte.**

7 Les conséquences sur l'environnement

« Il y a eu une réduction notable de la pauvreté, même si la révolution verte n'a pas touché les plus pauvres. Mais les rendements stagnent depuis les années 1990 du fait de la salinisation[1] des sols due à l'excès d'irrigation. Par ailleurs, deux grands problèmes environnementaux apparaissent : la baisse rapide et généralisée des nappes phréatiques entraînant la nécessité de recreuser les puits et d'acheter des pompes plus puissantes, et les niveaux élevés de pollution des eaux par les produits chimiques. »

1. Salinisation : augmentation de la teneur en sel.

D'après Michel Griffon, *Révolution verte, révolution doublement verte*, CIRAD, 2002.

Étude de la situation

Analyse des documents

1. Comparez la croissance de la population et celle de la production de céréales. Laquelle a été la plus forte entre 1950 et 2000 ? Comment expliquer la croissance de la production (doc. 1) ?

2. De quelle manière l'État a-t-il joué un rôle décisif dans la révolution verte (doc. 3) ?

3. Comment est effectué le travail dans ces rizières ? À quoi peut-on voir qu'il y a deux récoltes dans l'année (doc. 4) ?

4. Quelle relation pouvez-vous faire entre la croissance de la production et le document 5 ?

5. Quels sont les succès et les limites de la révolution verte ? Distinguez les aspects économiques, sociaux, territoriaux et environnementaux (doc. 1, 2, 6 et 7).

Bilan

Expliquez quelles transformations agricoles ont permis à l'Inde d'échapper à la famine depuis cinquante ans.

Recherche

Recherchez sur Internet des informations sur la situation alimentaire de l'Inde (www.fao.org)

Cours

Les réponses au défi alimentaire

▶ Comment augmenter la production alimentaire ?

Pour éliminer la malnutrition et faire face à la croissance démographique, il faudrait doubler la production alimentaire d'ici à 2050.

1 Une grande exploitation en Amazonie brésilienne.

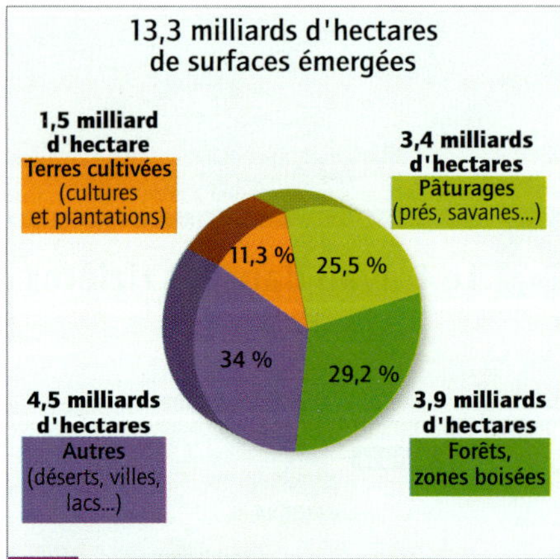

2 Les terres cultivées dans le monde.

L'agriculture utilise environ le tiers des 13,3 milliards d'hectares de terres émergées. Il est toutefois possible d'étendre la surface cultivée en défrichant les forêts.

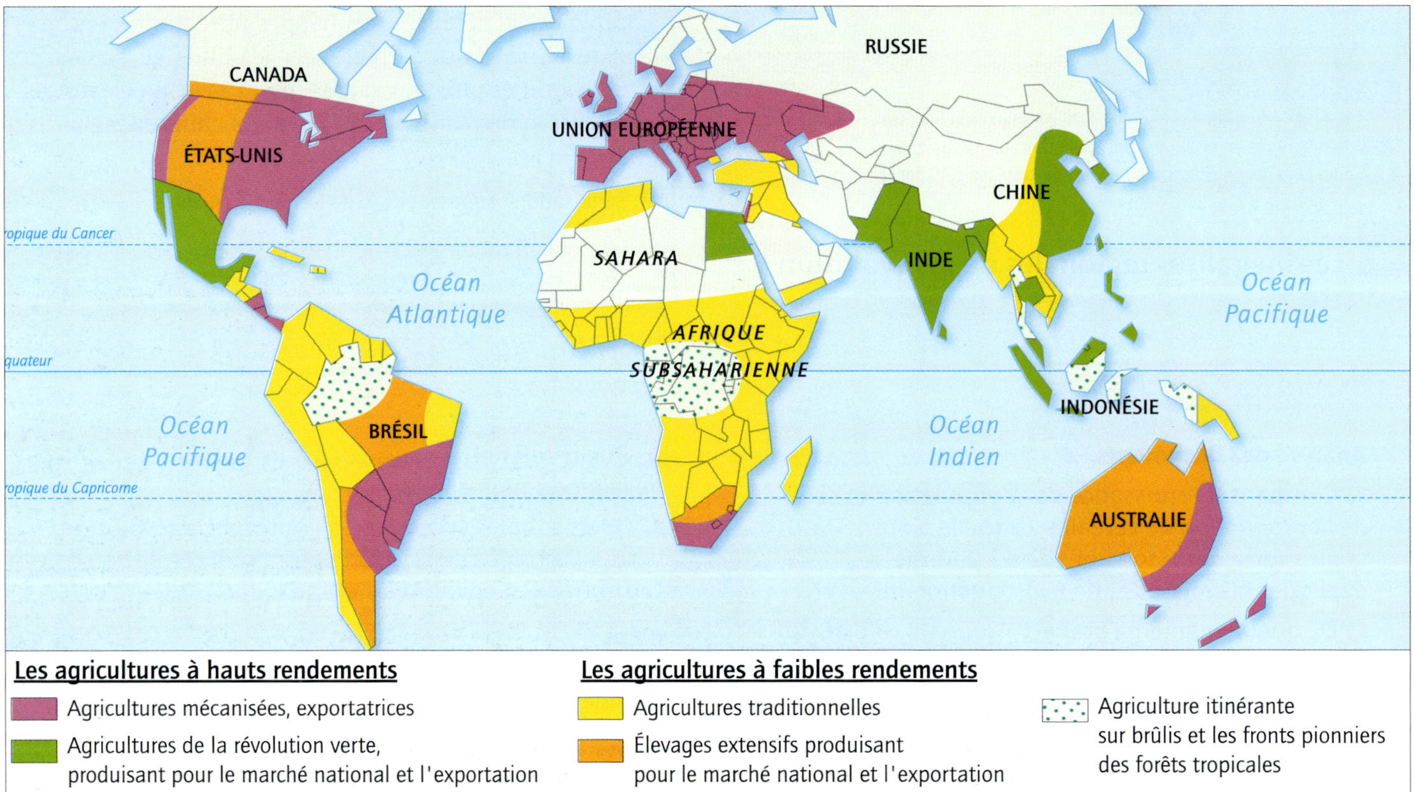

3 Les agricultures intensives et extensives dans le monde.

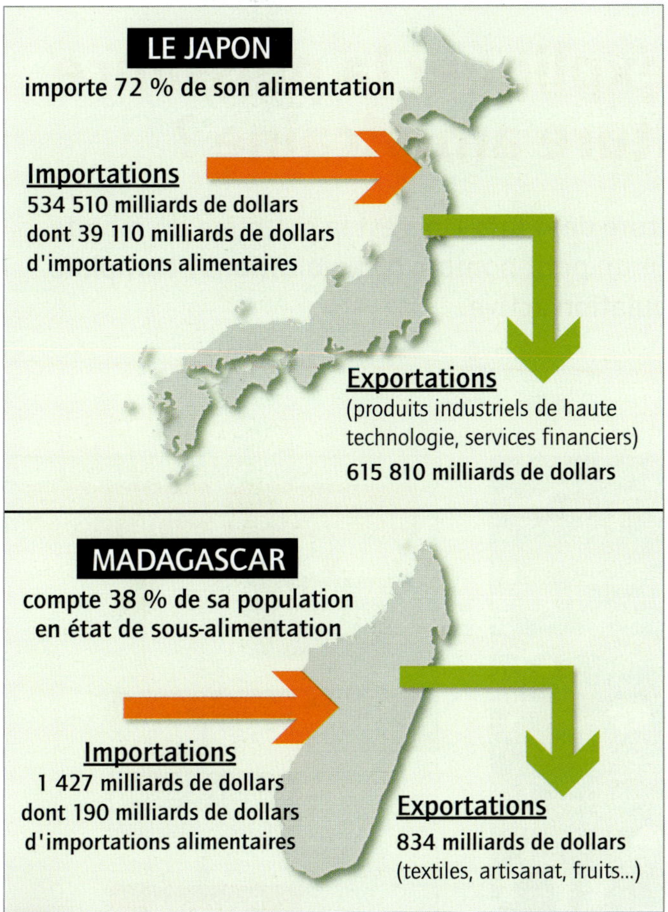

4 **Le financement des importations alimentaires dans un pays riche et dans un pays pauvre.**

Questions

L'accroissement des disponibilités alimentaires

1. Quels éléments montrent que ces terres ont été mises en culture depuis peu (doc. 1) ?

2. Quels espaces l'agriculture peut-elle encore conquérir ? Dans quelles parties du monde peut-on augmenter les rendements (doc. 2 et 3) ?

L'intensification de l'agriculture

3. Dans quelles parties du monde l'agriculture est-elle mécanisée (doc. 3) ?

4. Quels pays ont été concernés par la révolution verte (doc. 3) ?

La sécurité alimentaire

5. Comment le Japon, qui ne couvre que 28 % de ses besoins alimentaires, assure-t-il sa sécurité alimentaire ? Pourquoi Madagascar n'en a-t-elle pas les moyens (doc. 4) ?

L'accroissement des disponibilités alimentaires

Augmenter les surfaces. Les terres agricoles ne couvrent que le tiers des terres émergées. Le défrichement des forêts tropicales permet de gagner quatre millions d'hectares par an. Mais à l'échelle mondiale, les réserves foncières sont limitées et la déforestation massive entraîne de graves perturbations écologiques. Par ailleurs, l'urbanisation fait disparaître des surfaces cultivées.

Augmenter les rendements. Sur près d'un milliard et demi d'agriculteurs, plus du tiers pratique une agriculture manuelle, sans engrais ni irrigation. Leurs rendements ne dépassent guère 5 quintaux à l'hectare. Le développement de l'irrigation permet d'obtenir 20 à 30 quintaux à l'hectare, le recours aux engrais 60 à 140 quintaux.

L'intensification de l'agriculture

L'agriculture productiviste. Les pays développés ont connu une révolution agricole au milieu du XXe siècle. La mécanisation, les produits chimiques, la sélection de nouvelles variétés ont permis d'atteindre une production de masse avec peu de main-d'œuvre. L'agriculture a été intégrée à l'ensemble de la filière agro-alimentaire.

La révolution verte. Dans de nombreux pays asiatiques, la révolution verte a autorisé une croissance importante des rendements et des productions à partir des années 1960 malgré une mécanisation limitée. Elle repose sur l'utilisation de semences sélectionnées, d'engrais, de pesticides, et sur l'irrigation.

La sécurité alimentaire

La répartition des disponibilités alimentaires. Á l'échelle mondiale, la production est globalement suffisante pour nourrir l'humanité, mais elle est mal répartie. Les pays les plus pauvres ne satisfont pas leurs propres besoins, alors que de nombreux pays développés dégagent d'importants excédents.

Les achats sur le marché mondial. Un pays qui ne produit pas assez pour nourrir ses habitants peut assurer sa sécurité alimentaire s'il a des revenus suffisants pour s'approvisionner sur le marché mondial. Seul le développement peut vraiment assurer ces revenus.

Vocabulaire

Agriculture intégrée au marché mondial : liaison entre les exploitations agricoles, les industriels et les entreprises commerciales.

Révolution agricole : ensemble d'innovations techniques permettant la croissance de la production et les progrès de l'alimentation.

Sécurité alimentaire : accès garanti pour chaque être humain à une nourriture suffisante et saine.

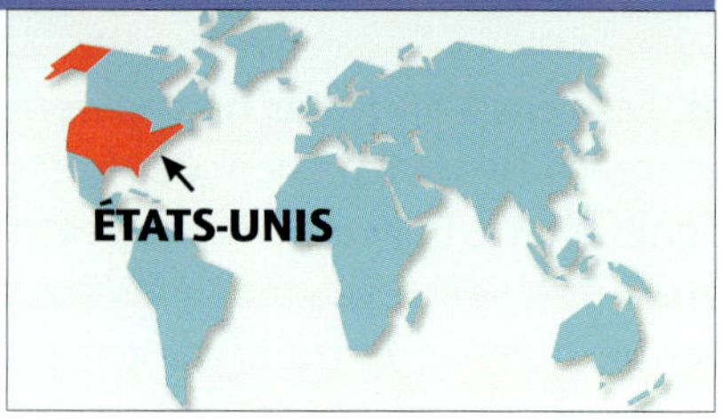

Comment expliquer la puissance de l'agriculture américaine ?

La situation L'agriculture des États-Unis est la première du monde. Elle repose pourtant sur un petit nombre d'exploitations et emploie moins de 2 % de la population active.

1 **Élevage bovin sur un *feed-lot* de la Harris Feeding Company en Californie.**
Un feed-lot est un parc d'élevage intensif dans lequel les bovins sont engraissés avec des céréales et des oléagineux. Le produit présenté est un plat cuisiné produit par la Harris Feeding Company.

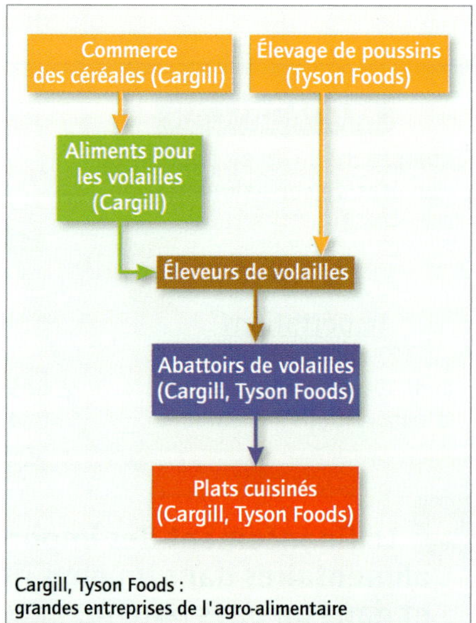

2 **La production de volailles : une filière agroalimentaire intégrée.**

3 **Moisson de blé dans le Colorado.**

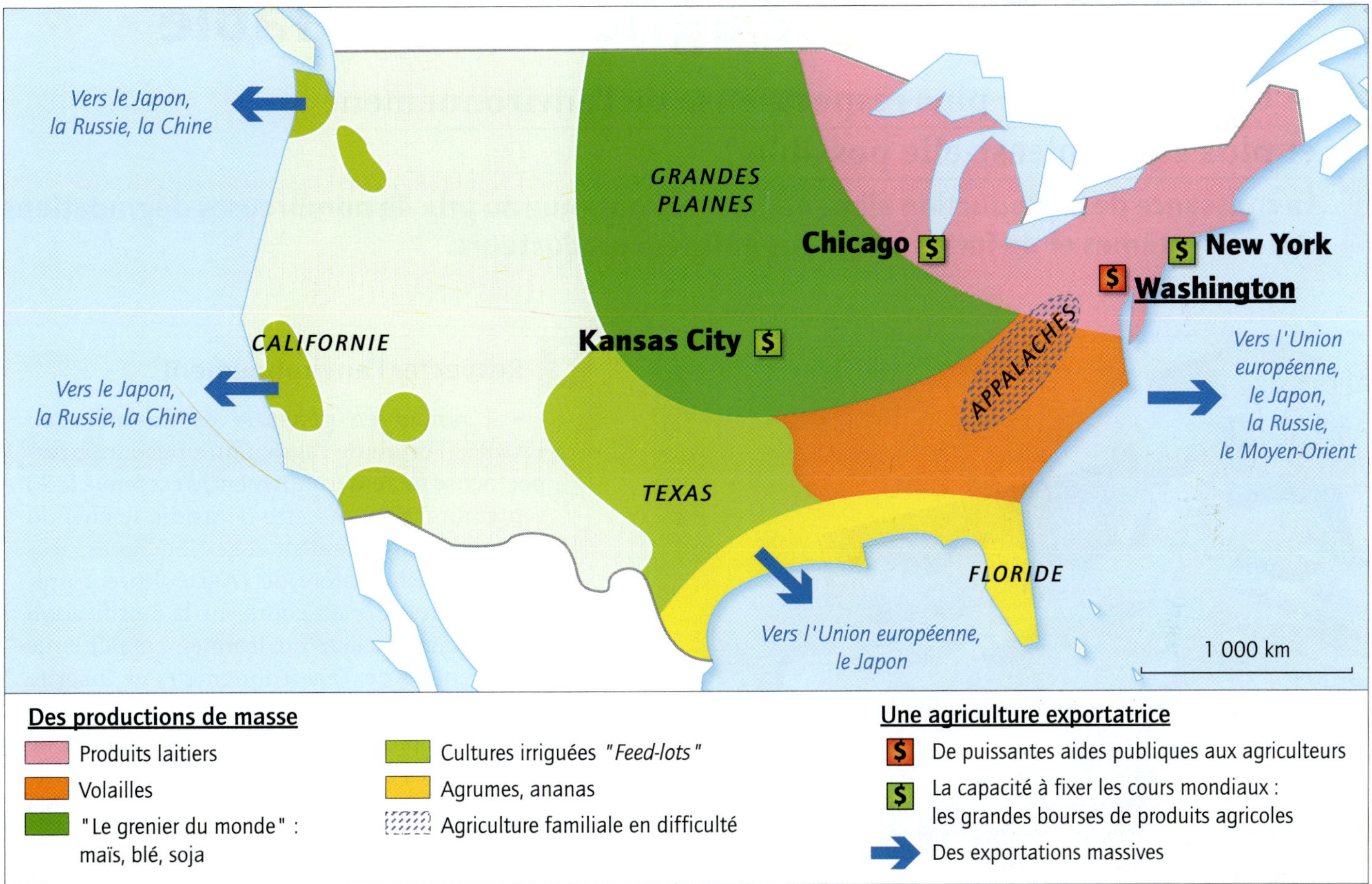

4 **Un objectif : produire massivement pour vendre et exporter.**

5 L'organisation des exploitations agricoles

« Une poignée d'exploitations géantes, guère plus de 150 000, réalisent à elles seules plus des deux tiers du chiffre d'affaires agricole américain, avec des revenus conséquents. On a ensuite des exploitations moyennes, au nombre d'environ 650 000, qui se partagent le quart de la production. Elles permettent en principe aux exploitants de vivre de leur activité, mais souvent avec de sérieuses difficultés. Par ailleurs, de petites exploitations, au nombre d'un million, ne réalisent que 5 à 10 % de l'ensemble de la production. Les propriétaires de ces exploitations-là n'en vivent pas. Ils doivent forcément compléter leur revenu par une activité non agricole. Au total, on a donc un tableau très paradoxal : une agriculture en grande majorité familiale, qui se ressent comme fragile, qui peine à se maintenir à flot, et en même temps une production extrêmement industrialisée aux mains de quelques-uns. »

J.-C. Debar, www.agrobiosciences, 2008.

Étude de la situation

Analyse des documents

1. Quelles sont les activités de la Harris Feeding Company (doc. 1)?

2. Qui sont les fournisseurs des éleveurs de volailles ? Qui achète leur production ? À partir de l'exemple des volailles, définissez ce qu'est une filière agroalimentaire intégrée (doc. 2).

3. Quelle caractéristique de l'agriculture américaine cette photographie illustre-t-elle (doc. 3) ?

4. De quels atouts l'agriculture américaine bénéficie-t-elle pour exporter (doc. 4) ?

5. Quelles différences observe-t-on entre les exploitations (doc. 5) ?

Bilan

Montrez comment les activités agricoles aux États-Unis sont intégrées de l'amont (fourniture de machines, d'engrais, de semences) à l'aval (transport, transformation, conditionnement, commercialisation).

Cours

Les principes d'une agriculture durable

▶ Une agriculture plus respectueuse de l'environnement et plus équitableest-elle possible ?

La croissance de la production alimentaire a été obtenue au prix de nombreuses dégradations des écosystèmes et de fortes inégalités entre les producteurs.

1 Algues vertes sur le littoral des Côtes d'Armor.

La prolifération de ces algues nauséabondes est due à la concentration de nitrates dans l'eau des rivières, du fait des apports massifs d'engrais.

2 Respecter l'environnement

« L'assemblée générale de l'association FARRE (Forum de l'agriculture raisonnée respectueuse de l'environnement) s'est tenue le 23 septembre 2008. À cette occasion, le chef du bureau "Environnement et gestion des espaces ruraux" du ministère de l'Agriculture a présenté les travaux en cours sur la certification HVE (Haute Valeur Environnementale) issue du Grenelle de l'environnement et inscrite dans la loi qui arrive en débat. Cette certification s'inspire très largement du travail et de l'expérience acquise sur l'agriculture raisonnée. Elle doit progressivement fédérer l'ensemble des démarches qui concourent à l'amélioration des pratiques. Cinq points sont prévus dans la certification HVE : stratégie phytosanitaire, préservation de la biodiversité, gestion des engrais, gestion quantitative de l'eau et consommation énergétique de l'exploitation. L'enjeu aujourd'hui c'est de produire plus et mieux. »

D'après le site Internet FARRE, 2008.

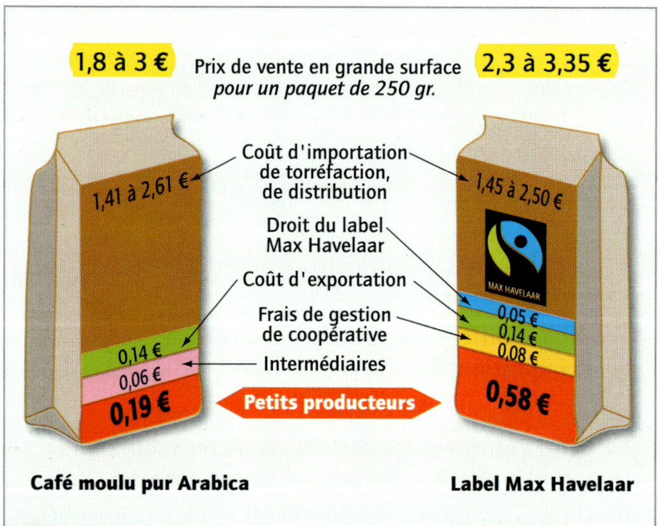

3 Le principe du commerce équitable.

Questions

La remise en cause de l'agriculture productiviste

1. Quel est l'effet de l'utilisation massive d'engrais sur l'environnement (doc. 1) ?

2. Comment a évolué la culture de plantes OGM entre 2002 et 2008 ? Quels pays en sont les plus grands utilisateurs (doc. 5) ?

Le respect de l'environnement et de la santé

3. Quels principes doivent respecter les agriculteurs pour obtenir le label « HVE » (doc. 2) ?

4. Quelle est l'importance de l'agriculture raisonnée en France (doc. 4) ?

La rémunération des producteurs

5. Quel est l'objectif du commerce équitable (doc. 3) ?

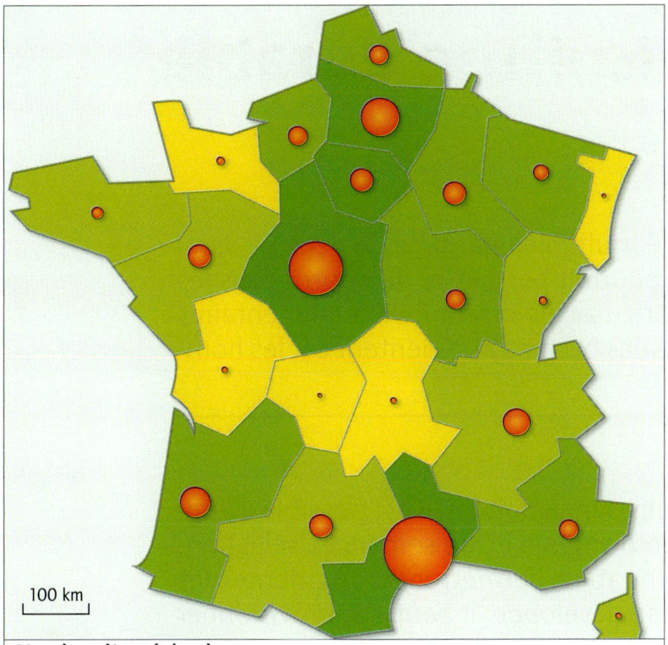

4 **Les exploitations pratiquant l'agriculture raisonnée.**

Pour obtenir la qualification « Agriculture raisonnée », les agriculteurs doivent s'engager à respecter l'environnement.

5 **Les surfaces ensemencées en OGM en millions d'hectares**

	2002	2008
États-Unis	39	57,7
Argentine	13,5	19,1
Brésil	-	15
Canada	3,5	7
Inde	-	6,2
Chine	2	3,8
Paraguay	-	2,6
Afrique du Sud	0,3	1,8
Uruguay	-	0,5
Philippines	-	0,3
Australie	0,1	0,1
Mexique	0,1	0,1
Union européenne	0,1	0,1
Monde	58,8	114,3

Source : ONU/

La remise en cause de l'agriculture productiviste

La dégradation des écosystèmes. L'utilisation massive d'engrais, de pesticides, d'herbicides pollue les sols et les eaux. D'autres conséquences sur l'environnement sont lourdes : destruction des haies, érosion des sols, épuisement des nappes phréatiques par l'arrosage intensif. Depuis la fin des années 1980 une prise de conscience conduit à promouvoir une agriculture plus respectueuse de l'environnement. Des mesures, comme la traçabilité, offrent de meilleures garanties alimentaires.

Les OGM en débat. Les progrès des biotechnologies ont permis de mettre au point des plantes génétiquement modifiées, notamment pour résister aux attaques d'insectes. Leur culture nécessite donc moins de produits chimiques. Toutefois, elles suscitent la méfiance, en Europe notamment, en raison des risques d'apparition d'insectes eux-mêmes résistants.

Le respect de l'environnement et de la santé

Le double défi de l'agriculture au XXIe siècle. Il est nécessaire de mettre en œuvre de nouvelles techniques capables de garantir la qualité des sols et des eaux. Elles doivent aussi permettre des rendements élevés, car les besoins en céréales passeront de deux à trois milliards de tonnes d'ici à 2050.

Les nouvelles pratiques agricoles. L'agriculture biologique s'interdit tout usage de produit chimique. L'agriculture raisonnée utilise des engrais, mais à des doses strictement limitées aux besoins de chaque plante. Elle s'engage également à ne pas gaspiller l'eau par des arrosages excessifs et à apporter une alimentation saine aux animaux d'élevage.

La rémunération des producteurs

Les difficultés des petits producteurs. Avec l'intégration de l'agriculture dans des filières agro-industrielles, les producteurs ne reçoivent qu'une part réduite du prix payé par le consommateur. Les exploitations dont la productivité est faible n'assurent plus un revenu suffisant.

Le commerce équitable. Plusieurs associations internationales développent un partenariat avec de petits producteurs de café, de cacao ou de thé des pays du Sud. Les paysans sont rémunérés à un prix supérieur à leur coût de production. Toutefois, ce commerce ne représente que 0,5 % des échanges des produits concernés.

Vocabulaire

Agriculture durable : agriculture qui répond aux besoins du présent tout en préservant les ressources (sols, eau) des générations futures.

Biotechnologies : mise au point de plantes hybrides et d'OGM (organismes génétiquement modifiés) pour permettre de meilleurs rendements.

L'essentiel

Connaissances

Nourrir sept milliards d'hommes

La production alimentaire mondiale a été multipliée par près de deux et demi depuis cinquante ans. Globalement, elle pourrait permettre de nourrir tous les hommes. Toutefois la faim n'a pas disparu, car les disponibilités alimentaires sont mal réparties dans le monde. De plus, les besoins augmentent car les hommes sont de plus en plus nombreux.

Les réponses au défi alimentaire

Dans les pays où il reste des terres cultivables inexploitées, il est possible d'augmenter les surfaces agricoles. L'utilisation d'engrais et de semences sélectionnées, ainsi que le développement de l'irrigation permettent d'augmenter les rendements. Par ailleurs, lorsqu'un pays se développe, il peut s'approvisionner sur le marché mondial.

Les principes d'une agriculture durable

Il est indispensable de ménager les sols et l'eau pour les générations futures. Il faut donc adopter des pratiques agricoles respectueuses de l'environnement. D'autre part, il est nécessaire de parvenir à assurer à tous les producteurs une rémunération suffisante pour vivre. C'est l'objectif du commerce équitable.

Chiffres clés

7 milliards d'êtres humains doivent être nourris au début du XXIe siècle.

854 millions de personnes souffrent de malnutrition en 2008.

Un tiers : il faut augmenter la production de céréales d'un tiers d'ici à 2050 pour répondre à la croissance des besoins.

Notions clés

Agriculture durable : agriculture qui répond aux besoins du présent tout en préservant les ressources (sols, eau) des générations futures.

Malnutrition : situation d'une personne dont l'alimentation n'est pas assez équilibrée pour lui permettre de vivre en bonne santé.

Sécurité alimentaire : accès garanti pour chaque être humain à une nourriture suffisante et saine.

Croquis de synthèse

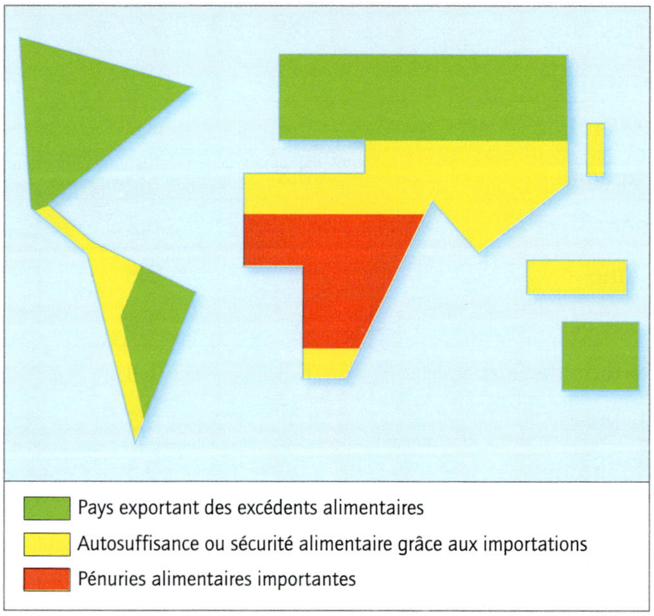

Capacités

Lire une photographie de paysage

Riziculture irriguée en Chine.

1. Le titre. Il permet de situer le lieu, d'identifier le type de paysage : agricole, urbain, industriel...

3. Les aménagements et les activités. Il s'agit d'identifier ce que l'homme a réalisé et de décrire les activités.

2. Les éléments naturels. Identifier le relief et chercher des indices pour caractériser le climat (végétation, eau, nuages...). Repérer les atouts et les contraintes pour les activités humaines.

Démarche

1. Le titre. Localisez ce paysage et identifiez le type d'agriculture pratiquée.

2. Les éléments naturels du paysage. Quel élément naturel est ici très présent ?

3. Les aménagements et les activités. Décrivez les aménagements (les rizières, le système d'irrigation). Quelles sont les activités ? La main-d'œuvre est-elle nombreuse ? À quoi voit-on qu'il y a plusieurs récoltes ?

Mobiliser ses connaissances (10 points)

1 Restituer des connaissances (2 points)

Distinguez dans cette liste les éléments caractéristiques de la révolution verte en Inde :

a. irrigation
b. semences sélectionnées
c. OGM
d. engrais
e. pesticides
f. mécanisation

2 Maîtriser le vocabulaire (2 points)

Quelle définition correspond au terme de malnutrition ?

- Situation d'une personne dont l'alimentation n'est pas assez équilibrée pour lui permettre de vivre en bonne santé.
- Situation d'une personne qui reçoit un apport calorique moyen inférieur à 2400 calories par jour, quantité nécessaire à l'organisme.

3 Citer des acteurs et expliquer leur rôle (2 points)

Qui intervient dans le développement de l'agriculture raisonnée ?
Quel est le rôle de l'État ?

4 Compléter un schéma (2 points)

Après l'avoir recopié, placez sur le schéma ci-dessous les termes :

- industries agro-alimentaires,
- fournitures industrielles (machines, engrais),
- chaînes de distribution.

L'agriculture intégrée

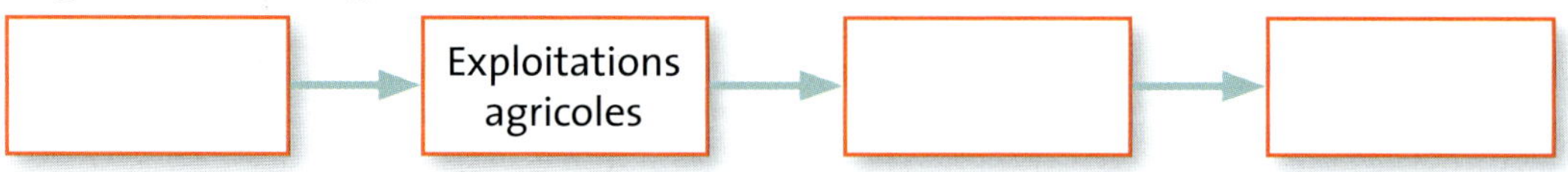

5 Décrire une situation (2 points)

Expliquez la situation alimentaire des pays les plus pauvres.

Analyser un document (10 points)

Cultures maraîchères irriguées au Mali

▶ Lire la photographie (7 points)

1. Où est situé ce paysage ? De quel type d'agriculture s'agit-il ?

2. Quelle est la principale contrainte naturelle pour l'agriculture ?

3. Quels aménagements ont été réalisés pour surmonter cette contrainte et quelles activités agricoles permettent-ils ?

▶ Mettre le document en relation avec ses connaissances (3 points)

4. Ce type d'agriculture est-il courant en Afrique ? Pourquoi ?

Une plateforme de forage off-shore en 2007.
Cette plateforme appartenenant à l'entreprise pétrolière brésilienne Petrobras est tirée au large de Rio de Janeiro par des remorqueurs pour aller exploiter une nappe de pétrole sous-marine.

Sujet d'étude

2

L'enjeu énergétique

Au même titre que la nourriture, l'énergie est un élément vital pour les sociétés et les économies. Qu'il s'agisse de se chauffer, de se déplacer ou de produire, les hommes ont besoin d'énergies. La demande énergétique s'accroît au fur et à mesure que le monde s'urbanise et que des pays se développent.

Pourquoi l'énergie est-elle un enjeu majeur pour les sociétés et leurs économies ?

Carte

La production, la consommation et les échanges d'énergie dans le monde

1. Un système énergétique dominé par les hydrocarbures

Consommation

Forte consommation d'hydrocarbures (plus de 20 % de la consommation mondiale)

Faible consommation d'hydrocarbures (moins de 10 % de la consommation mondiale)

Pétrole Gaz

Production

Foyer majeur (20 % de la production ou des réserves mondiales)

Grand foyer de production (au moins 5 % de la production ou des réserves mondiales)

Océan Glacial Arctique
Russie
RUSSIE ET ASIE CENTRALE
Chine
Japon
Océan Pacifique
Golfe Persique
Détroit d'Ormuz
MOYEN-ORIENT
Péninsule arabique
Inde
ASIE ET PACIFIQUE
Brunei
Indonésie
Malaisic
Détroit de Malacca
Océan Indien
Afrique du Sud
Australie
lux d'hydrocarbures
Principaux
Importants
2. Des sources énergétiques complémentaires
Importante production de charbon
Part importante du nucléaire
Contribution notable des énergies renouvelables (éolien, solaire)
3. Les rivalités géopolitiques
Arc des tensions
Passage maritime stratégique
Zone maritime contestée
Actes de piraterie

Comment le Moyen-Orient approvisionne-t-il le monde en hydrocarbures ?

La situation Le Moyen-Orient est une région très riche en hydrocarbures. Elle assure 32 % de la production de pétrole mondial et 40 % de sa commercialisation. C'est dans cette région que se localisent 63 % des réserves de pétrole et 12 % des réserves gazières. Le Moyen-Orient dispose ainsi d'un formidable pouvoir sur le marché de l'énergie.

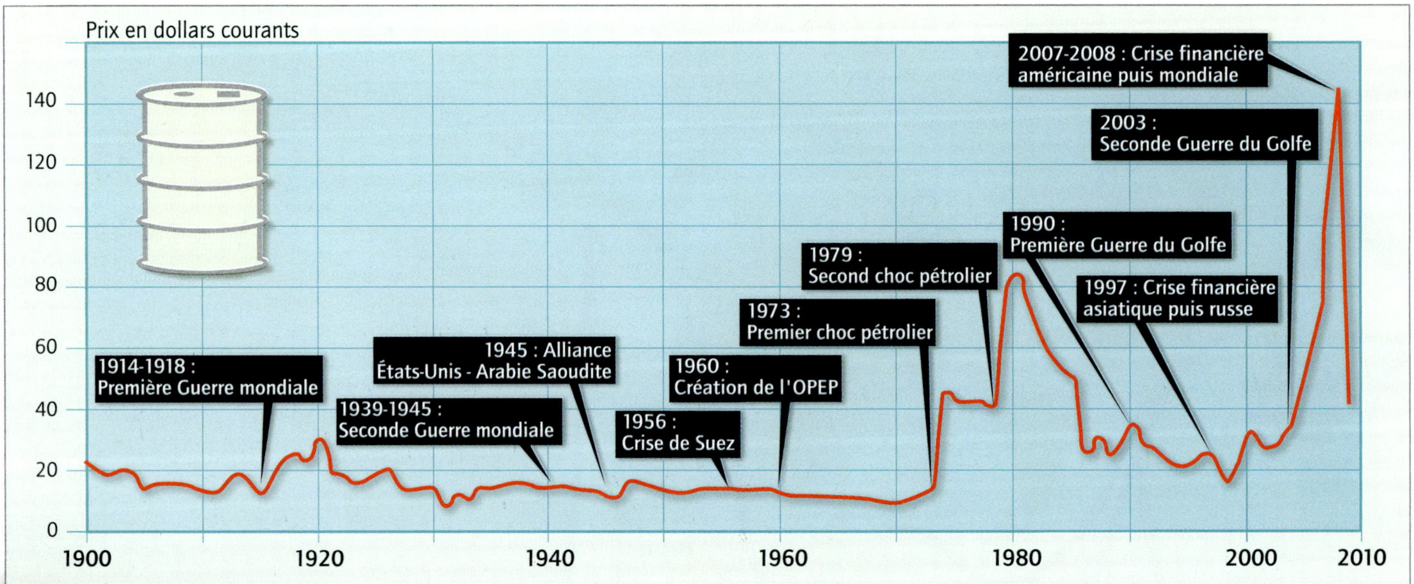

1 L'évolution du prix du baril de pétrole (1900-2008). Le pétrole est l'énergie la plus consommée dans les pays industrialisés. L'évolution du prix du baril influe largement sur le dynamisme de l'économie mondiale.

2 Le Moyen-Orient au centre des enjeux pétroliers mondiaux

« Avec plus de 60 % des réserves mondiales prouvées, le Moyen-Orient est le cœur pétrolier du monde. En son sein, l'Arabie saoudite arrive en tête [...]. Elle est suivie par quatre autres États riverains du golfe Arabo-persique : l'Iran, l'Irak, le Koweït et les Émirats arabes unis.

Le Moyen-Orient, avec ses réserves, bénéficie d'un potentiel de plus de 80 ans de production, soit dix fois plus que l'Europe et quatre fois plus que l'Amérique.

Cette place prédominante des pays du Moyen-Orient explique la sensibilité des grandes puissances industrielles aux soubresauts politiques qui agitent cette région. Qu'une tension survienne et elle se répercute instantanément sur les prix internationaux car, immédiatement, la pénurie effraie et le libre approvisionnement du marché est menacé. »

D'après Pascal Lorot, « Géopolitique des hydrocarbures », *Questions internationales*, n° 24, mars-avril 2007.

3 Un méthanier dans le complexe de Ras Laffan (Qatar). Des aménagements industriels et portuaires permettent l'accueil de navires comme ici le LNG Aries, un navire qui transporte du gaz naturel, le méthane.

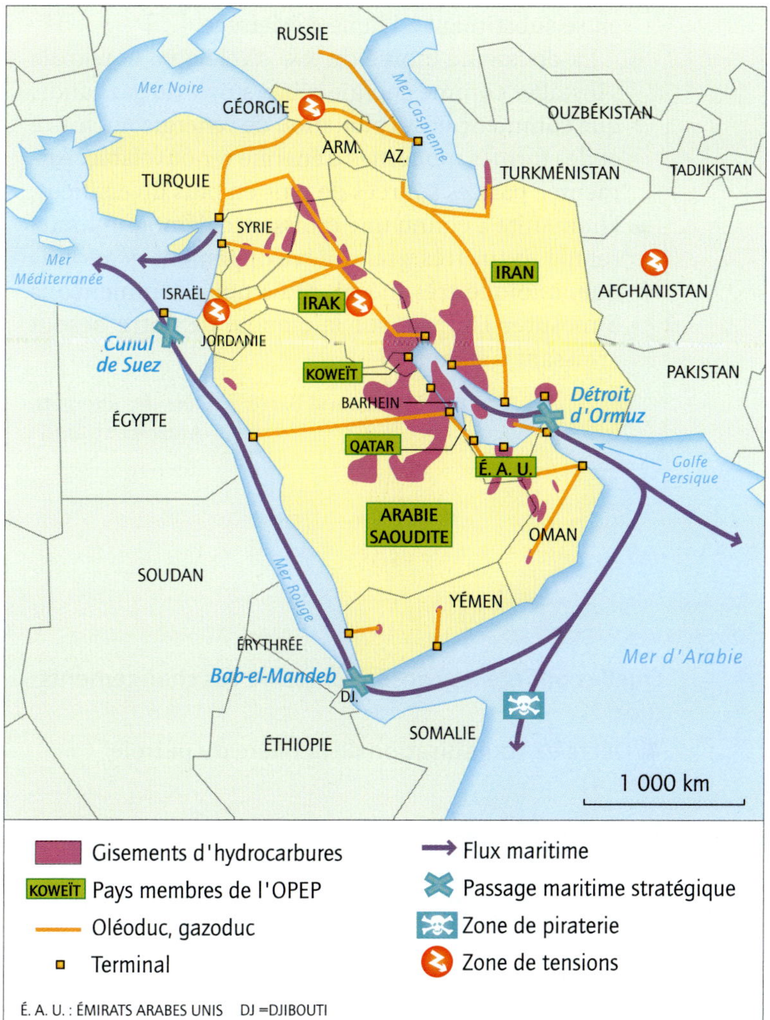

5 Les gisements d'hydrocarbures du Moyen-Orient.

4 Le premier fonds souverain du monde

Un fonds souverain est une société qui gère les réserves financières d'un État. Créé en 1976, Abu Dhabi Investment Authority investit dans l'économie mondiale les revenus tirés des exportations des hydrocarbures de l'émirat : les pétrodollars. En 2007, la valeur des placements, soit 875 milliards de dollars, repésentait le tiers de la valeur de tous les fonds souverains du monde.

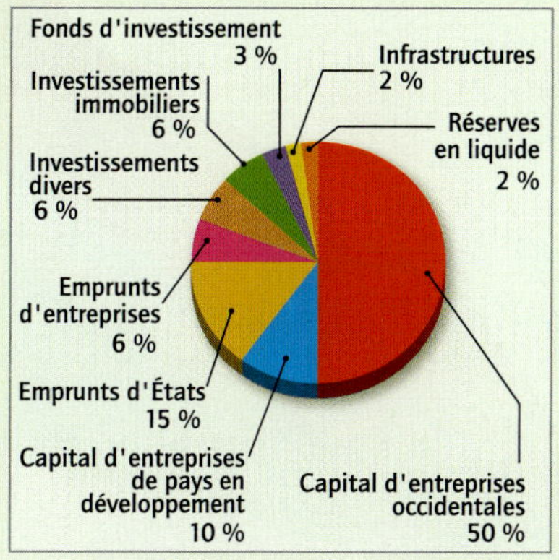

La composition du fonds

Étude de la situation

Analyse des documents

1. Délimitez les grandes phases de l'évolution des prix du pétrole depuis 1900 (doc. 1).
2. Quelle place occupe le Moyen-Orient sur le plan pétrolier (doc. 2 et carte page 204).
3. Expliquez la dernière phrase du doc. 2 et illustrez votre réponse par des exemples tirés du doc. 1.
4. Sur quels marchés *Abu Dhabi Investment Authority* effectue-t-il ses principaux placements financiers ? Selon vous, pourquoi (doc. 4) ?
5. Quels aménagements sont liés à l'exploitation et à la distribution des hydrocarbures (doc. 3) ?
6. Nommez les pays du Moyen-Orient membres de l'Opep (doc. 5). Quelle est leur place dans la production de pétrole mondiale (doc. 2) ?

Bilan

Expliquez en quoi le Moyen-Orient est une région stratégique dans l'organisation du marché énergétique mondial.

Cours

Des besoins croissants en énergie

▶ Comment expliquer l'explosion des besoins mondiaux ?

La demande énergétique des sociétés et des économies augmente partout dans le monde. D'énormes besoins restent encore à satisfaire.

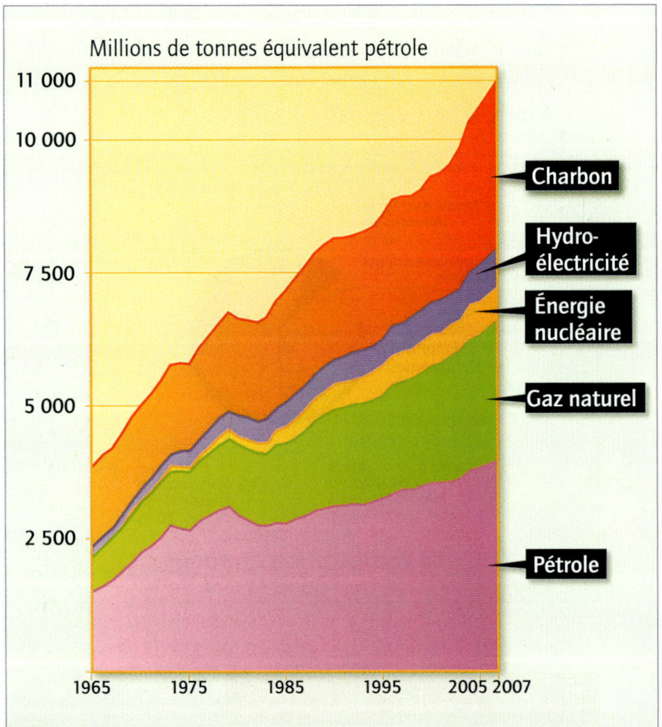

1 L'évolution de la consommation mondiale d'énergie primaire.

La tonne équivalent pétrole est l'unité de référence pour comparer les différentes sources d'énergie consommées.

2 Répondre aux besoins des sociétés

« Jusqu'à la fin du XVIIIe siècle, l'expansion de l'humanité s'est faite sur les bases héritées de la préhistoire : utilisation de l'énergie humaine, de celle des animaux domestiques, du vent, de l'eau courante et du bois. Même à cette époque, le développement humain n'était pas « durable », la surexploitation du bois ayant entraîné une déforestation en Europe. La houille a redonné à l'humanité une marge de croissance et sauvé les forêts françaises et anglaises. L'invention des machines a relancé [...] un besoin accru d'énergie. Ces machines ont créé de nouveaux besoins mais aussi permis l'utilisation de nouvelles sources. Le pétrole a sauvé les baleines en se substituant à l'huile d'éclairage. [...]

La deuxième moitié du XXe siècle a vu le pétrole s'installer comme énergie reine, suivie du gaz tandis que commençait l'exploitation de l'énergie nucléaire et des formes modernes d'énergie renouvelable. Alimentée par ces sources de plus en plus diversifiées, l'humanité a connu une croissance démographique rapide et un très grand développement économique, quoique très inégal. Mais nous commençons à mesurer l'impact sur la planète de notre besoin croissant d'énergie. »

D'après Bertrand Barré, *L'Atlas des énergies*, Autrement, 2007.

Questions

L'explosion de la demande énergétique

1. Quelle évolution la consommation mondiale d'énergie connaît-t-elle ? Par combien a-t-elle été multipliée depuis les années 1960 (doc. 1) ?

L'énergie au cœur des mutations technologiques

2. Quelles énergies voient leur part progresser ? Quelle est celle dont la part diminue même si la consommation augmente (doc. 1) ?

3. Quelles ont été les différentes sortes d'énergie utilisées depuis la fin du XVIIIe siècle ? Quelles ont été les conséquences de ces changements (doc. 2) ?

4. Décrivez l'organisation de la filière du pétrole (doc. 4).

Le déséquilibre de la consommation énergétique

5. Pourquoi peut-on dire que la consommation énergétique est très déséquilibrée à l'échelle mondiale (doc. 3) ?

6. En quoi le paysage de Las Vegas est-il représentatif du mode de consommation énergétique des pays développés (doc. 5) ?

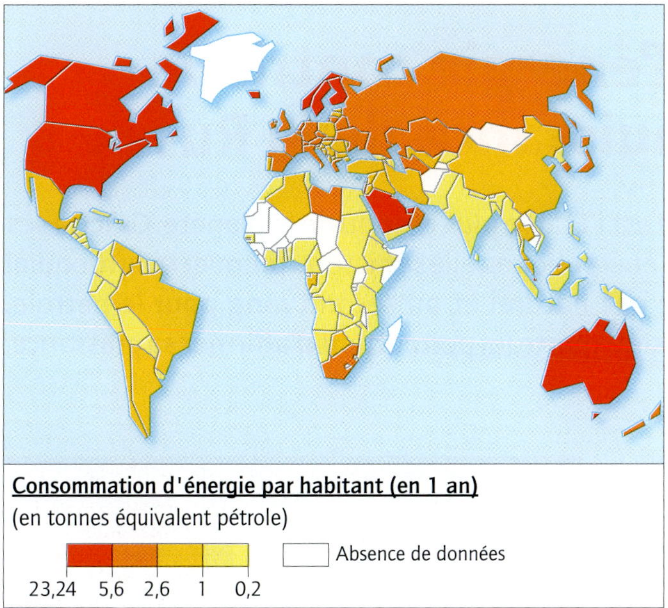

3 La consommation d'énergie par habitant.

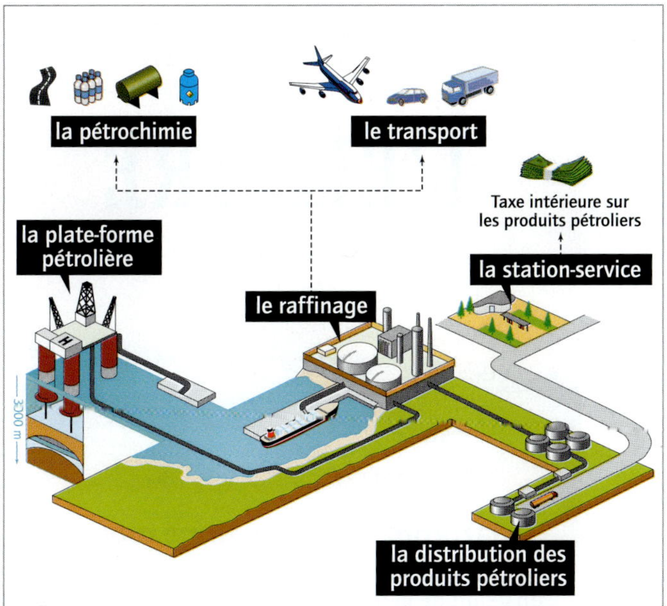

4 La filière du pétrole.

5 Las Vegas (États-Unis).

Une ville de lumières au milieu du désert.

L'explosion de la demande énergétique

Une demande liée au développement. L'énergie est indispensable pour la vie des hommes et pour produire des biens et des services. L'entrée dans l'âge industriel aux XIXe et XXe siècles s'accompagne d'une forte demande en énergie primaire comme le charbon ou les hydrocarbures qui représentent aujourd'hui plus de 60 % de la consommation énergétique mondiale.

Une demande qui s'emballe. La consommation a triplé depuis 1960 et devrait croître de plus de 60 % d'ici 2030. Cette évolution résulte de la croissance démographique, de l'industrialisation des pays en développement, de la mondialisation et de la mobilité croissante des hommes.

L'énergie au cœur des mutations technologiques

L'évolution des systèmes énergétiques. La croissance de la consommation énergétique s'accompagne d'une évolution des énergies utilisées. Le pétrole reste la première énergie consommée. Le développement de technologies modernes permet de produire de l'électricité à partir d'uranium dans une centrale nucléaire, ou encore de valoriser des énergies renouvelables comme l'éolien ou le solaire.

L'usage différencié des énergies. La structure de la consommation énergétique varie aussi en fonction de son utilisation. Des secteurs comme l'industrie ou l'habitat consomment ainsi de manière équilibrée toutes les énergies alors que les transports utilisent presque exclusivement du pétrole.

Le déséquilibre de la consommation énergétique

Des contrastes à l'échelle mondiale. Les pays industrialisés consomment l'essentiel de l'énergie produite dans le monde alors que 40 % de l'humanité n'a pas encore accès à l'électricité. Néanmoins, les pays du Sud qui se développent rapidement absorbent toujours plus d'énergie pour répondre à la demande des industries et des populations.

Des différences régionales et locales. Elles résultent de différences de niveaux de développement à l'intérieur d'un même pays. C'est ainsi le cas en Chine entre les régions littorales très développées et celles de l'intérieur, encore peu développées.

Vocabulaire

Besoins en énergie : quantité d'énergie nécessaire au niveau de vie et de production d'une société et d'une économie. Quand un pays se développe, les besoins énergétiques tendent à augmenter.

Énergie : apport nécessaire au système de production, au chauffage et au transport.

Énergie renouvelable/non renouvelable : l'énergie renouvelable (éolien, solaire, géothermie...) s'oppose à une énergie dont les quantités sont limitées comme les ressources fossiles (hydrocarbures – pétrole, gaz naturel –, charbon).

Comment l'énergie contribue-t-elle à la puissance de la Russie ?

La situation La Russie est l'État le plus étendu de la planète. Grâce à ses formidables ressources énergétiques, elle se hisse au premier rang mondial pour la production de gaz naturel et au second rang pour le pétrole. Les énergies que la Russie exporte lui permettent d'affirmer sa puissance.

1 L'énergie, une arme pour la Russie

« Les secteurs pétroliers et gaziers deviennent plus que jamais les instruments de la politique interne et externe de la Russie. [...] La société gazière Gazprom[1] est devenue la quatrième, voire la troisième plus grande entreprise mondiale. Société publique à 50,1 %, contrôlée par l'entourage de V. Poutine, Gazprom est un outil aux mains du Kremlin[2]. Les rêves de domination de Gazprom troublent les Européens, surtout depuis que la société brigue des participations dans le marché de la distribution du gaz à l'Ouest. Son désir de maîtriser toute la chaîne de l'énergie, de l'extraction à la distribution, inquiète.

Se mettre en position de pouvoir priver de gaz et de pétrole les pays de l'Union européenne, n'est-ce pas une façon de redevenir une puissance ? »

Céline Bayou et Pierre Verluise, « Russie, énergie et géopolitique », in Annette Ciattoni, *La Russie*, Sedes, 2007.

1. Gazprom dispose des premières réserves de gaz de la planète et du premier réseau de gazoducs du monde (158 000 km). Elle assure 10 % de la richesse du pays et 20 % des recettes du budget de l'État russe.
2. Kremlin : siège du gouvernement russe à Moscou.

2 Gazprom, première firme mondiale du gaz. Créé en 1989, Gazprom est aujourd'hui un géant de la production et du transport du gaz. La firme réalise 90 % de la production russe, soit 20 % de la production mondiale.

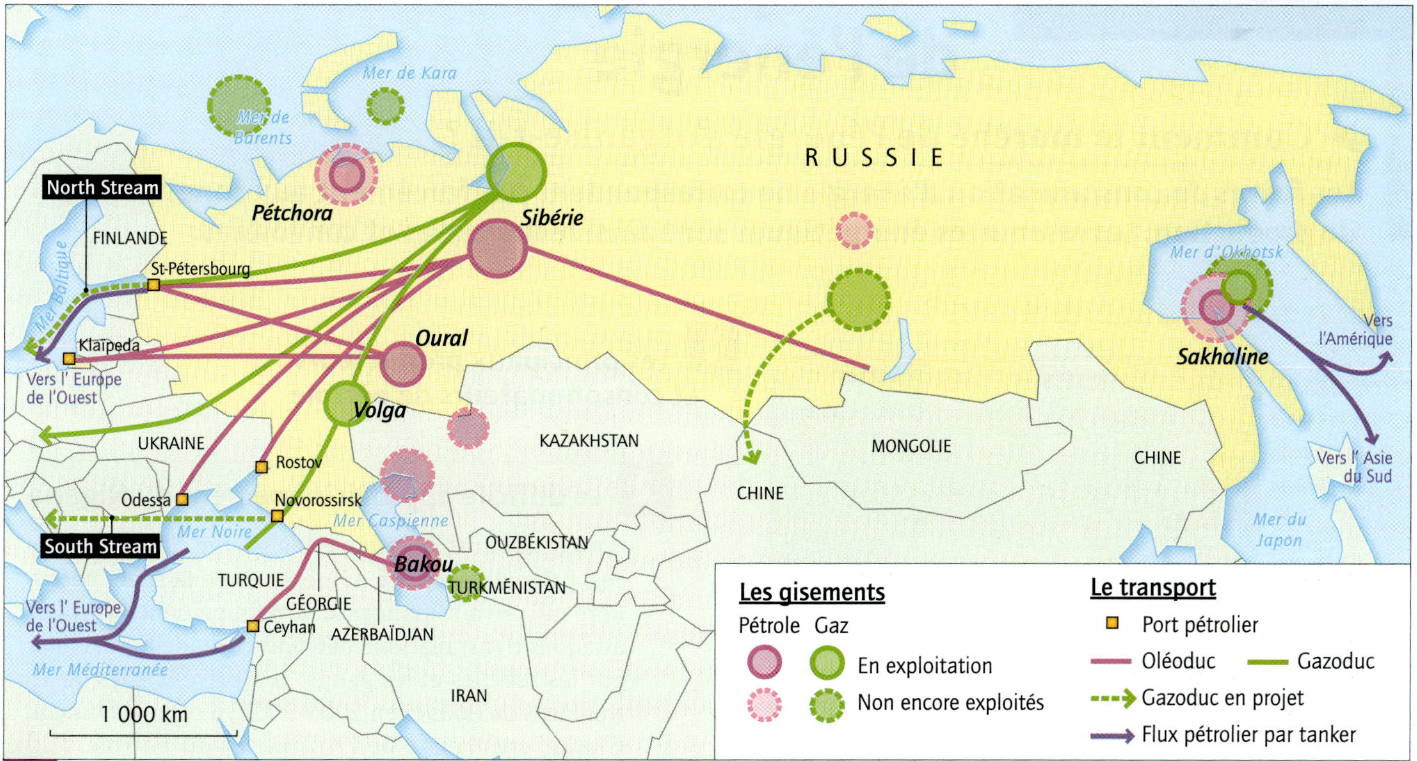

3 La Russie et les hydrocarbures.

MERCREDI 7 JANVIER 2009
1,40 €

Les Echos
LE QUOTIDIEN DE L'ÉCONOMIE
www.lesechos.fr

En pleine vague de froid l'Europe privée de gaz russe

• Gazprom a réduit de 90 % ses exportations vers l'Ukraine • Les livraisons en baisse de plus de 70 % en France • La consommation d'électricité record met le réseau national à rude épreuve

4 **Janvier 2009 : la Russie coupe le gaz.**
La Russie a suspendu ses livraisons de gaz à l'Ukraine à cause d'un désaccord commercial. Or c'est par l'Ukraine que transite le gaz russe destiné à l'Europe.

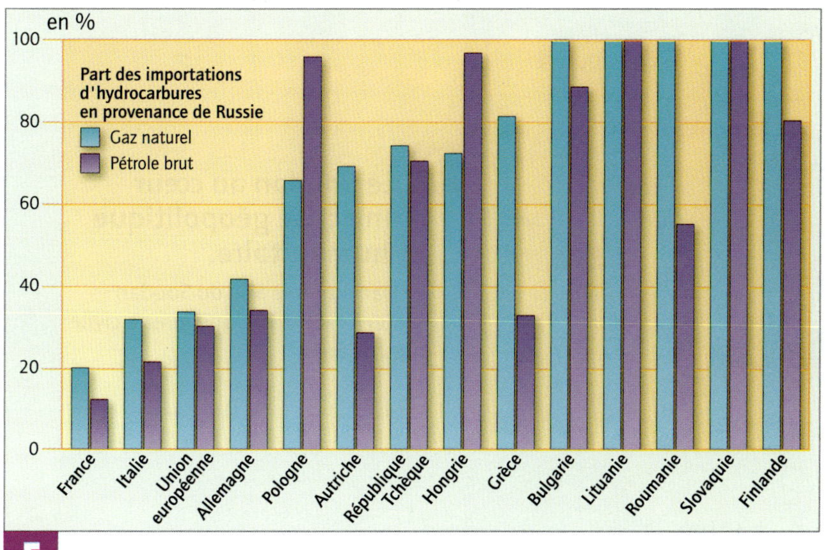

5 La dépendance des pays de l'Union européenne.

Étude de la situation

Étude des documents

1. Quels éléments montrent la puissance de l'entreprise Gazprom ? Quels avantages l'État russe peut-il en tirer (doc. 1, 2 et 4) ?

2. Quelle inquiétude provoque en Europe la suspension des livraisons de gaz russe à l'Ukraine (doc. 4) ?

3. Quelles régions de la Russie vont profiter de la mise en valeur de nouveaux gisements d'hydrocarbures ? Vers quels centres de consommation les axes d'exportation s'orientent-ils (doc. 3) ?

4. Justifiez le titre donné au document 5.

5. Expliquez la situation de dépendance énergétique de l'Europe par rapport à la Russie (doc. 3, 4 et 5).

Bilan
Expliquez en quoi l'énergie est un atout économique et une arme diplomatique qui renforcent la puissance de la Russie.

Cours

Les enjeux mondiaux de l'énergie

▶ Comment le marché de l'énergie s'organise-t-il ?

Les foyers de consommation d'énergie ne correspondent pas forcément aux zones de production. Les ressources énergétiques sont ainsi recherchées et convoitées.

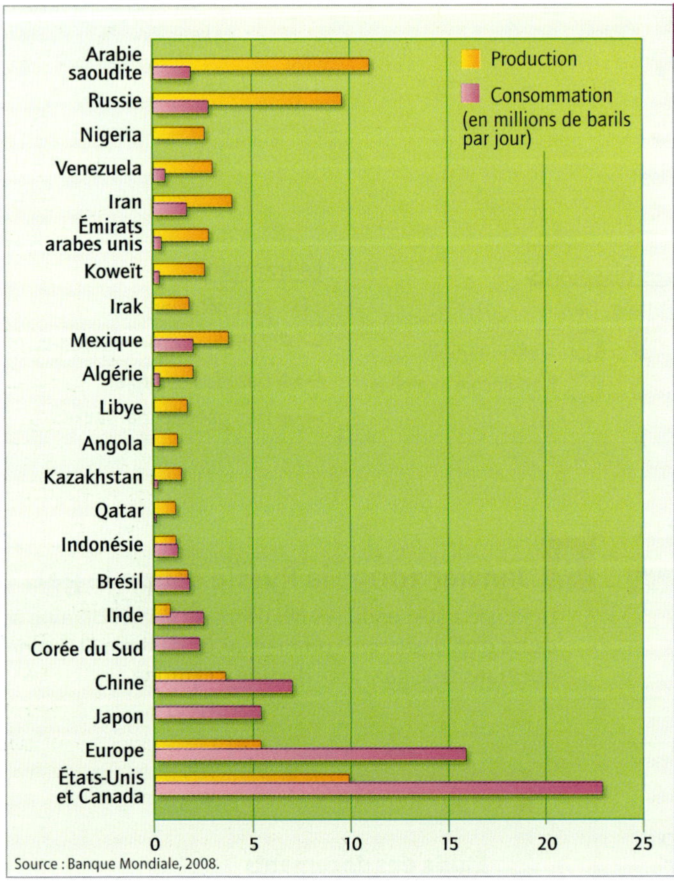

Source : Banque Mondiale, 2008.

1 Les principaux producteurs et consommateurs de pétrole

2 Le difficile approvisionnement du Nigéria

« Le paradoxe nigérian est là : gorgé d'hydrocarbures, privé d'électricité. Où est passée la rente pétrolière qui devait financer le développement ? [...] Les attaques d'installations pétrolières du delta du Niger par les rebelles et les gangs "ont privé le pays de 15 milliards de dollars en 2006-2007", a calculé Duncan Clarke, spécialiste de l'Afrique et du pétrole. [...] Ce pays de 145 millions d'habitants dispose d'une capacité de production de 3 000 mégawatts, quinze fois inférieure à celle de l'Afrique du Sud, sa grande rivale, pourtant trois fois moins peuplée. [...] Areva T&D, Alstom, Schneider Electric espèrent décrocher des marchés. [...]

Le Nigéria veut surtout accéder au nucléaire pour avoir une électricité abondante et affirmer sa place de grande puissance africaine. »

D'après J.-M. Bezat, « Gorgé de pétrole, le Nigeria manque cruellement d'électricité », *Le Monde*, 25 octobre 2008.

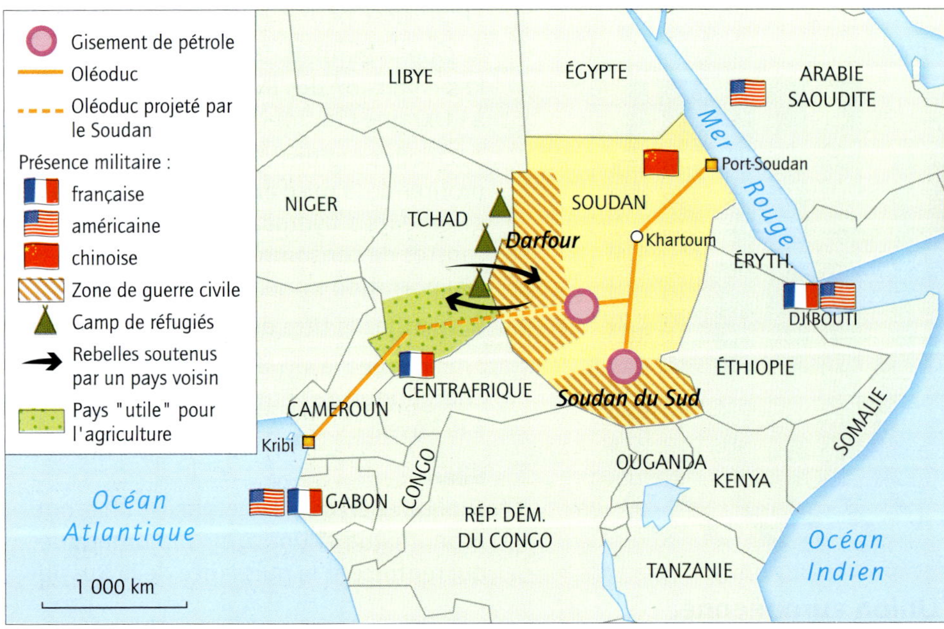

3 Le Soudan au cœur d'une crise géopolitique et humanitaire.

Le Darfour et le Sud du Soudan sortent meurtris d'une guerre civile meurtrière.

4 Les enjeux du pétrole

« L'Afrique subsaharienne, le Maghreb, l'Asie centrale ou la Sibérie sont au centre de nouvelles rivalités entre puissances (États-Unis, Europe occidentale, Japon, Chine) pour le contrôle et l'exploitation des nouveaux champs découverts et pour le passage des oléoducs.

Au-delà de l'exploitation elle-même, la maîtrise par les États et les compagnies pétrolières de l'appareil de raffinage et de distribution est une question stratégique. Cette phase de transformation et de vente au détail conditionne la création et le contrôle des segments industriels aval de la filière et joue un rôle central dans le dynamisme de nombreuses régions littorales ou intérieures desservies par pipeline. »

d'après Laurent Carroué, *Images économiques du monde*, Armand Colin, 2008.

5 Le constructeur nucléaire français Areva installe une centrale en Finlande.

Questions

Le marché mondial de l'énergie

1. Quels sont les principaux ensembles en situation de dépendance sur le plan pétrolier (doc. 1) ?

2. Quels obstacles freinent l'autonomie énergétique du Nigéria (doc. 2) ?

3. Pourquoi la Finlande souhaite-t-elle s'équiper d'une nouvelle centrale nucléaire (doc. 5 p. 211 et doc. 5) ?

L'énergie à l'origine de tensions

4. Pourquoi le Moyen-Orient est-il une région clé sur le plan énergétique dans le monde (doc. 3 et 4) ?

5. Des crimes ont été commis au Darfour et au Sud du Soudan par le gouvernement du Soudan. Ce dernier bénéficie néanmoins du soutien de la Chine. Comment cette situation peut-elle s'expliquer ? (doc. 3) ?

Énergie et développement

6. Pourquoi l'autonomie énergétique du Nigéria lui permettrait-elle de se développer (doc. 2) ?

Le marché mondial de l'énergie

Des acteurs aux intérêts divergents. Les pays industrialisés cherchent à sécuriser leurs approvisionnements en énergie. Une partie de l'électricité peut être d'origine nucléaire, comme c'est le cas en France. Mais la dépendance en hydrocarbures reste forte vis-à-vis des pays producteurs, dont certains sont regroupés pour préserver leurs intérêts dans le cadre de l'Organisation des pays exportateurs de pétrole (Opep).

Des entreprises et des États. Les sources d'énergie sont échangées sur des marchés : c'est là que se rencontrent les producteurs et les consommateurs. Des bourses en fixent les prix. Les États définissent des politiques afin de limiter leur dépendance : ils veillent à diversifier et à sécuriser les approvisionnements, favorisant parfois l'émergence de firmes nationales.

L'énergie à l'origine de tensions

Les nouveaux gisements et les voies maritimes. La détention de ressources d'énergie participe à la puissance d'un État. La perspective d'étendre un contrôle sur de nouveaux gisements multiplie les contestations de tracés frontaliers qui peuvent conduire à des guerres. Des voies maritimes, des passages stratégiques comme le détroit de Malacca font l'objet de menaces de terroristes ou de pirates.

Le Moyen-Orient, les guerres et les chocs pétroliers. Cette région stratégique mais politiquement complexe rassemble six des douze des pays de l'Opep (Organisation des pays producteurs de pétrole) qui détiennent plus de 60 % des réserves de pétrole mondial. Des tensions se traduisent par des flambées des prix du baril.

Énergies et développement

L'énergie au coeur des stratégies de développement. Le secteur de l'énergie contribue au développement dès lors que les revenus génèrent des placements financiers ou de nouvelles activités, comme le tourisme de luxe.

L'énergie et l'aménagement territorial. les exploitations énergétiques nécessitent des aménagements spécifiques. Les réseaux de lignes électriques, les gazoducs ou oléoducs améliorent les communications entre les zones de production et de consommation. La réalisation de zones industrielles et portuaires dynamise l'économie régionale.

Vocabulaire

Accessibilité : possibilité d'accéder facilement à un territoire, à un gisement grâce à des conditions géographiques favorables ou à des moyens technologiques.

Réserves : stocks d'énergie fossile identifiés et exploitables.

Ressources énergétiques : ensemble des richesses disponibles mais pas toujours exploitables.

ÉNERGIE ET DÉVELOPPEMENT DURABLE EN CHINE

La croissance de la Chine peut-elle être freinée par le problème de l'énergie ?

La situation La Chine, pays de 1,3 milliard d'habitants est devenue, en trente ans, la troisième puissance économique mondiale, derrière les États-Unis et le Japon. Cette performance résulte d'une croissance industrielle et urbaine qui s'appuie sur une consommation d'énergie toujours plus importante. Mais ce développement rapide pose des problèmes en termes de développement durable, d'ordre social, économique et environnemental.

1 Les facteurs de la forte consommation d'énergie

« Désormais, la Chine est le premier consommateur mondial d'énergie, devant les États-Unis. Cette évolution s'explique de plusieurs manières.

La Chine, devenue l'"usine du monde", a vu sa consommation d'électricité doubler depuis 2000. Mais, surtout, la vétusté de l'appareil industriel entraîne un gaspillage des ressources. À ce jour, pour fabriquer un même produit, les usines en Chine utilisent sept fois plus d'énergie que celles du Japon et cinq fois plus que celles d'Europe de l'Ouest.

Avec un taux de croissance annuel de près de 10 % depuis dix ans, le pays connaît une profonde transformation. L'urbanisation contribue à la hausse de la consommation d'énergie. L'augmentation du parc automobile, l'essor du transport aérien comme l'évolution du mode de vie des Chinois - avec l'équipement des ménages en climatiseurs et en biens électroménagers - aggravent la situation. »

D'après François Lafargue, « Le défi de l'énergie », *Questions internationales*, n°32, juillet-août 2008.

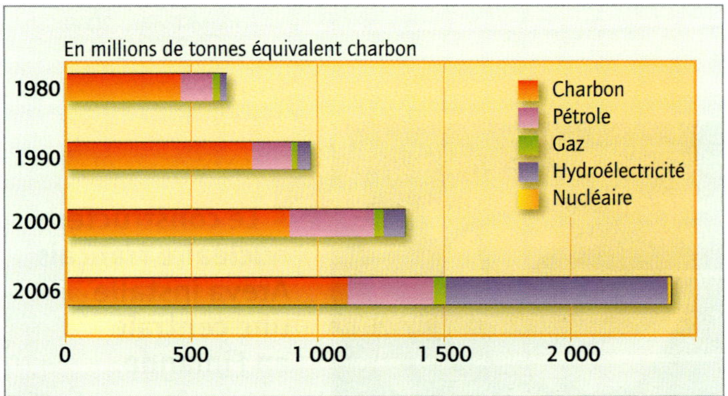

2 L'évolution de la consommation d'énergie.

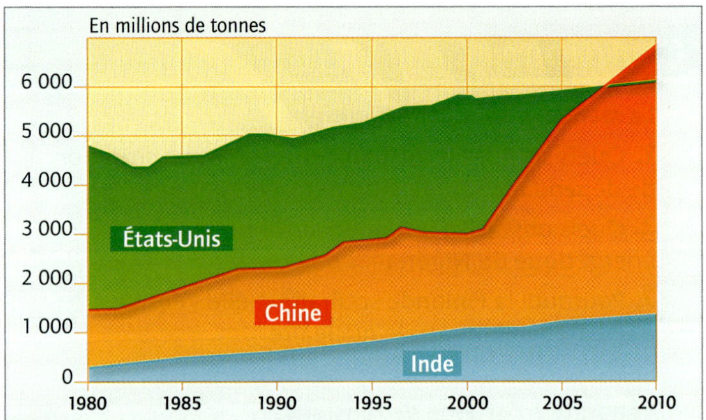

3 Les émissions de CO_2. Le dioxyde de carbone est l'un des gaz à effet de serre responsables du réchauffement climatique.

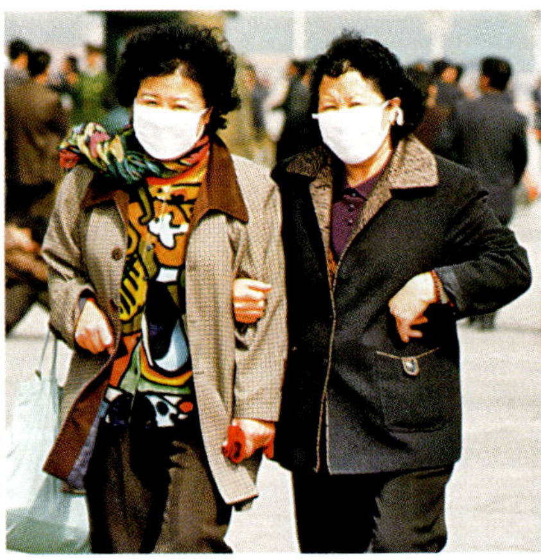

4 La pollution à Pékin.
Le charbon alimente des usines, des centrales thermiques et les chauffages des particuliers. Sa combustion est très nocive pour la santé, obligeant les habitants à se protéger avec des masques.

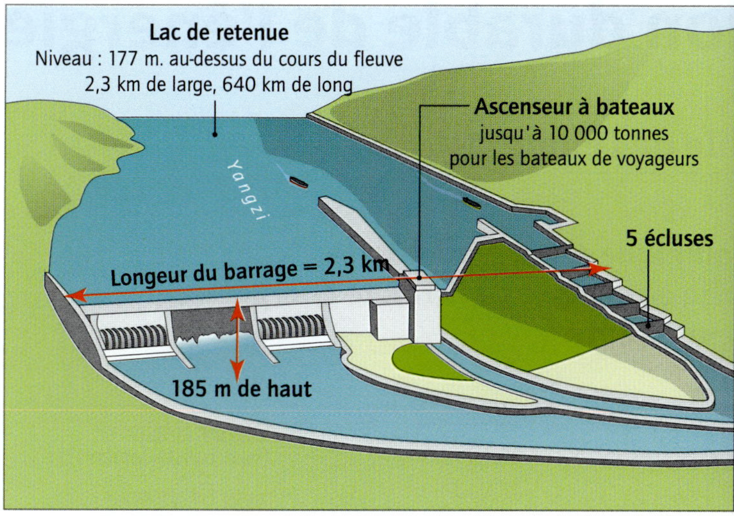

Les chiffres

- 27 millions de m^3 de béton
- 2 millions de tonnes de fer
- 100 000 tonnes d'explosifs
- 90 millions de m^3 de terre et roches retirés
- 23 milliards d'euros (officiellement, plutôt 50 milliards en réalité)
- 1,13 million de personnes évacuées

5 Le barrage des Trois-Gorges, le plus grand barrage du monde.

L'électricité produite correspond à l'équivalent d'une douzaine de réacteurs nucléaires. Mais le coût social du projet est très élevé (villes et villages noyés par le lac artificiel, populations expulsées...).

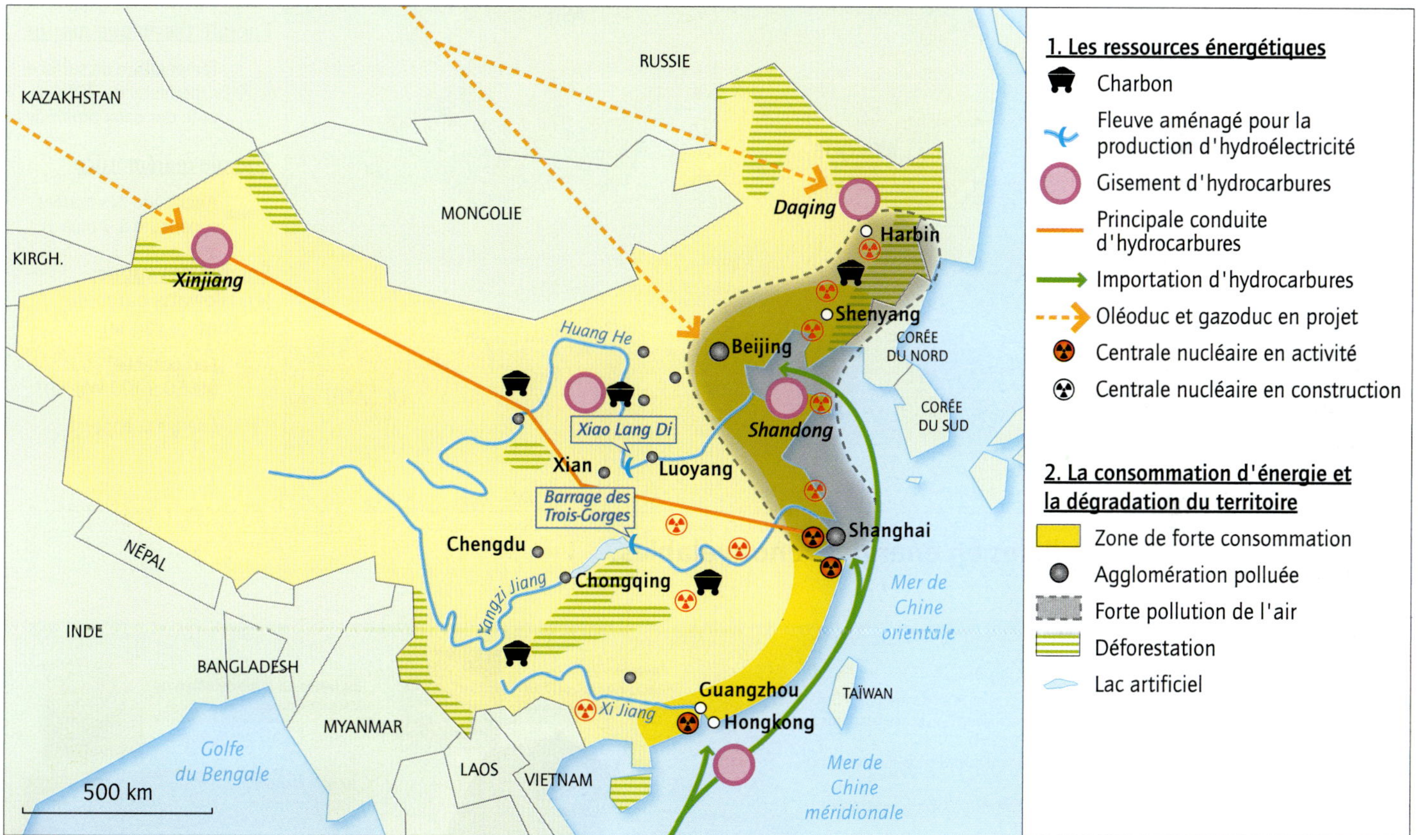

6 La gestion de l'énergie et la dégradation du territoire.

Étude de la situation

Analyse des documents

1. Quelle est la principale énergie consommée en Chine et comment sa part évolue-t-elle ? Quelles en sont les conséquences (doc. 1 à 3) ?

2. Quels facteurs expliquent la croissance de la consommation énergétique (doc. 1) ?

3. Le barrage est-il une réponse énergétique favorable au développement durable ? Justifiez votre réponse (doc. 5).

4. Quelles régions sont les plus touchées par la dégradation de l'environnement ? Quelles sont les origines de cette dégradation (doc. 4 et 6) ?

Bilan

Expliquez pourquoi la Chine se heurte à la difficulté de concilier à la fois la croissance économique, la gestion de l'énergie et le développement durable.

La gestion durable de l'énergie

▶ Comment concilier gestion durable de l'énergie et satisfaction des besoins ?

On a longtemps considéré la croissance économique comme prioritaire, quitte à gaspiller l'énergie et à polluer. La prise en compte de la rareté énergétique et des méfaits de la pollution est relativement récente.

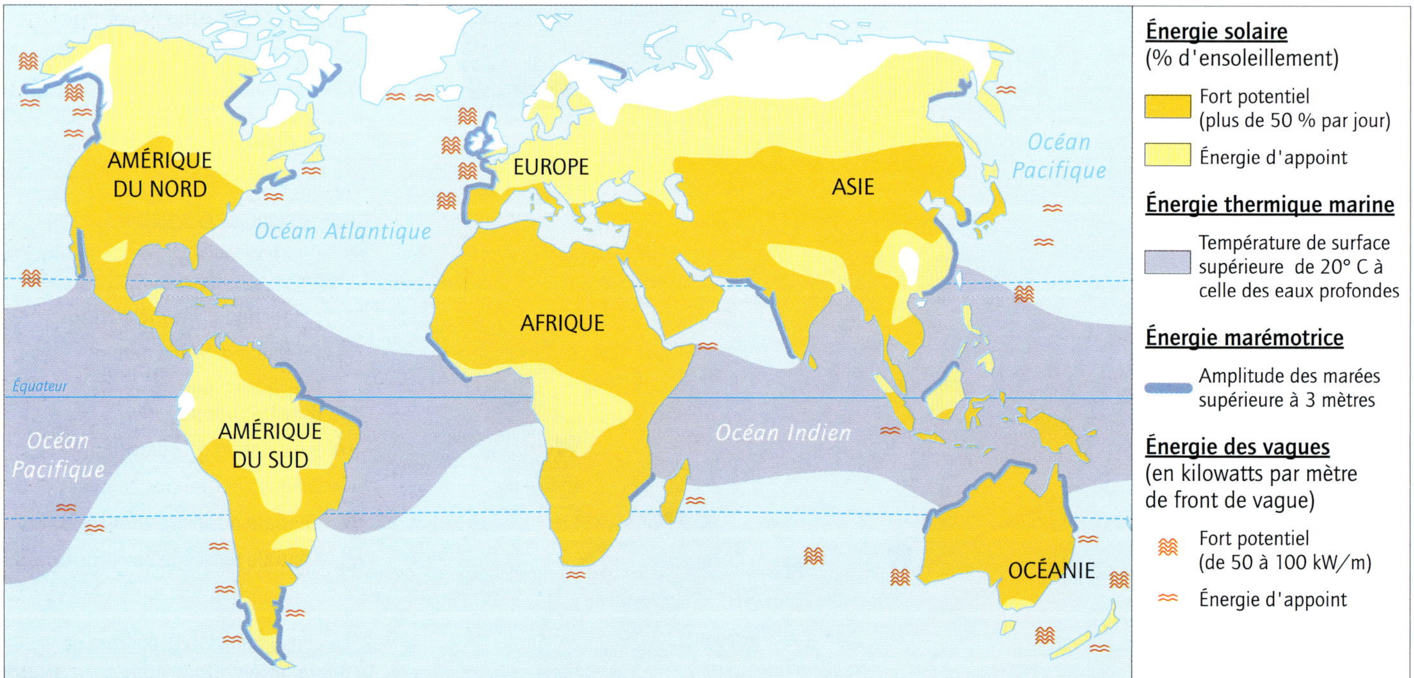

1 Les possibilités mondiales en énergies renouvelables.

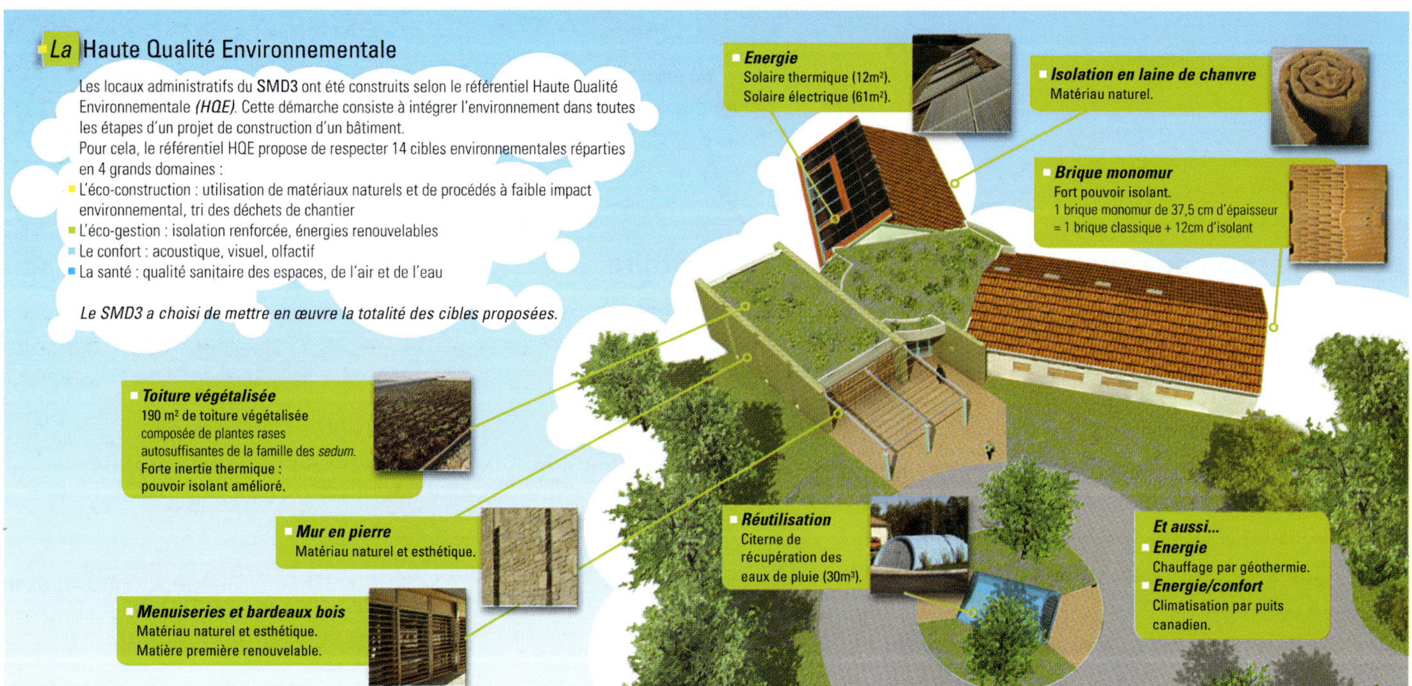

2 Une construction Haute qualité environnementale (HQE).

3 Le lien entre énergie et développement

« La croissance effrénée de ces cinquante dernières années conduit à des impasses : épuisement des ressources fossiles, graves dangers environnementaux (réchauffement climatique, pollutions multiples, productions de déchets, déforestation...) [...]. Un recours maximum aux énergies renouvelables est indispensable même si ces dernières, plus respectueuses de l'environnement, ne pourront pas se substituer massivement aux énergies classiques. En fait, aucune solution n'est parfaite d'où l'importance des diversifications des ressources et surtout des économies d'énergie. »

Bernadette Mérenne-Schoumaker, « Énergies et développement durable », *Le développement durable*, Sedes, 2008.

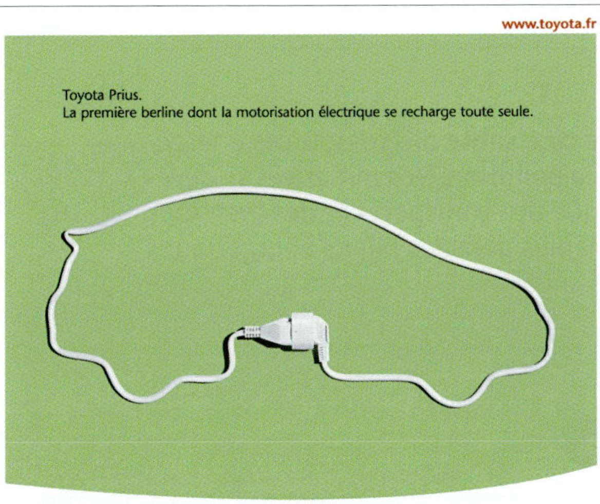

Toyota Prius. Technologie HSD hybride essence/électricité.

4 Le moteur hybride.

Questions

Un réel épuisement des ressources

1. Selon l'auteur, à quelles impasses « la croissance effrénée » conduit-elle (doc. 3) ?

Vers une consommation mieux maîtrisée

2. Quelles solutions peuvent être mises en œuvre pour gérer l'énergie de manière durable (doc. 3) ?

3. Quelles énergies renouvelables peuvent compléter utilement les énergies classiques ? Où peuvent-elles être valorisées (doc. 1) ?

Une responsabilité planétaire

4. Quel message cette publicité veut-elle transmettre ? Justifiez votre réponse (doc. 4).

5. Comment ce bâtiment permet-il d'économiser l'énergie ? Justifiez l'expression « haute qualité environnementale » (doc.2).

Un réel épuisement des ressources

Le lien entre énergie et pollution. L'impact de la pollution liée à la consommation d'énergie sur la santé et l'environnement est de plus en plus dénoncé. Des catastrophes écologiques comme les naufrages de pétroliers ont contribué à sensibiliser les opinions publiques et à améliorer la législation pour limiter les risques.

Le rôle de l'énergie dans la croissance. Pour les entreprises du secteur énergétique et certains États en cours de développement, la croissance justifie de produire plus d'énergie. Or, les hydrocarbures, toujours largement utilisés, ne sont pas renouvelables et contribuent au réchauffement de la planète. Les ressources en pétrole pourraient commencer à diminuer d'ici une soixantaine d'années.

Vers une consommation mieux maîtrisée

La réduction des gaspillages. Une part importante de l'énergie produite – parfois plus de 25 % – n'est pas utilisée. Ainsi, une machine trop ancienne, un moteur mal réglé, une habitation faiblement isolée entraînent une surconsommation énergétique. On parle alors d'efficacité énergétique faible.

La diversification des sources d'énergies. L'épuisement des réserves, la dépendance vis-à-vis des pays producteurs de pétrole et le changement climatique incitent à développer des filières alternatives aux hydrocarbures. Le nucléaire pourrait être mieux mis à contribution, ainsi que les énergies renouvelables comme le solaire ou l'éolien. Des recherches se poursuivent autour de l'hydrogène et la pile à combustible pour mettre au point de nouveaux moteurs.

Une responsabilité planétaire

Des engagements internationaux. Depuis les années 1990, l'environnement constitue un sujet largement débattu dans les organisations internationales. Le protocole de Kyoto, en vigueur depuis 2005, prévoit la réduction des gaz à effet de serre (GES) comme le CO_2. Mais les efforts doivent se poursuivre alors que le développement rapide de pays comme la Chine accélère la consommation énergétique et l'émission de GES.

Des réalisations concrètes. Des mesures sont prises au niveau des États, comme, en France, les accords du Grenelle de l'environnement en 2008, qui ont notamment imposé des normes d'isolation dans le bâtiment. Des efforts sont aussi fait au niveau régional ou local, notamment pour le recyclage des déchets ménagers.

Vocabulaire

Développement durable : développement qui répond aux besoins du présent sans compromettre la capacité des générations futures à répondre aux leurs.

Gestion des ressources : organisation et répartition des ressources, en tenant compte des quantités disponibles et des besoins.

L'essentiel

Connaissances

Des besoins croissants en énergie

La demande énergétique connaît une forte progression. Les énergies fossiles comme le charbon et les hydrocarbures tiennent une place majeure dans la consommation et celle du nucléaire ou des énergies renouvelables progresse. Les pays les plus riches et ceux en rapide développement absorbent l'essentiel de l'énergie produite sur la planète.

Les enjeux mondiaux de l'énergie

Les ressources énergétiques sont inégalement réparties dans le monde. Quelques bassins dominent la production mondiale comme le Moyen-Orient pour les hydrocarbures. Les pays industriels cherchent à diversifier et sécuriser leurs approvisionnnements. Ainsi, le marché énergétique mondial est lié à de nombreuses tensions politiques entre les États.

La gestion durable de l'énergie

Les sociétés prennent conscience de la rareté croissante des ressources énergétiques fossiles et de leur forte contribution à la pollution. Des initiatives se développent afin d'améliorer l'efficacité énergétique des transports et des systèmes de production. La part des énergies renouvelables dans les bilans énergétiques progresse, mais dans des proportions encore faibles.

Notions clés

Accessibilité : possibilité d'accéder facilement à un territoire, à un gisement grâce à des conditions géographiques ou à des moyens technologiques.

Besoins en énergie : quantité d'énergie nécessaire au niveau de vie et de production d'une société et d'une économie. Quand un pays se développe, les besoins énergétiques augmentent.

Développement durable : développement qui répond aux besoins du présent sans compromettre la capacité des générations futures à répondre aux leurs.

Gestion des ressources : manière d'organiser et de répartir des richesses, en tenant compte des quantités disponibles, des besoins exprimés.

Chiffres clés

40 % des hommes dans le monde n'ont pas accès à l'électricité.

12 milliards de tonnes équivalent pétrole : consommation énergétique annuelle dans le monde.

60 % des réserves de pétrole mondial sont détenues par les pays du Moyen-Orient de l'Opep.

Croquis de synthèse

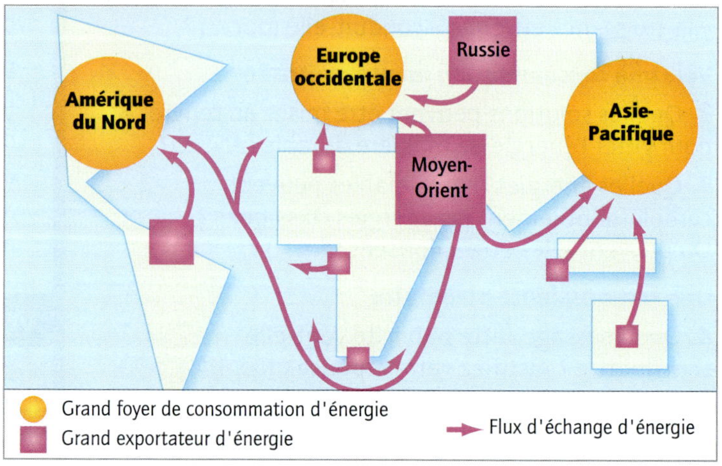

Capacités

Exploiter un graphique

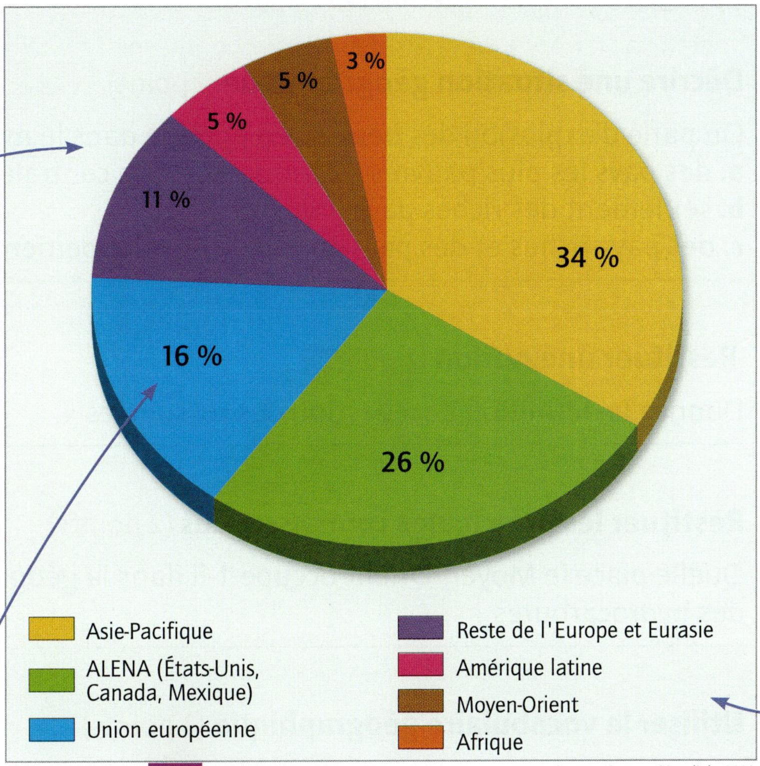

Source : Banque Mondiale, 2009.

La consommation d'énergie dans le monde (2008)

1. Le titre. Repérer le thème et la date du phénomène étudié.

2. Le type de graphique. Un graphique circulaire représente une répartition. Un graphique en courbe représente une évolution. Un graphique en barres peut représenter l'une et/ou l'autre.

3. L'unité. Repérer s'il s'agit de quantités réelles (habitants, tonnes...) ou de valeurs relatives (%, ‰).

4. La légende. Elle donne la nature des informations fournies par le graphique.

5. L'étude des informations. Estimer des ordres de grandeur, comparer les chiffres et les écarts. Rechercher des explications.

Démarche

1. Le titre. Quel thème le graphique permet-il d'étudier ?

2 et 3. Le type de graphique et l'unité. S'agit-il d'un graphique d'évolution ou de répartition ? Justifiez votre réponse.

4. La légende. Quel ensemble régional constitue le plus grand consommateur d'énergie ? Quel ensemble consitue au contraire le plus faible consommateur de la planète ?

5. L'étude des informations. Que représente la consommation énergétique des pays de l'Union européenne par rapport à l'Asie-Pacifique ?
En faisant appel à vos connaissances, expliquez l'inégale consommation d'énergie dans le monde.

Mobiliser ses connaissances (10 points)

1 Décrire une situation géographique (1 point)

On parle d'explosion des besoins en énergie dans le monde. Elle est le fait :
a. des pays les plus pauvres d'Afrique et d'Asie centrale
b. seulement des riches pays industrialisés
c. des pays riches et des pays en rapide développement

2 Restituer une notion (2 points)

Donnez la définition de « gestion des ressources ».

3 Restituer les principales connaissances (2 points)

Quelle place le Moyen-Orient occupe-t-il dans la géographie mondiale des hydrocarbures ?

4 Utiliser le vocabulaire géographique (3 points)

Rédigez un petit paragraphe sur la situation énergétique des pays industrialisés en employant les termes suivants : accessibilité, territoire, besoins en énergie, gestion des ressources, développement durable.

5 Compléter un croquis simple (2 points)

Localisez sur le croquis (après l'avoir reproduit) les grands bassins de consommation d'énergie suivants :
– Union européenne
– Amérique du Nord
– Asie-Pacifique (Japon et Chine)

Analyser un document (10 points)

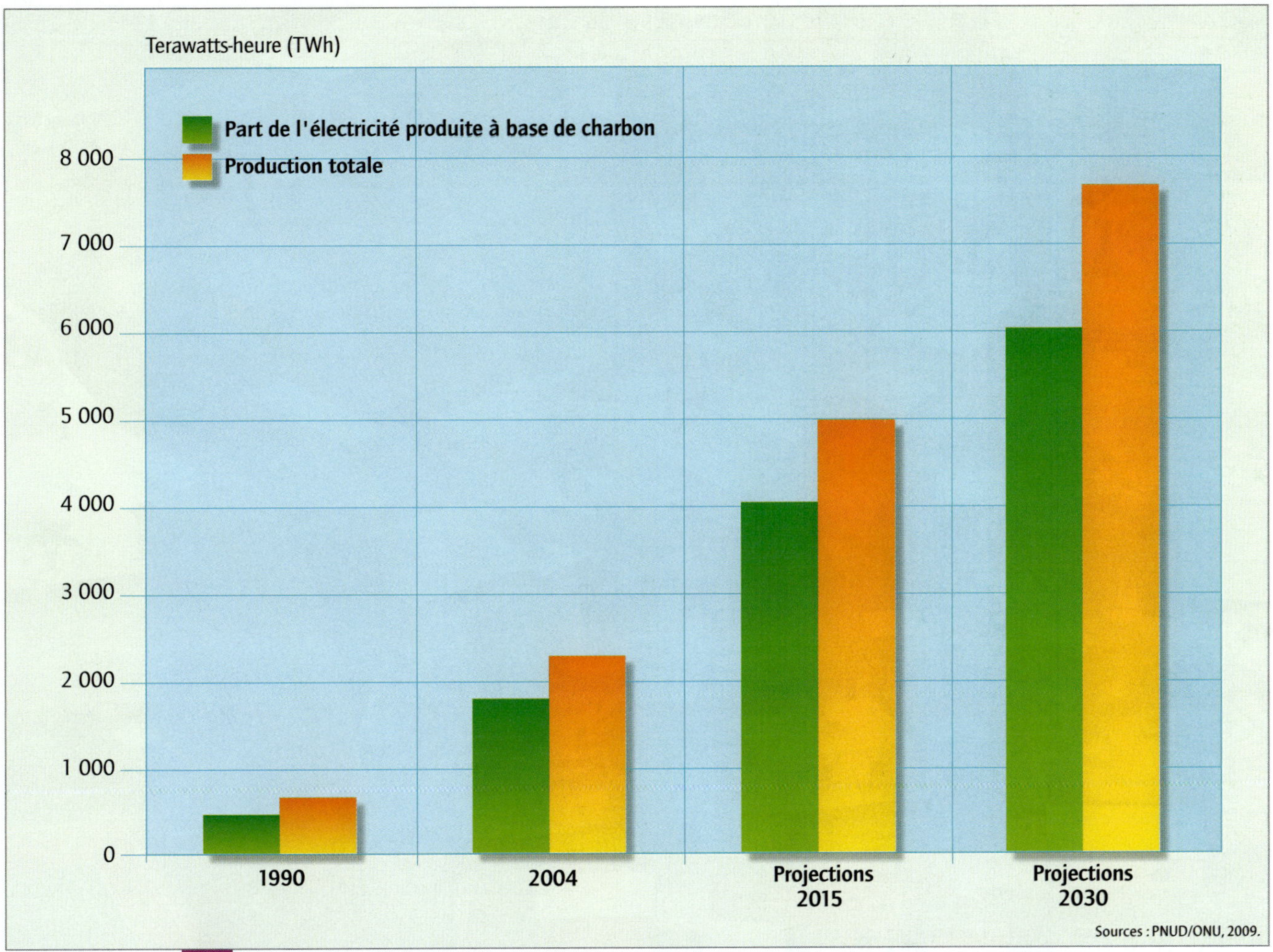

L'évolution de la production d'électricité en Chine depuis 1990

Exploiter le graphique (5 points)

1. Quel thème le graphique permet-il d'étudier ?

2. En quoi le document est-il à la fois un graphique d'évolution et de répartition ?

3. À partir des dernières données et des prévisions, comment a évolué et devrait évoluer la production d'électricité en Chine ?

Mettre en relation avec ses connaissances (5 points)

4. Quelle place le charbon occupe-t-il et devrait-il encore occuper dans la production d'électricité chinoise ? Quelle explication peut-on avancer ?

Les contrastes urbains à São Paulo (Brésil).

Situé au cœur de la puissante région du Sudeste, São Paulo est la capitale économique du Brésil.
Là se concentrent les plus grosses fortunes du pays, qui côtoient les plus démunis. Ainsi, cet immeuble de luxe du quartier de Morumbi surplombe l'immense favela (bidonville) de Paraisopolis.

Sujet d'étude 3

Le développement inégal

Le monde d'aujourd'hui présente de nombreux contrastes économiques et sociaux. En effet, la croissance inégale des pays, des régions et des villes creuse de profondes fractures. Ainsi, malgré un développement global de la planète, des contrées riches continuent à s'opposer aux espaces marqués par la pauvreté.

Quels territoires sont insuffisamment développés et comment y remédier ?

Carte

L'indicateur de développement humain dans le monde

L'indicateur de développement humain dans le monde

Cet indicateur est calculé par le Programme des Nations unies pour le développement à partir de quatre indicateurs de base : le revenu par habitant, l'espérance de vie à la naissance, le taux d'alphabétisation des adultes et le taux de scolarisation.

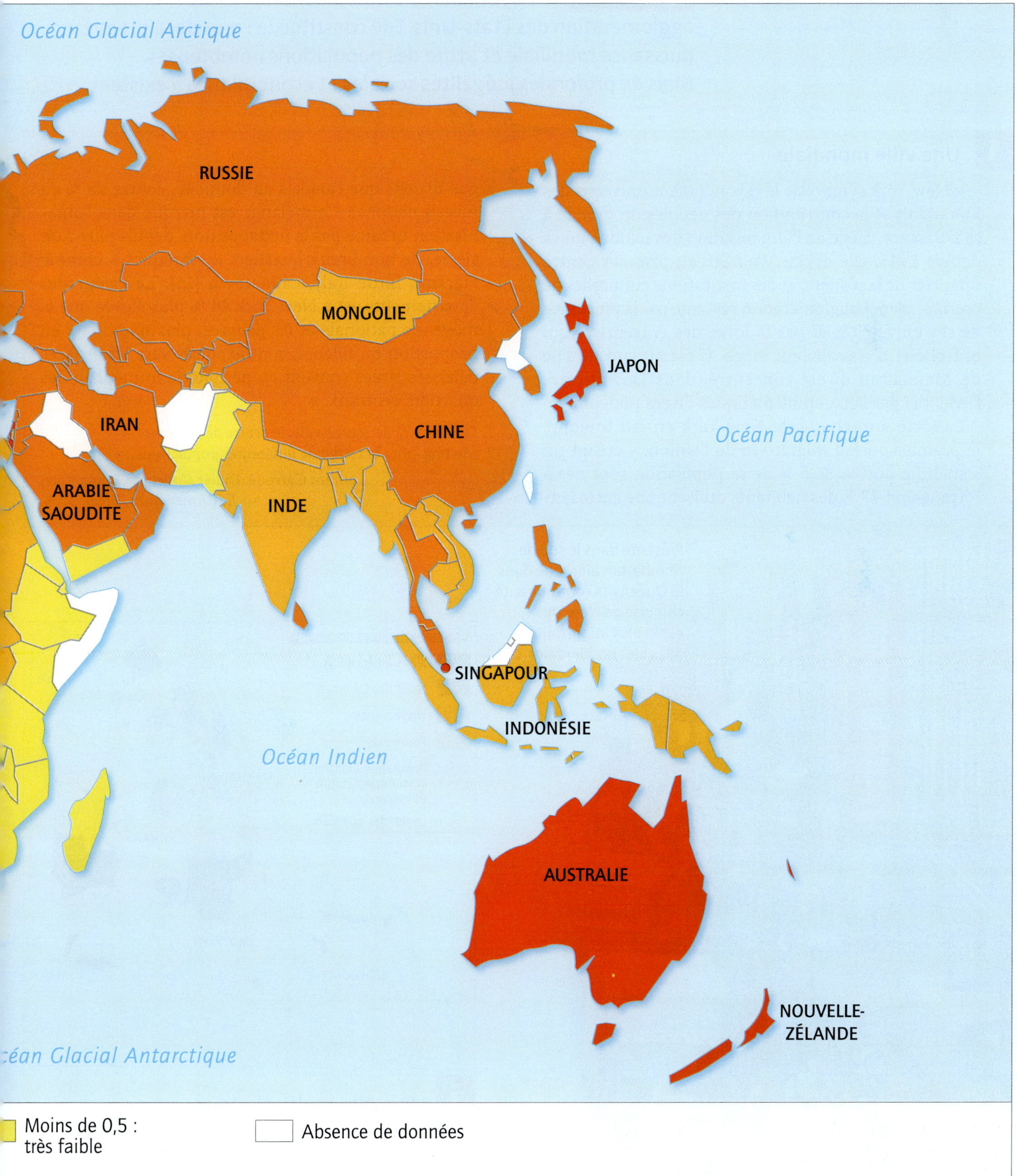

Quelles inégalités caractérisent l'agglomération de New York ?

La situation Avec 17 millions d'habitants, New York est la plus grande agglomération des États-Unis. Elle constitue le cœur de la première puissance mondiale et attire des populations nombreuses.
Mais de profondes inégalités sociales et économiques y existent.

1 Une ville mondiale

« New York symbolise le rayonnement universel des États-Unis et la contribution des peuples du monde à sa puissance. Siège de l'Organisation des nations unies depuis 1945, elle abrite Wall Street, premier centre financier de la planète, et des institutions culturelles de premier plan. L'agglomération rayonne par la puissance de ses universités et par la force des entreprises qui ont choisi d'y avoir leur siège. C'est au sud de l'île de Manhattan qu'est concentré, dans Downtown[1], l'essentiel des lieux emblématiques de ces pouvoirs.

La forte attractivité de New York en fait toujours le premier portail migratoire de l'Union, y créant un « melting pot[2] ». 36,5 % de sa population sont nés à l'étranger et 47 % des habitants utilisent une autre langue usuelle que l'anglais au domicile, contre 28 % au niveau national. Ce mélange est marqué dans l'organisation urbaine par la juxtaposition, depuis plus d'un siècle, de nombreux quartiers « ethniques » comme Harlem, Little Italy, Chinatown […]. La valeur des appartements est à New York 44 % plus élevée que la moyenne nationale et les pauvres, plus nombreux en proportion qu'ailleurs, sont expulsés vers les espaces délaissés situés souvent en périphérie immédiate des quartiers centraux. »

1. Downtown : le centre-ville, le centre des affaires.
2. Melting-pot : brassage de différentes populations.

Laurent Carroué, Didier Collet et Claude Ruiz, *Les Amériques*, Bréal, 2008.

Présente dans le sud de Manhattan ainsi que dans le Queens, la communauté chinoise de New York est la plus importante des villes occidentales.

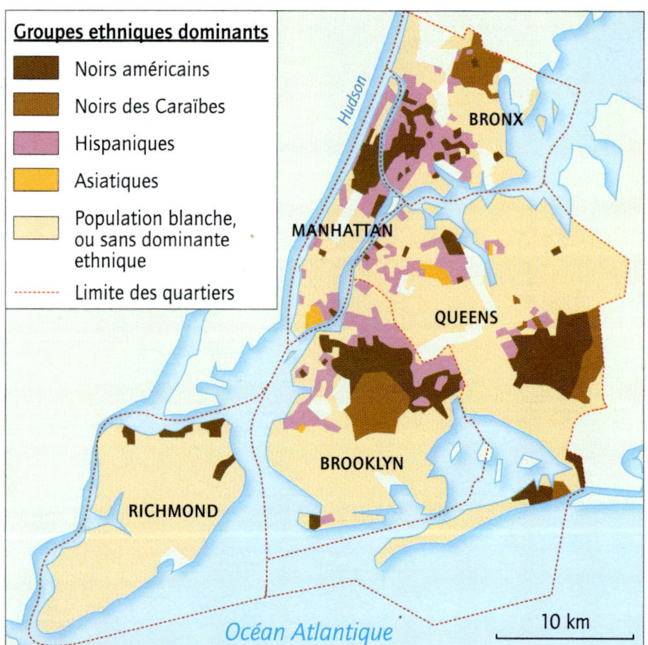

2 Une ville multiethnique.

Depuis le XIXe siècle, des milliers d'immigrants affluent à New York. La ville compte aujourd'hui 34,5 % de Blancs, 28 % d'Hispaniques, 25 % de Noirs et plus de 11 % d'Asiatiques.

3 **Manhattan, le cœur de la puissance.**

Le quartier des affaires de New York, première place financière au monde, se situe au sud de l'île de Manhattan.

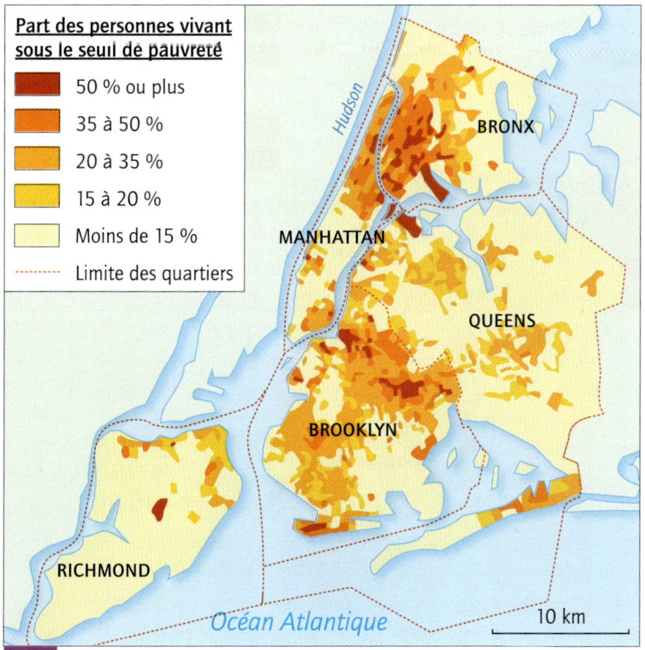

4 **La pauvreté à New York.**

Plus de 20 % des New-yorkais vivent au-dessous du seuil de pauvreté. Les nouveaux arrivants, les familles monoparentales et les enfants des minorités ethniques sont les plus touchés.

Étude de la situation

Analyse des documents

1. Citez les caractéristiques qui font de New York une ville de pouvoir (doc. 1).
2. Comment se répartissent les différents groupes ethniques à New York (doc. 2) ?
3. Décrivez l'organisation du paysage, la forme et la densité des constructions de l'espace new-yorkais. Quels grands contrastes repérez-vous (doc. 3) ?
4. Dans quels quartiers la part des pauvres est-elle la plus forte (doc. 1 et 4) ?
5. Quelle relation peut-on établir entre minorité ethnique et pauvreté (doc. 2 et 4) ?

Bilan

Montrez que l'agglomération de New York est à la fois très puissante et marquée par de profondes inégalités socio-spatiales.

Cours

Les contrastes et les inégalités dans le monde

▶ Comment riches et pauvres se répartissent-ils sur la Terre ?

Les conditions de vie sont très contrastées sur la Terre. Seulement 20 % des habitants de la planète se partagent 80 % de la richesse mondiale.

1 L'espérance de vie dans le monde

Zimbabwe :	36 ans
Swaziland :	37 ans
Afghanistan :	42 ans
Afrique du Sud :	48 ans
Éthiopie :	50 ans
Cambodge :	54 ans
Turkménistan :	60 ans
Inde :	62 ans
Russie :	65 ans
Brésil :	70 ans
Chine :	72 ans
Corée du Sud :	77 ans
États-Unis :	78 ans
Cuba :	78 ans
France :	80 ans
Japon :	82 ans

Source : OMS, 2006

2 La croissance et le développement

« Les 50 pays les moins avancés[1] ont connu une forte croissance de leur PIB. Mais la croissance n'est pas synonyme de développement. Les PMA peinent à créer des emplois qualifiés et productifs car il manque un acteur stratégique dans leur économie : la petite et moyenne entreprise. "Les PMA se caractérisent par la juxtaposition de micro-entreprises, qui ne créent pas d'emplois et n'absorbent pas de technologies étrangères, et de filiales de grandes entreprises étrangères, qui contribuent peu au développement des infrastructures et des économies locales", explique Habib Ouane, directeur du programme sur les PMA à la Cnuced[2]. Il y a donc un chaînon manquant : un réseau dense de petites et moyennes entreprises, seules susceptibles d'importer des technologies et de créer des emplois. »

1. Pays les moins avancés (PMA) : les pays les plus pauvres.
2. Cnuced : Conférence des Nations unies sur le commerce et le développement.

Sébastien Farcis, « Une croissance sans développement dans les pays pauvres », *Sciences Humaines* n° 175, octobre 2006.

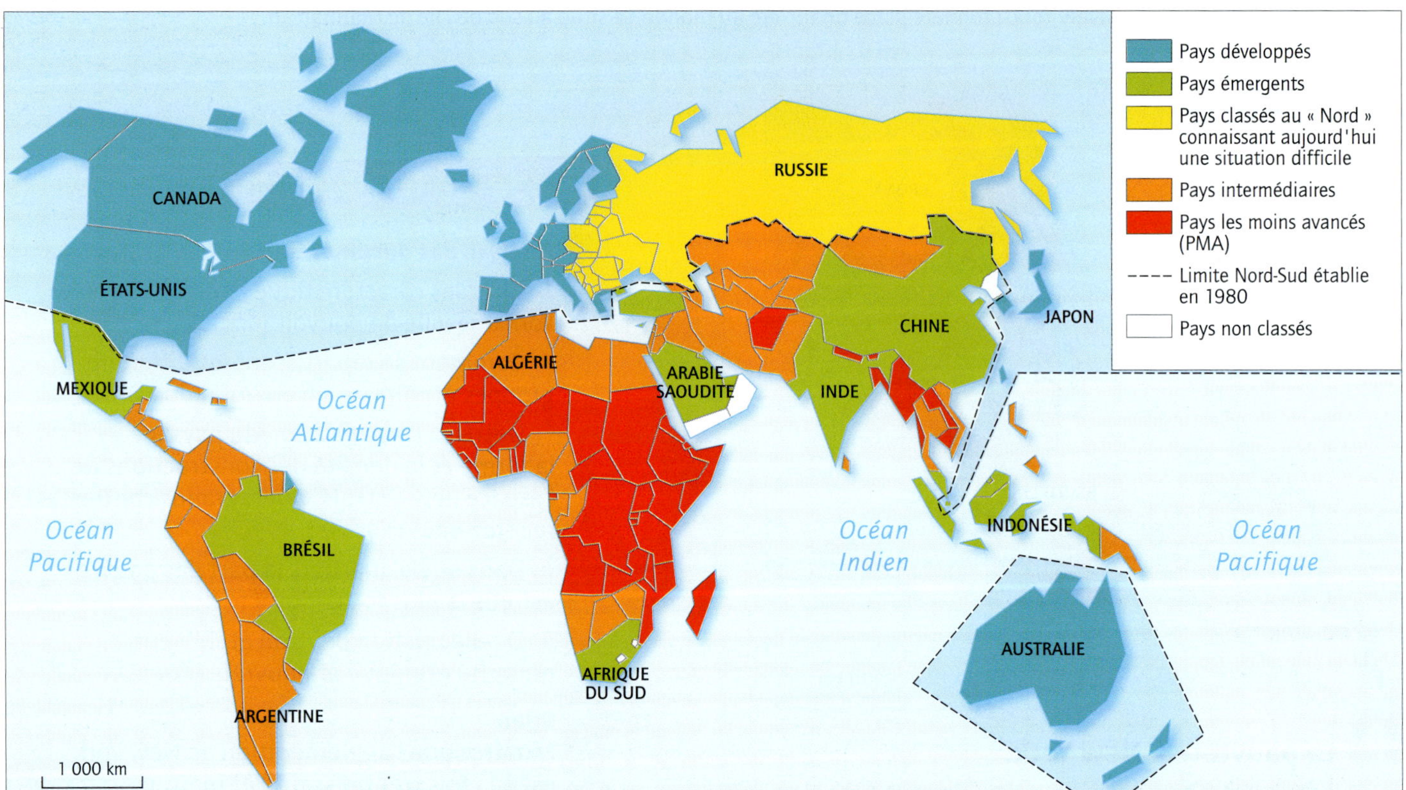

3 Les inégalités de développement dans le monde.

4 Un immeuble de logements sociaux à Bristol en Grande-Bretagne.

5 Une villa dans les environs du Cap en Afrique du Sud.

Questions

Les contrastes économiques et sociaux

1. Quel est l'écart entre l'espérance de vie du Zimbabwe et du Japon (doc. 1) ?

2. Quel élément est indispensable pour permettre le développement et pourquoi (doc. 2) ?

Les Nords et les Suds

3. Quels sont les pays développés et les pays émergents ? Où se situe la majorité des pays les plus pauvres (doc. 3) ?

4. La délimitation Nord-Sud est-elle encore pertinente ? Justifiez votre réponse (doc. 3).

Des inégalités à toutes les échelles

5. Décrivez ces deux paysages. Dans quels pays se situent chacun d'eux ? Cela correspond-il à l'idée que l'on se fait habituellement des pays riches et des pays pauvres (doc. 4 et 5) ?

Les contrastes économiques et sociaux

Les inégalités socio-spatiales. De nombreux hommes ne peuvent ni se nourrir, ni se loger correctement, ni recevoir une instruction, ni se soigner pour vivre en bonne santé. La pauvreté frappe particulièrement certaines régions, alors que d'autres concentrent les richesses.

La croissance et le développement. L'amélioration des conditions de vie nécessite une augmentation de la production agricole et industrielle. La croissance économique est donc nécessaire au développement et doit être suffisante pour créer des emplois.

Les Nords et les Suds

L'opposition Nord-Sud. L'Amérique du Nord, l'Europe occidentale, le Japon et quelques autres États constituent les pays développés, souvent appelés « pays du Nord ». Avec 20 % de la population mondiale, ils concentrent 80 % des richesses. Les autres pays forment le « Sud », où un habitant sur deux vit avec moins de 2 dollars par jour.

La diversification croissante des territoires. L'opposition Nord-Sud ne donne pas une image réelle des inégalités de développement. La Russie et l'Europe orientale, considérées comme des pays du Nord, subissent une augmentation de la pauvreté. À l'inverse, les pays émergents du Sud comme le Brésil voient leur niveau de vie s'améliorer.

Des inégalités à toutes les échelles

Les divisions internes de chaque État. Dans les pays du Sud, il existe une minorité de riches et une masse de pauvres. Au Nord, 10 % de la population vit sous le seuil de pauvreté en raison du chômage ou de bas salaires.

Le fractionnement social des espaces urbains. Les inégalités sont très grandes dans les villes, où vit un être humain sur deux. Le tiers de la population urbaine de la planète habite dans des bidonvilles, alors que les plus aisés s'abritent de plus en plus dans des quartiers fermés.

Vocabulaire

Croissance : augmentation de la quantité de richesses produites, mesurée par le PIB et le PIB par habitant.

Développement : amélioration des conditions de vie, mesurée par l'indicateur de développement humain (IDH) qui intègre le PIB par habitant, l'espérance de vie et le niveau d'instruction.

Inégalités socio-spatiales : inégalités à la fois sociales et spatiales, les riches et les pauvres occupant le plus souvent des espaces séparés.

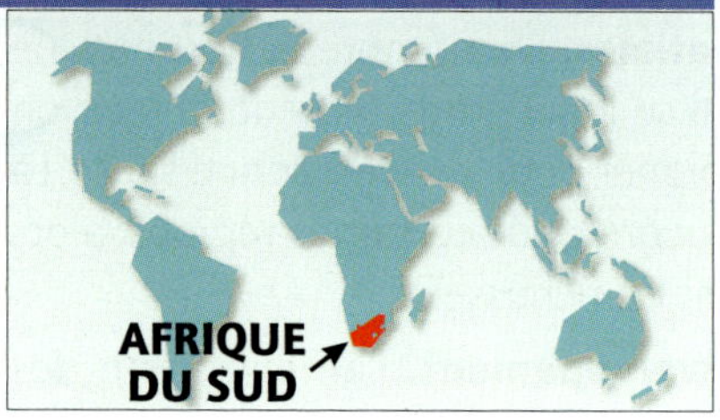

Quelles inégalités caractérisent l'Afrique du Sud ?

La situation Depuis l'abolition en 1991 du régime raciste de l'apartheid, l'Afrique du Sud est démocratique et accorde les mêmes droits à tous les hommes. Mais les tensions restent vives et de profondes inégalités sociales et territoriales subsistent.

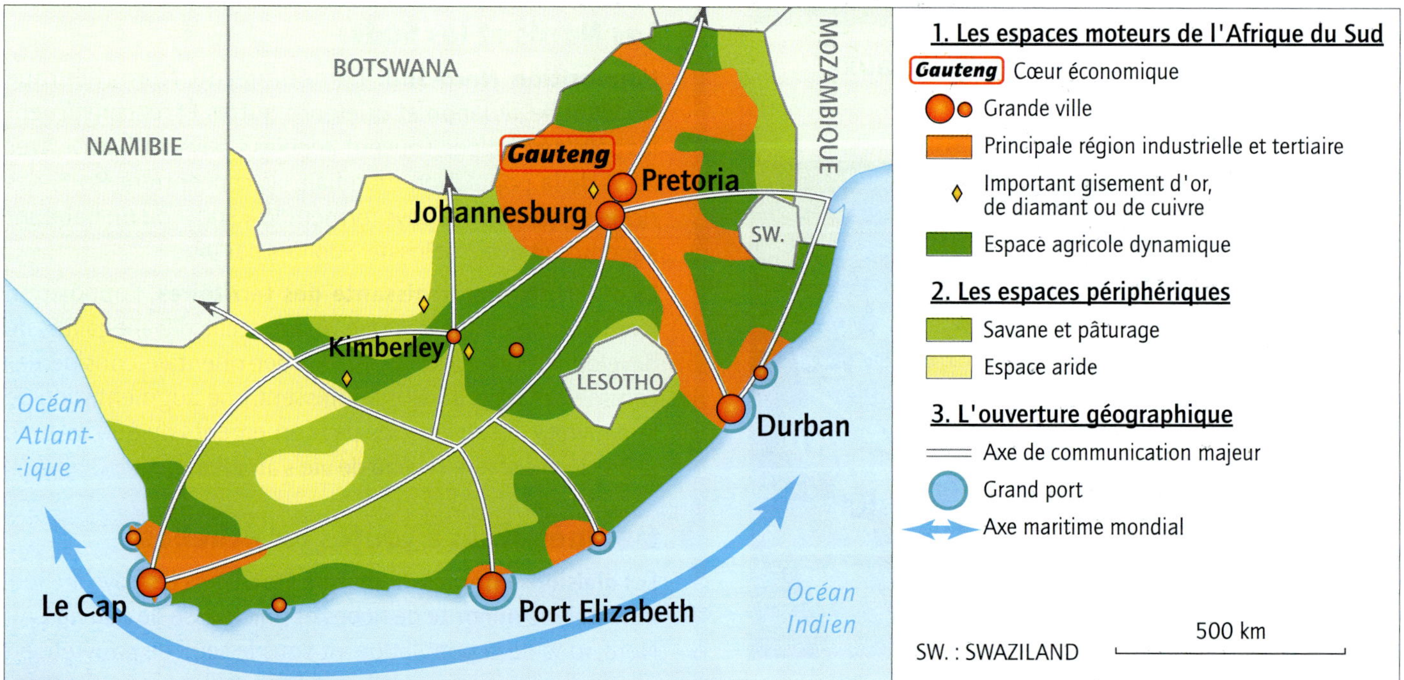

1 Les déséquilibres territoriaux.
En produisant le tiers des richesses de l'Afrique subsaharienne, l'Afrique du Sud est la puissance économique du continent. Mais cette performance ne s'appuie que sur une fraction du territoire.

2 L'Afrique du Sud en chiffres

- **Superficie :** 1,22 million de km²
- **Population :** 48,5 M d'habitants
- **PIB/hab :** 5 723 $ (France : 40 781 $)
- **IDH :** 99e rang mondial (France : 8e)
- **Espérance de vie (femmes) :** 59 ans en 1990 et 46 ans aujourd'hui (France : 84 ans)
- **Sida :** 6 millions de séropositifs, 600 morts par jour
- **Composition ethnique :** Noirs = 75,2 % ; Blancs = 13,6 % ; Métis = 8,6 % ; Indiens = 2,6 %
- **Taux de chômage :** 40 % de la population active
- **Population avec moins de 2 $/jour :** 43 %
- **Répartition des revenus :**
  - moins de 80 €/mois ; 25 % des Noirs ; 2 % des Blancs
  - plus de 1 500 €/mois : 1 % des Noirs ; 23 % des Blancs.

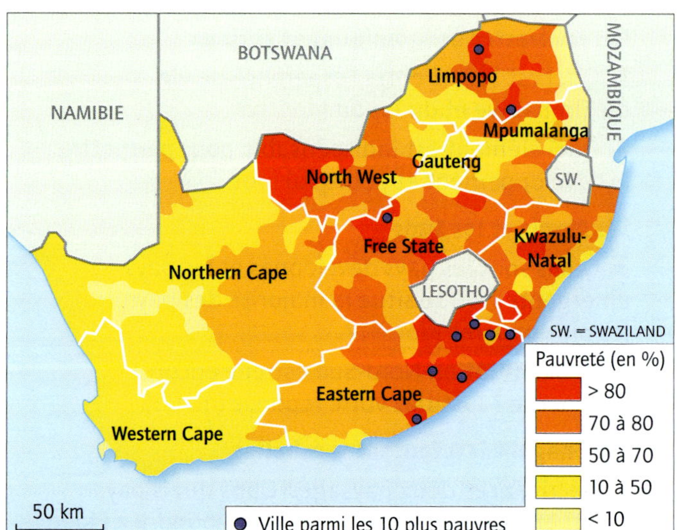

3 La pauvreté en Afrique du Sud.

4 L'héritage de la discrimination raciale

La fin du régime discriminatoire de l'apartheid marque un tournant pour l'Afrique du Sud. Depuis, les gouvernements prennent des mesures pour tirer le pays du sous-développement et tenter de réduire de fortes inégalités.

« Près de 50 % de la population vit en-dessous du seuil de pauvreté. [...] L'apartheid ayant laissé un héritage de répartition raciale de la population, ces inégalités se lisent encore dans la géographie du pays, notamment dans le domaine foncier : environ 60 000 fermiers, presque exclusivement blancs, exploitent 75 % des terres cultivables du pays, alors que quelque 14 millions de Noirs vivent dans les anciens bantoustans[1], la grande majorité dans une situation d'extrême pauvreté. L'un des principaux engagements du régime postapartheid en 1994, la mise en œuvre d'une réforme agraire qui prévoyait le transfert de 30 % des terres cultivables aux populations noires, n'a pas été tenu : moins de 3 % des terres ont été redistribués à ce jour.

Les grandes métropoles sont les bénéficiaires de la nouvelle organisation de l'espace. Elles rassemblent quelque 13 millions de Sud-Africains et l'essentiel du potentiel économique du pays. »

1. Bantoustan : territoire où les Noirs étaient contraints d'habiter.

Philippe Gervais-Lambony, « L'Afrique du Sud », *Encyclopædia Universalis*, 2009.

Le Central Business District (quartier des affaires) de Durban et le quartier blanc.

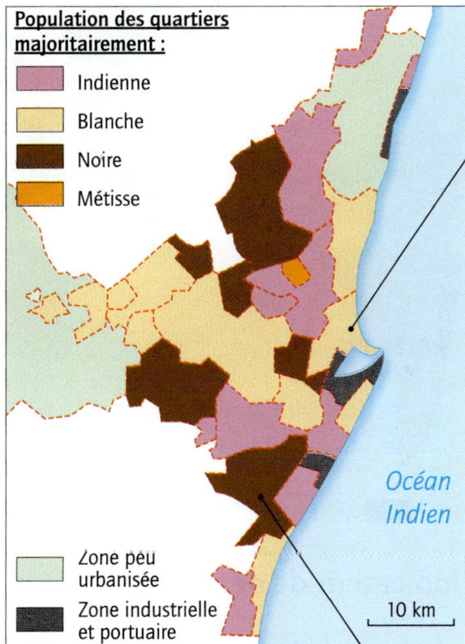

5 Durban, une ville fragmentée.

Un bidonville dans un quartier noir de Durban.

Étude de la situation

Analyse des documents

1. Quelles sont les plus puissantes régions du pays (doc. 1) ? Autour de quelles métropoles ces régions se développent-elles ?

2. Quels sont les aspects du sous-développement de l'Afrique du Sud (doc. 2 et 3) ?

3. Dans le passé, l'apartheid a marqué l'Afrique du Sud. Quels sont encore aujourd'hui ses effets dans la répartition des terres et l'organisation de Durban (doc. 4 et 5) ?

Bilan

Montrez que l'Afrique du Sud est un pays en développement, confronté à des inégalités économiques, sociospatiales et ethniques fortes et persistantes.

Cours

Les dynamiques de développement

▶ Quelles sont les dynamiques du développement ?

Dans certains territoires, une forte croissance a débouché sur un processus de développement, mais d'autres se sont appauvris.

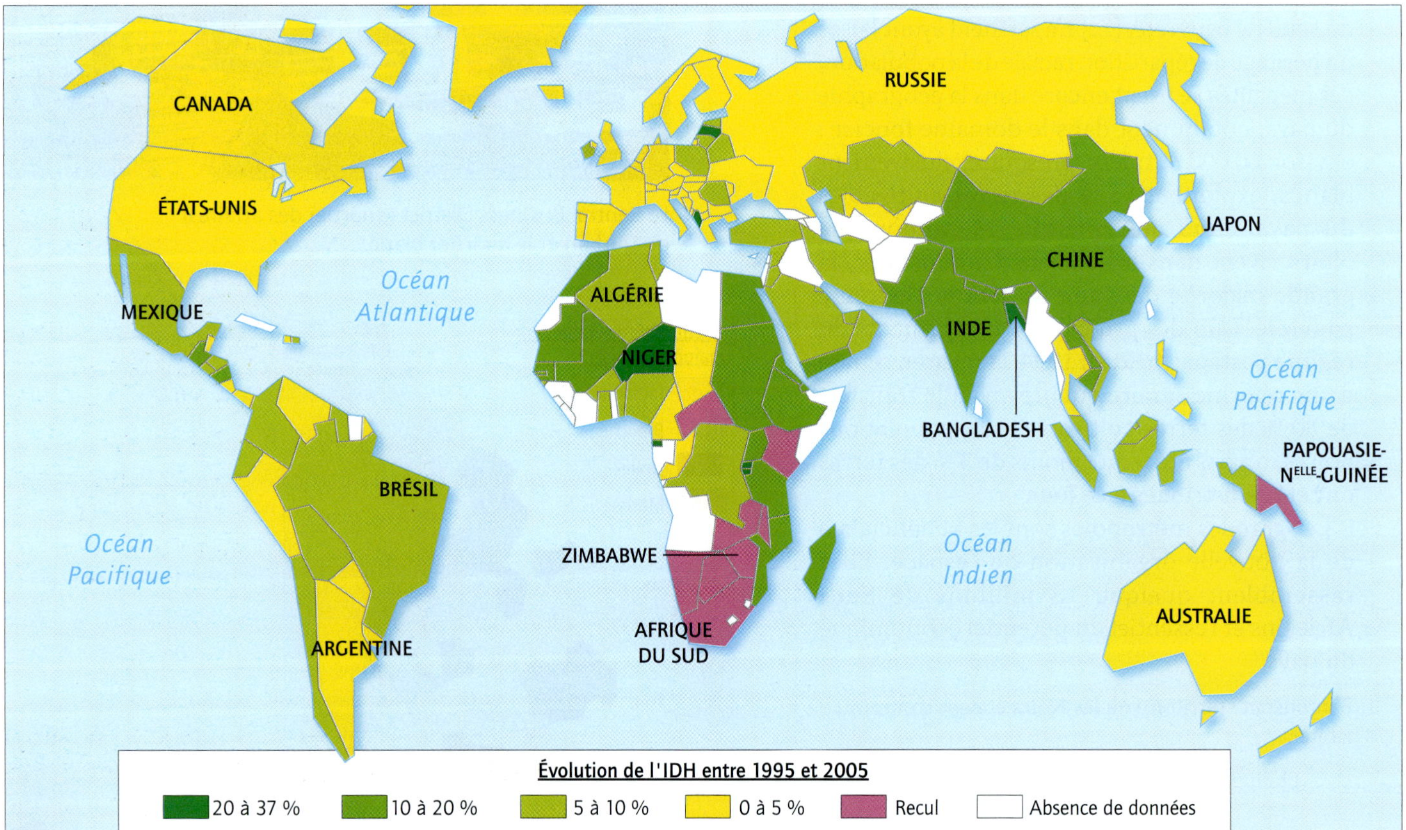

1 L'évolution de l'indicateur de développement humain.

2 Les villes petites et moyennes, pôles de développement en Afrique

« Comme les conditions de vie se dégradent dans les grandes villes, les villes petites et moyennes croissent plus rapidement depuis le début des années 1990. Leurs liens avec les campagnes se renforcent : création d'entreprises en milieu rural, allers-retours permanents entre villes et campagnes. Les citadins vont s'approvisionner dans les villages dont ils accueillent les migrants, soit temporaires (jeunes venant étudier en ville, enfants placés par les familles rurales comme aides domestiques), soit définitifs (paysans ayant quitté leurs terres). La vente de produits alimentaires aux citadins dynamise la périphérie des villes, donne du travail aux femmes et anime les échanges le long des voies de circulation. »

Sylvie Brunel, *L'Afrique*, Bréal, 2004.

Questions

Le développement du Sud et ses limites

1. Dans quelles parties du monde l'IDH a-t-il le plus augmenté ? Où a-t-il le plus reculé (doc. 1) ?

Les pôles et les aires de développement

2. Quels progrès les villes impulsent-elles dans leur périphérie proche (doc. 2) ?

3. Quelles activités se développent en Malaisie et en Indonésie grâce aux investissements en provenance de Singapour (doc. 3) ?

Les dynamiques démographiques

4. De combien d'années l'espérance de vie a-t-elle augmenté en Inde depuis 1911 (doc. 4) ?

5. Calculez le taux d'accroissement naturel en 1911, en 1971 et en 2007 : quelle a été son évolution (doc. 4) ?

3 Un espace transfrontalier en forte croissance : Singapour, Malaisie, Indonésie.

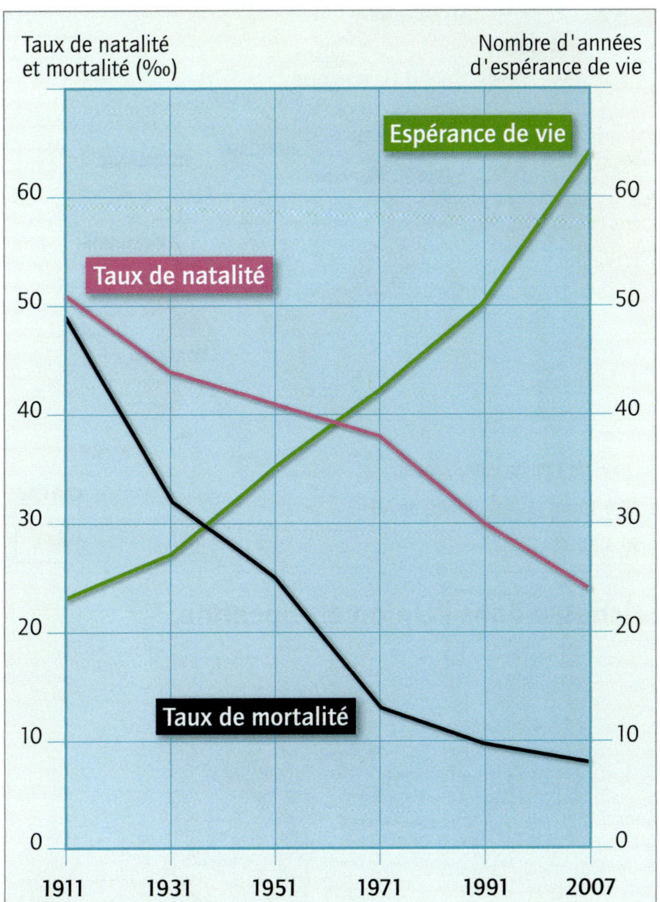

4 L'évolution démographique de l'Inde.

Le développement du Sud et ses limites

Les progrès inégaux de l'IDH. Depuis 1975, l'indicateur de développement humain a continué à progresser dans les pays développés. Cependant c'est en Asie du Sud, en Amérique latine et surtout en Asie orientale qu'il a le plus augmenté. En revanche, il a reculé dans plusieurs pays d'Afrique subsaharienne, ainsi qu'en Russie entre 1995 et 2005.

L'évolution des inégalités de développement. La Corée du Sud, Taiwan, Singapour ont rattrapé les pays développés. La Chine, l'Inde, le Brésil ont réduit l'écart qui les en sépare. En revanche, les inégalités entre les pays développés et les pays les plus pauvres se sont creusées. De même, les inégalités internes augmentent dans de nombreux pays.

Les pôles et les aires de développement

Les villes. Les villes constituent des pôles de développement car elles concentrent les richesses et offrent des emplois mieux rémunérés que les espaces ruraux. Elles dynamisent leurs périphéries par les échanges qu'elles suscitent.

Les littoraux et les espaces frontaliers. Grâce à l'essor des échanges maritimes, certains espaces frontaliers et la façade pacifique de l'Asie, de Singapour à la Corée du Sud et au Japon, attirent de plus en plus d'activités économiques.

Les dynamiques démographiques

Le recul de la mortalité et de la natalité au Sud. Depuis 1995, grâce au recul de la mortalité infantile, l'espérance de vie est passée de 65 à 69 ans en Asie, et de 69 à 73 ans en Amérique latine. Mais elle a reculé de 53 à 52 ans en Afrique subsaharienne. Par ailleurs, la fécondité et la natalité reculent au Sud. La croissance démographique, qui a longtemps freiné les progrès sociaux, se ralentit.

Les migrations de population. Les différences de niveaux de développement sont l'un des moteurs des migrations. Elles entraînent des déplacements de population du Sud vers le Nord, mais aussi entre pays et régions du Sud et des campagnes vers les villes.

Vocabulaire

Dynamiques de développement : ensemble des forces qui concourent au développement.

Espace frontalier : espace situé de part et d'autre d'une frontière.

Pôle de développement : espace qui concentre des infrastructures et des richesses et les diffuse dans sa périphérie.

Comment corriger les inégalités dans l'Union européenne ?

La situation L'Union européenne (UE) regroupe 27 pays et 500 millions d'habitants. Elle constitue un espace attractif aux performances économiques incontestables. Néanmoins, les contrastes restent forts entre les différents États de l'Union.

1 Une Europe riche mais encore inégalitaire

« L'Europe est une des parties économiquement les plus avancées d'un monde extrêmement inégal. [...] Elle est néanmoins encore caractérisée par de larges disparités de niveau de vie, aussi bien entre les pays qu'à l'intérieur des pays. Chacun des États membres a adopté une batterie de mesures nationales destinées à réduire les inégalités géographiques internes à ses frontières, mais la réduction de ces disparités à l'échelle européenne demeure un objectif politique primordial pour l'Union des vingt-sept. »

Michael Dunford, « Le développement économique en Europe depuis 1950 », *L'information géographique*, n° 4, décembre 2007.

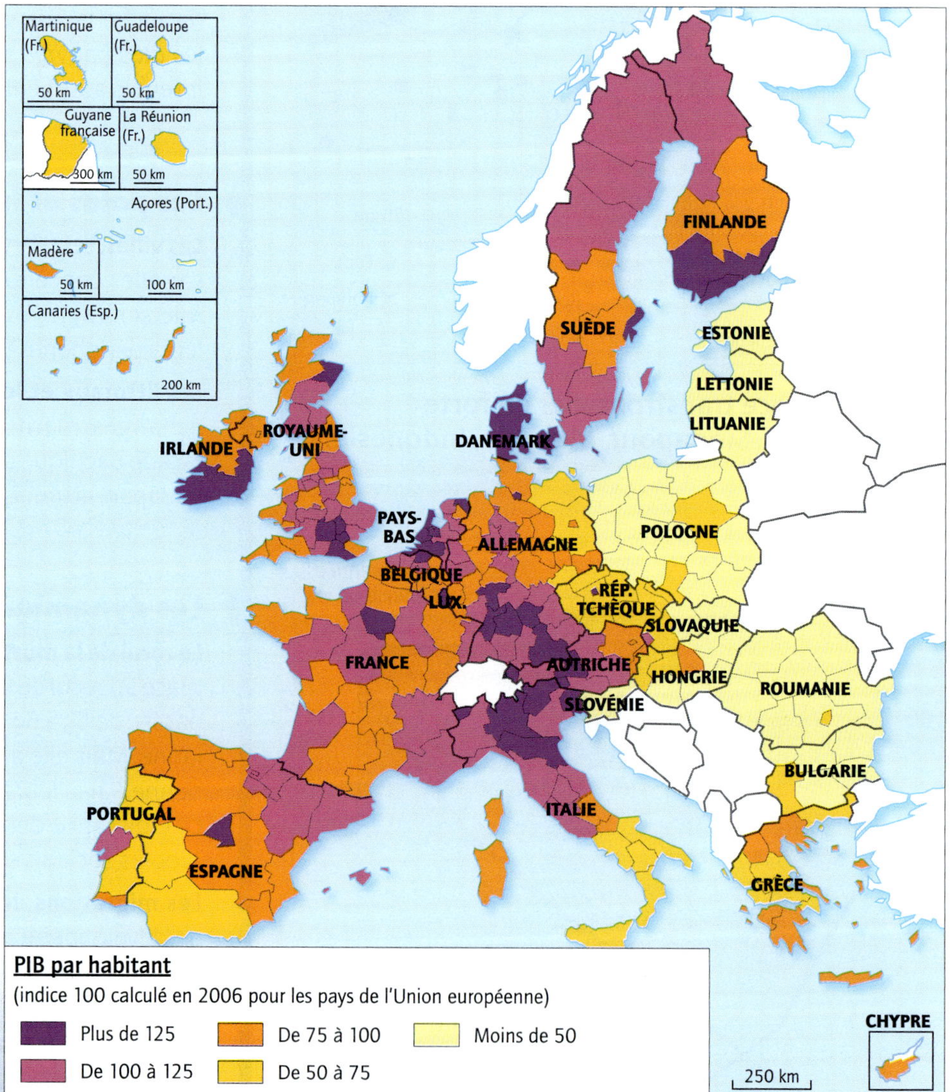

2 Les inégalités de richesse dans l'Union européenne.

Un paysan polonais et son cheval de labour en 2007.

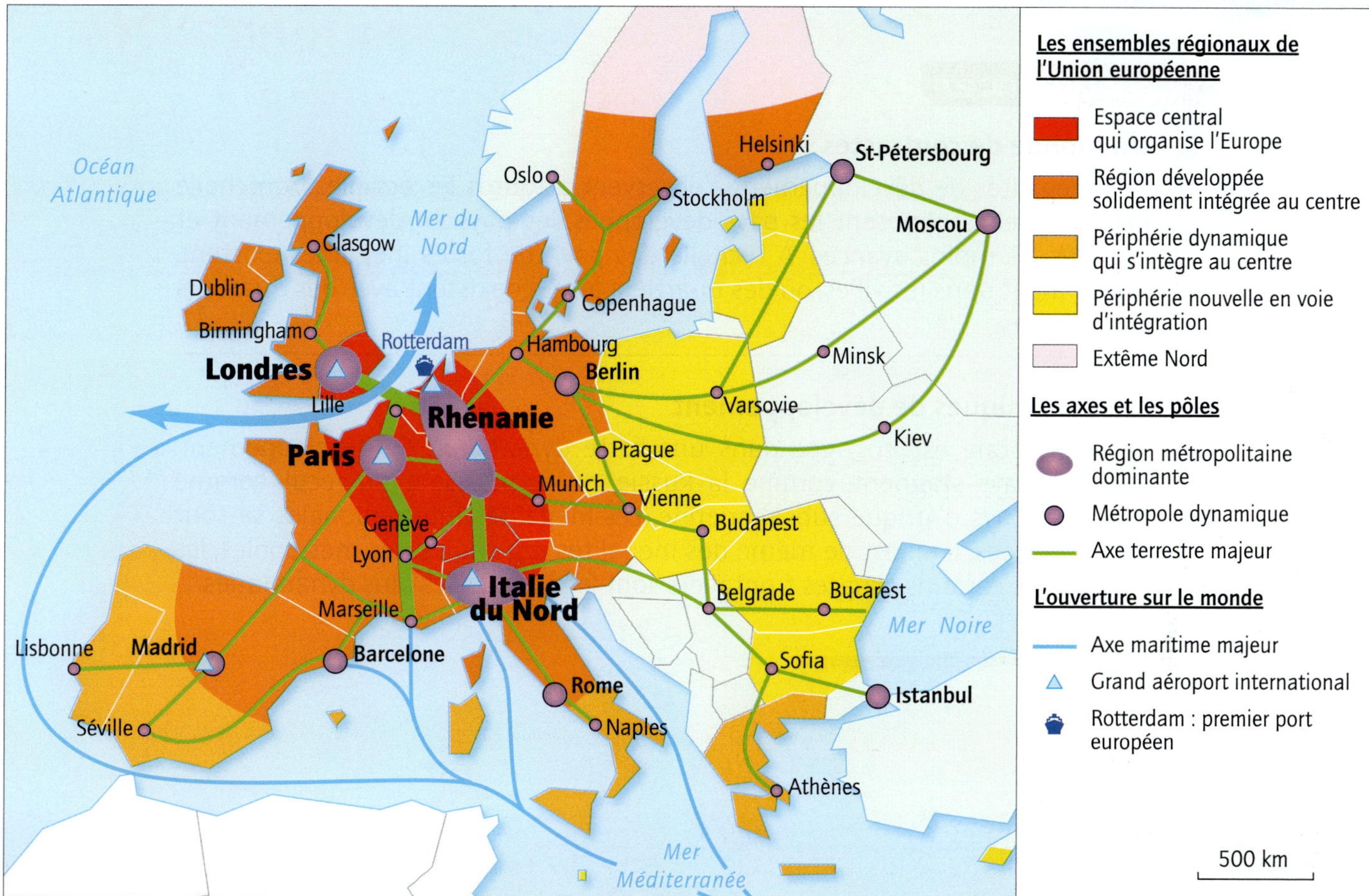

3 L'organisation de l'espace de l'Union européenne.

4 Les aides régionales de l'Union européenne

« Depuis près de deux décennies, le citoyen européen rencontre sur sa route de nombreux panneaux qui signalent la participation du Fonds européen de développement régional (FEDER) […]. En France, en Belgique ou au Royaume-Uni, ils témoignent de la contribution des fonds européens à la gestion des mutations économiques dans les régions rurales ou industrielles en difficulté […]. Dans les pays méditerranéens, les fonds participent au rattrapage des économies en apportant une contribution décisive à la modernisation des infrastructures de base (aéroports, autoroutes, chemins de fer, gestion des eaux), créant un environnement économique favorable à l'investissement privé, créateur d'activité et d'emploi. Relativement démunis au moment de leur adhésion, la Grèce, l'Espagne et le Portugal ont maintenant un niveau de revenus qui se rapproche de la moyenne européenne.

Il existe ainsi une politique qui a pour objectif de réduire systématiquement les handicaps des régions défavorisées en finançant les investissements nécessaires pour accroître leur compétitivité. »

Jean-François Drevet, *Histoire de la politique régionale de l'Union européenne*, Belin-Sup, 2008.

Étude de la situation

Analyse des documents

1. Comment caractériser les niveaux de vie en Europe (doc. 1) ?

2. L'indice 100 correspond au PIB/hab moyen de l'Union. Quelles régions ont un PIB/hab supérieur à la moyenne ? inférieur à la moyenne (doc. 2) ?

3. Quels contrastes l'organisation de l'espace de l'Union européenne révèle-t-elle (doc. 3) ?

4. Par quels moyens les contrastes socio-territoriaux peuvent-ils être réduits (doc. 1 et 4) ?

Bilan

Montrez que l'Union européenne est un ensemble régional puissant, caractérisé par de forts contrastes de développement. Expliquez ensuite par quels moyens ces inégalités peuvent être combattues.

L'essentiel

Connaissances

Un monde de contrastes

Des inégalités de développement s'observent à toutes les échelles. À l'échelle mondiale, elles opposent les pays développés, les pays en développement et les pays les moins avancés. À l'échelle des pays, de fortes inégalités existent, notamment dans les villes, où des quartiers aisés coexistent avec des quartiers très pauvres.

Les dynamiques de développement

L'Asie orientale est engagée dans une forte dynamique de développement. D'autres pays stagnent, comme la Russie, ou connaissent un recul, comme plusieurs pays d'Afrique subsaharienne. Les inégalités internationales se sont donc creusées. Il en est de même des inégalités régionales. Les métropoles, les littoraux et certains espaces frontaliers sont les espaces les plus dynamiques.

Notions clés

Croissance : augmentation de la quantité de richesses produites, mesurée par le PIB et le PIB par habitant.

Développement : amélioration des conditions de vie, mesurée par l'indicateur de développement humain qui intègre le PIB par habitant, l'espérance de vie et le niveau d'instruction.

Dynamiques de développement : ensemble des forces (mesures, acteurs économiques...) qui concourent au développement.

Croquis de synthèse

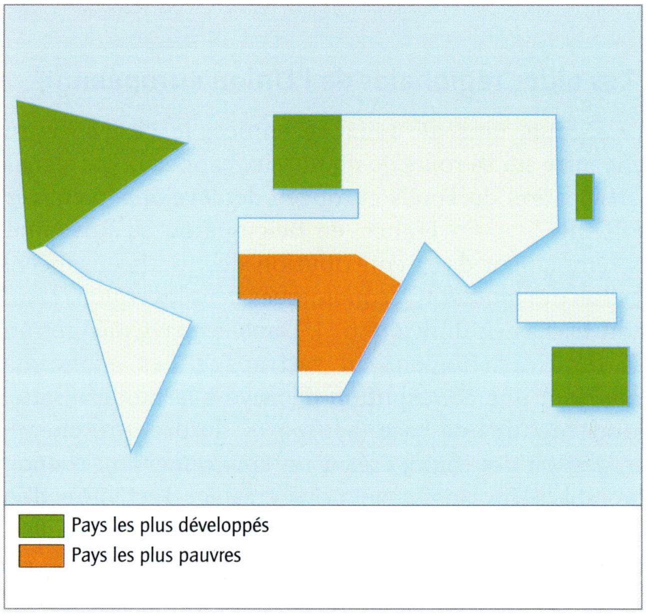

Chiffres clés

80 % : c'est la part des richesses mondiales que se partagent 20 % des habitants de la planète.

Lire une carte

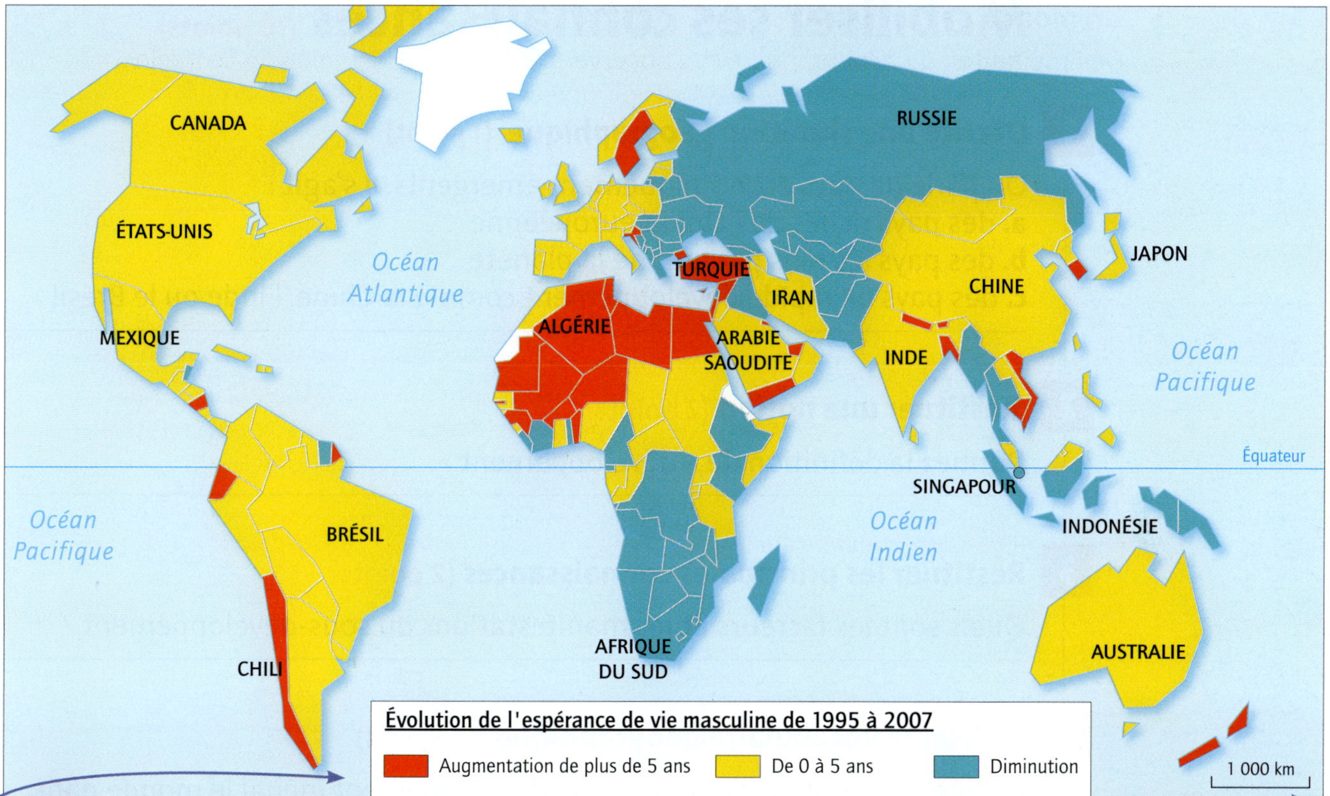

L'évolution de l'espérance de vie des hommes à la naissance dans le monde (1995-2007).

1. Le titre. Il informe sur le thème de la carte, l'espace représenté et parfois une date ou une période

2. La légende. Elle comporte une ou plusieurs rubriques, des figurés accompagnés de leur signification, des unités.

3. L'échelle. Elle aide à évaluer les distances et à apprécier le niveau d'analyse géographique : échelle locale, nationale ou mondiale.

4. Les informations de la carte. Elle précise la localisation, la répartition ou l'évolution de phénomènes : ici, l'évolution de l'espérance de vie des hommes.

Démarche

1. Le titre
Quel sujet la carte permet-elle d'étudier ?

2. La légende
Que signifie chacune des couleurs répertoriées dans la légende ?

3. L'échelle
À quelle échelle l'évolution de l'espérance de vie masculine est-elle étudiée sur la carte ?

4. Les informations de la carte
Dans quelles parties du monde l'espérance de vie masculine a-t-elle augmenté au cours de la période 1995-2007 ? Dans quelles parties du monde a-t-elle diminué ?

Mobiliser ses connaissances (10 points)

1 Décrire une situation géographique (1 point)

On parle de pays économiquement émergents. Il s'agit :
a. des pays riches de l'Union européenne
b. des pays les plus pauvres de la planète
c. des pays en rapide développement comme la Chine, l'Inde ou le Brésil

2 Restituer une notion (2 points)

Donnez la définition de « développement ».

3 Restituer les principales connaissances (2 points)

Quels sont les facteurs et les manifestations du sous-développement ?

4 Utiliser le vocabulaire géographique (3 points)

Rédigez un petit paragraphe sur le développement inégal le monde dans lequel vous emploierez les termes suivants : croissance, développement, Nord, Sud, inégalité socio-spatiale, dynamique, agglomération.

5 Compléter un croquis simple (2 points)

Montrez sur la carte (après l'avoir reproduite) les grands contrastes de développement dans le monde et localisez les pays du Nord, trois grands pays émergents, les pays les moins avancés, la limite Nord-Sud.

Lire une carte (10 points)

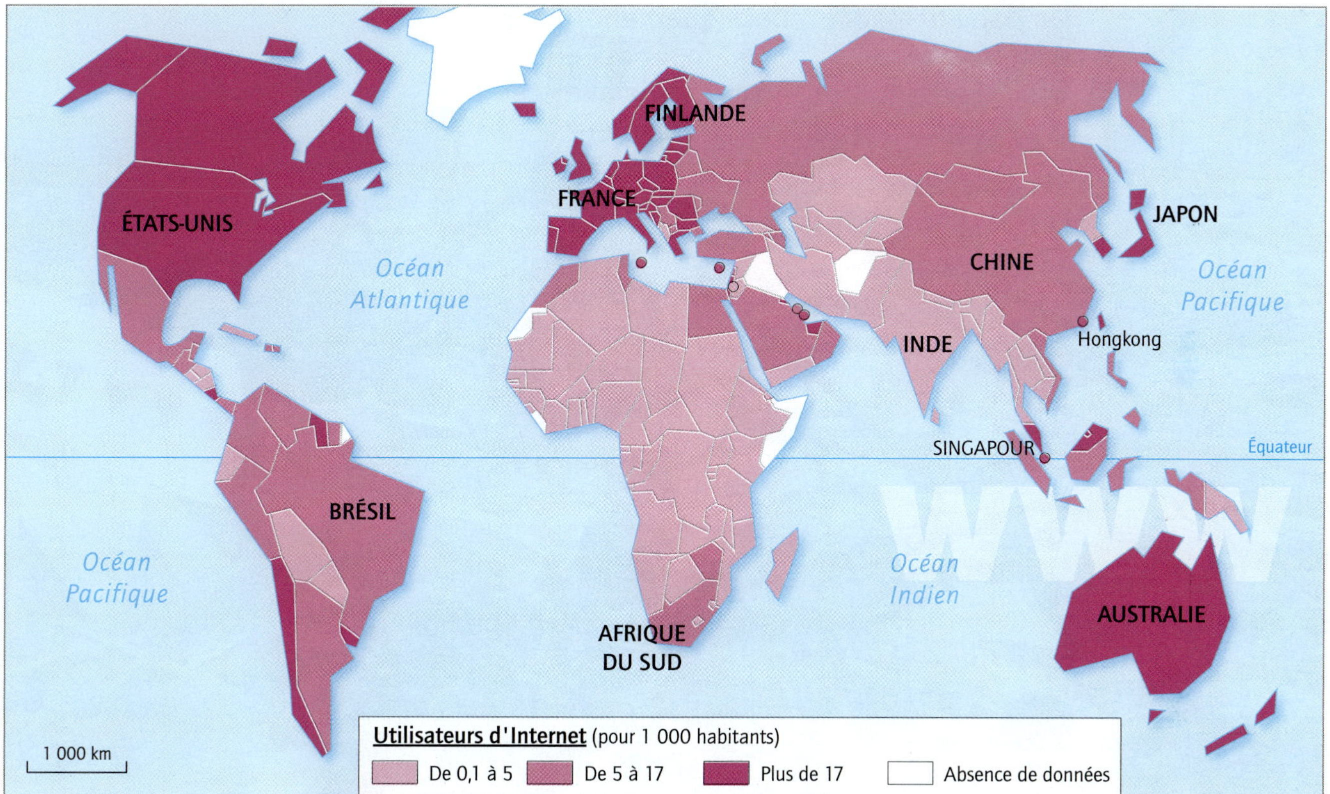

Le nombre d'internautes dans le monde.

▶ Lire la carte (6 points)

1. Quel thème la carte permet-elle d'étudier ?

2. Sous quelle forme l'information est-elle représentée ?

3. À quelle échelle le phénomène est-il représenté ?

4. Quels ensembles géographiques se caractérisent par un nombre d'utilisateurs d'Internet très élevé, modéré, faible ?

▶ Mettre en relation avec ses connaissances (4 points)

5. Pourquoi peut-on dire que l'accès au réseau Internet est très inégal tant à l'échelle mondiale qu'à l'échelle continentale ? En quoi cette situation est-elle représentative des inégalités de développement ?

Le 12 mai 2008, séisme dans la province du Sichuan en Chine.

Un puissant séisme de magnitude 7,9 sur l'échelle de Richter a provoqué la mort de plus de 80 000 personnes. Les soldats ont fouillé les décombres pendant plusieurs jours en espérant retrouver des survivants.

Sujet d'étude

4

Les sociétés face aux risques

Les catastrophes ont toujours marqué l'histoire de l'humanité. Mais aujourd'hui elles deviennent plus fréquentes et plus dangereuses. Cette aggravation est due à la multiplication des risques d'origine humaine. La croissance démographique, le développement urbain, la dégradation de l'environnement accentuent le risque de catastrophes.

Comment les sociétés font-elles face aux risques naturels et technologiques ?

Carte

Les risques naturels et technologiques dans le monde

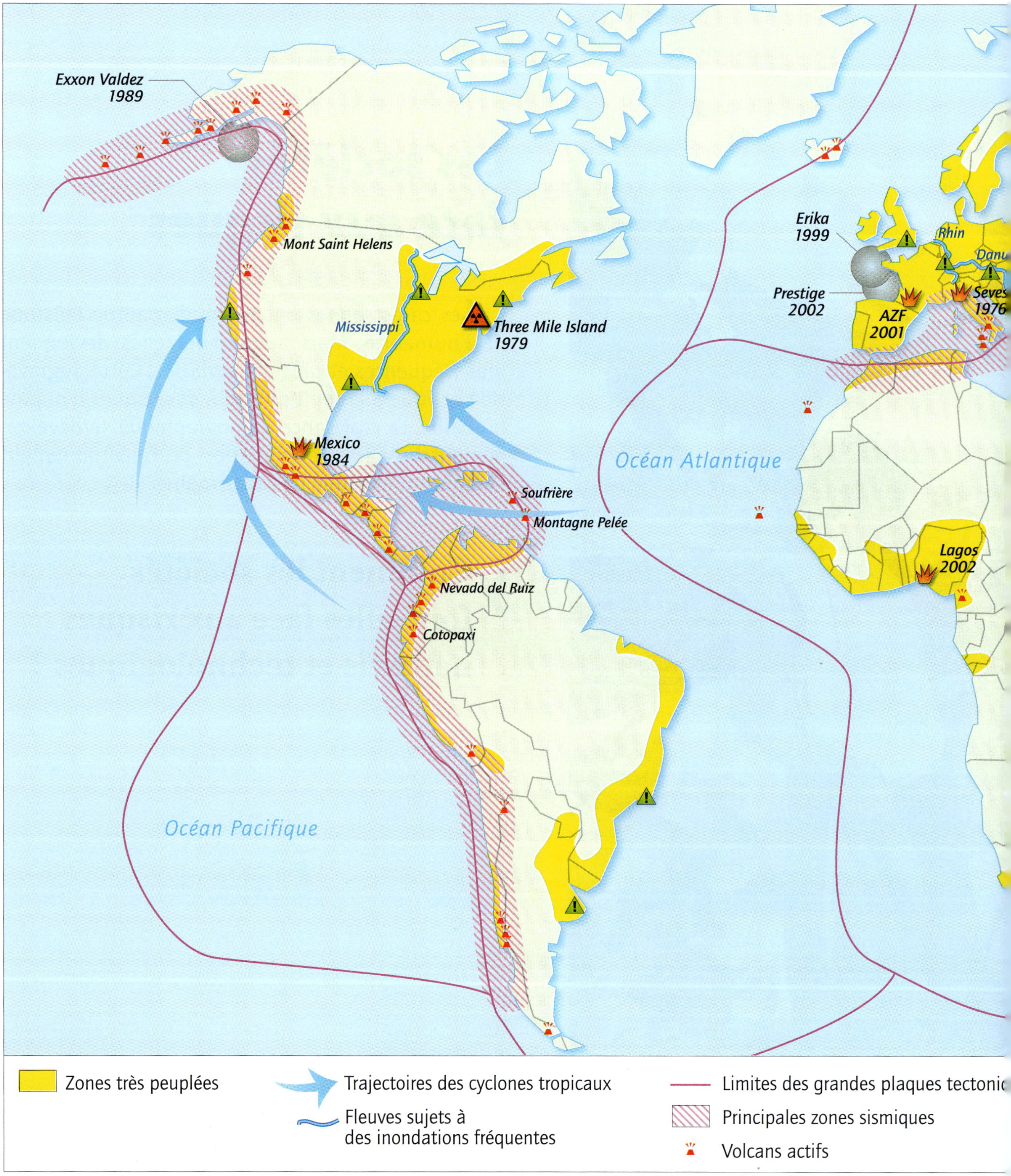

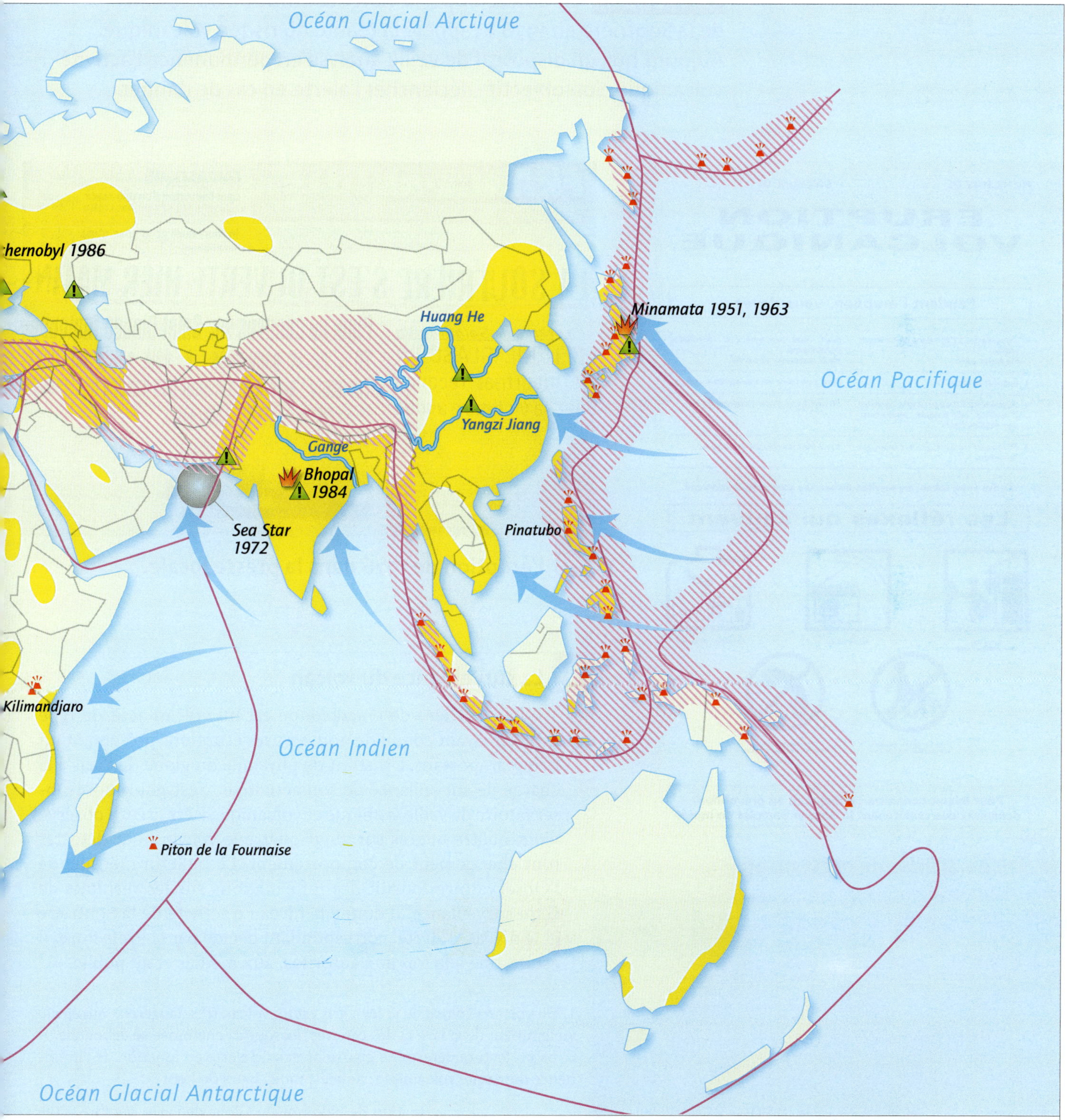

Régions à risques industriels et nucléaires importants

Marées noires

Grave accident nucléaire

Autre grave accident d'origine industrielle

UN RISQUE NATUREL DANS UN DOM-ROM

Comment la Guadeloupe apprivoise-t-elle son volcan ?

La situation En Guadeloupe, la violente éruption du volcan de la Soufrière en 1976 a rappelé la réalité du risque volcanique. Aujourd'hui, un dispositif de veille analyse en permanence l'activité volcanique. Son objectif : déclencher l'alerte en cas de danger.

PRÉFECTURE DE .... – COMMUNE DE ....

ÉRUPTION VOLCANIQUE

Pendant l'éruption, vous devez :

• Vous mettre à l'abri dans un bâtiment solide. Ne fuyez pas.	*Pour vous protéger des retombées volcaniques. Vous risqueriez votre vie.*
• Écouter la radio.	*Pour connaître les consignes à suivre.*
• Rassembler l'indispensable : papiers d'identité, eau potable, couverture, vos médicaments.	*En prévision d'une évacuation.*
• N'évacuer les lieux que sur ordre des autorités.	*Vous iriez au-devant du danger.*

Gardez votre calme, les services de secours sont prêts à intervenir.

Les réflexes qui sauvent

Pour mieux connaître ce risque et sa prévention, consultez dès maintenant le dossier complet en mairie

1 Une affiche de prévention.

FRANCE-ANTILLES
Le quotidien d'information de la Guadeloupe

VENDREDI 9 JUILLET 1976

FANTASTIQUE DU 5 AU 17 JUILLET 1976 pour tout achat d'un téléviseur HIFI SHOP vous offre GRATUITEMENT la fourniture et la pose d'une ANTENNE de toiture

LA SOUFRIÈRE S'EST OUVERTE HIER MATIN

Le drame de Saint-Martin
RELIQUE GLASCOW le meurtrier reconnu par sa victime a avoué

Pluie de cendres sur Saint-Claude-Matouba
70 % de la population a déjà quitté les lieux
Toutefois l'alerte N° 1 n'était pas encore déclenchée

Lundi prochain à l'occasion de

2 L'éruption de 1976 dans la presse locale.

3 La surveillance du volcan

« La Soufrière de Guadeloupe est un volcan actif de type explosif[1] ayant connu de nombreuses éruptions présentant un risque important. L'Institut de physique du globe de Paris a la charge de surveillance de son activité et c'est pourquoi l'Observatoire de veille sismique et volcanique a été créé. Il observe vingt-quatre heures sur vingt-quatre le volcan pour détecter tout changement de comportement. Le bulletin mensuel de l'Observatoire fournit des informations sur les résultats de cette surveillance. Il donne le niveau d'activité de la Soufrière et le niveau d'alerte[2] correspondant décidé par la Préfecture. Il est destiné à la fois aux autorités, aux médias et au public. »

1. Un volcan explosif ou volcan gris est un volcan très dangereux qui éjecte violemment de la lave et des cendres, lorsque sa cheminée se débouche.
2. La préfecture détermine quatre niveaux d'alerte en fonction de l'imminence du risque volcanique : années, mois, jours ou heures.

Institut de Physique du Globe de Paris, octobre 2008.

La Soufrière est aujourd'hui l'un des volcans actifs les plus surveillés.

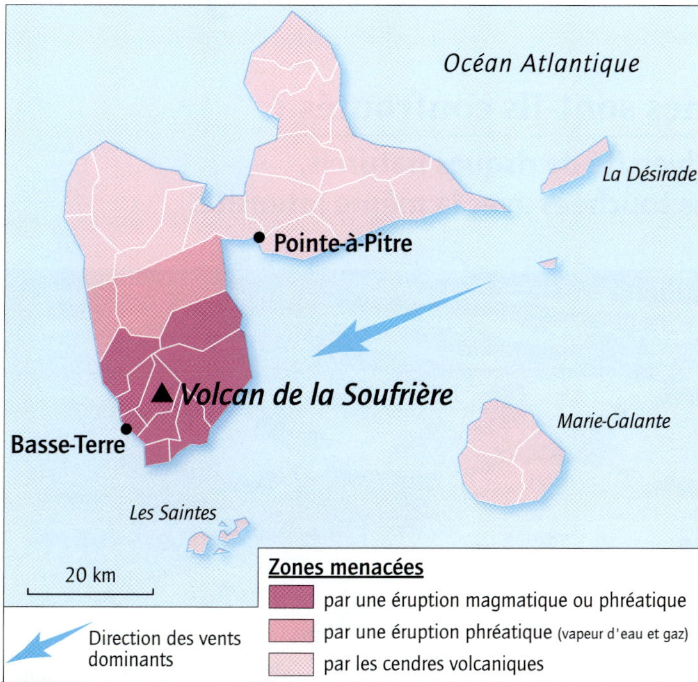

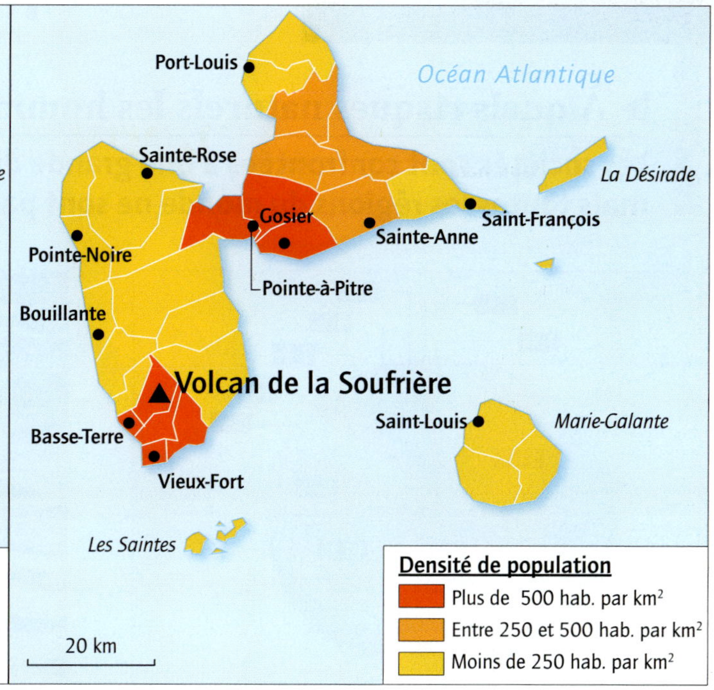

4 L'évaluation du risque.

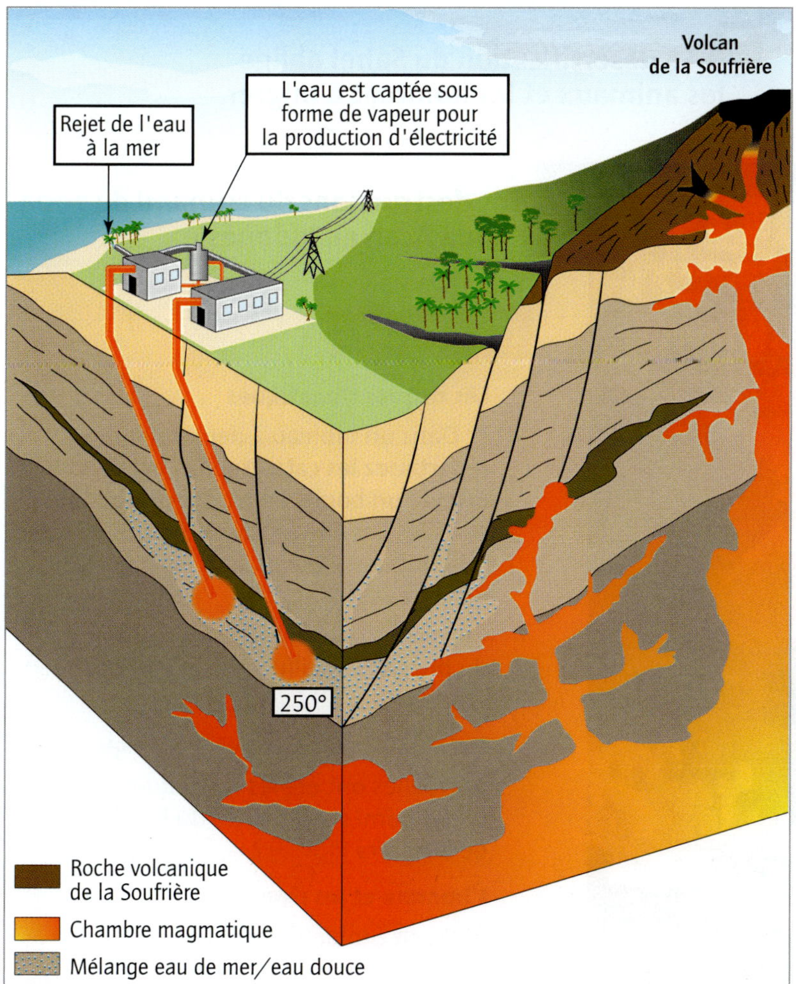

5 La centrale géothermique de Bouillante.

Cette centrale, d'une puissance totale de 15 MW, produit près de 10 % de l'électricité nécessaire à la Guadeloupe.

Étude de la situation

Analyse des documents

1. Expliquez pourquoi le volcan constitue un risque (doc. 2 et 4).

2. Comment les habitants de la Guadeloupe vivent-ils avec ce risque (doc. 1) ?

3. Quelles mesures permettent de prévenir une catastrophe volcanique (doc. 1 et 3) ?

4. Quelle caractéristique du volcan est exploitée ? De quelle façon (doc. 5) ?

5. Pourquoi peut-on dire que l'utilisation de cette ressource respecte l'environnement (doc. 5) ?

Bilan

6. À partir de vos réponses, expliquez comment la Guadeloupe apprivoise le risque volcanique.

Recherche

En utilisant Internet et les ressources documentaires du CDI, cherchez deux exemples de risques naturels sur le territoire français.

Les risques naturels majeurs

▶ À quels risques naturels les hommes sont-ils confrontés ?

Les sociétés sont confrontées à une grande diversité de risques naturels, mais toutes les régions du monde ne sont pas touchées avec la même intensité.

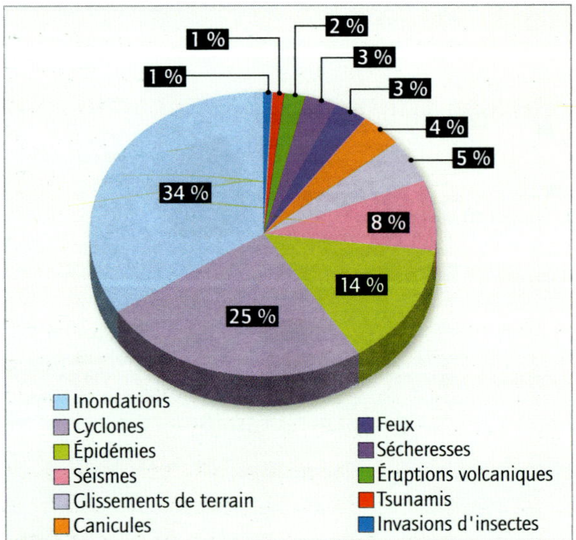

1 **Les types de catastrophes naturelles dans le monde entre 1990 et 2008.**

2 **La désertification du Sahel oblige les animaux et les hommes à migrer.**

3 **Les destructions du tsunami de 2004, à Banda Aceh en Indonésie.**

Questions

Les risques climatiques

1. Dans un tableau à deux colonnes répartissez les catastrophes ayant pour origine un bouleversement climatique et celles liées au mouvement des plaques tectoniques. Quelles sont les plus nombreuses (doc. 1) ?

2. Quelles peuvent-être les conséquences du phénomène illustré par la photographie (doc. 2) ?

Les risques sismiques et volcaniques

3. Quelles ont été les conséquences du tsunami sur les côtes du Nord de Sumatra (doc. 3) ?

L'homme et les risques

4. Quels problèmes ont aggravé les conséquences du séisme au Pakistan (doc. 4) ?

5. Quelle est la différence essentielle entre un aléa et un risque (doc. 5) ?

4 La crise sanitaire au Pakistan

En décembre 2005, deux mois après le séisme qui a fait plus de 73 000 morts et 70 000 blessés graves au Pakistan, les directeurs de l'organisation mondiale de la santé se rendent sur les lieux pour analyser la situation.

« L'arrivée de l'hiver au Pakistan a rendu la vie encore plus difficile pour les populations touchées par le séisme. Leur état sanitaire est particulièrement menacé car le froid rigoureux, associé à la précarité et à l'exiguïté des abris, augmente les risques d'hypothermie[1] et d'infections respiratoires.

Trois millions de personnes se sont retrouvées sans abri. Plus il y a de personnes dans les camps, plus le besoin en eau, en assainissement et en soins de santé est grand. La menace des maladies véhiculées par l'eau qui peuvent se propager rapidement dans les camps, diarrhées et dysenteries notamment, est permanente. Les femmes enceintes et leurs nouveau-nés sont particulièrement exposés au risque de maladies, encore aggravé par la pénurie des services médicaux. Nous devons par ailleurs poursuivre la réadaptation de ceux qui souffrent d'incapacités physiques et des troubles mentaux liés aux pertes subies et à la survie dans des communautés dévastées. »

1. Hypothermie : abaissement anormal de la température du corps pouvant provoquer la mort.

Organisation mondiale de la santé, 2006.

5 Aléa, risque et catastrophe.

Les risques climatiques

Les cyclones et inondations. Les cyclones frappent les littoraux des régions tropicales. Ils provoquent des catastrophes spectaculaires et des inondations qui font d'importants dégâts matériels et humains. Les crues exceptionnelles des grands fleuves comme le Mékong (Asie du Sud-Est) ou le Mississippi (États-Unis) sont à l'origine d'un tiers des catastrophes naturelles.

La sécheresse et la canicule. Elles peuvent être meurtrières et déstabiliser durablement une société. L'Afrique tropicale subit régulièrement la sécheresse, mais celle-ci affecte aussi parfois les régions tempérées. En août 2003, une période de chaleur exceptionnelle (canicule) a entraîné en Europe une importante surmortalité.

Les risques sismiques et volcaniques

Des zones exposées au risque. Elles sont surtout situées dans les zones d'affrontement des plaques tectoniques. Le risque volcanique peut être associé au risque sismique, comme dans la Ceinture de feu du Pacifique.

Des conséquences catastrophiques. Les séismes et les éruptions volcaniques font des dégâts considérables. Les effets des catastrophes sont d'autant plus importants que les concentrations de populations sont fortes. En décembre 2004, le tsunami (raz de marée) provoqué par un séisme sous-marin dans une zone de forte densité humaine de l'Océan Indien a fait plus de 300 000 morts et 5 millions de personnes sinistrées.

L'homme et les risques naturels

La perception du risque. Toutes les sociétés sont confrontées aux risques et devraient donc les prendre en compte dans leurs choix d'aménagement et de gestion. Toutefois, la perception du risque est variable : si les pays développés tentent souvent de le prévenir, les pays en développement ont tendance à percevoir le risque naturel comme une fatalité.

L'exposition au risque. Les hommes ne tiennent pas toujours compte du risque et s'installent parfois dans des régions exposées, mais rendues attractives par leur potentiel économique ou la fertilité des sols (comme les pentes d'un volcan). Le risque peut aussi être augmenté par négligence : une déforestation incontrôlée ou le bétonnage des sols accélèrent le ruissellement et renforcent le risque d'inondations. De même, des incendies de forêt dramatiques sont régulièrement provoqués par imprudence.

Vocabulaire

Aléa : événement qui modifie un équilibre.

Catastrophe : on parle de catastrophe quand le risque devient réalité. C'est un événement ou accident exceptionnel qui se traduit par un bilan humain et matériel très lourd.

Risque : aléa qui menace de causer de graves dommages aux hommes et aux activités.

Comment gérer le risque industriel dans une agglomération ?

La situation Au sud de Lyon, à Feyzin, la vallée du Rhône forme un couloir où se concentrent des axes de communications, des zones d'activités, des industries chimiques et pétrochimiques. Cette accumulation exceptionnelle génère des risques majeurs dans une zone de forte densité humaine.

1 **L'incendie du dépôt pétrolier Shell au port Édouard Herriot en 1987.**

2 **Le couloir de la chimie.**

Les pompiers jouent un rôle de prévention important.
Ils organisent des simulations d'accident pour préparer la population et les entreprises à d'éventuels risques industriels.

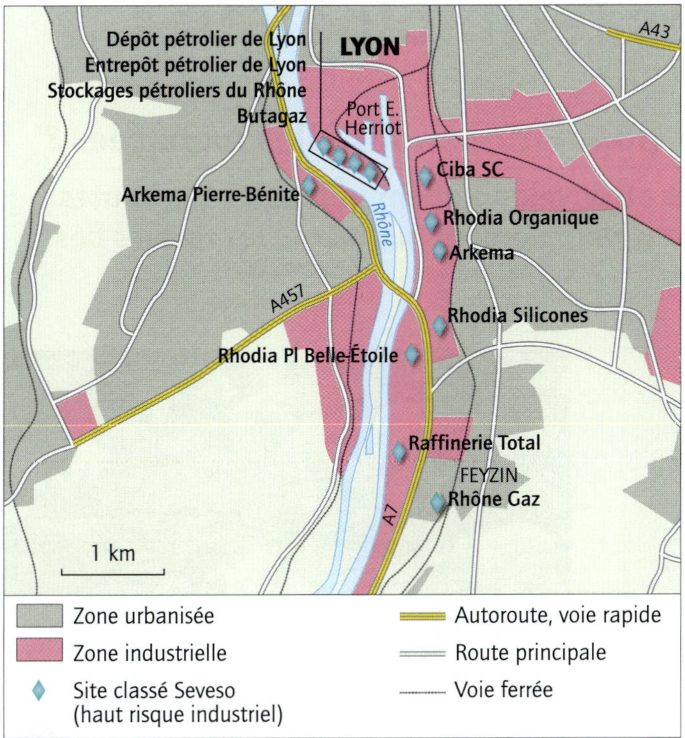

3 **Les sites industriels.**

4 La concentration des entreprises

« Regroupant le quart de la population régionale, l'aire urbaine [de Lyon] constitue également la plus forte concentration industrielle de la région. Dotée d'une infrastructure aéroportuaire, routière et ferroviaire importante, elle bénéficie d'un important et très lointain passé industriel, axé à l'origine sur le textile. Le besoin des tisseurs en colorants synthétiques pour les étoffes a concouru à l'éclosion d'une industrie très puissante : la chimie. L'évolution des besoins et des applications a conduit à la création de laboratoires et à l'ancrage d'une industrie pharmaceutique de référence mondiale. L'ouverture en 1998 du laboratoire de recherche sur les virus les plus dangereux est venue compléter les laboratoires déjà existants. »

Direction régionale de l'industrie, de la recherche et de l'environnement de Rhône-Alpes.

5 **Document d'information communal sur les risques majeurs de la ville de Feyzin en 2008.**

PCS : plan communal de sauvegarde
ORSEC : organisation de la réponse de sécurité civile

Étude de la situation

Analyse des documents

1. Repérez sur la photographie les zones industrielles et les zones urbaines (doc. 2).

2. À partir de la photographie, du texte et de la carte, justifiez l'expression « couloir de la chimie » (doc. 2 à 4).

3. Quels risques menacent les populations riveraines du couloir de la chimie ? Selon vous, pourquoi l'urbanisation aggrave-t-elle les risques (doc. 1 à 4) ?

4. Identifiez les acteurs qui interviennent en cas d'accident (doc. 5).

Bilan

À partir de vos réponses aux questions précédentes, expliquez quels risques industriels concentre le couloir de la chimie et comment ils sont gérés.

Cours Les risques technologiques

▶ Par quels risques technologiques les populations sont-elles menacées ?

Les risques technologiques sont étroitement liés au développement industriel. Les hautes technologies, les transports ou l'industrie ont considérablement augmenté les risques liés aux activités humaines.

1 Fuite d'uranium dans le Vaucluse

« Les conditions de la fuite d'uranium dans une installation de la société Areva sur le site nucléaire de Tricastin s'éclaircissent peu à peu. Le rejet s'est produit à 6 h 30 pendant une opération de nettoyage d'une cuve. Plus tard dans la matinée, des mesures de sécurité ont été prises : l'interdiction de la consommation d'eau, la suspension de l'irrigation agricole ainsi que des activités nautiques et de la baignade sur les plans d'eau des environs. La pêche et la consommation sont également interdites. L'incident a été classé au niveau 1 (anomalie) de l'échelle qui évalue la gravité des événements touchant les installations nucléaires et qui compte 7 niveaux. »

Le Figaro, 9 juillet 2008.

2 Une plage espagnole après la marée noire du pétrolier *Prestige* en 2002.

3 La délocalisation en Asie d'un grand groupe chimique français.

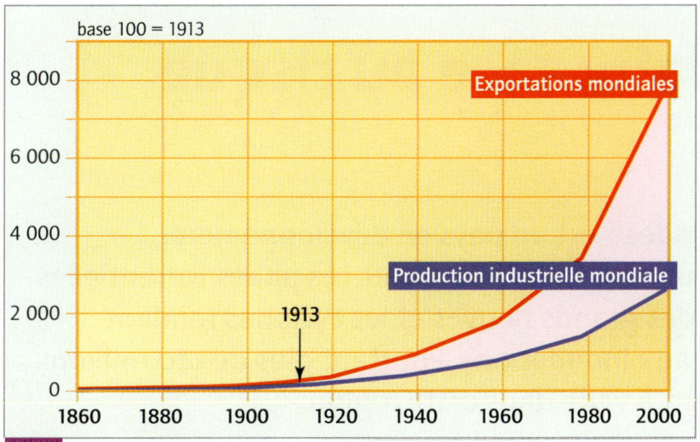

Source : OMC, 2008.

4 L'évolution de la production et des échanges mondiaux.

5 La délocalisation du risque.

Questions

Les risques industriels

1. Quels risques technologiques sont évoqués ? Quels types de pays sont concernés (doc. 1 et 2) ?

L'augmentation du risque

2. Décrivez et expliquez l'évolution de la production industrielle et des échanges dans le monde. Quel lien peut-on établir avec l'augmentation des risques technologiques (doc. 4) ?

Les sociétés face au risque technologique

3. Selon vous, à qui le document s'adresse-t-il ? Quel message transmet-il (doc. 3) ?

4. Quels événements sont évoqués (reportez-vous au deuxième paragraphe du cours) ? Que dénonce ce dessin de presse (doc. 5) ?

Les risques industriels

La production et le stockage. Les activités industrielles et le stockage de certains produits sont à l'origine de risques technologiques importants. Par exemple, la fermentation des céréales dans les silos peut provoquer de graves explosions. Les gaz liquéfiés sous pression présentent aussi un risque important en cas de rupture du réservoir : l'ébullition-explosion.

Le nucléaire et la chimie. Ce sont potentiellement les activités les plus dangereuses. Irradiation, explosions et contamination de l'air, de l'eau ou des sols peuvent nuire gravement aux populations. En 1984 à Bhopal, en Inde, une fuite de gaz toxique a tué plus de 4 000 personnes. De même, l'explosion d'un réacteur d'une centrale nucléaire à Tchernobyl (Ukraine) en 1986 a provoqué la mort de plusieurs milliers de personnes.

L'augmentation du risque

L'intensification des échanges. La circulation des matières premières, et surtout des matières dangereuses, contribue au risque technologique. Le transport du pétrole par supertanker a provoqué de nombreuses marées noires : le naufrage de l'*Erika* en 1999 ou du *Prestige* en 2002. Les sociétés sont aussi exposées aux risques quotidiens liés à la circulation croissante des personnes : accidents de la route, catastrophes aériennes.

Les sociétés face au risque technologique

L'internationalisation du risque. Le risque dépasse souvent les frontières. Le nuage radioactif échappé de la centrale de Tchernobyl a traversé toute l'Europe, et le bilan définitif des effets de la radioactivité n'est toujours pas connu. Lorsqu'un fleuve est contaminé par une pollution, c'est l'ensemble de la faune et de la flore du bassin fluvial qui est touché, jusqu'à l'embouchure sur la mer. La prise en compte du risque doit donc être planétaire.

La délocalisation du risque. Les pays développés sont les plus exposés au risque technologique. Mais les pays les moins avancés sont de plus en plus concernés car le faible coût de la main-d'œuvre et une législation peu rigoureuse facilitent l'installation d'industries étrangères très polluantes. La catastrophe de Bhopal en Inde était due à l'explosion d'une usine d'Union Carbide, une firme américaine implantée en Inde.

Vocabulaire

Délocalisation industrielle : transfert d'activités industrielles dans des régions du monde bénéficiant de coûts plus bas et d'une législation plus attractive.

LES INONDATIONS AU BANGLADESH

Comment faire face au risque naturel ?

La situation Le Bangladesh est un pays en développement qui se situe presque tout entier au ras de l'eau. Les pluies torrentielles de la mousson, la crue des grands fleuves et les cyclones rendent le pays très vulnérable aux inondations. Pourtant plus de 140 millions de personnes continuent à vivre dans cette région.

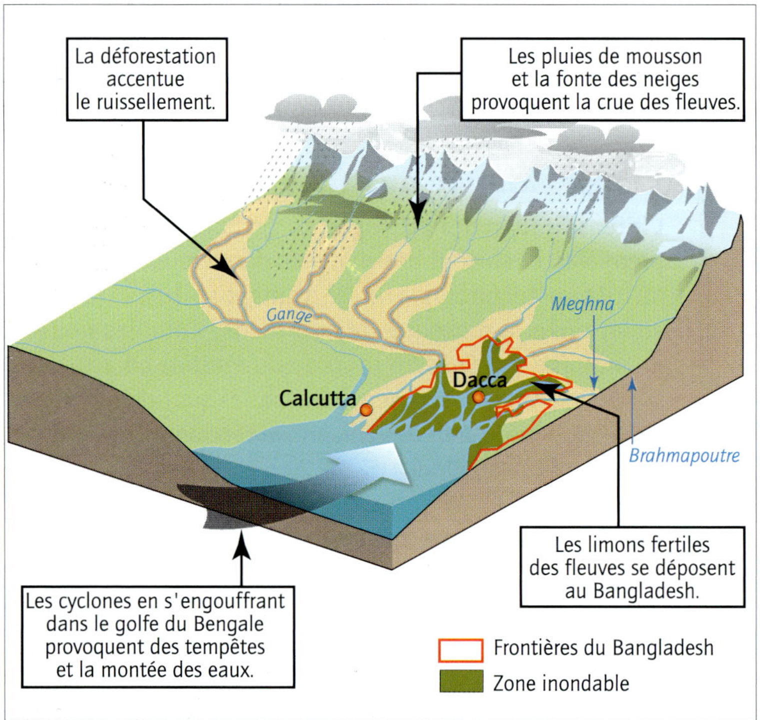

1 L'origine des inondations au Bangladesh.
La densité de population au Bangladesh est dix fois plus forte qu'en France.

2 Les dégâts provoqués par le cyclone Sidr au Bangladesh, en novembre 2007.

Des ateliers de sensibilisation au risque d'inondation s'organisent dans les villages bangladais.

3 Un plan de reboisement

« Régulièrement victime de catastrophes naturelles, le Bangladesh a annoncé que 100 millions d'arbres allaient être plantés. Le gouvernement a souligné que les arbres "combattraient les tempêtes, les raz-de-marée, les inondations et les sécheresses de façon naturelle". Il a appelé tous les Bangladais à construire un "mur d'arbres sur la côte qui soit un rempart contre les désastres". Quelque 14 % du territoire sont déjà couverts par la forêt mais le gouvernement voudrait porter ce chiffre à 20 %. »

Times of India, mai 2008.

4 La ville de Dacca inondée par la mousson.

5 Les régions les plus touchées par des cyclones

Année	Lieu	Nombre de morts
1970	Bangladesh	400 000
1971	Bangladesh	300 000
1974	Honduras	10 000
1985	Bangladesh	11 000
1991	Bangladesh	138 000
1998	Amérique centrale	10 000
1999	Bangladesh / Inde	15 000
2004	Haïti	1 330
2005	États-Unis	1 200
2007	Bangladesh	4 100

6 Une image de prévention distribuée dans les écoles.

Étude de la situation

Analyse des documents

1. À quels risques naturels le Bangladesh est-il soumis (doc. 1 et 2) ?

2. Quelles sont les causes des inondations au Bangladesh (doc. 1) ?

3. Pourquoi peut-on dire que les risques naturels sont importants au Bangladesh (doc. 5) ?

4. Comment expliquer la densité de population malgré le risque (doc. 1) ?

5. Quelles sont les réactions des Bangladais face aux inondations (doc. 4) ?

6. Quels moyens sont mis en œuvre pour tenter de réduire le risque (doc. 3 et 6) ?

Bilan

À partir des réponses aux questions précédentes, montrez comment les Bangladais s'adaptent au risque d'inondations. Vous expliquerez les mesures prises et leurs limites.

La gestion des risques et des catastrophes

Comment prévenir les risques ?

Les catastrophes sont parfois perçues comme inévitables par les populations des pays en développement. Dans les pays développés, les sociétés se mobilisent à la recherche de solutions.

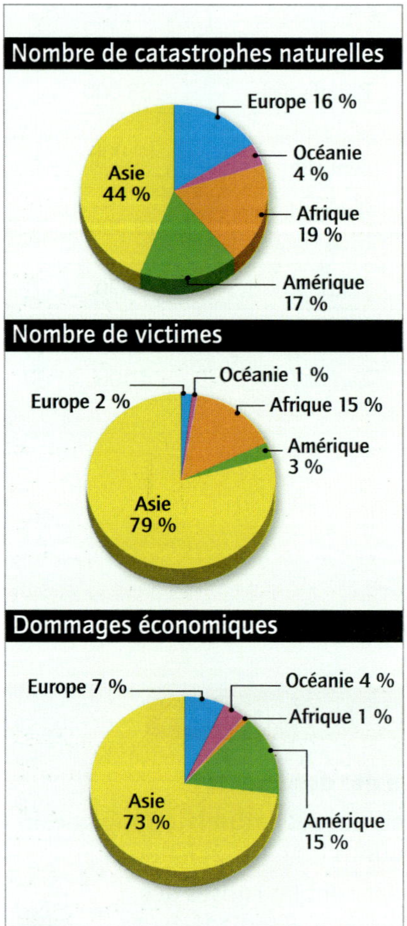

1 Les catastrophes naturelles en 2007.

2 Un guide de prévention.

3 Les difficultés de l'aide internationale en Birmanie

« Souffrant déjà des conditions de vie les plus précaires d'Asie, d'années de dictature et d'incurie économique, le peuple birman est en mai 2008 frappé par une terrible catastrophe naturelle. Plus de 42 000 personnes sont portées disparues. Selon les Nations Unies, les sans-abri se comptent par centaines de milliers. Pour tous, les besoins sont déjà considérables : abris, médicaments, tablettes de purification d'eau, mais également nourriture et générateurs d'électricité. La France et la Grande-Bretagne se sont immédiatement mobilisées financièrement pour venir en aide aux sinistrés, chacune pour plusieurs millions d'euros. La Commission européenne a annoncé le versement de 2 millions d'euros. Mais, même face à l'urgence, même face à l'horreur, il faut compter avec les autorités birmanes pour faciliter l'action de la communauté internationale. Celle-ci attend du pouvoir birman qu'il lève toutes les restrictions sur la distribution de l'aide. Tous les efforts doivent désormais converger vers le secours aux populations, y compris pour prévenir d'autres malheurs, en particulier les épidémies. »

Déclaration de Bernard Kouchner et David Miliband, ministres des Affaires étrangères français et britannique.

4 L'appel à la solidarité.

Questions

Dans les pays développés

1. Quels sont les continents les plus touchés par les catastrophes ? Comment expliquer l'écart de pourcentage entre les catastrophes et les victimes ou les dommages matériels (doc. 1) ?

2. Qui est à l'origine de la rédaction du document 2 ? À qui s'adresse t-il ? Quel est son objectif ?

Dans les pays en développement

3. Comment les pays en développement font-ils face aux catastrophes (doc. 3 et 4) ?

Une intervention planétaire

4. Identifiez et comparez les moyens d'actions face aux risques et aux catastrophes des pays riches et des pays pauvres (doc. 2 à 4).

Dans les pays développés

La politique de prévention. Elle est mise en place à l'échelle locale ou nationale. En France, une des missions du ministère de l'Écologie et du Développement durable est d'établir des stratégies pour limiter les risques. Les plans de prévention des risques (PPR) décrivent les risques et définissent des mesures de sécurité. Ils règlementent les constructions.

La diminution du nombre de victimes. Le nombre de morts et de sinistrés à la suite de catastrophes est en baisse car la prévision et la prévention sont de plus en plus efficaces. Mais les dégâts matériels et les conséquences économiques sont souvent considérables et en augmentation.

Dans les pays en développement

90 % des victimes de catastrophes. Les pays en développement n'ont souvent pas les moyens de construire des infrastructures capables de résister aux aléas climatiques ou aux tremblements de terre. Ainsi, en 2005 au Pakistan, un séisme de 7,5 sur l'échelle de Richter a tué plus de 75 000 personnes, alors qu'en 1995, à Kobé au Japon, un séisme de la même intensité n'a fait « que » 6 347 morts.

Des populations très vulnérables. Le sous-développement accentue le risque. Les secours sont souvent tardifs et mal organisés. Les coûts liés aux dégâts sont très lourds pour des pays déjà en difficulté. Au Pakistan les problèmes sanitaires liés au séisme de 2005 ont fait de nombreuses victimes et les bâtiments effondrés ne sont pas reconstruits.

Une intervention planétaire

Une prise de conscience internationale. Les catastrophes sont largement médiatisées et font réagir l'opinion publique. Elles soulèvent l'indignation lorsqu'elles sont d'origine humaine. Les entreprises pétrolières sont fréquemment mises en cause lors des marées noires. Ces réactions et les mesures prises par la suite s'inscrivent dans une recherche de développement durable pour la planète.

Des mesures à l'échelle mondiale. La solidarité s'exprime à travers l'aide internationale. Le rôle des ONG (Organisations non gouvernementales) et des organisations internationales (ONU, Union européenne) est essentiel pour l'organisation des secours dans les pays pauvres. Mais l'aide humanitaire est parfois détournée ou difficile à faire parvenir aux populations à cause de gouvernements qui ne facilitent pas le travail d'équipes d'aide étrangères dans leur pays.

Vocabulaire

Prévention : démarche pour empêcher un risque ou en limiter les effets.

Prévision : mesures établies pour surveiller et prévoir le risque.

Vulnérabilité : degré de fragilité des sociétés face aux risques. Il prend en compte le facteur humain : la densité de population, les risques industriels et le niveau de développement de la région.

L'essentiel

Connaissances

Les risques naturels

Les sociétés sont confrontées à trois grands types de risques naturels : climatiques, sismiques et volcaniques. Les risques naturels ont souvent des conséquences humaines et matérielles très lourdes. Les choix opérés par les sociétés peuvent aggraver considérablement les conséquences d'un risque naturel (construction d'habitations sur un site inondable par exemple).

Les risques technologiques

Ces risques sont liés au développement industriel. Ainsi, la production et le stockage des matières dangereuses représentent un risque important, de même que les industries nucléaires et chimiques, qui ont provoqué de graves catastrophes. La mondialisation et l'intensification des échanges accentuent les risques qui désormais dépassent largement les frontières des pays.

La gestion des risques et des catastrophes

Les pays développés mettent en place des plans de prévention et de protection. Ces plans diminuent le nombre des victimes mais pas toujours les dégâts matériels. Les pays en développement, très vulnérables, dépendent souvent de l'aide internationale pour se reconstruire. Mais les enjeux politiques ou économiques limitent parfois l'efficacité des mesures.

Chiffres clés

1,6 million : nombre de morts provoquées par les catastrophes naturelles en 20 ans, soit 80 000 personnes par an en moyenne.

90 % des victimes de catastrophes vivent dans un pays en développement.

Notions clés

Prévention : démarche pour empêcher un risque ou en limiter les effets.

Risque : aléa qui menace de causer de graves dommages aux hommes et aux activités.

Vulnérabilité : degré de fragilité des sociétés face aux risques. Il prend en compte le facteur humain : la densité de population, les risques industriels et le niveau de développement de la région.

Croquis de synthèse

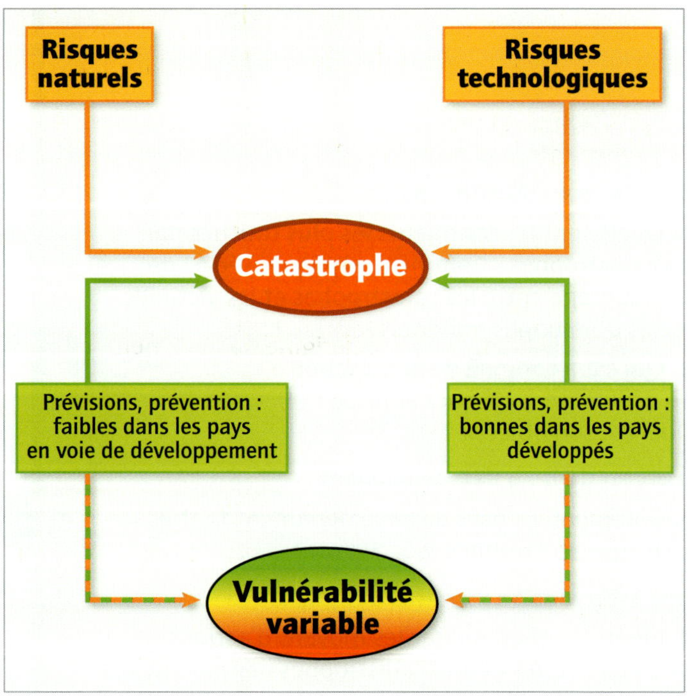

Capacités

Dégager l'intérêt et les limites d'un document Internet

1. La source : identifier l'émetteur du document, préciser si il s'agit d'un individu, d'un ou de plusieurs organismes, privés ou publics.

5. L'objectif du site : repérer le thème général du document. Déterminer si le site est informatif ou commercial.

3. Le contenu : observer les informations, relever celles qui correspondent à la recherche. Confronter ces informations à celles d'un autre document.

4. Le registre de communication : observer les couleurs, le vocabulaire et les images pour déterminer la fonction dominante du document : séduction, émotion ou information.

2. La datation : repérer la date de mise à jour ou de consultation pour déterminer l'ancienneté de l'information.

Démarche

1. La source. L'organisme à l'origine du document est-il privé ou public ? Relevez le nom des partenaires cités dans cette page Internet.

2. La datation. De quand datent les informations du document ? À quelle saison le document a-t-il été mis à jour ? Quelles indications cela nous donne-t-il sur l'objectif du site ?

3. Le contenu. Sur quel type de risque le document apporte-t-il des informations ? Quelles possibilités liées à Internet ce site exploite-t-il ?

4. Le registre de communication. Relevez dans le document des exemples concrets qui permettent de déterminer le registre (séduction, émotion, information) du message délivré.

5. L'objectif. Ce site a-t-il pour objectif de prévenir les risques, de donner des informations scientifiques, de commercialiser un service ou un produit ? Justifiez votre réponse.

Mobiliser ses connaissances (10 points)

1 Restituer des connaissances (2 points)

Distinguez dans cette liste les risques naturels et les risques technologiques : canicule, contamination chimique, cyclone, éruption volcanique, explosion, inondation, irradiation, marée noire, sécheresse, séisme.

2 Utiliser le vocabulaire disciplinaire (1 point)

Quelle définition répond au terme de catastrophe ?

- Lorsqu'un événement fait la une des médias et nécessite la mise en œuvre de coûteux moyens d'intervention, il s'agit d'une catastrophe.
- Lorsqu'un événement cause de nombreuses victimes et des dégâts matériels importants, il s'agit d'une catastrophe.

3 Citer des acteurs et expliquer leur rôle (3 points)

Citez deux noms d'organismes publics ou privés qui interviennent dans la prévention et la gestion du risque et des catastrophes. Expliquez leur rôle.

4 Compléter un schéma (2 points)

Après l'avoir reproduit, placez sur le schéma les mots qui conviennent : développé, humaines, matérielles, prévention, vulnérabilité.

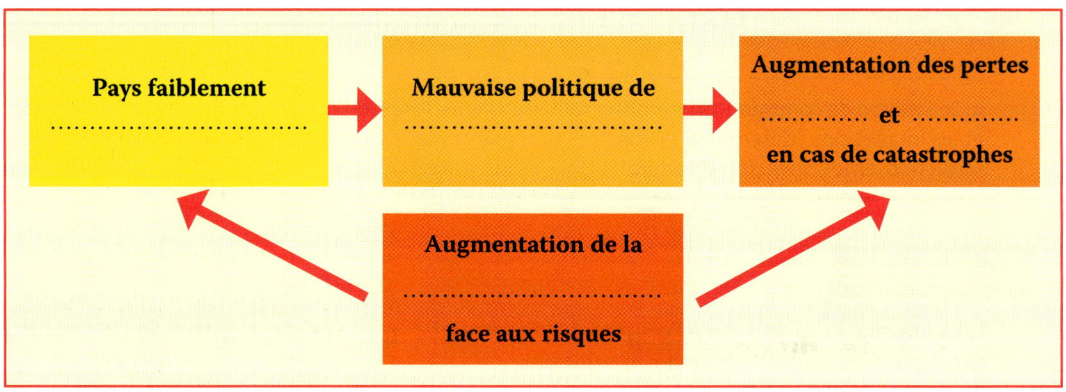

5 Décrire une situation (2 points)

Décrivez la situation des pays en développement face au risque naturel.

Exploiter un document (10 points)

Page d'accueil du site Internet de l'entreprise Laurentin

▶ Dégager l'intérêt et les limites du document (7 points)

1. Identifiez l'organisme à l'origine du document. Expliquez son rôle.

2. Relevez dans le document au moins deux indications qui concernent les risques technologiques.

3. Selon vous, à qui ce document s'adresse t-il ? Justifiez votre réponse.

4. Ce site a-t-il pour objectif de fournir des indications techniques, de commercialiser un produit ou un service, de faire connaître une entreprise ? Justifiez votre réponse.

▶ Mettre en relation avec ses connaissances (3 points)

5. Relevez les éléments se référant à la législation sur les risques technologiques. Expliquez quelles sont les mesures de prévention et de protection envisagées pour ce type de risques.

Des territoires dans la mondialisation

La mondialisation intègre les hommes, les économies et les territoires dans un système planétaire. S'appuyant sur des firmes et des organisations, elle crée une culture mondiale. Toutefois, elle n'uniformise pas la planète : les différences culturelles et les inégalités économiques caractérisent toujours l'espace mondial.

Géographie

Première

Sujets d'étude

Rotterdam (Pays-Bas), le premier port européen.

Avec un trafic de 420 millions de tonnes, Rotterdam est le premier port européen et occupe le 3e rang mondial pour son trafic total. Il constitue le cœur de la façade maritime de l'Europe du Nord et commande un vaste arrière-pays. Des usines, des terminaux pétroliers, des terminaux de conteneurs et des voies de communication s'étendent en direction de la mer du Nord.

Sujet d'étude

1

Acteurs, flux, réseaux de la mondialisation

La planète est traversée par des flux massifs d'hommes, de marchandises, d'informations et d'argent qui empruntent divers réseaux. Les distances paraissent se réduire alors que les sociétés et les territoires deviennent interdépendants : on parle de mondialisation.

Comment la mondialisation intègre-t-elle les sociétés, les économies et les territoires ?

Carte

Les réseaux de transport dans le monde

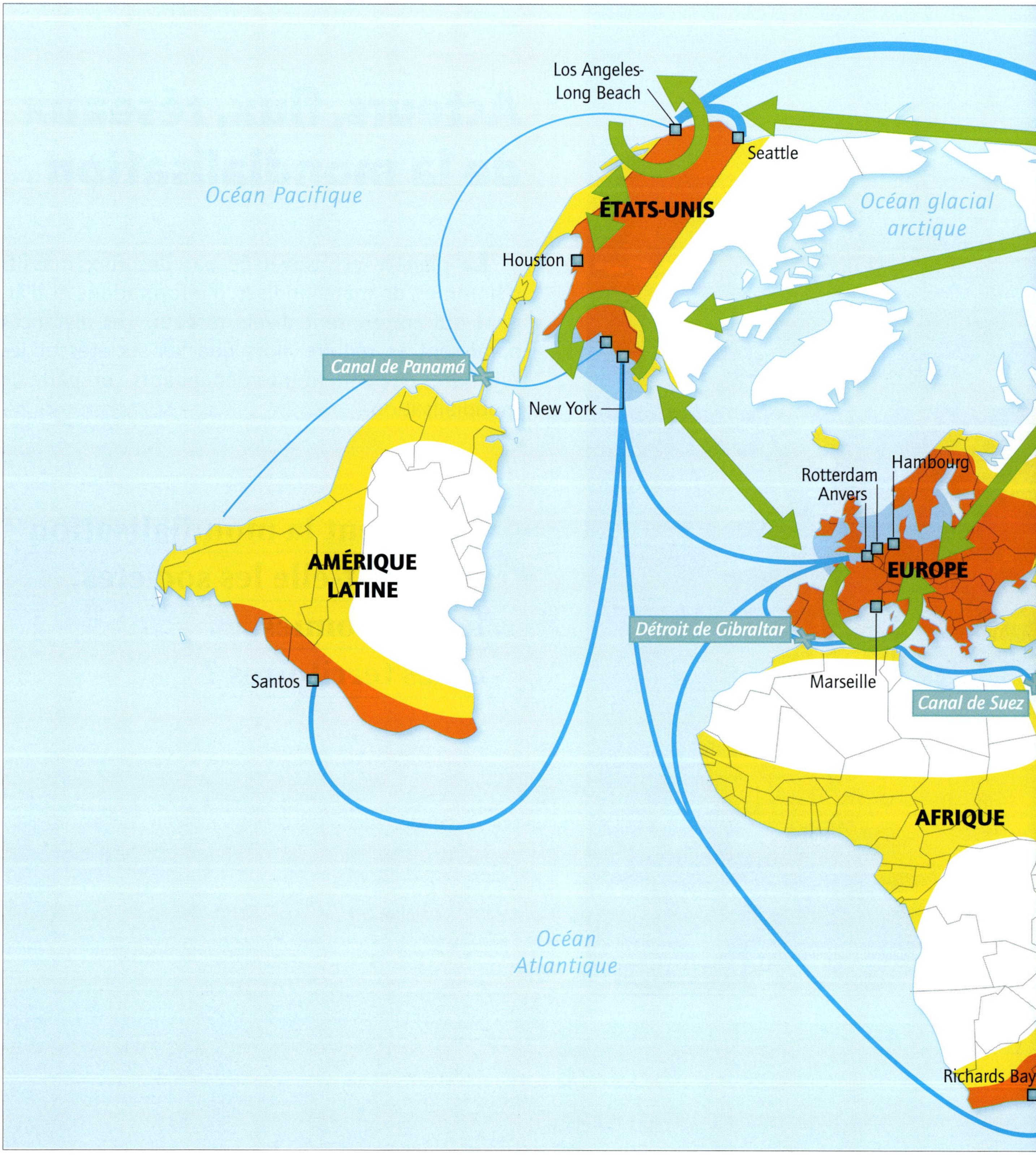

NOUVELLE-ZÉLANDE
Tokyo-Yokohama
Chiba-Kawasaki
JAPON
Osaka-Kobé
Ulsan
Pusan
AUSTRALIE
Shanghai
Shenzhen
Hongkong
CHINE
Singapour
Détroit de Malacca
INDE
Dubaï
Océan Indien
1. Transports terrestres (route, rail, voie d'eau)
Réseau dense
Réseau lâche ou discontinu
Réseau embryonnaire ou inexistant
2. Transports maritimes
Grande façade portuaire
Important flux maritime
Port majeur
Passage maritime stratégique
3. Transports aériens
Flux aérien majeur
Grand carrefour aéroportuaire

Situation 1

Comment le téléphone portable a-t-il conquis le monde ?

La situation Le téléphone portable est devenu un produit de consommation de masse. Dans les pays riches, il est de plus en plus sophistiqué. Conçu dans les laboratoires de puissantes firmes mondialisées, le mobile est ensuite réalisé dans des usines réparties sur tous les continents, avant d'être distribué par des opérateurs de télécommunication à des millions de consommateurs.

Un Massaï avec un mobile au Kenya. L'utilisation du portable se diffuse rapidement en Afrique.

1 La stratégie de production mondiale

Le finlandais Nokia est le premier producteur mondial de téléphones mobiles. Avec près de 40 % de parts de marché et plus d'un million de téléphones vendus par jour, Nokia doit constamment revoir sa stratégie pour maintenir sa position.

« Le finlandais se trouve dans une posture de géant entraîné dans une guérilla face à de multiples adversaires : il avoue souffrir d'une concurrence accrue sur sa spécialité, l'entrée de gamme, primordiale dans les pays émergents. Tout retard dans le rajeunissement de sa gamme "moyenne" revigore ses concurrents issus de l'électronique grand public, comme les coréens Samsung ou LG. Enfin, il affronte l'iPhone d'Apple, mais aussi les Blackberry, Google et autres Windows qui lorgnent le marché des coûteux smartphones, les téléphones les plus sophistiqués. […] À plus long terme, le joujou technologique court un autre danger, celui de faire les frais de la prise de conscience environnementale des consommateurs : pourquoi envoyer tous les dix-huit à vingt-quatre mois leur gadget presque flambant neuf au rebut ? La menace reste pour l'instant encore théorique, d'autant que Nokia fait plutôt figure de bon élève en matière de recyclage comme d'écoconception. »

C. Bernard, « Nokia, bon pour le service », *Enjeux-Les Échos*, n° 251, novembre 2008.

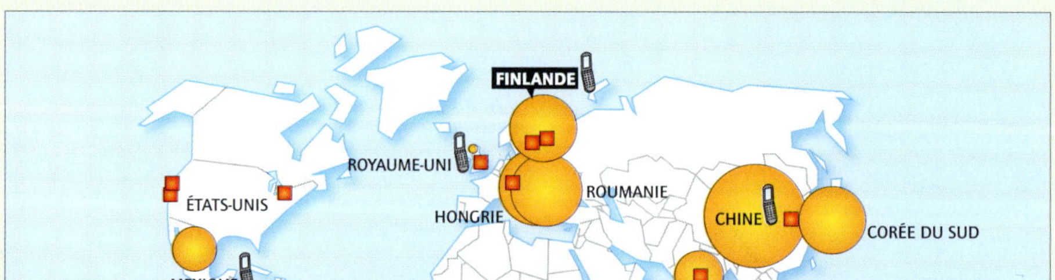

2 La conquête du marché mondial par les opérateurs

Créé en 1982, le britannique Vodafone constitue aujourd'hui le premier opérateur mondial de téléphonie mobile avec plus de 250 millions d'abonnés dans le monde. En France, il dirige en partie SFR. Mais c'est sur les marchés émergents que le groupe étend ses positions.

	Pays	Nombre de clients (en milliers)
L'Europe occidentale, premier marché pour Vodafone	Royaume-Uni	18 537
	Irlande	2 264
	Pays-Bas	4 252
	France	8 278
	Allemagne	34 412
	Portugal	5 209
	Espagne	16 039
	Italie	23 069
	Grèce	5 454
	Albanie	1 130
	Malte	200
Total (représente 74 % des revenus et 34 % de la croissance de Vodafone)		**118 844**

Marchés en forte croissance	Pays	Nombre de clients (en milliers)
Europe orientale	République tchèque	2 698
	Pologne	2 653
	Hongrie	2 340
	Roumanie	8 921
Moyen-Orient	Turquie	16935
Afrique et Asie	Égypte	7 738
	Kenya	4 092
	Afrique du Sud	15 368
	Inde	29 558
	Chine	12 588
Pacifique	Australie	3 690
	Nouvelle-Zélande	2 366
	Fidji	223
	États-Unis	30 230
Total (représente 26 % des revenus et 66 % de la croissance de Vodafone)		**139 400**

Source : Vodafone. Chiffres 2008.

3 Un circuit complexe

Lancé en 2007 par l'américain Apple, l'iPhone est un téléphone qui intègre des technologies innovantes. Conçu dans les laboratoires de Californie, l'iPhone est assemblé en Chine afin de profiter d'une main-d'œuvre efficace et bon marché.

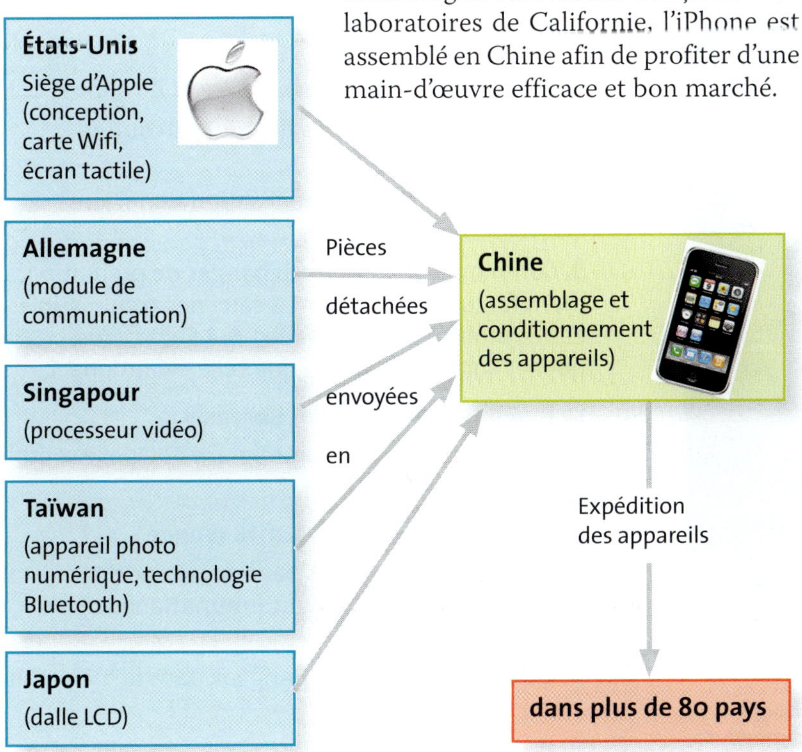

Étude de la situation

Étude des documents

1. Quelle place la société Nokia occupe-t-elle dans la hiérarchie des entreprises de téléphonie portable ? Comment évolue la stratégie de l'entreprise ? Expliquez-en les raisons (doc. 1).

2. Classez les zones de production des téléphones Nokia, des plus importantes aux moins importantes (doc. 1).

3. Décrivez le circuit de l'iPhone d'Apple, de sa conception à sa production et à sa distribution (doc. 3).

4. De quel pays le groupe Vodafone est-il originaire ? En quoi peut-il être considéré comme un groupe de dimension internationale (doc. 2) ?

Bilan

Expliquez en quoi le téléphone portable illustre la mondialisation de la production industrielle

Cours

Un monde organisé par des flux et des réseaux

▶ Comment est organisé l'espace mondial ?

La mondialisation s'accompagne de flux massifs qui empruntent les nœuds et les axes de puissants réseaux de communication.

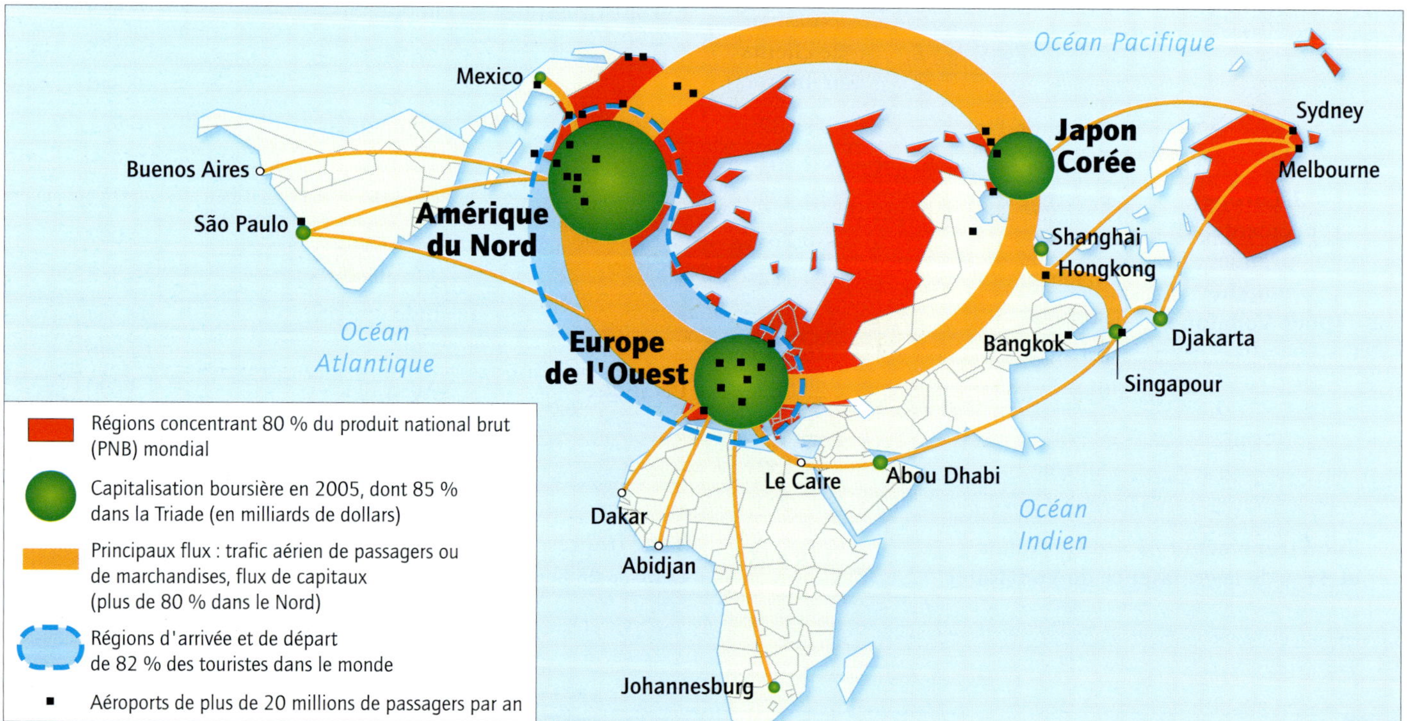

1 L'organisation des échanges internationaux.

2 L'arrivée d'immigrants à Lampedusa (Italie).

Des milliers d'immigrés tentent, au péril de leur vie, de gagner l'Union européenne. Nombre d'entre eux échouent à Lampedusa, une île située entre la Sicile et la Tunisie.

Questions

L'explosion des flux du commerce et de la finance

1. Nommez les différents flux qui parcourent la planète (doc. 1).

2. En quoi consiste la globalisation financière ? Quels en sont ses risques (doc. 4) ?

3. Comment évoluent les échanges de produits manufacturés par rapport à ceux des combustibles et des produits agricoles (doc. 5) ? Selon vous, quelles sont les raisons d'une telle évolution ?

La mobilité croissante des hommes

4. D'où proviennent les immigrants ? Quelle semble être leur situation (doc. 3) ?

Une mise en réseau efficace du monde

5. Quelle est la place des pays de la Triade dans l'organisation des échanges internationaux (doc. 1) ?

6. Quelle est la place de Bangkok dans la hiérarchie aéroportuaire mondiale (doc. 1 et 3) ?

3 **L'aéroport de Bangkok (Thaïlande).**
Inauguré en septembre 2006, l'aéroport international de Suvarnabhumi est le plus grand terminal passagers du monde.

4 **La globalisation financière et ses risques**

« L'un des traits marquants de l'économie capitaliste mondiale en ce début de XXIe siècle est la montée en puissance de la finance internationale. Cette transformation, appelée "globalisation financière" se définit comme la création d'un marché unique de l'argent au niveau planétaire. Tout étant lié à la mondialisation des échanges de biens et de services, la globalisation a été beaucoup plus brutale et importante dans le domaine financier. En principe, elle doit amener une meilleure allocation du capital dans l'économie mondiale. Pourtant, les mutations financières se sont traduites par une instabilité accrue, avec des crises boursières et de change. »

D'après L. Carroué, D. Collet, C. Ruiz, *La Mondialisation*, Bréal, 2006.

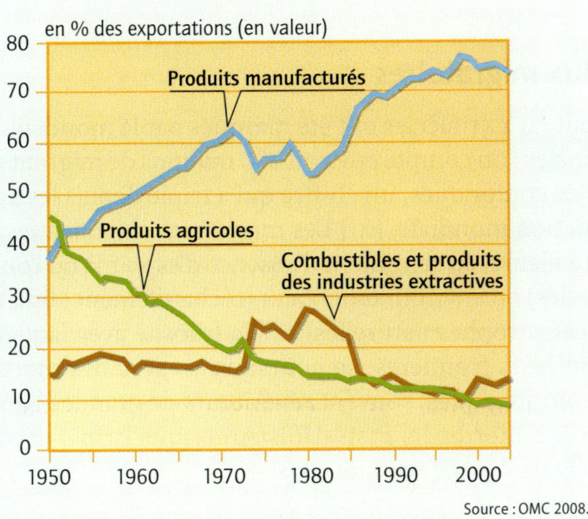

5 **La croissance des échanges de marchandises.**

L'explosion des flux du commerce et de la finance

L'interdépendance croissante des économies. Les échanges se réalisent sous forme de flux qui relient les différentes économies de la planète. Depuis les années 1950, ils progressent à un rythme deux fois plus rapide que celui de la production.

La diversité des produits échangés. Les biens manufacturés dominent les échanges. Des flux d'énergies et de matières premières approvisionnent les pays consommateurs. L'échange des services se développe. Des flux d'argent parcourent également la planète : ils financent des économies, mais provoquent parfois des crises boursières et bancaires, comme ce fut le cas en 2008.

La mobilité croissante des hommes

Un système migratoire mondialisé. Le nombre de migrants internationaux a triplé en quarante ans et représente aujourd'hui 200 millions de personnes, soit 3 % de la population mondiale. Les trois quarts des migrants sont originaires de pays pauvres et cherchent à atteindre les pays riches d'Europe, d'Amérique du Nord et les pays pétroliers du Moyen-Orient pour y travailler.

Les flux touristiques. La baisse des coûts du transport et l'élévation des niveaux de vie expliquent la croissance du tourisme international. Cela concerne 900 millions d'individus, provenant en majorité des pays riches. Les touristes séjournent principalement en Europe, dans les Antilles ou en Asie de l'Est et du Sud-Est.

Une mise en réseau efficace du monde

L'espace mondial en réseau. Les réseaux de transport terrestre, maritime et aérien assurent l'intégration des territoires et le déplacement toujours croissant d'hommes et de marchandises à moindre coût. Les technologies de l'information et de la communication ont aussi beaucoup évolué, notamment grâce à la téléphonie mobile et à Internet.

Des réseaux hiérachisés. Les pays de la Triade sont les pôles des flux de la mondialisation : ils bénéficient de réseaux denses et complémentaires, articulés autour de grandes métropoles, de nœuds de transport et de façades maritimes.

Vocabulaire

Flux : ensemble des hommes, des marchandises, de l'argent ou des informations en circulation.

Mondialisation : interdépendance des différentes régions du monde sous l'effet de la croissance des échanges et de l'essor des moyens de transport et de communication.

Réseau : ensemble de lignes ou de relations qui connectent entre eux les lieux ou des personnes.

Triade : ensemble des trois pôles dominants de l'économie mondiale (Europe occidentale, Amérique du Nord, Asie de l'Est).

Situation 2

LES MIGRATIONS INTERNATIONALES

Comment expliquer la croissance des flux migratoires ?

La situation Le monde est traversé par des flux croissants de population. Environ deux cents millions de migrants vivent ainsi en dehors de leur pays d'origine afin d'améliorer leurs conditions de vie. Le tourisme est aussi une importante source de déplacements : neuf cents millions de personnes effectuent chaque année des séjours touristiques à l'étranger.

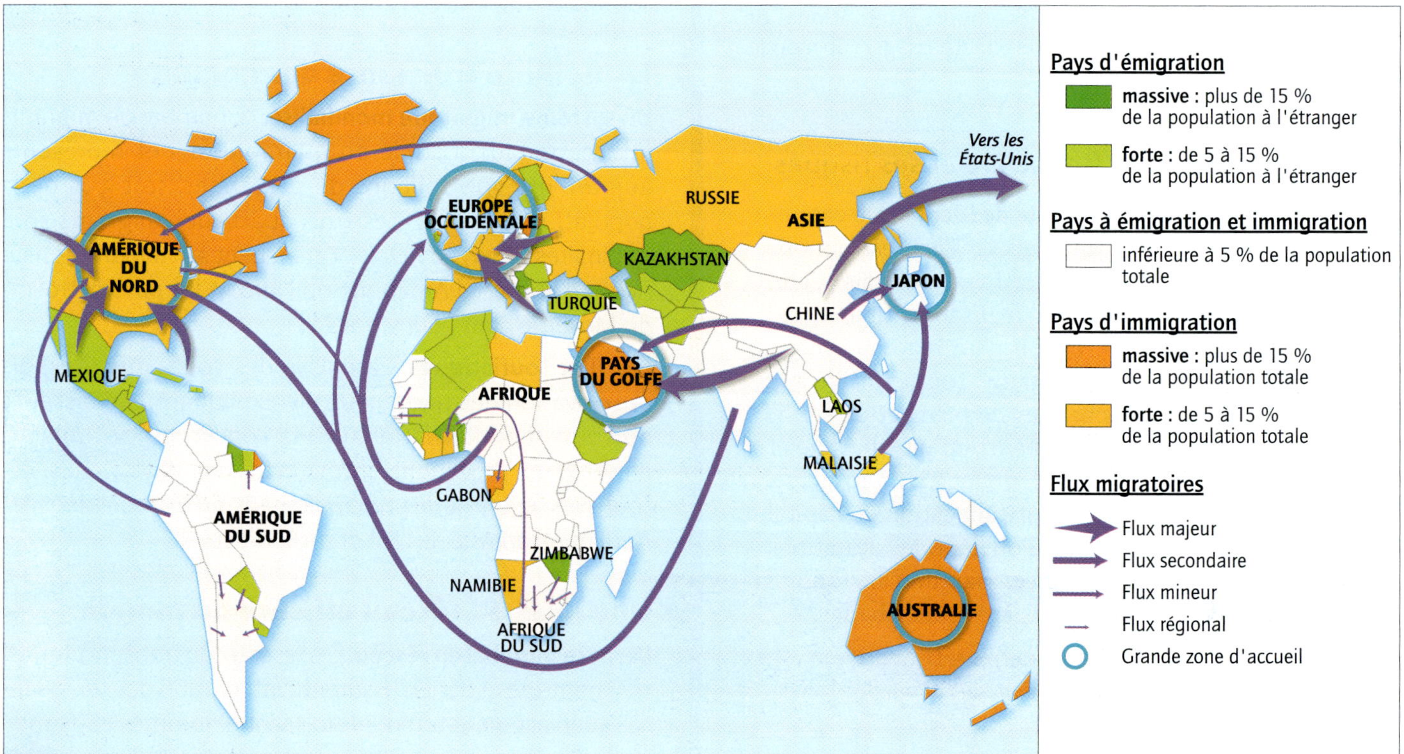

1 La mondialisation des migrations de travail.

Des millions d'émigrants pauvres quittent des pays à forte vitalité démographique pour les contrées les plus développés de la planète afin d'y trouver un travail et de meilleures conditions de vie.

2 La croissance des flux migratoires

« La fin du XXe et le début du XXIe siècles ont été marqués par la mondialisation des migrations internationales : on compte environ 200 millions de migrants dans le monde, toutes catégories confondues, un chiffre qui a triplé depuis les années 1970, soit 3 % de la population mondiale. [...] Les migrations clandestines, liées à la recherche d'une vie meilleure, au sentiment d'absence d'espoir là où l'on vit, à des crises politiques (réfugiés) ou environnementales (réchauffement climatique, détérioration des sols et catastrophes naturelles) et à la frilosité avec laquelle les pays d'accueil entrouvrent leurs frontières, se poursuivent, avec des morts aux points de passage les plus stratégiques, souvent révélateurs de grandes lignes de fractures du monde (mer Méditerranée, États-Unis/Amérique latine) et parfois la construction de murs (États-Unis/Mexique...). »

C. Wihtol de Wenden, « Migrations internationales », *Images économiques du monde 2009*, Armand Colin.

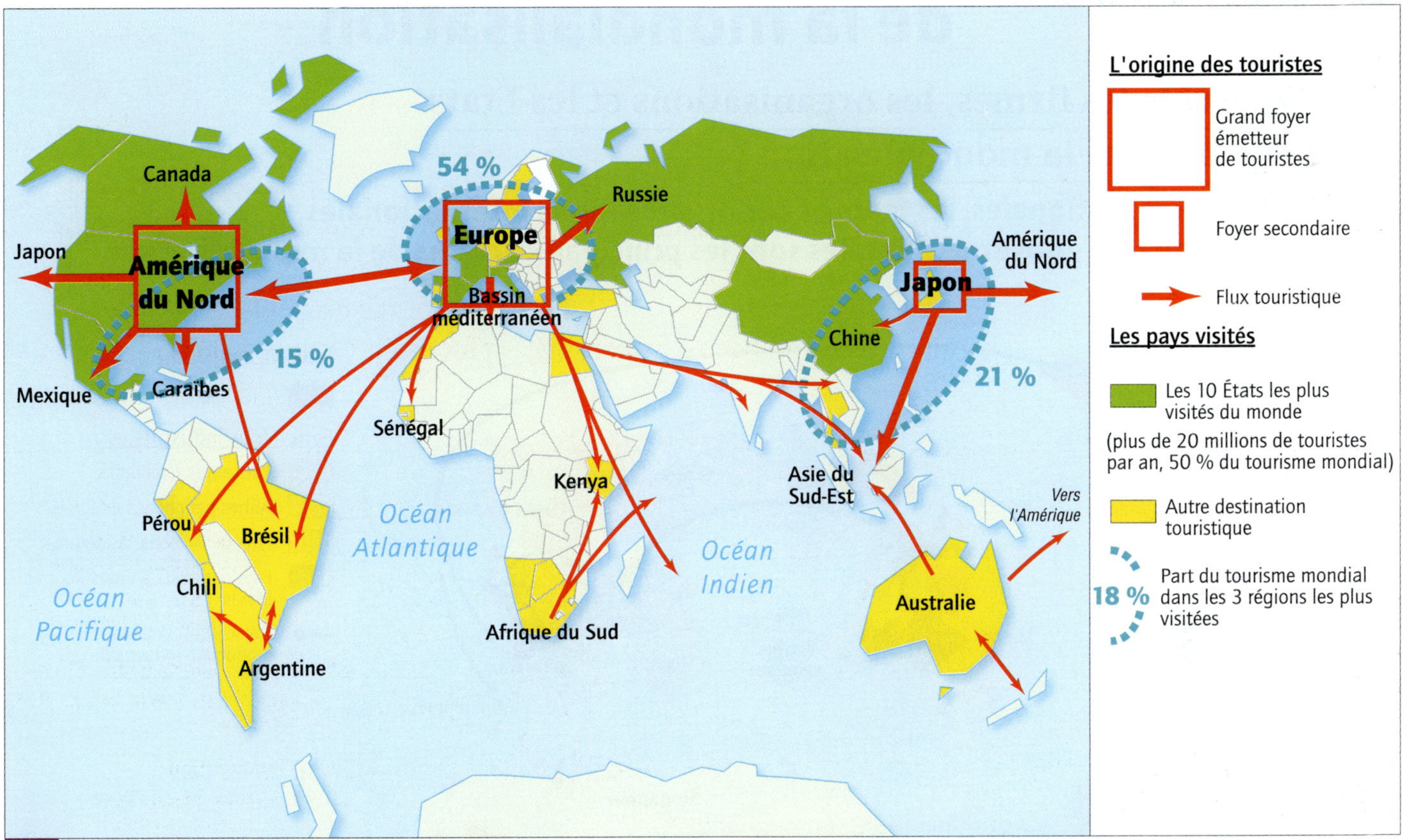

3 Les flux touristiques dans le monde.

Le tourisme concerne 900 millions de personnes. Les flux se mondialisent avec le rattrapage économique des pays émergents, le développement des transports et des réservations sur Internet. On estime qu'environ 1,6 milliard de touristes voyageront en 2020.

4 Dubaï, une nouvelle destination touristique.

Localisé dans le golfe Persique, Dubaï fait partie des Émirats arabes unis et devient une destination touristique prestigieuse. Le Burj Al Arab Hôtel, dont l'architecture imite la forme d'une voile, est un lieu de séjour très apprécié d'une clientèle fortunée.

Étude de la situation

Analyse des documents

1. Identifiez les principales zones de départ et d'arrivée des migrants à l'échelle mondiale. Quelle est la conséquence des flux sur la composition des populations des pays d'accueil (doc. 1) ?
2. Comment l'ampleur des flux migratoires dans le monde peut-elle s'expliquer (doc. 2) ?
3. Quels éléments de l'image confirment la spécialisation touristique de cet espace (doc. 4) ?
4. Nommez les grands bassins touristiques de la planète (doc. 3).
5. En quoi la géographie des flux de travailleurs et des flux de touristes traduit-elle un inégal développement à l'échelle mondiale (doc. 1 et 3) ?

Bilan

Comment expliquer la croissance de la mobilité des hommes sur la planète ?

Cours

Les acteurs au cœur de la mondialisation

▶ Quel rôle les firmes, les organisations et les États jouent-ils dans la mondialisation ?

Les firmes transnationales, les États et des organisations internationales, régionales ou non gouvernementales sont les principaux acteurs de la mondialisation.

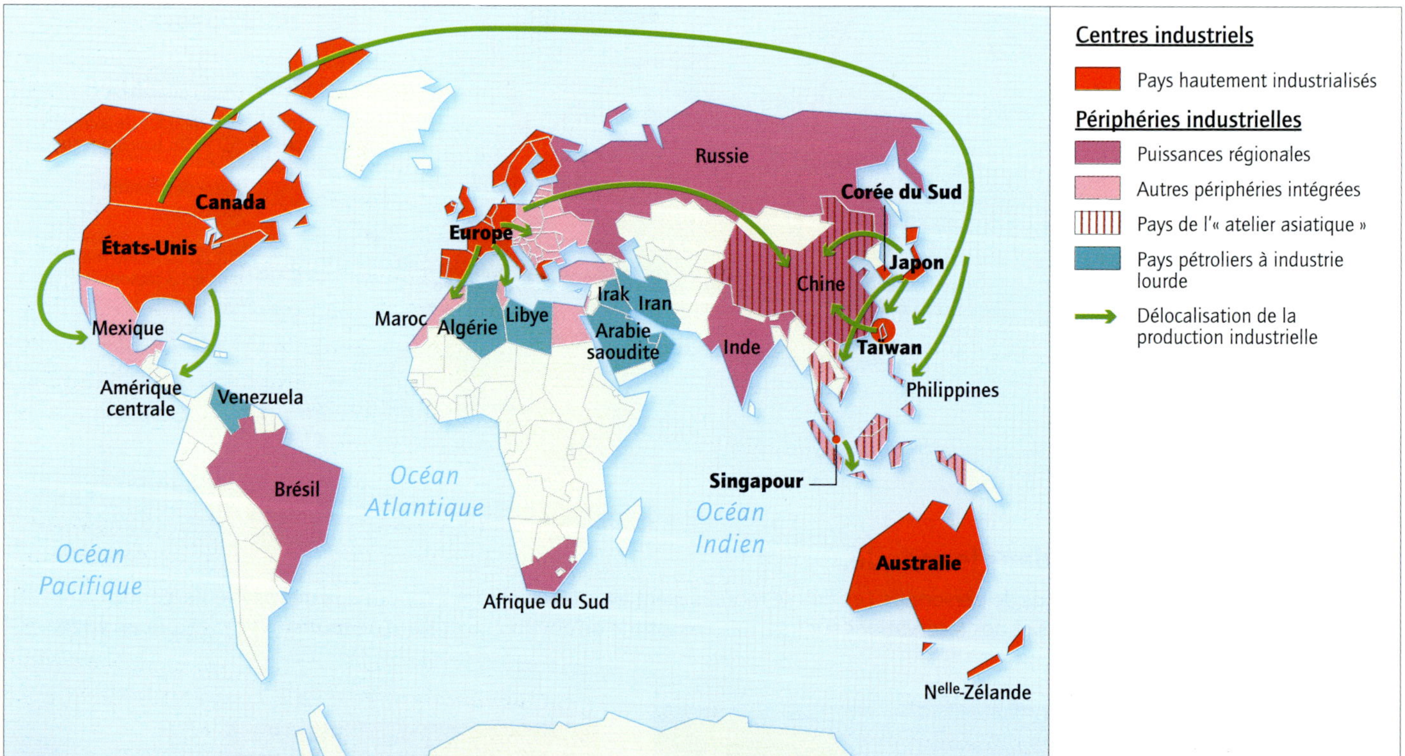

1 La mondialisation de la production industrielle.

2 Les premiers exportateurs et importateurs mondiaux

Les exportateurs			Les importateurs		
États	Rang	Part des exportations mondiales (en %)	États	Rang	Part des importations mondiales (en %)
Allemagne	1	9,5	États-Unis	1	14,2
Chine	2	8,8	Allemagne	2	7,5
États-Unis	3	8,4	Chine	3	6,7
Japon	4	5,1	Japon	4	4,4
France	5	4	Royaume-Uni	5	4,3
Pays-Bas	6	4	France	6	4,3
Italie	7	3,5	Italie	7	3,6
Royaume-Uni	8	3,1	Pays-Bas	8	3,5
Belgique	9	3,1	Belgique	9	2,9
Canada	10	3	Canada	10	2,7

Source : OMC. Chiffres 2008.

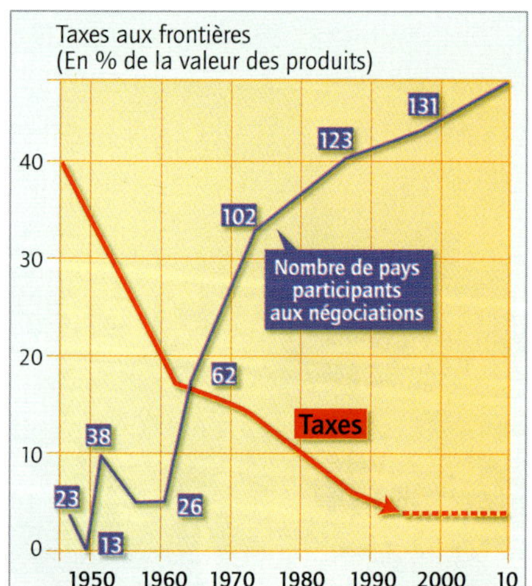

3 **La levée progressive des obstacles aux échanges.** Depuis soixante ans, les échanges se développent. Des négociations commerciales ont permis la réduction progressive des tarifs douaniers frappant les produits importés.

4 La division internationale du travail

« La division internationale du travail repose sur la spécialisation des États : ils ne fabriquent pas tous la même chose et, de ce fait, échangent entre eux leur production. Cette spécialisation repose sur les avantages comparatifs des différents pays.

La division internationale du travail attribue aux pays développés la fabrication des biens manufacturés et des services à haute valeur ajoutée, et aux pays pauvres, souvent les pays du Sud, la fourniture des produits primaires (produits agricoles, matières premières) à faible valeur ajoutée. Cependant, au fur et à mesure du développement des techniques mais aussi des États, certains pays du Sud se sont mis à fabriquer des produits manufacturés courants (comme le textile), voire haut de gamme. C'est le cas pour les nouveaux pays industrialisés, notamment asiatiques. »

D'après la Banque de ressources interactives, 2006.

Questions

Des firmes ancrées dans la mondialisation

1. Quels trajets empruntent les délocalisations industrielles ? Quels sont les pays de départ ? Les pays d'arrivée (doc. 1) ?

2. En quoi la division internationale du travail amplifie-t-elle les échanges (doc. 4) ?

Des organisations au service de la mondialisation

3. Comment évoluent les taxes douanières aux frontières (doc. 3) ?

4. À quel ensemble régional appartiennent six des dix premières puissances commerciales du monde (doc. 2) ?

La difficile régulation de l'économie mondiale

5. Quel lien peut-on faire entre la baisse des taxes douanières aux frontières et l'augmentation du nombre de pays participant aux négociations commerciales (doc. 3) ?

Vocabulaire

Acteur : organisation régionale ou organisation non gouvernementale, entreprise ou groupe social agissant sur un territoire.

Firme transnationale : entreprise d'envergure mondiale qui s'appuie sur des filiales à l'étranger.

Libéralisation : réduction de l'intervention publique et qui tend à développer la concurrence sur un marché et dans les échanges.

ONG : organisation non gouvernementale, qui ne relève ni de l'État ni d'une institution internationale. Les ONG sont en général impliquées dans des opérations humanitaires, la défense des droits de l'homme, le développement durable...

Des firmes ancrées dans la mondialisation

Des transnationales à la tête d'une production globale. On compte 78 000 firmes transnationales, surtout originaires des pays riches mais aussi des pays émergents. Leurs 780 000 filiales réalisent des activités de conception, de production et de commercialisation dans de nombreux pays. Il en résulte des échanges entre les firmes qui représentent 2/3 du commerce international.

Des territoires en recomposition. Afin d'augmenter leurs profits, les firmes sélectionnent les lieux les plus attractifs. Elles examinent le coût ou la qualité de la main-d'œuvre, l'importance potentielle des marchés et la présence de ressources naturelles. Des activités sont ainsi déplacées, c'est la délocalisation.

Des organisations au service de la mondialisation

Les organisations mondiales et la libéralisation économique. Les échanges se développent sous l'impulsion de l'Organisation mondiale du commerce. Le Fonds monétaire international et la Banque mondiale aident au financement des économies en difficulté. L'Organisation des Nations unies et ses agences tendent à préserver la paix et à favoriser le développement.

La régionalisation des échanges. Des organisations régionales accélèrent l'intégration entre des économies et des sociétés d'un même continent. Les échanges et les investissements se développent, comme dans l'ALENA, la zone de libre-échange entre les États-Unis, le Canada et le Mexique. l'Union européenne favorise également l'intégration des pays membres par des politiques communes.

La difficile régulation de l'économie mondiale

Le rôle des États. Pour attirer des investissements, certains États créent des conditions favorables : faibles impôts sur les sociétés, charges sociales peu élevées, baisse des taxes douanières. Avec la libéralisation des échanges, le rôle des États dans l'économie a eu tendance à diminuer. Mais en temps de crise, comme à l'automne 2008, les États interviennent (aux États-Unis, en France notamment) pour venir en aide à de grandes entreprises, ou à des banques en difficultés financières.

Les organisations non gouvernementales (ONG). Certaines ONG tentent de jouer un rôle régulateur dans la mondialisation, notamment par leurs luttes en faveur des Droits de l'homme (Amnesty International, Ligue des Droits de l'homme...) ou par leurs interventions en faveur d'une meilleure répartition des ressources alimentaires (Action contre la faim...).

Comment WWF défend-il le développement durable dans le monde ?

La situation Créé il y a plus de quarante ans, le WWF (Fonds mondial pour la nature) est une organisation non gouvernementale (ONG) mondialement connue pour la défense de l'environnement.
Par son expertise et son engagement sur le terrain, elle s'illustre comme l'un des grands acteurs mondiaux du développement durable.

WWF®

Inaugurée en 2007 à Sydney (Australie), l'opération « Une heure pour la Terre » incite les populations à couper l'électricité pendant une heure pour défendre l'idée que l'on peut agir à l'échelle mondiale contre le changement climatique.

1 Une ONG d'envergure mondiale

1961 : création en Suisse de l'organisation internationale WWF (*World Wildlife Fund*, Fonds mondial pour la vie sauvage). Le prince Bernhard des Pays-Bas en est le premier dirigeant. Le fonds devient en 1986 le *World Wide Fund for Nature* (Fonds mondial pour la nature).
11 000 projets ont été réalisés dans 130 pays depuis l'origine de l'ONG et 1 300 projets sont en cours.
133 millions de dollars de recettes et 129 millions de dollars de dépenses pour financer les projets et les frais de fonctionnement.
4,7 millions d'adhérents en 2007, 2 000 collaborateurs et des représentants dans plus de 50 pays.
Des partenariats avec de grandes entreprises (Coca-Cola, Google, Sony...), des États, des collectivités territoriales et la participation à la définition de nouvelles normes environnementales.

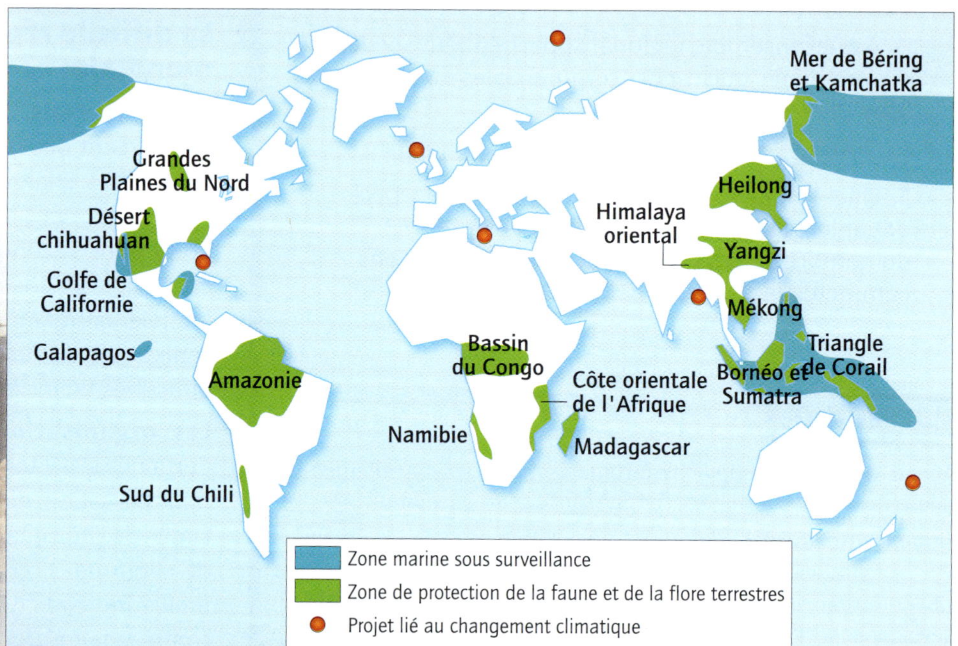

2 Les zones d'intervention du WWF.

De nombreux projets pour la défense des espèces menacées et l'observation du changement climatique sont pilotés par des scientifiques du WWF.

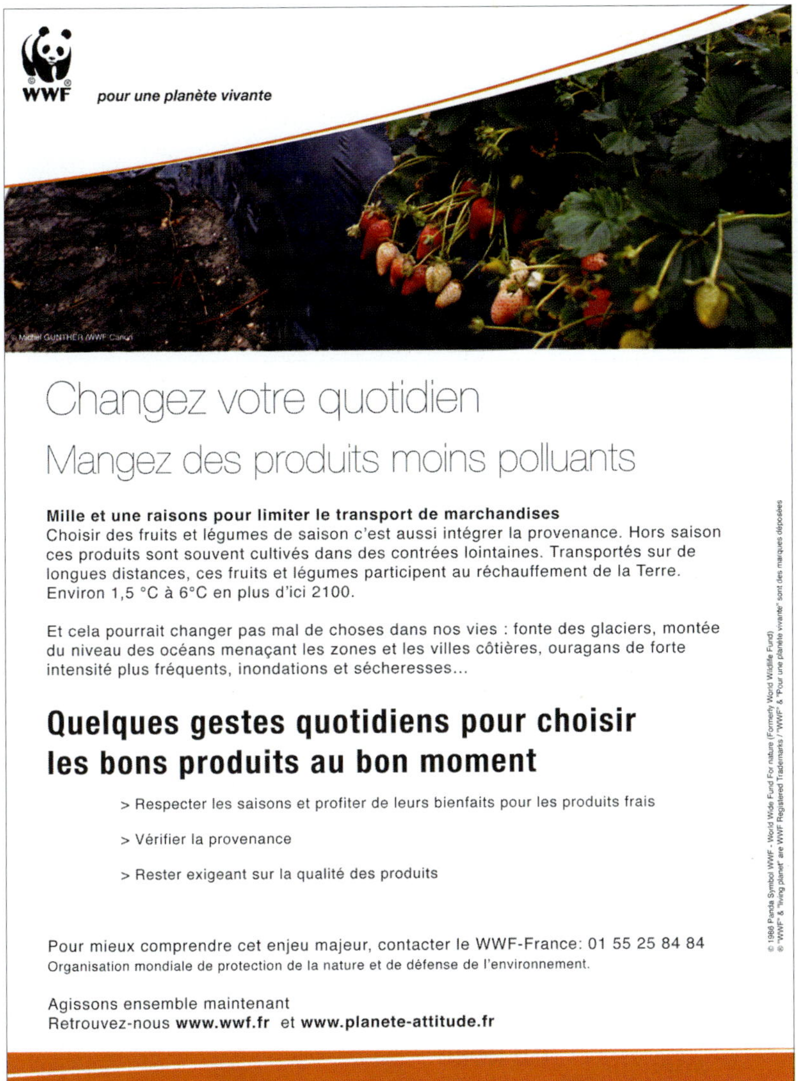

3 **La préconisation de choix alimentaires respectueux de l'environnement.**

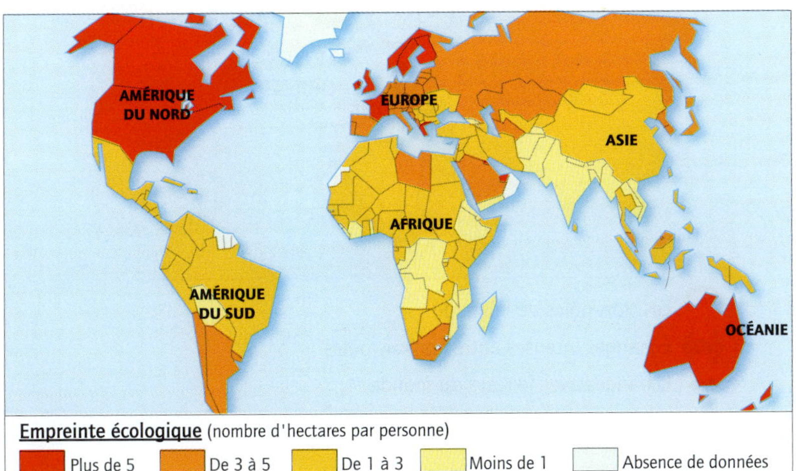

5 **Le WWF et l'empreinte écologique dans le monde.**

Conçue dans les années 1980 par des scientifiques et calculée tous les ans par le WWF, l'empreinte écologique est exprimée par hectares par personne. Elle mesure la quantité de ressources prélevées dans la nature par une société ou un État pour satisfaire ses besoins.

4 Les missions

« Au niveau mondial, le WWF met l'accent sur la protection des forêts, des mers, des côtes, des écosystèmes d'eau douce mais également sur la préservation de l'équilibre climatique et sur les problèmes liés à la consommation d'énergie.

Parmi ses nombreuses réalisations, grâce aux fonds collectés, on peut citer la protection du delta du Danube en Roumanie, celle d'estuaires aux Pays-Bas, la sauvegarde du rhinocéros blanc en Ouganda, du tigre de l'Inde et d'Indonésie, de l'orang-outan de Sumatra... Le WWF a aussi permis la création de plus de 260 parcs nationaux et réserves et la mise en place de nombreuses stations de recherche.

En France, la section nationale a contribué au financement de nombreux projets en faveur des zones humides, à la réintroduction du lynx, à des opérations de sensibilisation et d'information sur les thèmes qu'elle défend. »

Yves Gautier, « WWF (*World Wide Fund for Nature*) », *Encyclopædia Universalis*, 2009.

Étude de la situation

Analyse des documents

1. Quelles sont les caractéristiques du WWF (doc. 1) ?

2. En quoi consistent ses principales missions (doc. 4) ?

3. Localisez et nommez des lieux d'intervention qui confirment l'action mondiale du WWF (doc. 2).

4. La gestion des ressources dans les pays développés comme la France tient-elle compte de capacités biologiques de la planète ? Justifiez votre réponse (doc. 5). Quel est l'intérêt de calculer l'empreinte écologique des pays ?

5. Quelles recommandations le WWF fournit-il en matière d'alimentation ? Quels sont les avantages et les contraintes liés à de telles propositions (doc. 3) ?

Bilan

Montrez que le WWF est une puissante ONG qui défend le développement durable dans le monde.

L'essentiel

Connaissances

Un monde organisé par des flux et des réseaux

D'importants flux d'hommes, de marchandises, d'argent et d'informations se déplacent en permanence sur la planète. Ces flux relient les puissances économiques de la Triade et les pays émergents du monde en développement. À l'échelle mondiale, les réseaux de transport et d'information contribuent à l'accélération des échanges commerciaux et des migrations.

Les acteurs au cœur de la mondialisation

Les États et les organisations internationales ou régionales favorisent le développement des échanges à l'échelle mondiale ou continentale. Les stratégies des firmes transnationales accentuent la mondialisation de la production. Dans le même temps, elles accélèrent l'intégration entre les différentes économies, territoires et sociétés. Des organisations non gouvernementales dénoncent les aspects négatifs de la mondialisation et luttent contre les inégalités croissantes.

Notions clés

Flux : ensemble des hommes, des marchandises, de l'argent ou des informations en circulation.

Mondialisation : interdépendance des différentes régions du monde sous l'effet de la croissance des échanges et de l'essor des moyens de transport et de communication.

Réseau : ensemble de lignes ou de relations qui connectent entre eux les lieux ou des personnes.

Triade : ensemble des trois pôles dominants de l'économie mondiale (Europe occidentale, Amérique du Nord, Asie orientale).

Chiffres clés

200 millions : nombre de migrants de travail dans le monde en 2008.

900 millions : nombre de touristes internationaux en 2008.

16 830 milliards de dollars : valeur des échanges commerciaux dans le monde en 2008.

78 000 : total des firmes transnationales qui dominent le monde et s'appuient sur un réseau de 780 000 filiales.

Croquis de synthèse

Capacités

Expliquer la situation et le rôle des acteurs

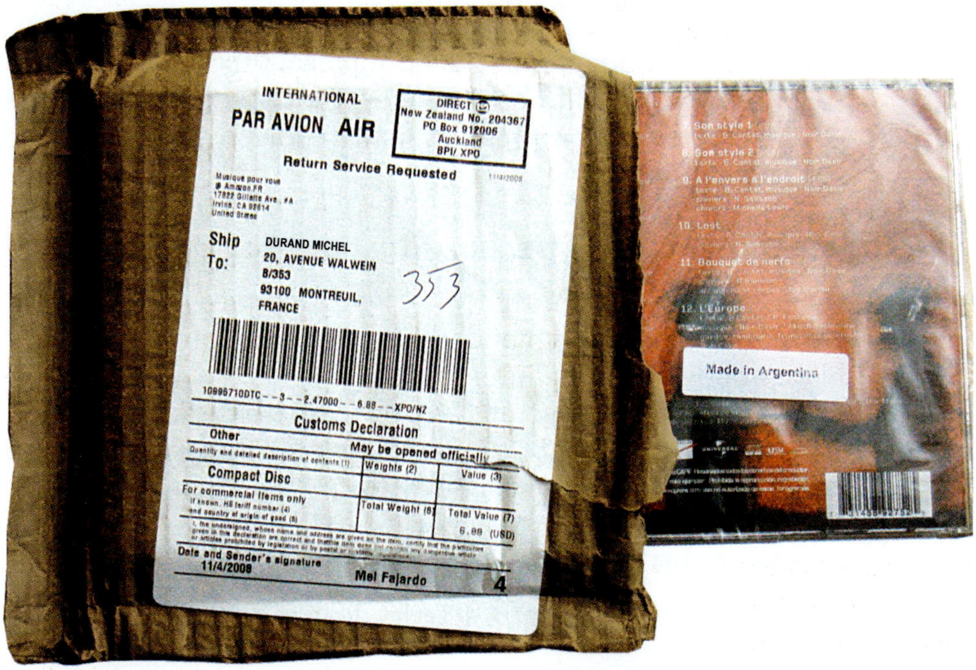

Emballage d'expédition d'un CD acheté sur Internet.

Question

Pourquoi le circuit de ce produit est-il représentatif de la mondialisation des échanges ?

Réponse

Ce disque a été fabriqué en Argentine, commandé aux États-Unis et expédié de Nouvelle-Zélande en France. ← Expliquer la situation

Le développement d'Internet a entraîné l'essor du commerce électronique, qui permet d'effectuer facilement des achats dans le monde entier. ← Décrire le contexte

Universal (firme d'édition musicale) et Amazon (entreprise de commerce électronique) sont deux firmes transnationales qui ont des filiales et des sous-traitants dans le monde entier, c'est pourquoi ce disque a emprunté un circuit mondial entre sa création et son arrivée chez le consommateur. ← Citer les acteurs

Comprendre la méthode

1. La situation. Reconstituez le circuit de ce produit : dans quel pays ce disque a-t-il été fabriqué ? Commandé ? D'où a-t-il été expédié ? Vers quel pays ?

2. Le contexte. Quel réseau a permis le développement du commerce électronique ?

3. Les acteurs. Quel rôle les entreprises Universal et Amazon jouent-elles dans la mondialisation des échanges ?

Mobiliser ses connaissances (10 points)

1 Restituer une notion (1 point)

Quelle définition répond à la notion de « flux » ?
a. Ensemble de relations qui connectent entre eux les lieux et les hommes.
b. Ensemble des hommes, des marchandises, de l'argent, des informations en circulation.

2 Décrire et caractériser une situation géographique (1 point)

Quel phénomène les espaces et les économies insérés dans la mondialisation connaissent-ils ? Justifiez votre réponse avec l'une des propositions suivantes :
a. Une fermeture spectaculaire de leurs frontières.
b. Un développement de leurs réseaux de transport et d'information.
c. Un renforcement de la pauvreté.

3 Restituer les principales connaissances (3 points)

Quels sont les principaux acteurs de la mondialisation ? Expliquez leur rôle.

4 Utiliser le vocabulaire géographique (3 points)

Expliquez l'organisation du monde par des flux et des réseaux.
Vous rédigerez un petit paragraphe en employant les termes suivants : mondialisation, territoire, flux, réseau, migration.

5 Compléter un croquis simple (2 points)

Placez sur le croquis (après l'avoir reproduit) :
- les pôles de la Triade ;
- les grands flux commerciaux de la planète.

Analyser un ensemble documentaire (10 points)

Le port chinois de Yangshan dans la mondialisation

1 **Les docks du port traditionnel de Shanghai.**

2 **La maquette du port de Yangshan, nouveau port de Shanghai.**

La forte croissance du trafic du port de Shanghai a nécessité l'aménagement d'un nouveau port en eau profonde, à 30 km des côtes. Il est construit à partir d'îlots rocheux.

3 **Les plus grands ports à conteneurs du monde**

Rang	Port	Pays	Volume des marchandises (en millions d'EVP[1])	Croissance moyenne/an (en %)
1	Singapour	Singapour	29	7
2	Shanghai	Chine	28	24
3	Hongkong	Chine	24,2	4
4	Shenzhen	Chine	21,4	26
5	Pusan	Corée	13,4	8
6	Rotterdam	Pays-Bas	10,8	8
7	Dubai	Émirats arabes unis	10,,2	19

1. EVP : L'équivalent vingt-pieds vaut 30 m³.

Données 2008.

Source : Port de Hambourg, 2009.

▶ Expliquer la situation et le rôle des acteurs (5 points)

1. Quel thème l'ensemble documentaire aborde-t-il ?

2. Quelles évolutions le port de Shanghai connaît-il ?

3. Quel rôle les ports chinois jouent-ils dans la croissance du commerce mondial ?

▶ Mettre en relation avec ses connaissances (5 points)

Montrez en quoi les aménagements et l'évolution du port de Shanghai traduisent la forte intégration de la Chine dans le flux de la mondialisation.

Un cybercafé à Abidjan (Côte d'Ivoire).

Internet, qui permet d'établir des relations avec le monde entier, joue un rôle très important dans la naissance d'une culture mondiale. Celle-ci se greffe sur des traditions, des habitudes et des croyances très diverses.

Sujet d'étude

2

Mondialisation et diversité culturelle

La planète est marquée par une grande diversité culturelle. Celle-ci s'exprime notamment à travers les différentes langues et dans les religions. Cependant, une culture commune apparaît et semble s'imposer à l'échelle mondiale.

La diversité des cultures peut-elle résister à l'influence d'une culture mondiale ?

Carte

Les grandes religions, facteur de diversité culturelle

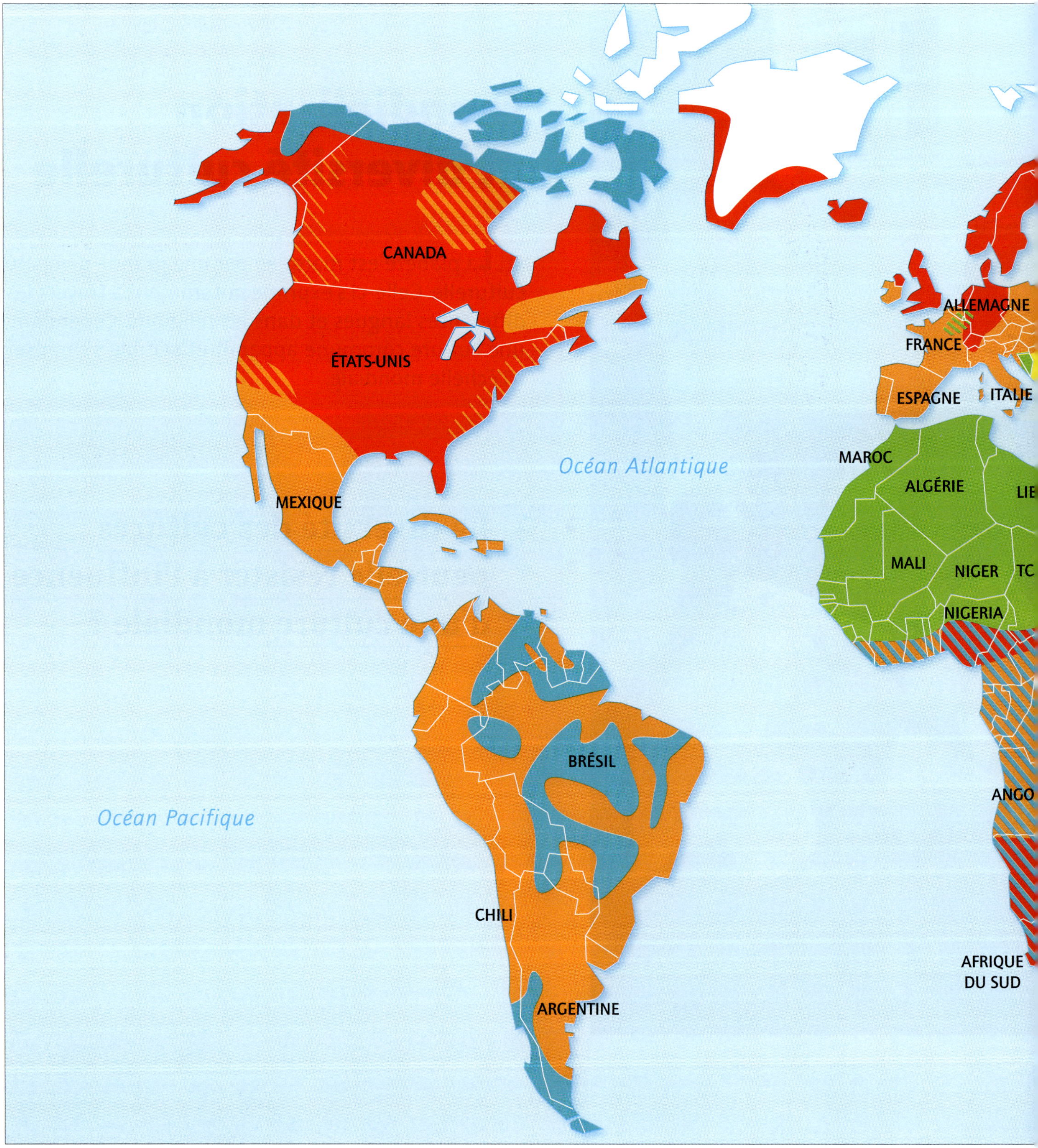

Principales religions
par ordre d'apparition dans l'histoire de l'humanité
Religions autochtones
Judaïsme
Hindouisme
Bouddhisme
Bouddhisme et taoïsme
Christianisme catholique
Christianisme orthodoxe
Islam sunnite
Islam chiite
Shintoïsme
Christianisme protestant
x Pratique religieuse interdite
Océan Glacial Arctique
RUSSIE
KAZAKHSTAN
MONGOLIE
CORÉE DU NORD
JAPON
CHINE
IRAK
IRAN
AFGH.
PAKISTAN
ARABIE SAOUDITE
INDE
THAÏLANDE
TAÏWAN
PHILIPPINES
Océan Pacifique
KENYA
INDONÉSIE
PAPOUASIE-N^{ELLE}-GUINÉE
Océan Indien
MADAGASCAR
AUSTRALIE
NOUVELLE-ZÉLANDE
céan Glacial Antarctique

Comment les goûts alimentaires se diffusent-ils dans le monde ?

La situation La façon de se nourrir est très variée sur la planète. Pourtant, certains produits et certains plats existent dans presque tous les pays.

1 La cuisine chinoise

« En Chine, à la succession chronologique des plats qu'on connaît en France, se substitue une recherche d'équilibre entre les saveurs (sucré, salé, acide, amer, pimenté). La région cantonaise est considérée comme la meilleure du pays. On y trouve le fameux riz cantonais et de nombreuses bouchées à la vapeur. Un dicton populaire rappelle : "Les Cantonais mangent tout ce qui vole dans le ciel, et tout ce qui marche sur la terre". En effet, la quasi-totalité du règne animal a sa place dans les cuisines cantonaises : insectes, souris, serpents, singes et autres sont préparés de toutes les façons. »

www.la routedessaveurs.com, 2008.

2 La cérémonie du thé au Japon.

Née à Naples au XVIe siècle, la pizza est aujourd'hui consommée dans le monde entier.

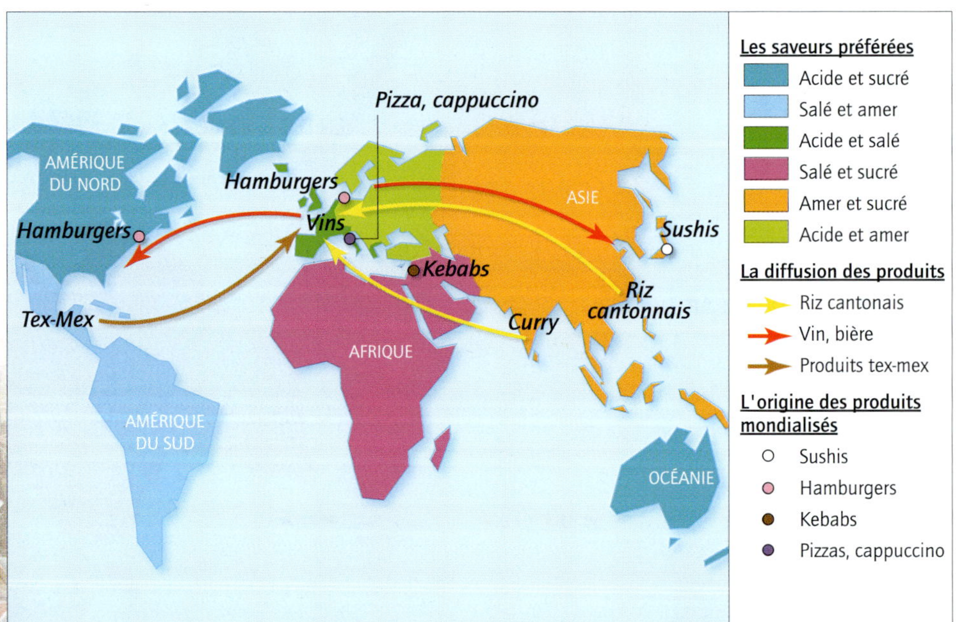

3 La diversité et la mondialisation des goûts alimentaires.

4 L'arrivée du café en Europe.

5 Les métissages culinaires

Un plat est souvent issu de plusieurs influences.

« Les cuisines des grandes villes portuaires se caractérisent par l'adoption précoce de produits "exotiques". Par exemple, à Bordeaux, le cannelé, petit four à base de lait vanillé et de rhum, s'explique par le passé commercial et marchand de la ville où arrivaient par bateau la vanille et le rhum des Antilles. Les goûts transitent aussi par les restaurants "ethniques" des villes où les groupes étrangers et les diasporas (souvent des marchands) ouvrent des établissements. »

Gilles Fumey (dir.), *Atlas mondial des cuisines et des gastronomies*, Autrement, 2004.

6 Un restaurant américain Kentucky Fried Chicken.

Étude de la situation

Analyse des documents

1. En quoi la cuisine chinoise peut-elle être étonnante pour un Européen (doc. 1) ?

2. Prend-on le thé de la même façon en Europe et au Japon (doc. 2) ?

3. Quelles différences dans les goûts culinaires apparaissent entre les différentes parties du monde (doc. 3) ?

4. Citez des produits largement diffusés dans le monde (doc. 3, 4 et 6).

5. Quels sont les acteurs des mélanges culinaires ? Comment s'effectue la mondialisation du goût (doc. 5 et 6) ?

Bilan

Présentez la diversité des goûts alimentaires et expliquez ensuite comment certains produits sont devenus mondiaux.

Cours

La diversité du monde

▶ Quelles grandes aires culturelles peut-on distinguer ?

La diversité culturelle est très grande sur la planète. Les hommes n'ont pas les mêmes coutumes, ni la même langue, ni les mêmes croyances.

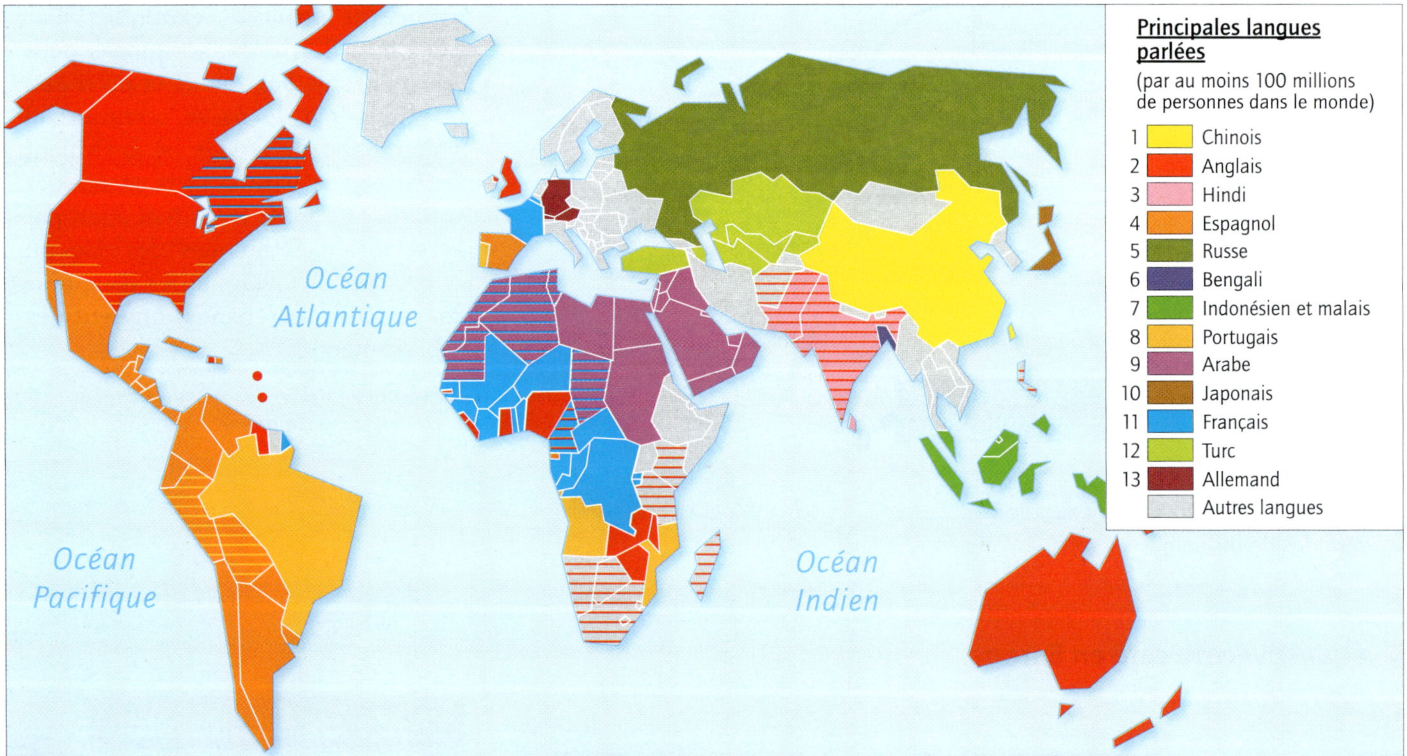

1 **Les grandes aires linguistiques dans le monde.**

2 **Varanasi, en Inde.** Les hindouistes se rendent à Varanasi afin de se baigner dans le Gange, qui est pour eux un fleuve sacré. C'est un rituel de purification.

Questions

Les cultures traditionnelles

1. Quels éléments originaux de la culture indienne cette image montre-t-elle (doc. 2) ?

Les aires culturelles

2. Quelles sont les cinq langues les plus importantes dans le monde et où sont-elles parlées (doc. 1) ?

Le dialogue des cultures

3. De quelles influences culturelles est faite l'identité de l'écrivain Amin Maalouf (doc. 3) ?

4. Quelles cultures sont présentes dans le paysage urbain du quartier de Belleville, à Paris (doc. 4) ?

3 Un exemple de métissage culturel

Né au Liban, l'écrivain Amin Maalouf vit en France depuis 1976.

« Depuis que j'ai quitté le Liban pour m'installer en France, que de fois m'a-t-on demandé si je me sentais "plutôt français" ou "plutôt libanais". Je réponds : "L'un et l'autre !" Ce qui fait que je suis moi-même, c'est que je suis ainsi à la lisière de deux pays, de deux ou trois langues, de plusieurs traditions culturelles.

Moitié français donc, et moitié libanais ? Pas du tout ! L'identité ne se compartimente pas. Je n'ai pas plusieurs identités, j'en ai une seule, faite de tous les éléments qui l'ont façonnée, selon un "dosage" particulier qui n'est jamais le même d'une personne à l'autre.

L'identité d'une personne est faite de multiples appartenances. »

Amin Maalouf, *Les Identités meurtrières*, Grasset et Fasquelle, 1998.

4 **Le quartier de Belleville à Paris, métropole multiculturelle.**

Les cultures traditionnelles

La diversité des cultures locales. Les coutumes, les usages, les croyances présentent une grande diversité dans le monde. Ces différences culturelles associent des aspects matériels et philosophiques. Par exemple, l'alimentation diffère par les produits ou les modes de cuisson, mais également du fait des interdits religieux.

Les langues, un marqueur de la diversité culturelle. Plus de cinq mille langues sont parlées dans le monde. Le chinois est la langue maternelle d'un milliard d'hommes. Les langues européennes sont également très répandues, car elles ont été diffusées par la colonisation. Cependant, de nombreuses langues sont en voie de disparition.

Les aires culturelles

La différenciation des aires culturelles. Au cours de l'histoire se sont constituées de vastes aires géographiques au sein desquelles les peuples partagent une culture commune. L'unification résulte souvent de la religion, mais d'autres facteurs peuvent jouer : en Chine, par exemple, l'unité provient du rôle de l'État et de l'écriture par idéogrammes commune aux différents dialectes.

La géographie des religions. Le christianisme est majoritaire en Europe, aux Amériques, en Afrique centrale et méridionale. Cependant, sa pratique recule dans les pays occidentaux. L'Islam domine de l'Afrique du Nord à l'Asie centrale et progresse au sud du Sahara. L'hindouisme est la religion de huit cent millions d'Indiens.

Le dialogue des cultures

Les métissages culturels. Les cultures traditionnelles se modifient en permanence, au fur et à mesure de l'évolution des techniques et de l'économie. Par ailleurs, elles entrent en contact du fait des échanges marchands, des migrations, des conquêtes. Ces contacts produisent des métissages qui croisent des influences culturelles diverses.

Le brassage des cultures. L'urbanisation s'accélère et un habitant de la planète sur deux est désormais un citadin. Des cultures diverses cohabitent dans les grandes métropoles qui sont devenues multiculturelles.

Vocabulaire

Aire culturelle : Aire géographique étendue, unifiée par des traits culturels communs.

Culture : Ensemble des coutumes, des usages, des croyances, qui définissent les rapports des hommes entre eux et avec leur territoire.

Métissage culturel : Croisement de traits culturels provenant de diverses cultures.

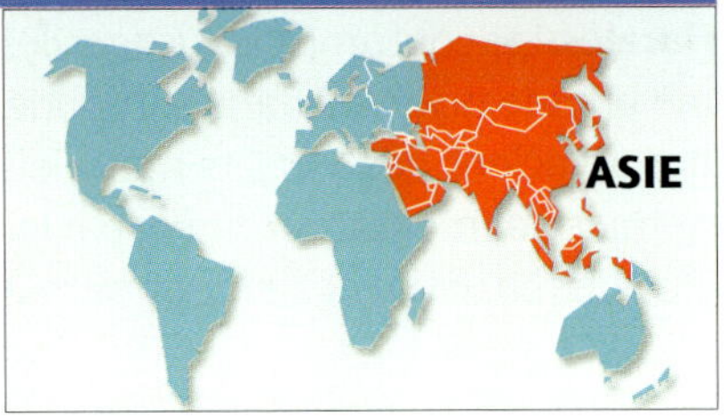

Quelles influences culturelles se croisent dans le cinéma asiatique ?

La situation L'Asie produit plus de 2 000 films par an et enregistre quatre milliards et demi d'entrées au cinéma (trois fois plus qu'aux États-Unis et dans l'Union européenne réunis). Ses films sont à la fois très ouverts sur le monde et enracinés dans les traditions asiatiques.

1 Les cinq plus grands succès en Chine en 2008

Film	Pays producteur
Transformers	États-Unis
Tau ming chong (The Warlords)	Hongkong/Chine
Ji jie hao (The Assembly)	Chine/Hongkong
Spider-Man 3	États-Unis
Harry Potter	GB/États-Unis

Source : Observatoire européen de l'audiovisuel, 2008.

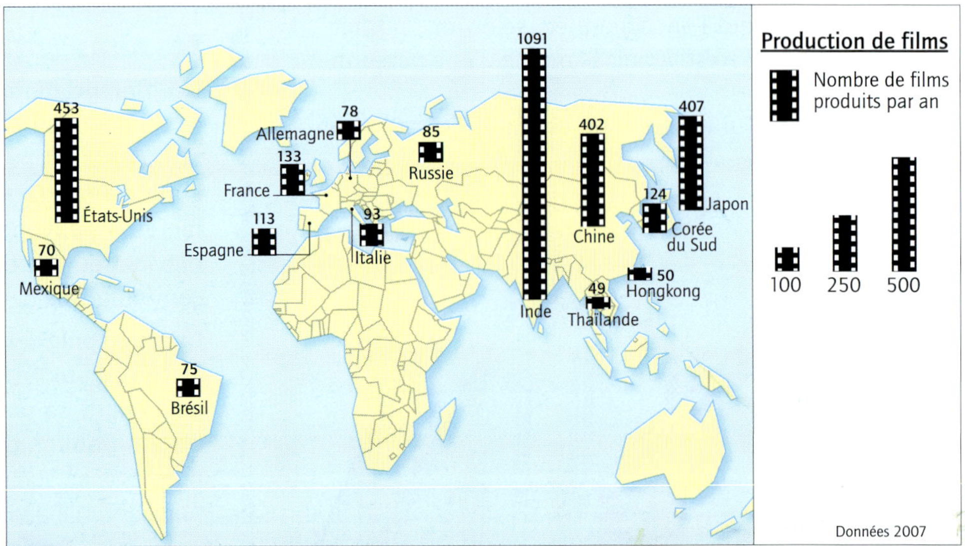

2 La production annuelle de longs métrages dans le monde.

Les films de Bruce Lee (acteur d'origine hongkongaise né aux États-Unis), pour la plupart tournés à Hongkong, ont fait connaître les arts martiaux dans le monde entier.

3 Uma Thurman dans *Kill Bill 1*, film américain de Quentin Tarantino.

En 2003, influencé par le cinéma asiatique, Quentin Tarantino fait porter à Uma Thurman l'arme des films de sabre et la même combinaison que Bruce Lee.

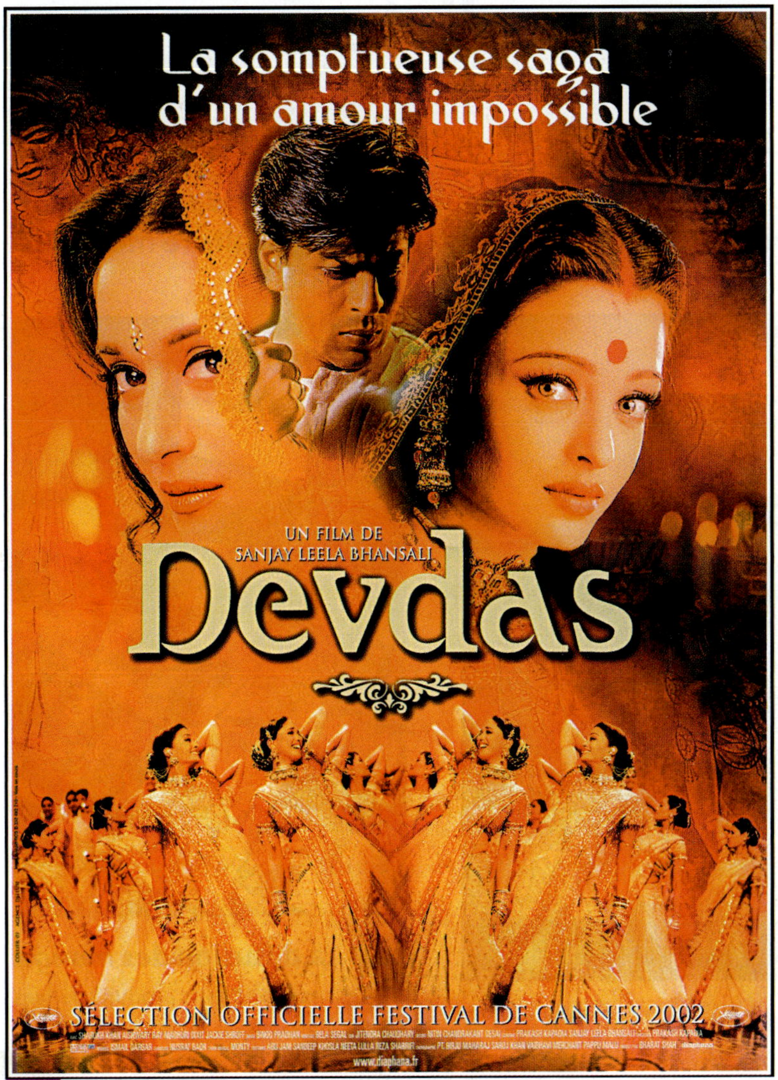

4 ***Devdas*, un des plus grands succès du cinéma indien.**

5 Le marché du cinéma en Asie

Pays	Nombre d'entrées (en millions)	Part du marché détenue par les films nationaux (en %)
Inde	3 997,0	92
Chine	176,2	54,1
Japon	163,2	41
Corée du Sud	158,8	55
Philippines	62,9	-
Indonésie	46,2	-
Malaisie	33,6	7,7
Thaïlande	32,7	44,7
Taïwan	22,6	7,4
Hongkong	16,6	23
Singapour	15,6	-

6 L'exportation des films de Bollywood

« Bollywood » est un mot forgé à partir de « Bombay » et de « Hollywood ». Ce terme désigne l'industrie du cinéma à Bombay.

« Bollywood, le cinéma produit à Bombay, en Inde, est mondialisé à deux titres. Premièrement parce qu'il vend ses films à travers le monde entier, auprès de la diaspora indienne – du Maghreb à la Malaisie ainsi qu'aux États-Unis et en Grande-Bretagne –, et auprès d'un public qui, par l'intermédiaire des réseaux de commerçants indiens et libanais, s'est étendu jusqu'en Afrique. Deuxièmement, il est mondialisé parce que Bollywood a intégré des stéréotypes du cinéma hollywoodien : son sentimentalisme, son manichéisme[1], son goût pour l'action… Cependant, le cinéma bollywoodien conserve aussi son originalité culturelle, comme dans les films où l'on voit les dieux indiens en action sur terre. Autre originalité culturelle, le « hindi film », à l'intrigue très codée, avec le thème de l'amour impossible du fait de la différence de castes, par exemple, ponctué de danses traditionnelles. »

1. Manichéisme : conception simplificatrice et sans nuance qui considère les choses comme entièrement bonnes ou entièrement mauvaises.

Christophe Jaffrelot , « Tous fans de Bollywood ! », *Les collections de l'Histoire* n° 38, 2008.

Étude de la situation

Analyse des documents

1. Quels sont les quatre premiers pays producteurs de longs métrages dans le monde (doc. 2) ?

2. Pourquoi peut-on dire que le cinéma chinois et le cinéma américain s'influencent réciproquement (doc. 1 et 3) ?

3. Quel pays réalise le plus grand nombre d'entrées au cinéma ? Dans quels pays les films nationaux dominent-ils le marché intérieur (doc. 5) ?

4. Relevez les éléments qui indiquent que le cinéma indien conserve une forte originalité culturelle (doc. 4 et 6).

5. Auprès de quel public et dans quels pays Bollywood exporte-t-il ses films (doc. 6) ?

Bilan

Présentez l'importance du cinéma en Asie, puis montrez qu'il exprime à la fois les cultures asiatiques et l'émergence d'une culture mondiale.

Cours

La culture mondiale

▶ La culture mondiale met-elle fin à la diversité culturelle ?

Aujourd'hui, de grandes entreprises diffusent les mêmes produits dans le monde entier. On assiste ainsi au rapprochement des modes de vie et à la naissance d'une culture mondiale.

1 La cérémonie d'ouverture des Jeux Olympiques de Pékin en 2008.

2 La diffusion des *manga*.

Les *manga* et leurs produits dérivés connaissent un succès planétaire.

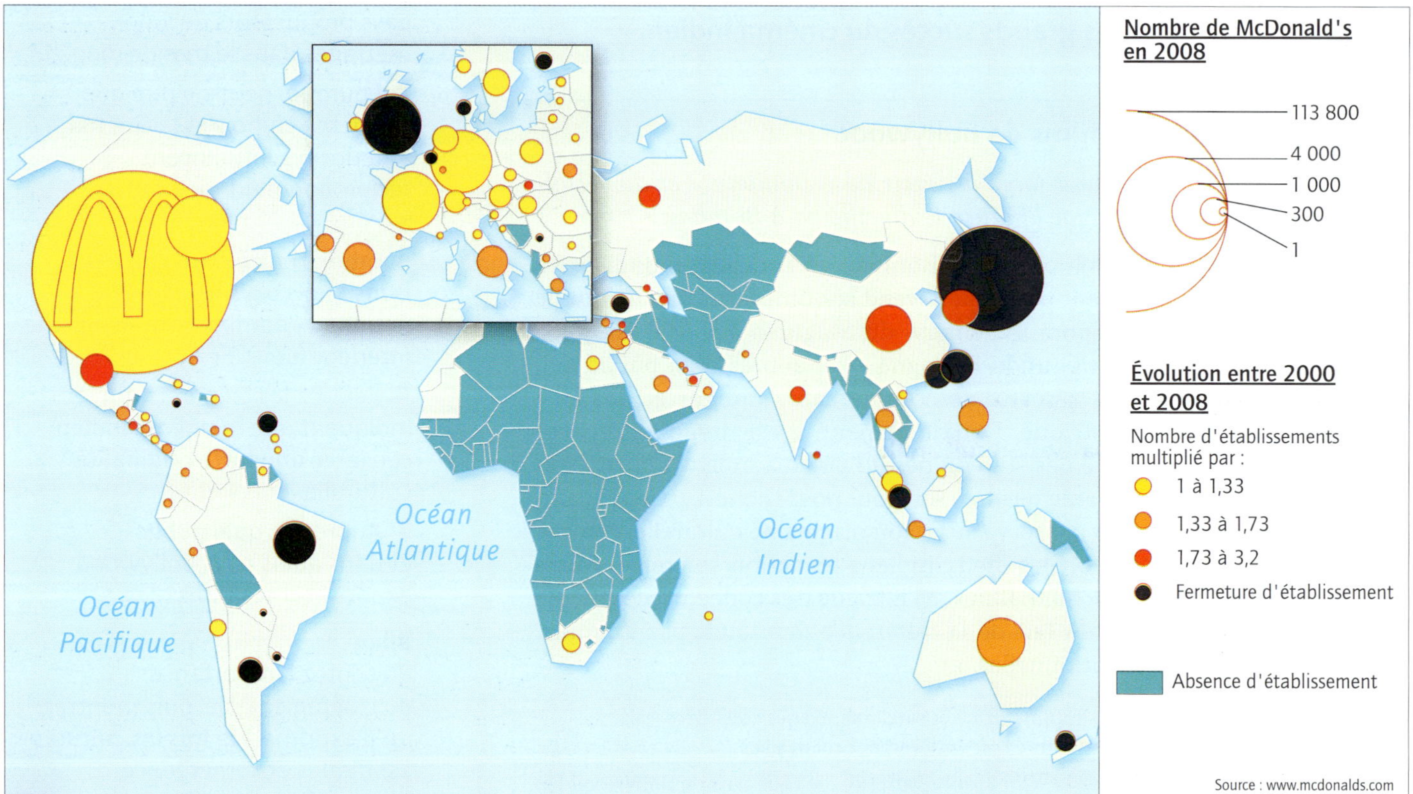

3 L'implantation de la firme américaine McDonald's dans le monde.

4 Trois marques mondialisées.

5 Femmes chez le photographe à Téhéran (Iran) en 1950 (à gauche) et en 1990 (à droite).

Questions

L'émergence d'une culture mondiale

1. Quels éléments montrent que les Jeux Olympiques sont une manifestation planétaire (doc. 1) ?

2. En quoi cette image montre-t-elle l'émergence d'une culture mondiale (doc. 2) ?

Les acteurs de la mondialisation culturelle

3. Quels types de produits mondialisés ces logos évoquent-ils (doc. 4) ?

4. Dans quelles parties du monde sont implantés le plus d'établissements McDonald's ? D'après vous, pourquoi l'Afrique en compte-t-elle très peu (doc. 3) ?

Les résistances à la mondialisation culturelle

5. En quoi ces photographies révèlent-elles une résistance actuelle à l'influence culturelle occidentale en Iran (doc. 5) ?

L'émergence d'une culture mondiale

Les modes de consommation. Des modes vestimentaires (jeans, chaussures de sport), des habitudes alimentaires (sodas, fast-foods), des films et des séries télévisées, des disques sont diffusés dans le monde entier. Les Jeux Olympiques ou la Coupe du monde de football sont devenus des spectacles planétaires.

L'influence occidentale. Les pays occidentaux répandent leurs produits et leurs valeurs, comme l'individualisme. L'anglais est devenu la langue de communication mondiale. Cependant, d'autres pays exercent aussi une influence importante dans le monde, comme le Japon (bandes dessinées, jeux) ou le Brésil (séries télévisées).

Les acteurs de la mondialisation culturelle

Les firmes transnationales. La diffusion de produits culturels de masse s'appuie sur des réseaux de communication (Internet, télévision par satellite). Elle repose aussi sur la puissance financière de firmes transnationales souvent d'origine américaine (Disney, McDonald's, Nike).

Des populations de plus en plus mobiles. On compte aujourd'hui plus de deux cent millions de migrants dans le monde. En Europe et en Amérique du Nord, ils adoptent les modes de vie occidentaux et contribuent à les diffuser dans leur pays d'origine. Les touristes internationaux, en majorité américains et européens, jouent le même rôle.

Les résistances à la mondialisation culturelle

Le soutien de la diversité. Les États prennent conscience que la diversité culturelle est une richesse. Certains, comme la France, soutiennent leur production cinématographique. L'UNESCO (agence de l'ONU pour l'éducation, la science et la culture) a adopté une « convention pour la protection et la promotion de l'expression des diversités culturelles ».

Les réactions identitaires. La crainte d'une perte d'identité crée le désir de retrouver des racines, qui s'exprime notamment par la promotion des langues régionales. Les revendications identitaires prennent parfois la forme d'un rejet de l'occidentalisation. Ce refus s'exprime notamment par l'affirmation d'un islam fondamentaliste.

Vocabulaire

Appartenance identitaire : sentiment d'appartenir à un groupe et de partager l'identité de ses membres.

Culture mondiale : ensemble de comportements, de modes de consommation, de valeurs qui sont aujourd'hui diffusés dans le monde entier.

Firme transnationale : entreprise d'envergure mondiale qui s'appuie sur des filiales dans plusieurs pays.

Situation 3

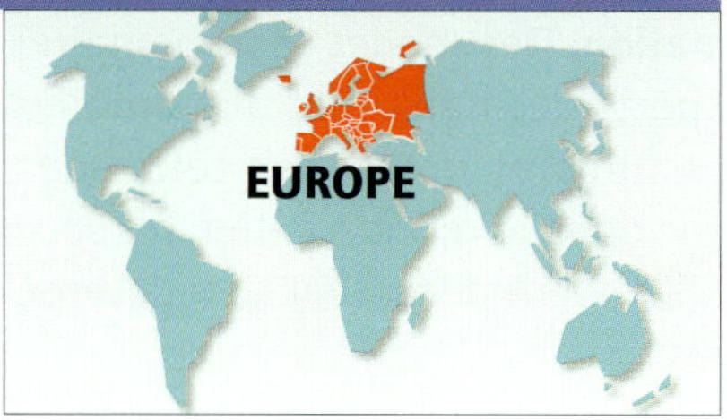

La diversité des langues est-elle une richesse pour l'Europe ?

La situation On dénombre plus de 120 langues sur le continent européen. A côté des langues nationales subsistent en effet de nombreuses langues régionales. Cependant, certaines ne sont parlées aujourd'hui que par quelques centaines ou quelques milliers de personnes.

1 Les langues officielles de l'Union européenne

Allemand	Letton
Anglais	Lituanien
Bulgare	Maltais
Danois	Néerlandais
Espagnol	Polonais
Estonien	Portugais
Finnois	Roumain
Français	Slovaque
Grec	Slovène
Hongrois	Suédois
Irlandais	Tchèque
Italien	

2 Le préambule de la charte européenne des langues régionales ou minoritaires

« Les États membres du Conseil de l'Europe[1] considèrent que la protection des langues régionales ou minoritaires historiques de l'Europe, dont certaines risquent, au fil du temps, de disparaître, contribue à maintenir et à développer les traditions et la richesse culturelle de l'Europe. Ils pensent que le droit de pratiquer une langue régionale ou minoritaire dans la vie privée et publique constitue un droit imprescriptible. Ils soulignent la valeur de l'interculturel et du plurilinguisme. Ils considèrent que la protection et l'encouragement des langues régionales ou minoritaires ne devraient pas se faire au détriment des langues officielles et de la nécessité de les apprendre. Ils sont conscients du fait que la protection et la promotion des langues régionales ou minoritaires dans les différents pays et régions d'Europe représentent une contribution importante à la construction d'une Europe fondée sur les principes de la démocratie et de la diversité culturelle. »

Charte européenne des langues régionales ou minoritaires, 1992.

1. Conseil de l'Europe : organisation fondée en 1949 pour promouvoir les droits de l'homme et la démocratie en Europe. Elle rassemble aujourd'hui 47 États.

3 Quelques mots anglais employés en français

Baby-foot, baskets, best-of, business, chat, cheese-burger, design, disc-jockey, fast-food, game boy, joystick, marketing, SMS, web...

4 Le breton conserve environ 200 000 locuteurs.
Il existe en Bretagne des classes bilingues.

Panneaux routiers au Pays basque français.

5 **La diversité linguistique dans l'Union européenne.**

Étude de la situation

Analyse des documents

1. Combien y a-t-il de langues officielles dans l'Union européenne ? D'après vous, pourquoi y en a-t-il moins que d'États (doc. 1) ?

2. Pour quelles raisons les langues régionales et minoritaires sont-elles importantes ? Quel problème leur enseignement peut-il poser par rapport à la langue officielle (doc. 2) ?

3. Quelle langue s'impose de plus en plus comme langue de communication internationale (doc. 3) ?

4. Quelles sont les langues parlées en Bretagne (doc. 4) ?

5. Quelles sont les langues régionales parlées en France ? en Allemagne ? au Royaume-Uni ? en Espagne (doc. 5) ?

Bilan

Expliquez pourquoi la diversité des langues est une des richesses de l'Europe.

L'essentiel

Connaissances

La diversité du monde

Les populations du monde diffèrent par leurs coutumes, leurs langues, leurs religions. L'Europe, l'Amérique du Nord, l'Amérique latine, les pays musulmans, l'Inde, la Chine, le Japon, l'Afrique subsaharienne constituent différentes aires culturelles. Les contacts entre ces aires produisent de nombreux métissages. Par ailleurs, les grandes villes sont aujourd'hui des lieux multiculturels.

La culture mondiale

Une culture mondiale se développe, caractérisée par la diffusion des mêmes modes de consommation à l'échelle planétaire. Les firmes transnationales sont les acteurs majeurs de ce processus. En effet, elles vendent partout les mêmes produits. Les États-Unis, le Japon, l'Europe en sont les principaux pôles d'impulsion. Cependant, la crainte d'une uniformisation suscite des rejets et des réactions identitaires.

Notions clés

Aire culturelle : aire géographique étendue, unifiée par des traits culturels communs.

Culture mondiale : ensemble de comportements, de modes de consommation, de valeurs qui sont aujourd'hui diffusés dans le monde entier.

Métissage culturel : croisement de traits culturels provenant de diverses cultures.

Chiffres clés

5 000 langues parlées dans le monde au début du XXIe siècle

750 millions d'anglophones dans le monde

2 milliards de chrétiens

1,3 milliard de musulmans

Croquis de synthèse

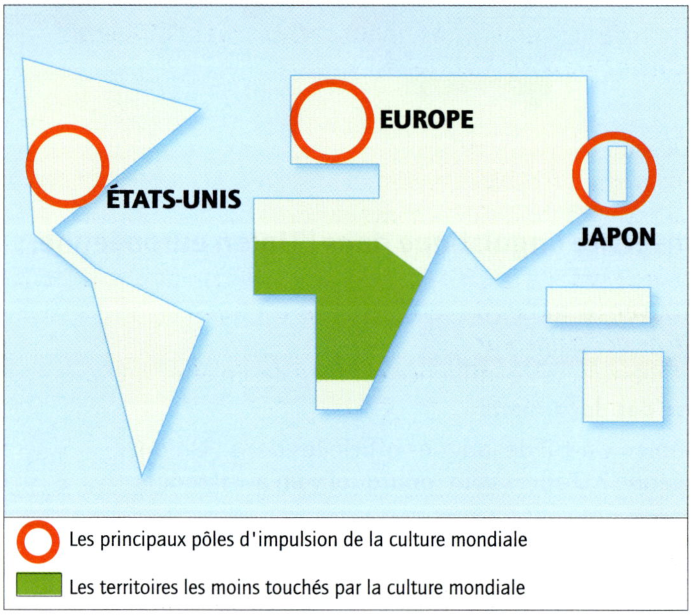

Présenter des informations tirées de plusieurs documents

1 Le cinéma français à l'étranger

« L'un des principaux atouts du cinéma français à l'étranger tient à son prestige culturel, à la force de son industrie et à sa force de production. Toutefois, ce ne sont pas les grosses productions qui s'exportent le mieux, mais les films d'auteurs comme Patrice Leconte ou Claude Chabrol. Par contre, le cinéma populaire comme *Bienvenue chez les Ch'tis* s'exporte peu. Pourtant, *Le Fabuleux Destin d'Amélie Poulain* a très bien marché, particulièrement aux États-Unis. Cela pour deux raisons : une image de la France qui correspond à celle que les étrangers aiment, des effets spéciaux qui participaient à la modernité du film. *La Marche de l'empereur* a eu un succès planétaire. Le thème touchait tout le monde (les animaux) et un commentaire en voix off qui a été réenregistré dans la langue de chaque pays. »

Ginette Vincendeau, professeur au King's college de Londres, Département d'études cinématographiques, 2008.

2 Les films français dans le monde

Région	Nombre d'entrées
Amérique du Nord	18 962 966
Afrique	325 440
Amérique latine	8 783 879
Asie	6 130 768
Europe	41 186 137
Moyen-Orient	53 924
Océanie	2 670 744
Total	**78 113 858 pour 355 films et 52 pays**

Chiffres 2007.

3 Sorti en 2005, le film *La Marche de l'empereur* a connu un succès mondial.

Question

À partir de l'ensemble documentaire, décrivez l'influence du cinéma français dans le monde.

Réponse

Le cinéma français s'exporte dans le monde entier. Il contribue à l'influence culturelle de la France sur plusieurs continents.

Cette influence est réelle, par exemple en Amérique du Nord où des films comme *Le Fabuleux Destin d'Amélie Poulain* offrent une image de la France que les étrangers aiment retrouver. Le succès de certains films est aussi dû à leur vocation universelle, comme *La Marche de l'empereur*.

Toutefois, cette influence est inégale. En effet, en Europe, plus de 41 millions de spectateurs ont vu des films français en 2007, alors qu'en Asie, ce chiffre tombe à 6 millions.

Évoquer le thème

Citer les informations principales

Évoquer les informations complémentaires

Comprendre la méthode

1. Le thème. Quel thème la question aborde-t-elle ?

2. Les informations principales. Quels films ont obtenu des succès mondiaux ? Comment expliquer cette situation ?

3. Les informations complémentaires. Sur quel continent le cinéma français a-t-il le plus de succès ?

Mobiliser ses connaissances (10 points)

1 Restituer des connaissances (2 points)

Quelle est religion majoritaire :
a. en Inde ?
b. en Amérique latine ?
c. en Afrique du Nord ?
d. en Europe ?

2 Maîtriser le vocabulaire (2 points)

Quelle définition correspond au terme d'aire culturelle ?
a. Aire géographique au sein de laquelle tous les habitants parlent la même langue.
b. Aire géographique étendue unifiée par des traits culturels communs.

3 Citer des acteurs et expliquer leur rôle (2 points)

En quoi les grandes firmes transnationales contribuent-elles à l'émergence d'une culture mondiale ?

4 Utiliser les notions (2 points)

Quels éléments de la culture mondiale rencontrez-vous dans votre vie quotidienne ?

5 Décrire une situation (2 points)

Expliquez en quoi les grandes villes sont des lieux multiculturels.

Analyser un ensemble documentaire (10 points)

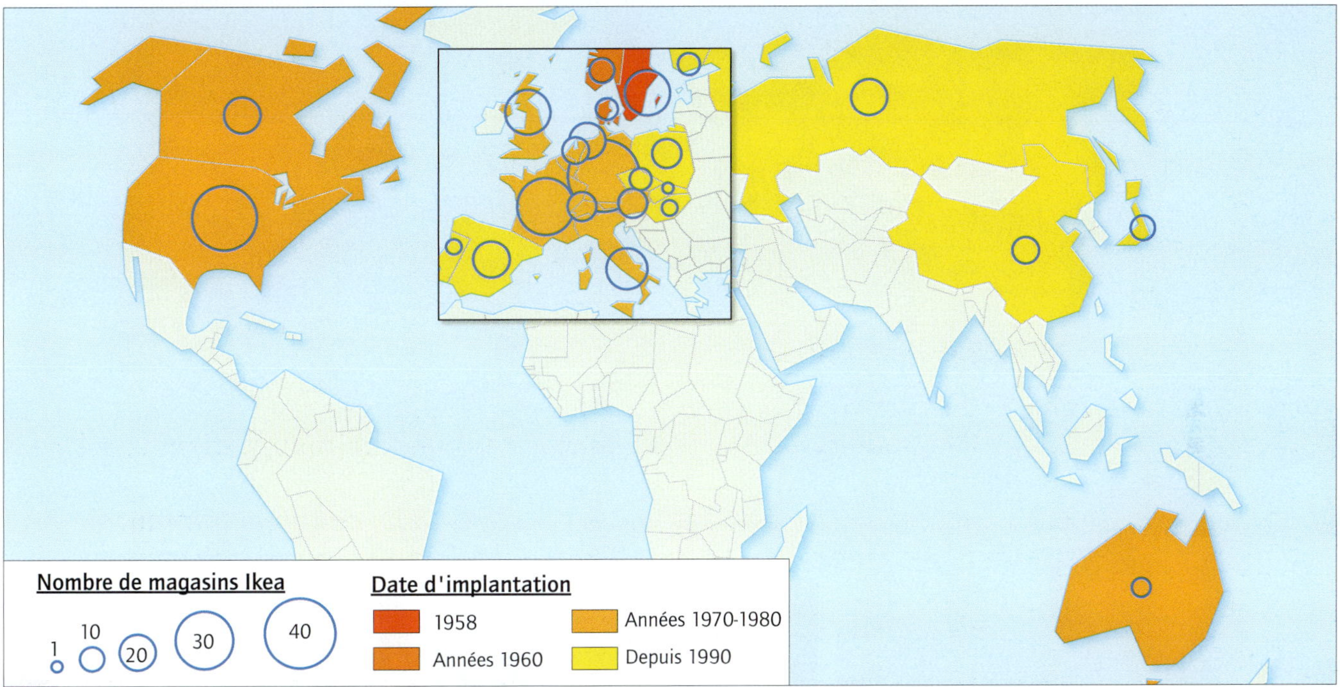

1 Ikea dans le monde en 2008.

2 **Ikea,** leader mondial du meuble et de l'aménagement a ouvert un magasin à Shanghai (Chine) en 2005.

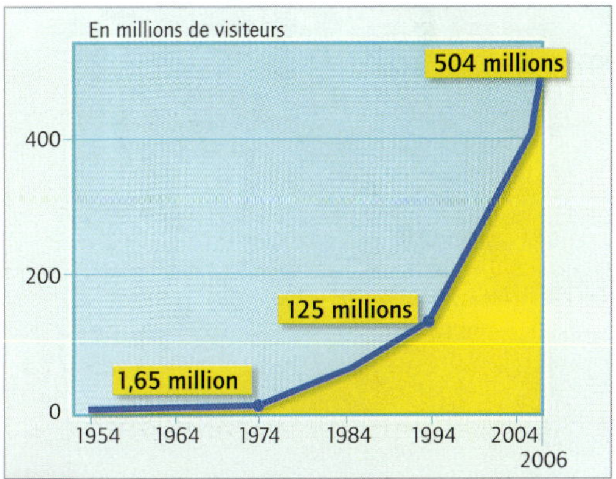

3 L'évolution du nombre de visiteurs dans les magasins Ikea.

▶ Présenter des informations tirées de plusieurs documents (6 points)

1. Dans quel pays l'entreprise de meubles Ikea a-t-elle été créée ? Dans combien de pays est-elle aujourd'hui implantée ?

2. Quels sont les pays où Ikea a ouvert des magasins depuis 1990 ?

3. Comment peut-on qualifier l'évolution de cette entreprise ?

▶ Mettre en relation avec ses connaissances (4 points)

4. Pourquoi peut-on dire qu'Ikea contribue à l'uniformisation des modes de consommation dans le monde ?

Chicago, une métropole au cœur de la puissance américaine.
Dans le quartier des affaires situé sur les rives du lac Michigan, une importante concentration de buildings reflète la prospérité économique de la ville. Les antennes de la célèbre Sears Tower dominent le *Loop*, qui abrite également la première bourse mondiale des matières premières.

Sujet d'étude

3

Pôles et aires de puissance

Trois espaces exercent leur domination sur le monde : l'Amérique du Nord, l'Europe occidentale et l'Asie orientale. Leurs métropoles concentrent les principaux pôles de commandement économiques, politiques et financiers. Depuis les années 1990, de grands pays émergents comme la Chine viennent s'intégrer à ces aires de puissance majeures.

Quelle est l'influence des aires de puissance sur le monde ?

Carte

Les pôles et les aires de puissance

Océan Pacifique
ASIE ORIENTALE
Tokyo
JAPON
Séoul
Beijing
Shanghai
Taipei
CHINE
Hongkong
INDE
Singapour
Bombay
AUSTRALIE
Sydney
Océan Indien
. Les pôles de puissance
Mégalopole
Métropole mondiale
Autre métropole
2. Les trois aires de puissance
Aire de puissance
Pays riches
80 % des échanges de marchandises, de capitaux et d'information
3. Les espaces en transition
Puissances émergentes
Russie et ex-pays communistes en reconstruction
Pays pas ou mal intégrés à l'espace mondial

LA MÉGALOPOLE JAPONAISE

Comment s'organise le territoire d'un centre d'impulsion mondial ?

La situation La mégalopole japonaise constitue le cœur démographique, économique et politique du Japon. Elle s'étire sur plus de 1 000 km, de Tokyo à Fukuoka, concentre 80 % de la population du pays et son dynamisme économique place le Japon au second rang mondial.

1 Le poids écrasant de Tokyo

Tokyo représente au Japon	
80 %	des dépenses en recherche-développement
80 %	des investissements directs à l'étranger (IDE)
66 %	des sièges sociaux des entreprises
65 %	des transactions financières
50 %	des étudiants
50 %	des médias
30 %	de la production nationale
26 %	de la population

2 L'aménagement du port de Tokyo-Yokohama.

Les « capsules » de sommeil à Tokyo : des modules tout confort de 2m² équipés de la télévision, la radio et l'Internet.

3 La technopole de Sendaï

« Au nord de Tokyo, à 2 h de la capitale avec le Shinkansen, appelée aussi "la ville du savoir", Sendaï compte 10 universités et environ 80 000 étudiants. Ses organismes de recherche et développement de niveau mondial assurent un rôle important pour attirer de nouvelles industries. Cette technopole a mis en place un système de mesures d'incitation en proposant un service pour les procédures d'investissement des entreprises étrangères. Par exemple : présentation d'avocats d'affaires, obtention des permis de séjour ou immatriculation des sociétés étrangères. Sendaï s'équipe pour offrir un environnement de qualité et stimuler la création industrielle. Son infrastructure de transport comprend un aéroport, un port et des autoroutes, avec une excellente accessibilité aussi bien depuis Tokyo et la région du Tohoku que depuis l'étranger. Proche de la mer, de stations de ski et de célèbres sources thermales, c'est aussi une ville au climat doux où il fait bon vivre. »

D'après JETRO, Japan External Trade Organization, 2008.

4 **La mégalopole : le cœur du Japon.**

5 **L'arrivée du shinkansen dans le quartier des affaires de Tokyo.**

Le tracé de ce train à grande vitesse constitue l'épine dorsale du pays en permettant de relier rapidement toutes les villes de la mégalopole japonaise entre elles.

Étude de la situation

Analyse des documents

1. Situez la mégalopole sur le territoire japonais. Expliquez les atouts de cette situation au plan national et international (doc. 2 et 4).

2. D'après ces images, à quelles contraintes la mégalopole est-elle soumise (doc. 2 et 5) ?

3. Quelles sont les caractéristiques qui font de Tokyo le cœur du Japon (doc. 1 et 4) ?

4. Décrivez et expliquez les choix d'implantation industrielle de la mégalopole (doc. 2, 3 et 4).

Bilan

À partir de vos réponses, expliquez comment la mégalopole organise et valorise l'espace.

Recherche

En utilisant Internet et les ressources documentaires du CDI, constituez un dossier sur une grande ville de la mégalopole japonaise.

Cours

Métropoles et mégalopoles au cœur de la puissance

▶ Sur quelles bases la puissance des grandes villes mondiales repose-t-elle ?

Certaines villes exercent une forte influence sur le monde. Elles entretiennent des relations denses et continues entre elles. Elles dominent le monde.

1 Londres : l'audace de la ville-monde

« L'appel de Londres est-il devenu irrésistible ? Il se décline dans toutes les langues. À l'ombre de Big Ben prospèrent tous les peuples de la terre. London, nouvelle ville monde ? Cité de tous les possibles, aux yeux des migrants, des branchés, des millionnaires ou des touristes, elle fait passer Paris pour une provinciale endormie et donne des complexes à New York. Londres compte désormais 35 % d'habitants venus d'ailleurs. Le secret de cette vitalité ? L'argent. Centre névralgique du business international, Londres profite de la financiarisation des économies. Finance, immobilier, création : tels sont les piliers de ce nouveau Londres tentaculaire, qui se hérisse de tours futuristes ou de stades gigantesques en vue des prochains jeux Olympiques de 2012. »

Le Nouvel Observateur, juillet 2007.

2 Le Shanghai World Financial Center.

Inauguré le 30 août 2008, avec ses 492 m et ses 101 étages, il vise à faire de Shanghai l'un des centres financiers les plus importants d'Asie.

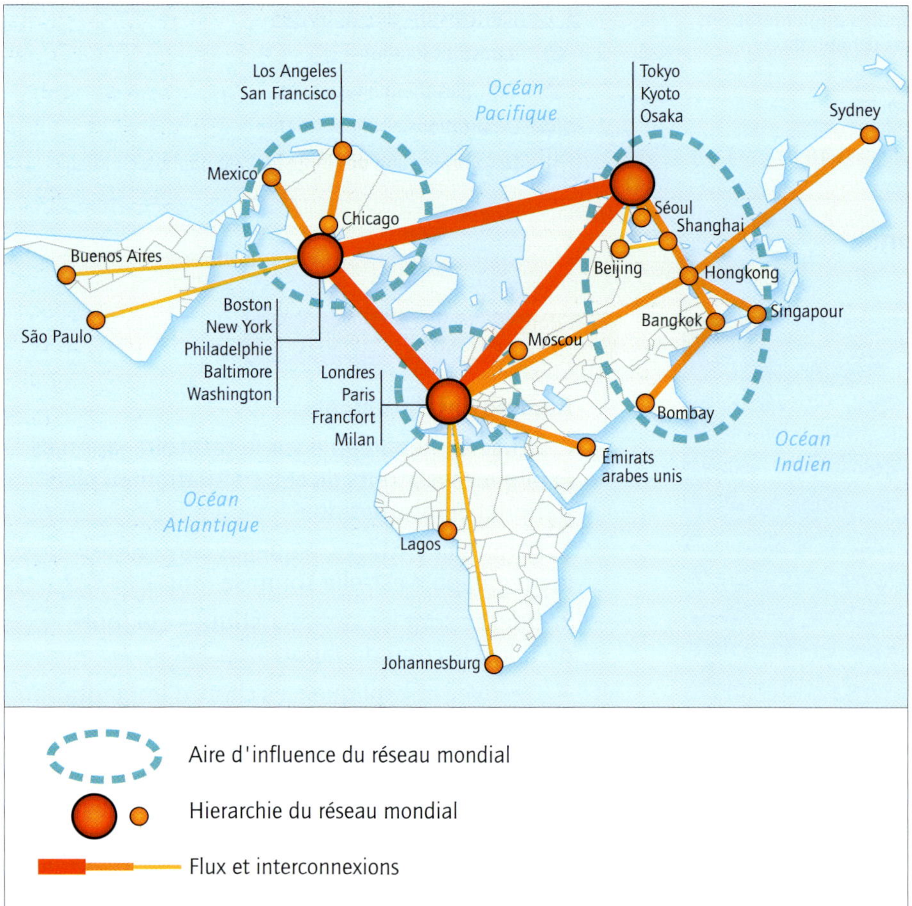

3 L'archipel mégalopolitain mondial.

C'est un réseau de métropoles et mégalopoles qui dominent les échanges et dirigent le monde en concentrant les pouvoirs de décision politiques, économiques et culturels.

Questions

Les métropoles, centres de commandement

1. Quelles fonctions de commandement les métropoles exercent-elles (doc. 1 et 2) ?

2. Décrivez les paysages urbains caractéristiques de ces fonctions de commandement (doc. 1 et 2).

Des mégalopoles tentaculaires

3. Montrez l'importance des infrastructures de communication dans les mégalopoles (doc. 4).

4. Quels sont les pôles majeurs de la mégalopole américaine ? Quel est leur rôle (doc. 5) ?

Un fonctionnement en réseau

5. Quels liens unissent les métropoles à l'échelle régionale et à l'échelle mondiale (doc. 3 et 5) ?

4 Le classement des principaux aéroports du monde en 2008

Rang	Aéroport	Passagers en millions
1	Atlanta	89
2	Chicago	76
3	Londres	68
4	Tokyo	67
5	Los Angeles	62
6	Paris	60
7	Dallas	59
8	Francfort	55
9	Beijing	54
10	Madrid	52

Sources : OACI/ONU. 2009.

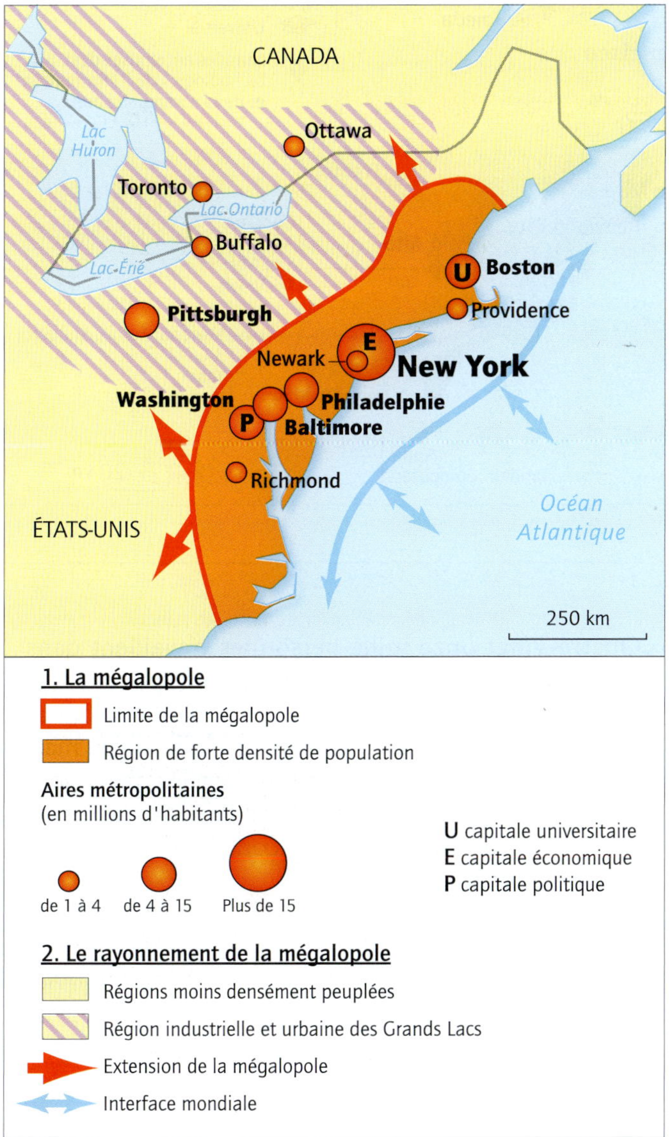

5 La mégalopole américaine.

Les métropoles, centres de commandement

Une concentration exceptionnelle des pouvoirs. Ces villes rassemblent des richesses et des fonctions de commandement dans tous les domaines. Ainsi, New York représente un centre financier, économique et politique mondial avec la bourse de Wall Street, le siège social de grandes entreprises et le siège de l'ONU. L'université de Columbia lui permet également d'exercer une influence scientifique considérable.

Une organisation spatiale reflet de la puissance. Le quartier des affaires, *Central Business District* se distingue aisément dans l'espace urbain. La construction de gratte-ciel à l'architecture audacieuse est un défi permanent pour ces villes au rayonnement mondial, comme les immeubles édifiés pour la retransmission des jeux Olympiques de Pékin en 2008 ou ceux du centre financier de Shanghai.

Des mégalopoles tentaculaires

La formation de mégalopoles. Les villes les plus influentes à l'échelle planétaire, sont des villes mondiales, ou villes-monde. Elles sont associées à des métropoles proches par des échanges et des réseaux de communication très denses. Elles forment de vastes régions urbanisées : les mégalopoles.

Les trois mégalopoles majeures. Le centre politique et financier le plus puissant demeure la mégalopole américaine. De Boston à Washington, elle rassemble 45 millions d'habitants. La mégalopole européenne englobe, de Londres à Milan, les régions les plus dynamiques de l'Europe. L'archipel mégalopolitain asiatique s'étend de Tokyo à Singapour et unit la mégalopole japonaise à des métropoles en expansion plus récentes, comme Séoul (Corée du Sud) ou Taipei (Taïwan).

Un fonctionnement en réseau

L'archipel mégalopolitain mondial. C'est un réseau de villes qui relie par des moyens de communication rapides et modernes les trois mégalopoles mondiales et les autres grandes métropoles. Aux commandes de ce réseau, quelques villes mondiales exercent une influence planétaire. Les plus importantes sont New York, Londres, Paris, Francfort et Tokyo.

Une interface avec le monde. Tous ces espaces urbains constituent des lieux d'échanges majeurs. Dotés de ports, d'aéroports et de téléports performants, ils attirent et redistribuent les flux de marchandises, d'information et de capitaux. Ils sont en lien permanent avec le monde. Ce sont les centres d'impulsion de la planète.

Vocabulaire

Mégalopole : région urbaine de plusieurs millions d'habitants rassemblant plusieurs villes aux fonctions variées, reliées par de grands axes de communication.

Métropole : grande ville possédant un pouvoir de commandement grâce à la concentration de fonctions économiques, politiques et décisionnelles.

Téléport : carrefour majeur de communications.

Situation 2

LA CALIFORNIE

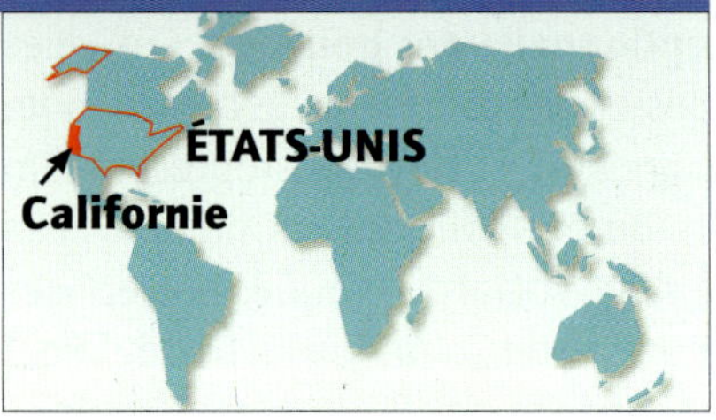

Comment expliquer l'attractivité d'une région mondiale ?

La situation Première région économique des États-Unis, septième puissance mondiale, la Californie suscite admiration et envie. Hollywood, Silicon Valley ou encore Berkeley sont synonymes de dynamisme et de succès. L'esprit pionnier, l'innovation et la douceur de vivre constituent le moteur du succès californien.

1 Les chiffres de la puissance

La Californie représente aux États-Unis		Rang (parmi les 50 États)
4,5 %	de la superficie	3
12 %	de la population	1
17 %	du PIB	1
14 %	des exportations	2
90 %	du vignoble	1
16 %	des surfaces irriguées	1
20 %	des dépenses en recherche-développement	2
25 %	de la production d'armement	1
28 %	de la production d'ordinateurs	1

Chiffres 2008.

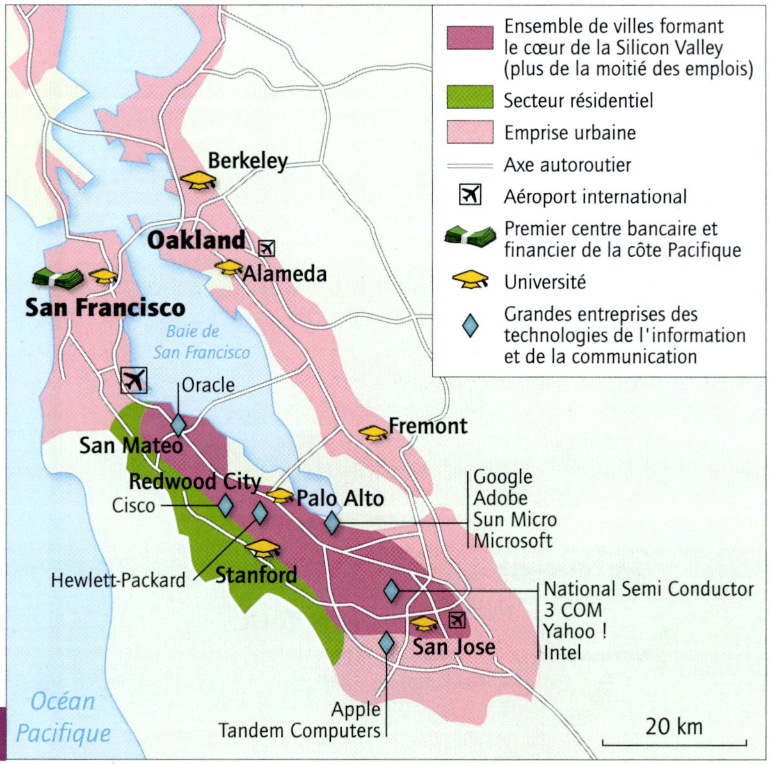

2 La Silicon Valley.

3 Hollywood et la fabrique médiatique universelle

« Le complexe industriel et commercial créé autour des industries du divertissement (cinéma, TV, musique, multimédia, parc d'attractions, marchandising) représente un ensemble d'activités qui semble échapper aux crises. [...] L'industrie du cinéma demeure très duale[1] avec ses grands studios nés dans l'entre-deux-guerres, aujourd'hui sous contrôle de multinationales des médias, et une myriade de PME travaillant pour les premiers ou quelques indépendants. À côté de leurs installations géantes, dont certaines reçoivent, comme Universal, des foules de touristes, existent des milliers d'entreprises.

Quatre-vingt onze mille personnes travaillent dans cette nébuleuse d'activités qui lient les multiples métiers de la production des images et des sons. La production se disperse chez les sous-traitants à l'étranger, mais la direction d'ensemble reste à Los Angeles, là où sont les expertises, les financiers et les équipes capables de monter des productions géantes conçues et diffusées à l'échelle planétaire. »

1. Dual : qui comporte deux éléments.

Atlas de la Californie, Autrement, 2008.

4 Le succès des vins californiens

« Les États-Unis sont devenus en une vingtaine d'années un producteur majeur de vin dans le monde, grâce à la percée vinicole de la Californie. Depuis 2003, celle-ci s'est tournée vers une production plus qualitative. Des changements dans les comportements de consommation des Américains ont été observés et les viticulteurs californiens se sont adaptés à une sophistication des goûts. La Napa Valley produit les vins les plus prestigieux de Californie [...]. Quatrième producteur du monde, les États-Unis exportent dans plus de 133 pays avec une forte croissance sur tous les marchés. La viticulture joue un rôle crucial dans l'économie californienne puisqu'elle génère plus de 200 000 emplois. »

M. Coussot, « Le succès des vins californiens – Les États-Unis – Société contrastée, puissance contestée », *Documentation photographique* N° 8056, La Documentation française, mars-avril 2007.

5 Le siège social de Google près de San Francisco.

Premier portail pour l'accès à Internet, Google met à disposition de ses employés des salons, salles de massage, crèches, piscines...

6 La plage de Venice à Los Angeles.

La proximité de l'océan et le climat doux toute l'année contribuent à l'attractivité de la Californie.

Étude de la situation

Analyse des documents

1. Sur quels éléments concrets repose la puissance économique de la Californie (doc. 1 à 4) ?

2. Comment expliquer l'avance de la Californie dans le domaine des nouvelles technologies (doc. 2 et 5) ?

3. Décrivez les aspects du « rêve californien » (doc. 3, 5 et 6).

Bilan

À partir de vos réponses, expliquez le rayonnement de la Californie sur les États-Unis et le monde.

Recherche

En utilisant Internet et les ressources documentaires du CDI, faites une recherche sur une entreprise de renommée internationale implantée dans la Silicon Valley.

Cours

Les trois aires de puissance majeures

▶ Quelles sont les forces et les fragilités des aires de puissance ?

Le monde s'organise autour de trois aires de puissance qui en constituent le centre : l'Amérique du Nord, l'Europe occidentale et l'Asie orientale.

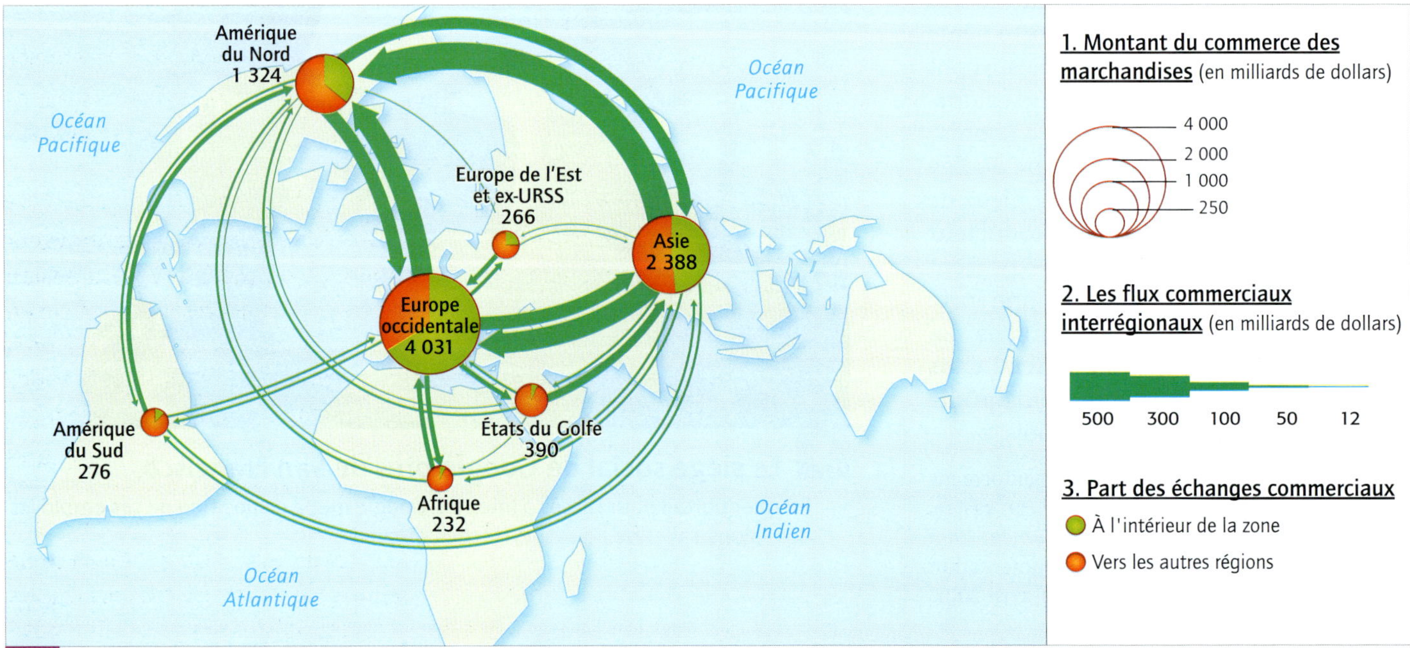

1 Le commerce mondial de marchandises.

2 Ariane, un modèle de coopération européenne

« Cinq mille personnes, originaires de tous les pays membres de l'Agence spatiale européenne, participent directement ou via la sous-traitance à la construction des lanceurs Ariane. Il y a de petits contributeurs et d'autres, plus gros, comme la France. Chaque pays apporte un savoir-faire spécifique : le Danemark fournit le calculateur de bord ; l'Autriche, les allumeurs de moteur ; la Suisse apporte la coiffe du lanceur et réalise des essais aérodynamiques ; la turbine vient de Suède, la turbopompe d'Italie. La liste des industriels européens participant à ce projet est prestigieuse : EADS Space Transportation, la SNECMA, Alcatel, Air Liquide, Volvo, SABCA, Contraves, MAN, Avio. Quand on dit qu'Ariane est une aventure industrielle européenne, ce n'est vraiment pas une vue de l'esprit ! »

CNES, direction de la communication externe, 2006.

3 Les aspects de la puissance américaine.

4 **Manifestations anti-japonaises à Shanghai.**

À l'occasion de la visite officielle du ministre japonais des Affaires étrangères, des manifestants dénoncent l'implantation d'intérêts économiques japonais en Chine.

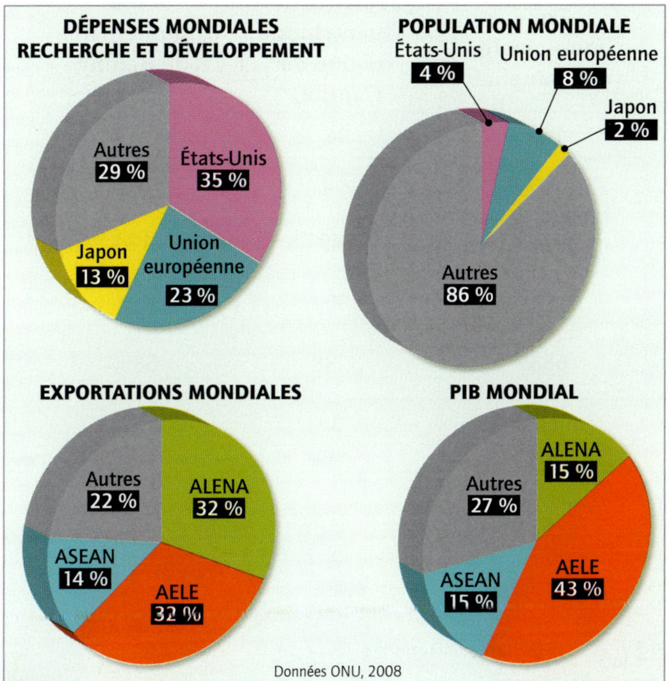

5 **Les caractéristiques des aires de puissance.**

Questions

L'Amérique du Nord, une aire dominante

1. En étudiant la couverture du magazine et les données chiffrées, expliquez l'expression « Les États-Unis, une superpuissance » (doc. 3 et 5).

L'Europe occidentale, une aire en recomposition

2. Dans quels domaines s'exprime la puissance européenne (doc. 1, 2 et 5) ?

L'Asie orientale, une aire en expansion

4. Comment s'exprime la puissance de l'Asie orientale (doc. 1 et 5) ?

5. Contre quoi se révoltent ces manifestants et pour quelles raisons, à votre avis (doc. 4) ?

L'Amérique du Nord, une aire dominante

Les États-Unis, une superpuissance. Les États-Unis concentrent 25 % du PIB mondial, Wall Street est la première bourse mondiale. C'est une superpuissance car tous les critères de la puissance économique, militaire et culturelle y atteignent leur maximum.

Une influence régionale et mondiale. L'aire de puissance nord-américaine rassemble le Canada et le Mexique autour des États-Unis dans une union douanière, l'ALENA. Le poids des États-Unis dans toutes les organisations internationales comme l'ONU ou l'OMC est considérable.

L'Europe occidentale, une aire en recomposition

La première puissance commerciale du monde. L'Union européenne compte de nombreuses entreprises de dimension mondiale. Elle exporte dans le monde entier et la mise en place de l'euro et du marché unique a favorisé le développement du commerce intracommunautaire. L'intégration des pays de l'Europe orientale constitue un enjeu fondamental.

Une puissance incomplète. Son rayonnement culturel demeure important malgré la concurrence du modèle américain. C'est surtout dans le domaine politique et militaire qu'elle a le plus de difficultés à s'affirmer. La politique de défense commune est freinée par les désaccords entre pays membres et ne permet pas de rivaliser avec les États-Unis.

L'Asie orientale, une aire en expansion

Une puissance indiscutable. L'Asie orientale compte 2 milliards d'habitants, le tiers de l'humanité. La forte croissance économique résulte d'une main-d'œuvre disponible, d'un développement centré sur les exportations, d'où l'importance des grands ports. Après le Japon, l'expansion a touché les NPIA : Corée du Sud, Singapour et Taïwan, puis la Chine littorale.

Un espace encore divisé. La diversité des systèmes politiques et des niveaux de vie caractérise l'Asie orientale. Les tensions intrarégionales limitent son rôle géopolitique mondial. L'émergence de la Chine est souvent perçue comme une menace et le Japon n'est pas une puissance militaire. Enfin, il n'existe pas de monnaie commune dans cette zone.

Vocabulaire

AELE : Association européenne de libre-échange.

Aire de puissance : espace géographique qui englobe plusieurs États ou régions et qui exerce une forte influence économique, culturelle, politique et militaire sur l'organisation du monde.

ALENA : Accord de libre-échange nord-américain, signé entre les États-Unis, le Canada et le Mexique.

ASEAN : Association des nations du sud-est asiatique, qui rassemble Philippines, Indonésie, Malaisie, Singapour, Thaïlande, Brunei, Vietnam, Laos, Birmanie et Cambodge.

NPIA : Nouveau pays industrialisé d'Asie.

Quelles sont les caractéristiques du modèle économique chinois ?

La situation Dans les années 1980, l'ouverture de la Chine au capitalisme mondial a provoqué une formidable croissance économique dans les régions urbaines du littoral chinois. L'intégration de cette région dans la mondialisation se fait sous le contrôle permanent de l'État communiste qui évoque un « socialisme de marché ».

1 **Shanghai à la Une de la presse économique.**

2 Les chiffres du littoral chinois

	Zone municipale de Shanghai	Province de Guangdong (région de Canton)	Zone municipale de Beijing (Pékin)
Population (en millions)	18,6	94	15,4
% Chine	1,4	7,2	1,2
Exportations (en milliards d'euros)	144	369	124
% Chine	12	30	10
PIB par habitant (en euros)	6535	3238	5850
Rang en Chine	1	3	2

Source : Banque asiatique du développement, 2008.

Le parc Disney de Hongkong met en scène la conquête de l'espace par la Chine. La construction d'un second parc est prévue dans la banlieue de Shanghai en 2013.

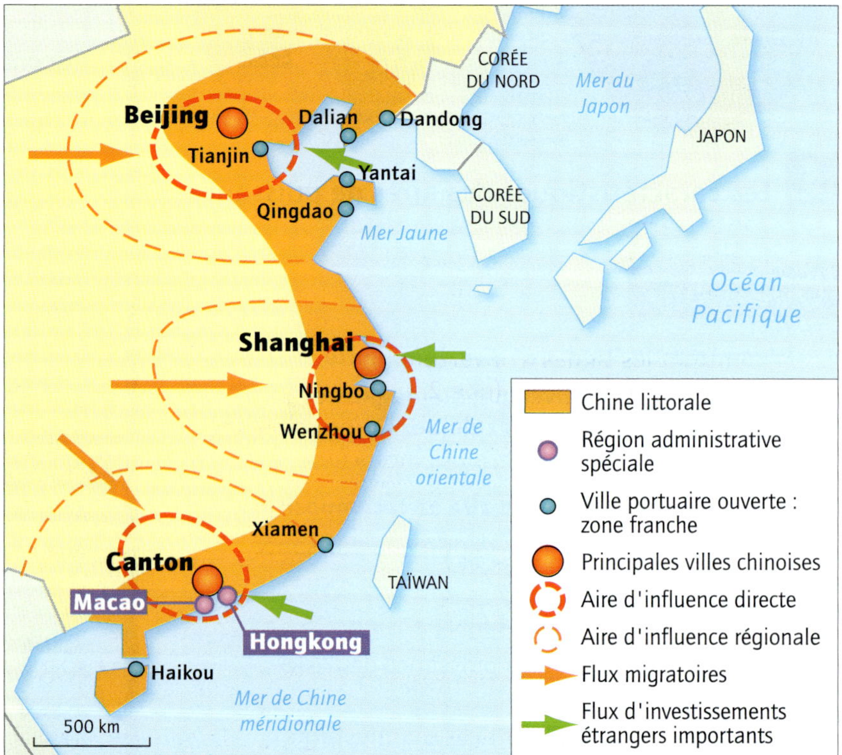

3 **L'attractivité de la Chine littorale.**

4 **L'exposition universelle de Shanghai.** Bandeau du site Internet.

5 **Shanghai, une ville en chantier.** La ligne des gratte-ciel modernes de Pudong émerge derrière les quartiers en pleine transformation.

6 La Chine, laboratoire du monde

« Depuis le septième étage de l'immeuble de verre, aucun bruit ne filtre. Passée la luxueuse salle de repos, de petits box s'égrènent à perte de vue, plantant un décor de bureaux à l'américaine. Au centre de recherche de Microsoft-Asie, on travaille jour et nuit. Depuis son implantation à Pékin, le but de la société américaine est clair : recruter avant tout le monde les plus brillants cerveaux chinois. La Chine forme d'excellents scientifiques, et en grand nombre. C'est un choix et un leitmotiv gouvernemental. Le vol des taïkonautes a permis à la presse d'État de glorifier à longueur de journaux les capacités technologiques de la nation. La Chine, non contente d'être l'atelier du monde, a décidé de devenir aussi la première plate-forme mondiale en recherche et développement. »

Sylvie Rouat, *Sciences et avenir*, n° 706.

Étude de la situation

Analyse des documents

1. Relevez les signes d'une forte croissance sur le littoral chinois (doc. 1, 2, 3 et 5).

2. Selon vous, pourquoi la Chine organise-t-elle une exposition universelle ? Quelle image du pays le site Internet souhaite-t-il donner (doc. 4) ?

3. Identifiez les signes d'ouverture de la Chine sur l'étranger (doc. 2, 3, 4 et 7).

4. Qu'apprend-on sur les choix économiques du gouvernement chinois (doc. 6) ?

5. Selon vous, quel est l'intérêt, pour cette entreprise française, de s'installer en Chine (doc. 7) ?

Bilan

À partir de vos réponses, montrez les spécificités du développement économique chinois.

7 **Un hypermarché Auchan à Pékin.**
1,4 milliard de Chinois représentent un gigantesque marché à conquérir pour les entreprises étrangères.

L'essentiel

Connaissances

Les métropoles et mégalopoles au cœur de la mondialisation

Certaines villes dominent le monde en concentrant les pouvoirs financier, économique, politique, culturel et scientifique. Ces métropoles sont associées entre elles et forment de vastes régions urbanisées que l'on appelle mégalopoles. Elles entretiennent des relations denses et continues par l'intermédiaire de moyens de communication modernes et rapides. Ce fonctionnement en réseau constitue un espace privilégié d'échanges et de décisions à l'échelle mondiale.

Les trois aires de puissance majeures dans le monde

L'Amérique du Nord domine la planète, entraînée par les États-Unis, superpuissance qui concentre tous les pouvoirs. L'Europe occidentale, avec l'Union européenne, est la première puissance commerciale, mais elle peine à s'imposer à l'échelle internationale, dans les domaines politique et militaire. Enfin, l'Asie orientale, espace encore morcelé, représente aujourd'hui une puissance indiscutable. Son développement est centré sur les exportations. Le poids de certains pays émergents, comme la Chine, y est croissant.

Notions clés

Aire de puissance : espace géographique qui englobe plusieurs États ou régions et qui exerce une forte influence économique, culturelle, politique et militaire sur l'organisation du monde.

Mégalopole : région urbaine de plusieurs millions d'habitants rassemblant plusieurs villes aux fonctions variées, reliées par de grands axes de communication.

Métropole : grande ville possédant un pouvoir de commandement grâce à la concentration de fonctions économiques, politiques et décisionnelles.

Chiffres clés

20 % : les trois aires de puissance majeures concentrent 20 % de la population mondiale.

80 % : les trois aires de puissance majeures concentrent 80 % du PNB mondial.

Croquis de synthèse

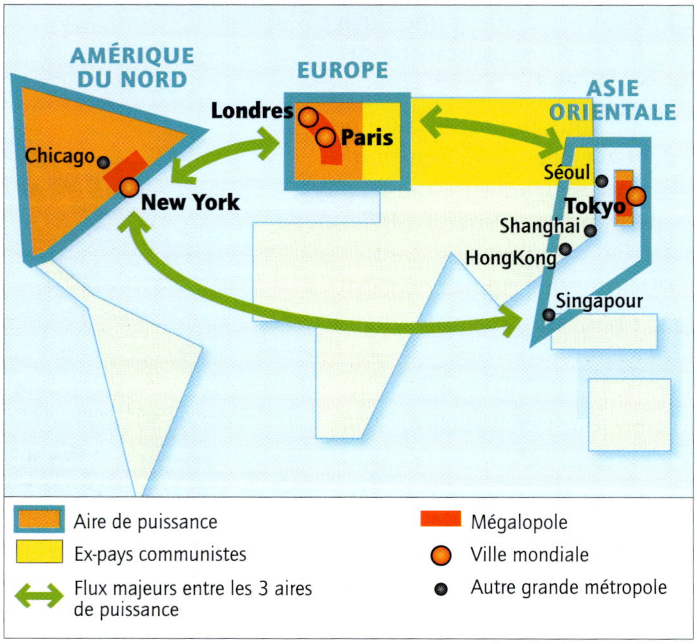

Capacités

Décrire et caractériser une situation géographique

1 Classement de Londres parmi les villes mondiales

Activités	Rang européen	Rang mondial
Bourse	1	2
Marché bancaire	1	1
Aéroport	1	1
Édition/presse	1	2

2 Londres : le paysage caractéristique d'une métropole.

1. Tower Bridge. **2.** Quartier d'affaires de la City. **3.** La Banque d'Angleterre et la Bourse. **4.** Docks Ste Katharines réaménagés pour la plaisance.

Question

Quelles caractéristiques font de Londres une ville mondiale ?

Réponse

Londres s'inscrit dans un paysage urbain aux formes verticales. Le quartier des affaires londonien, la City, est composé de hauts buildings qui se détachent des autres constructions.

1. Décrire la situation

Il abrite la bourse et la banque d'Angleterre, symboles du pouvoir financier. Londres occupe la première place sur le marché bancaire européen. Par ailleurs, les quartiers historiques près de la Tour de Londres et le port de plaisance attirent de nombreux touristes. Le rang mondial de l'aéroport londonien démontre l'attractivité de la ville qui se place en tête dans les domaines de l'édition et de la presse.

2. Caractériser la situation

Cette polarisation exceptionnelle fait de Londres une métropole d'influence européenne et même mondiale, au même titre que New York, Tokyo ou Paris.

3. Interpréter la situation

Comprendre la méthode

1. La description. Quels sont les éléments du paysage urbain : densité du bâti, verticalité des constructions, extension spatiale, axes de communication ?

2. La caractérisation. Quelle place occupe Londres dans les domaines économique, financier, intellectuel et culturel ?

3. L'interprétation. En quoi cette organisation est-elle caractéristique des métropoles ?

Évaluation

Mobiliser ses connaissances (10 points)

1 **Maîtriser le vocabulaire** (2 points)
Associez à chaque définition le terme qui lui correspond : mégalopole, métropole, aire de puissance.
a. Espace géographique qui englobe plusieurs États ou régions et qui exerce une forte influence économique, culturelle, politique et militaire sur l'organisation du monde.
b. Région urbaine de plusieurs millions d'habitants rassemblant plusieurs villes aux fonctions variées, reliées par de grands axes de communication.
c. Grande ville possédant un pouvoir de commandement grâce à la concentration de fonctions économiques, politiques et décisionnelles.

2 **Restituer des connaissances** (2 points)
Recopiez et complétez le tableau en choisissant des exemples qui conviennent.

Citer	Amérique du Nord	Europe occidentale	Asie orientale
Un exemple de métropole mondiale			
Un pays faisant partie de l'aire de puissance			
Une ville portuaire importante			

3 **Localiser une situation** (2 points)
Situez sur le croquis après l'avoir reproduit : les trois aires de puissance, les trois mégalopoles mondiales, les flux majeurs entre les aires de puissance.

4 **Caractériser un espace** (2 points)
Donnez les caractéristiques d'une aire de puissance.

5 **Rédiger une réponse organisée** (2 points)
Justifiez l'expression « la véritable puissance appartient aux villes».

Analyser des documents (10 points)

1 Les mutations de Shanghai

« Depuis une dizaine d'années, Shanghai compte parmi les villes du monde qui se développent le plus rapidement. Le paysage urbain est bouleversé par la construction de centaines de gratte-ciel, de voies express surélevées, de grands hôtels aux parois vitrées, de centres commerciaux. L'espace a été réorganisé pour faciliter le développement des fonctions économiques et améliorer les conditions de vie de la population. Tunnels, ponts et métro relient Shanghai à Pudong, le quartier des affaires qui connaît une croissance fulgurante. Le pont de Donghai, le plus long du monde, permet de passer de la ville au port de Yangshan, le plus grand port mondial en eaux profondes. La métropole accueille les installations industrielles de compagnies multinationales, un nouvel aéroport, un chemin de fer régional à lévitation magnétique (Maglev). Les tours de Pudong symbolisent la vitalité de l'économie shanghaienne, l'adhésion des dirigeants à la mondialisation et forcent la comparaison avec Manhattan. Shanghai se met à ressembler à n'importe quelle autre métropole asiatique ou américaine. »

D'après M.-C. Bergère, « Le développement urbain de Shanghai, un remake ? », *Vingtième Siècle, Revue d'histoire* 2005/1, n° 85, © Presses de Sciences PO.

2 Le site Internet du port de Shanghai.

▶ Décrire et caractériser la situation de Shanghai (6 points)

1. Identifiez et décrivez les trois espaces de la photographie du document 2 en vous aidant du document 1.

2. Relevez les éléments montrant la puissance de Shanghai.

3. Montrez que Shanghai est une métropole de rang mondial.

▶ Mettre en relation avec ses connaissances (4 points)

4. En vous aidant de vos réponses précédentes, expliquez comment Shanghai participe à l'intégration de la Chine dans l'aire de puissance asiatique.

Une plantation de café en Colombie.

L'agriculture permet aux pays en développement de sortir de la pauvreté. En Colombie, la culture du café est surtout le fait de petits planteurs, qui l'associent à l'agriculture vivrière. Le café, qui contribue à 7% du PIB du pays, représente 50% de la production agricole colombienne et participe à plus de la moitié des exportations.

Sujet d'étude

4

Les dynamiques des périphéries

Un grand nombre de pays semblent être à l'écart de la mondialisation. Mais leurs économies se développent et ils représentent une part croissante de l'humanité. Ils se classent en deux grandes catégories : les pays émergents, qui s'intègrent vite aux échanges mondiaux, et les pays les moins avancés, qui peinent à sortir de la misère.

Comment les pays situés hors des grands centres de puissance mondiale se développent-ils ?

Les périphéries dans la mondialisation

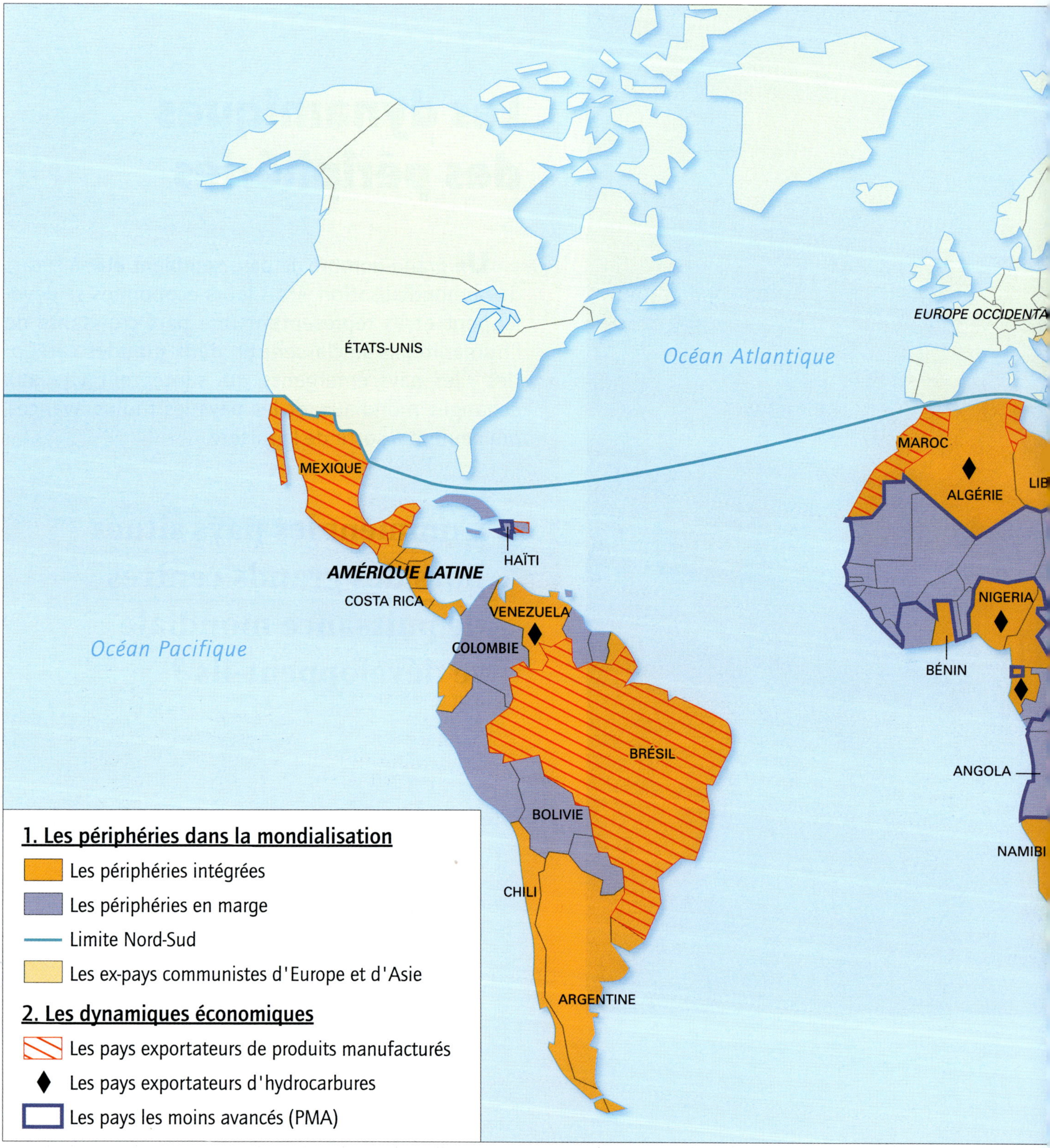

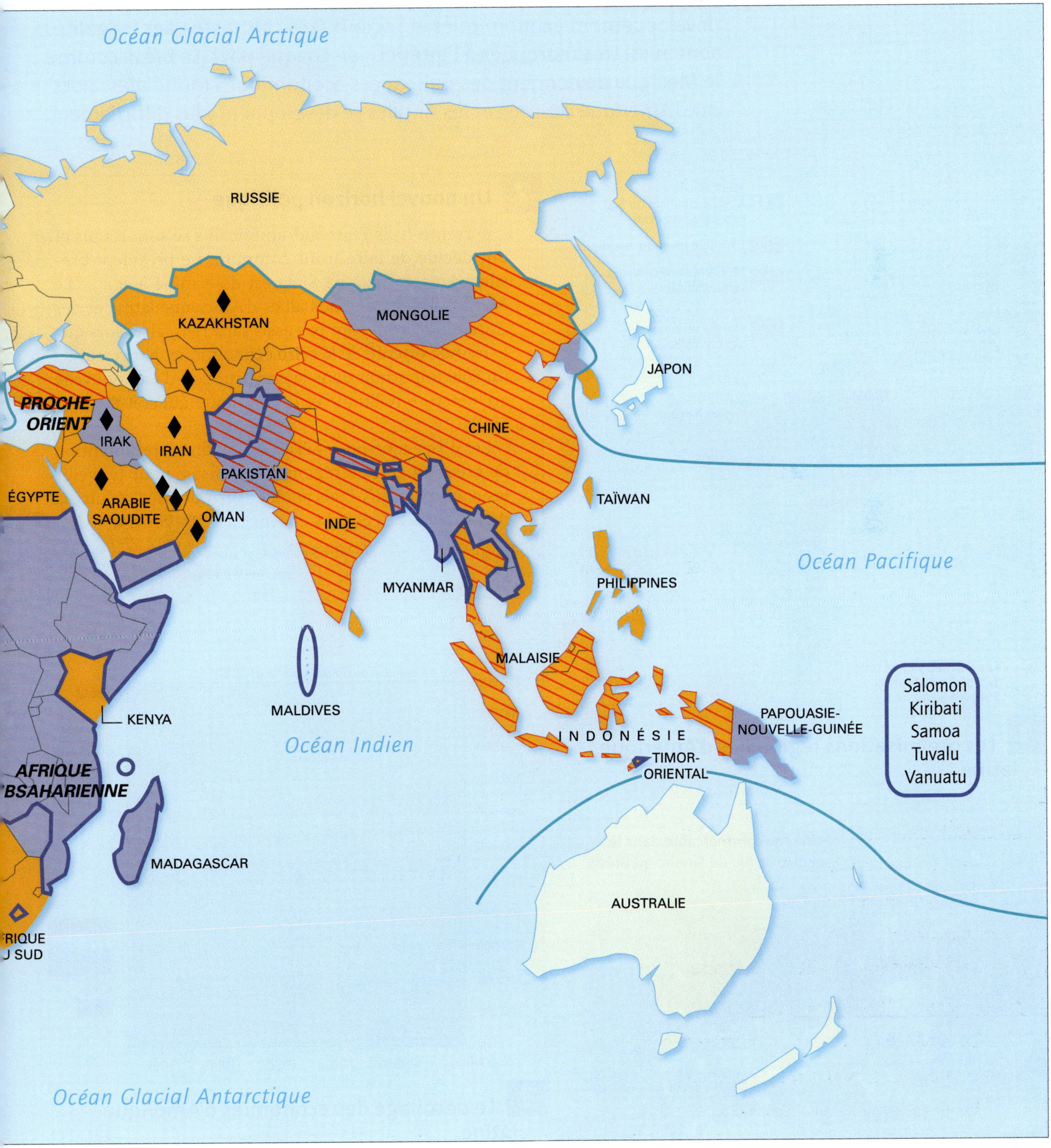
Océan Glacial Arctique
RUSSIE
KAZAKHSTAN
MONGOLIE
JAPON
PROCHE-ORIENT
IRAK
IRAN
CHINE
PAKISTAN
ÉGYPTE
ARABIE SAOUDITE
OMAN
INDE
TAÏWAN
Océan Pacifique
MYANMAR
PHILIPPINES
MALAISIE
MALDIVES
KENYA
PAPOUASIE-NOUVELLE-GUINÉE
Salomon
Kiribati
Samoa
Tuvalu
Vanuatu
INDONÉSIE
Océan Indien
TIMOR-ORIENTAL
AFRIQUE
BSAHARIENNE
MADAGASCAR
AUSTRALIE
RIQUE
J SUD
Océan Glacial Antarctique

Comment les pays d'Amérique latine s'intègrent-ils dans la mondialisation ?

La situation Les États d'Amérique latine présentent des niveaux de développement économiques et sociaux très contrastés. Les inégalités sont aussi très marquées à l'intérieur de chaque pays. Le Brésil comme le Mexique deviennent des puissances économiques mondiales, alors que l'Amérique centrale et les Antilles se développent plus difficilement.

1 **Les organisations régionales d'Amérique latine.**

Une rue commerçante dans le centre de Rio de Janeiro au Brésil.

2 Un nouvel horizon politique

« Trente-trois États sud-américains se sont réunis et ont décidé de faire front commun. Le président brésilien Ignacio Lula da Silva est déterminé à agir : "Le Mercosur ainsi que nos alliés d'Amérique latine et des Caraïbes ne resteront pas assis sans rien faire alors que le monde discute de la crise économique. Nous aurons un rôle important dans la construction d'une nouvelle architecture politique et économique qui soit multilatérale".

Les dirigeants sud-américains ont en outre l'intention de créer un conseil régional de défense pour prévenir les conflits locaux mais aussi et surtout pour réduire la dépendance de ces pays envers les États-Unis. »

D'après « L'Amérique latine et les Caraïbes unis face à la crise », euronews.net, 17 décembre 2008.

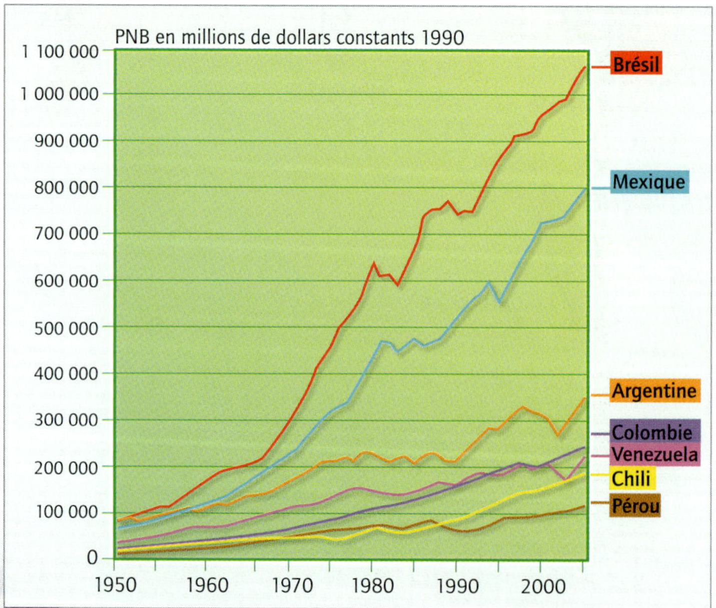

3 **Le décollage des économies d'Amérique latine.**

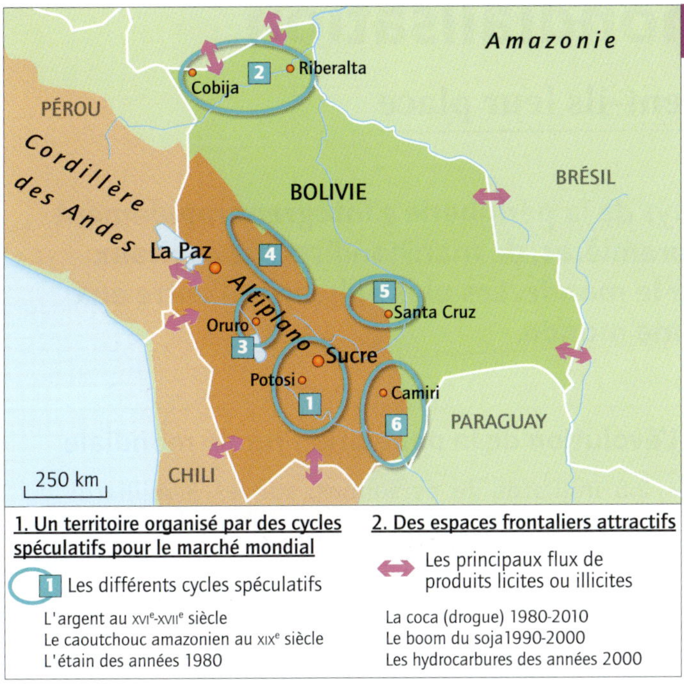

4 La Bolivie dépendante des échanges mondiaux.

Le territoire bolivien est organisé depuis longtemps autour de la production et de l'exportation de produits de base vers le marché mondial.

5 L'argent des émigrés

« À Las Trojas, 1 000 habitants, un tiers vit aux États-Unis. Ici, comme dans le reste du Mexique, l'argent des émigrés a changé beaucoup de choses. Chacun a sa télévision, sa machine à laver, sa maison "en dur", et un jour sa voiture : les transferts de devises des émigrés ont nourri pendant vingt ans ce rêve, permettant à des millions de Mexicains de sortir de la pauvreté.

En 2007, les sommes transférées ont atteint 24 milliards de dollars (19 milliards d'euros) et sont devenues la deuxième source de devises, après le pétrole mais devant le tourisme. »

D'après *Le Monde*, 27 novembre 2008.

6 Buenos Aires, capitale de l'Argentine.

31 % de la population urbaine d'Amérique latine vit dans des bidonvilles. La pauvreté a diminué de 10 % depuis 2000, mais le tiers de la population d'Amérique latine et des Caraïbes vit encore avec moins de 2 dollars par jour.

Étude de la situation

Analyse des documents

1. Dans quelle catégorie de périphéries peut-on classer les pays d'Amérique latine (carte p. 318) ?

2. Comment les États d'Amérique latine s'organisent-ils, pour coopérer économiquement (doc. 1) ?

3. Que veut construire le président brésilien ? Vis-à-vis de quel pays les dirigeants d'Amérique latine cherchent-ils à réduire leur dépendance (doc. 2) ?

4. Quels pays ont entraîné le développement économique de l'Amérique latine (doc.3) ?

5. Quel est le rôle des matières premières minérales et végétales dans l'économie de la Bolivie (doc.4) ?

6. Quelles sont les trois sources de revenus extérieurs du Mexique (doc. 5) ?

7. Quels contrastes de développement peut-on repérer sur cette photographie (doc. 6) ?

Bilan

À partir des réponses aux questions et des documents, montrez les dynamiques politiques, économiques et sociales qui intègrent l'Amérique latine à l'économie mondiale.

Cours

Les pays émergents dans la mondialisation

▶ Comment les pays émergents trouvent-ils leur place dans la mondialisation ?

Grâce à leur récent développement, certains pays de la périphérie s'intègrent rapidement aux échanges mondiaux. Les flux de matières premières, de marchandises, de capitaux et de personnes ont ouvert leurs économies sur le monde. Les plus puissants d'entre eux s'associent pour peser davantage dans le système monde.

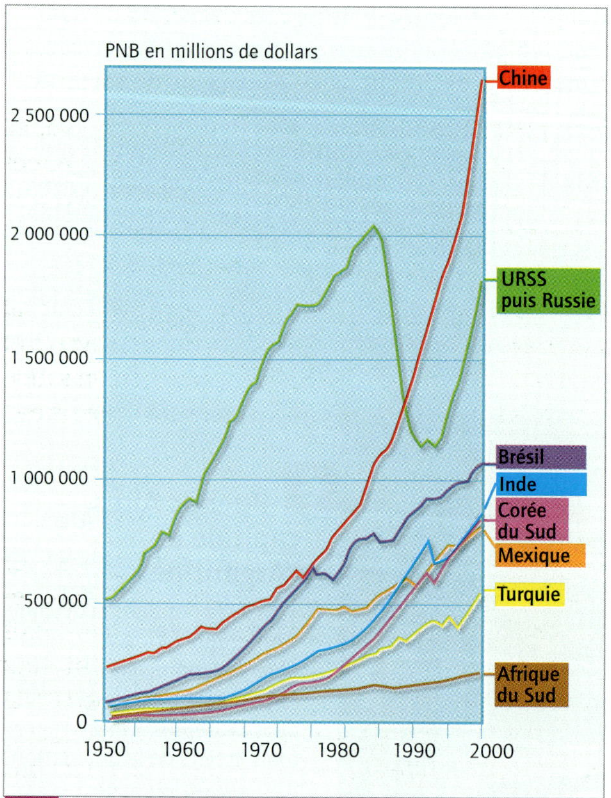

1 Le PNB des pays émergents.

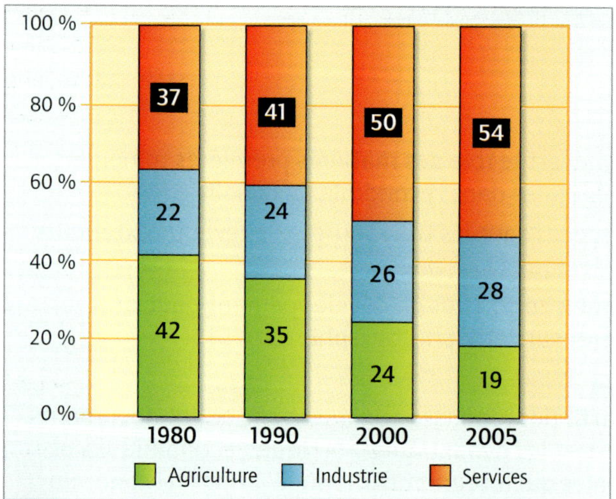

3 La tertiarisation de l'activité en Inde.

2 L'évolution de la population rurale mondiale

« 2,5 milliards de personnes, sur les 3 milliards de ruraux, sont impliquées dans l'agriculture. La taille de la population rurale devrait continuer à croître jusqu'en 2020 et commencer ensuite à diminuer, à cause d'une croissance démographique plus faible et de l'urbanisation rapide dans la plupart des pays. Les populations rurales d'Amérique latine et d'Asie de l'Est sont déjà en recul depuis 1995. Toutefois, la proportion de la population vivant dans les zones rurales est déjà en baisse sur tous les continents, y compris en Afrique. »

Rapport sur le développement dans le monde, Banque mondiale, 2008.

4 Le succès de l'agriculture brésilienne

« Si le Brésil est encore un nain dans le commerce international, avec 1 % des échanges, son palmarès dans le domaine agricole est déjà impressionnant : premier producteur et exportateur mondial de sucre, de café, de jus d'orange, premier exportateur mondial de tabac, de viande bovine et de poulet, deuxième exportateur de soja. Au total, il arrive sur la troisième marche du podium derrière les États-Unis et l'Union européenne. Ses exportations ont été multipliées par deux au cours des quatre dernières années.

Cette révolution en profondeur de l'agriculture brésilienne a commencé il y a une dizaine d'années lorsque le choix fut fait de libéraliser le secteur et de se tourner vers les grands marchés d'exportation avec un modèle performant constitué de grandes exploitations de plusieurs milliers d'hectares, d'une mécanisation poussée et d'une recherche publique de grande qualité mise au service du secteur privé. À cela il faut ajouter le faible coût de la main-d'œuvre, le faible prix et la disponibilité des terres. [...] Il est alors facile de comprendre pourquoi ce pays se montre aussi agressif au sein de l'Organisation mondiale du commerce (OMC) pour obtenir une libéralisation des échanges agricoles. »

D'après L. Caramel, *Le Monde*, 24 mai 2005.

5 **Les investissements de la Chine en Afrique.**
Le chantier de construction du centre chinois de développement économique et commercial à Cotounou en 2008. Ce centre assure la promotion des investissements chinois au Bénin et constitue un lieu de stockage et de vente de produits chinois.

Questions

Des économies qui s'ouvrent sur le monde

1. Quel a été le premier pays à connaître une forte croissance économique ? Par quels pays est-il suivi (doc. 1) ?

2. Que révèle cette image sur le développement économique du Bénin (doc. 5) ?

Une démographie dynamique

3. Comment évolue la population rurale dans le monde ? Quelles sont les deux causes de cette évolution (doc. 2) ?

4. De quels atouts le Brésil dispose-t-il pour s'imposer sur la scène internationale (doc. 4) ?

Des revendications sur la scène mondiale

5. Pourquoi, à votre avis, le Brésil émet-il des revendications auprès de l'OMC (doc. 4) ?

Des économies qui s'ouvrent sur le monde

Le choix de l'industrialisation. Depuis les années 1970, les pays du Sud les plus peuplés comme la Chine, l'Inde, le Mexique ou le Brésil, se sont engagés dans le développement de l'industrie. Les entreprises délocalisées des pays industrialisés qui cherchaient une main-d'œuvre abondante et bon marché s'y sont installées. Ces investissements ont fait progresser les conditions de vie.

Le choix des exportations de produits de base. D'autres pays comme l'Argentine, la Malaisie, le Venezuela ou ceux du golfe Persique ont opté pour l'exploitation des produits de base agricoles ou énergétiques. L'exportation d'un seul produit fragilise ces économies dépendantes du marché.

Une démographie dynamique

Un poids humain considérable. Plus des 2/3 de l'humanité vivent dans les pays émergents. Ces populations jeunes représentent un fort potentiel de croissance. Mais le développement exige la réduction des écarts sociaux, l'accès de tous à la formation, l'égalité des sexes, la démocratie.

Des marchés en devenir. L'augmentation du pouvoir d'achat dans les pays émergents en fait des marchés d'avenir et les multinationales s'y sont implantées. Avec l'urbanisation croissante, les besoins de services explosent et le niveau scolaire s'améliore.

Des revendications sur la scène mondiale

Un nouvel équilibre. Les puissances émergentes les plus avancées revendiquent aujourd'hui un rôle dans les institutions internationales correspondant à leur poids économique et à leur rayonnement. Elles militent pour une place permanente au Conseil de sécurité de l'ONU, l'élargissement du groupe des pays les plus industrialisés (G20) et une meilleure association aux décisions mondiales.

Des relations multipolaires. Les réunions entre pays en développement sans la présence des grandes puissances se multiplient. En 2008, pour la première fois, les pays d'Amérique latine se sont réunis sans les États-Unis. La Chine investit en Afrique, autrefois domaine réservé des Européens. Les pays de l'OPEP cherchent des appuis parmi les autres exportateurs de pétrole, en Afrique et en Amérique du Sud, pour garantir leurs revenus.

Vocabulaire

G 20 : forum économique, créé en 1999, visant à favoriser la concertation internationale en tenant compte des pays émergents.

Pays émergent : pays en développement dont l'évolution conduit à jouer un rôle grandissant dans la mondialisation.

Périphérie : région à l'écart des pôles principaux de la mondialisation, mais qui entretient des relations avec ceux-ci.

Système monde : organisation de l'économie mondiale fondée sur les échanges et les actions d'organisations internationales.

UN PAYS ÉMERGENT : LE MAROC

Comment le Maroc s'intègre-t-il à la mondialisation ?

La situation Le Maroc est la cinquième puissance économique d'Afrique. La modernisation des infrastructures et la stabilité politique favorisent l'installation des firmes multinationales. L'agriculture maintient des espaces ruraux productifs, même s'ils sont dépendants d'aléas climatiques comme la sécheresse.

1 Le maintien d'une forte agriculture.

L'agriculture marocaine s'est modernisée avec la maîtrise de l'irrigation et la mécanisation. Près de 45 % des Marocains travaillent dans l'agriculture.

Les tours du Twin Center de Casablanca, le quartier des commerces et des achats.

2 Le soutien des émigrés

En 2007, les travailleurs marocains à l'étranger ont envoyé 6,7 milliards de dollars au Maroc. Chaque année, ces versements progressent pour représenter actuellement près de 10 % du PIB.

« La présence marocaine est de plus en plus visible dans le monde et en Europe en particulier. Au 31 décembre 2007, il y avait 2 837 654 Marocains en Europe, 281 631 dans les pays arabes, 161 216 en Amérique, 8 061 en Afrique et 5 037 en Asie et Océanie. Ces migrations jouent un rôle vital dans l'équilibre économique du Maroc, la devise "immigrée" constituant l'une des premières ressources économiques du pays avec les phosphates et le tourisme. »

D'après Mohammed Charef, *l'Atlas des migrations*, *Le Monde-La Vie*, hors série, 2008-2009.

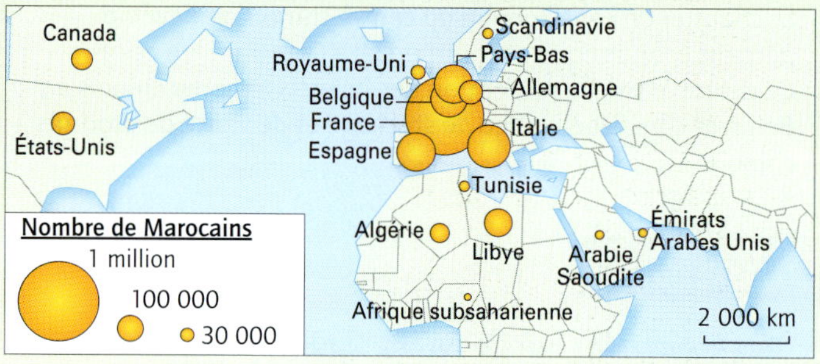

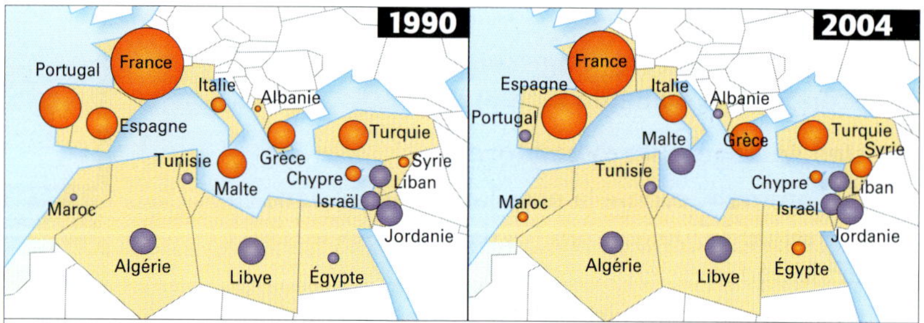

La taille du cercle est proportionnelle à la différence entre la production et la consommation par habitant, par jour, en kilocalories. Un petit cercle indique une situation proche de l'équilibre entre production et consommation.

- **solde positif** : le pays est autosuffisant, il produit plus qu'il ne consomme.
- **solde négatif** : le pays consomme plus qu'il ne produit.

3 L'autosuffisance alimentaire.

4 La modernisation des infrastructures

Au Maroc, les 18 millions de citadins représentent 60 % de la population.

« La Banque africaine de développement vient d'approuver un prêt pour financer le dixième projet d'alimentation en eau potable au Maroc. Il vise au renforcement de l'approvisionnement en eau potable des villes de Taounate, Khénifra, Settat, Marrakech, Tamesna (zone côtière Rabat-Casablanca) et des centres urbains et ruraux liés, qui connaissent un développement urbain et touristique important. Il vise à garantir les besoins en eau potable de ces zones jusqu'à 2030. En matière d'adduction[1], il assurera le renforcement et l'amélioration de la quantité et de la qualité de l'approvisionnement en eau potable d'environ trois millions de personnes dès 2010. »

Extraits d'un communiqué de la Banque africaine de développement, 19 novembre 2008.

1. Adduction : action d'amener l'eau en la détournant de son cours d'origine.

5 Un lieu d'investissement

« L'économie marocaine reste vulnérable, face aux aléas climatiques et à la fluctuation des coûts énergétiques. Mais elle est entrée dans une "phase de transition" portée par la dynamique d'investissement que connaît le pays : les recettes du tourisme, première source de devises pour le pays, le boom des infrastructures et de l'immobilier, la sous-traitance et le textile. Cette dynamique a débouché sur un taux de croissance de 8,1 % du PIB. »

D'après la Banque africaine de développement, mars 2008.

Étude de la situation

Analyse des documents

1. Analyser cette photographie. Quelles sont les caractéristiques de cette agriculture (doc. 1) ?

2. Quel changement fondamental le Maroc a-t-il connu entre 1990 et 2004 (doc. 3) ?

3. Sur quel continent la présence des Marocains est elle la plus importante ? En quoi cela peut-il représenter une aide pour le Maroc (doc. 2) ?

4. Dans quel domaine de grands aménagements sont-ils financés ? De quels espaces garantissent-ils l'approvisionnement (doc. 4) ?

5. Dans quels secteurs d'activité les investissements sont-ils visibles (doc. 5) ?

6. Quels sont les atouts touristiques du Maroc (doc. 6) ?

Bilan

À partir des réponses aux questions et des informations contenues dans les documents, montrez les dynamiques économiques et humaines qui intègrent le Maroc au système monde.

6 **Des atouts pour le tourisme.**

Cours

Les pays les moins avancés dans le monde

▶ Comment les pays les moins avancés peuvent-ils sortir de la pauvreté ?

49 États dans le monde sont classés dans la liste des pays les moins avancés. Ils ont en commun la pauvreté et souvent l'enclavement. Pour leur développement, ces pays en marge bénéficient de programmes d'aide internationaux.

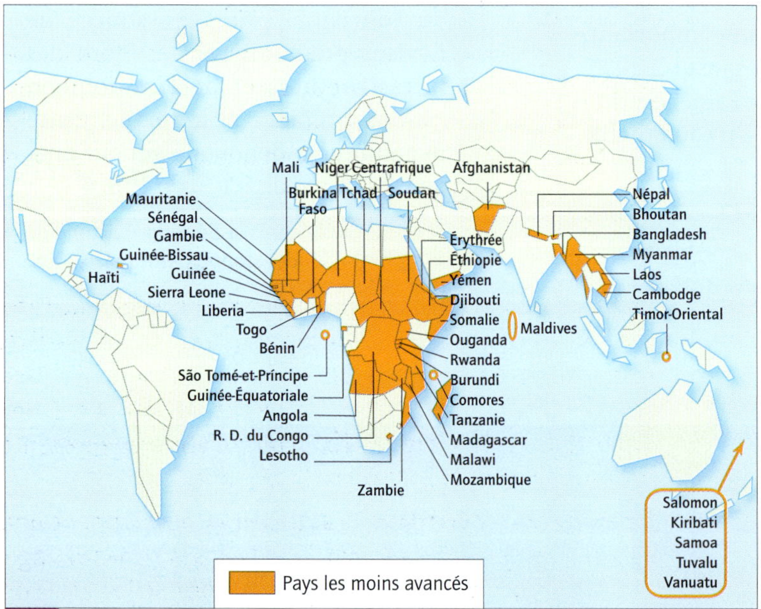

1 Les 49 pays les moins avancés dans le monde.

2 La persistance de la pauvreté

« La croissance que la plupart des PMA enregistre est fortement influencée par l'évolution des marchés internationaux et, en particulier, par les prix des produits de base.

La croissance économique rapide enregistrée depuis 2000 dans les PMA s'est accompagnée d'un faible taux de réduction de la pauvreté et de développement humain. En 2005, 36 % de la population totale de ces pays vivait dans l'extrême pauvreté – soit avec moins de 1 dollar par jour – et 76 % avec moins de 2 dollars par jour. Même si la part de la population vivant dans la pauvreté diminue lentement, le nombre de personnes vivant avec moins 2 dollars par jour était plus grand en 2005 qu'en 2000. »

Rapport sur les PMA, Cnuced, 17 juillet 2008.

3 Les activités agricoles à forte valeur ajoutée.

Le tri de la vanille sur le site de production d'Anjombalava, à Madagascar.

4 De nombreux succès dans l'agriculture

« L'agriculture des PMA connaît des difficultés, mais elle remporte aussi de réels succès. Par exemple, en Afrique subsaharienne, c'est le cas des cultures vivrières, comme le maïs, dans plusieurs États d'Afrique de l'Ouest, les haricots en Afrique orientale, le manioc dans de nombreux pays.

En Tanzanie, ceux qui ont rencontré le plus de succès pour sortir de la pauvreté sont les fermiers qui ont diversifié leurs activités agricoles en cultivant des denrées alimentaires de base pour leur propre consommation et des récoltes commerciales de produits non traditionnels (légumes, fruits, vanille) tout en pratiquant l'élevage. Les ménages ruraux qui sont restés dans la pauvreté sont ceux qui ont continué à utiliser des systèmes d'agriculture plus traditionnels. »

D'après le *Rapport sur le développement dans le monde*, Banque mondiale, 2008.

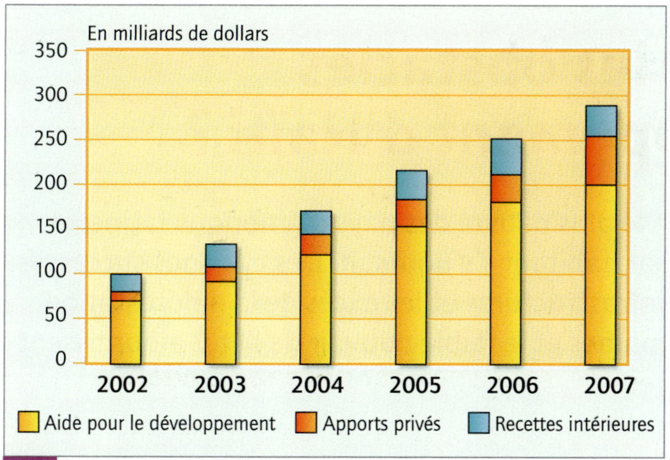

5 Les trois sources de développement de l'Afrique subsaharienne.

6 L'aide par la consommation de produits du commerce équitable.

Questions

Des obstacles à surmonter

1. Sur quel continent les PMA se situent-ils en majorité (doc. 1) ?

2. Quel paradoxe peut-on relever dans ces pays depuis 2000 (doc. 2) ?

Des économies essentiellement rurales

3. Quel peut être l'atout de la culture de la vanille pour Madagascar (doc. 3) ?

4. Pourquoi certains agriculteurs parviennent-ils à sortir de la pauvreté et d'autres pas (doc. 4) ?

L'aide internationale

5. Calculez l'augmentation du financement du développement en Afrique subsaharienne entre 2002 et 2007. Sur quelles recettes repose l'essentiel de cette hausse (doc. 5) ?

6. Quel type de relation entre pays riches et pauvres cette image illustre-t-elle (doc. 6) ?

Des obstacles à surmonter

La faiblesse des revenus. Les pays les moins avancés ont un revenu national brut par habitant inférieur à 530 euros par an. Un tiers des habitants de ces pays vit avec moins de 1,5 euro par jour et deux tiers avec moins de 3 euros.

L'insuffisance des ressources humaines. La malnutrition et d'importants problèmes de santé limitent l'espérance de vie. L'analphabétisation est très élevée, peu d'enfants vont à l'école et ces pays manquent d'une main-d'œuvre qualifiée qui pourrait encadrer le développement.

La vulnérabilité économique. Leur faible poids économique et leur éloignement des centres d'impulsion de l'économie mondiale fragilisent les PMA. Dans ces pays, une catastrophe naturelle ou une difficulté économique provoque toujours une crise grave et profonde.

Des économies essentiellement rurales

L'agriculture vivrière. Certains pays, comme le Burkina Faso, choisissent d'encourager principalement la culture vivrière. L'objectif est d'atteindre l'autosuffisance alimentaire. Face aux besoins grandissants des villes et au coût élevé des importations alimentaires, l'agriculture vivrière représente un enjeu économique et social important.

L'exportation spécialisée. D'autres PMA développent une agriculture destinée aux marchés des pays riches. Il s'agit de productions à forte valeur ajoutée (comme la vanille de Madagascar) qui génèrent des revenus importants, moins dépendants des cours mondiaux.

L'aide internationale

Le rôle des organisations non gouvernementales (ONG). Des ONG soutiennent des projets locaux dans des domaines aussi divers que la santé, l'éducation, les médias, la culture ou les Droits de l'homme. Par ailleurs, le microcrédit a encouragé la naissance de petites entreprises. Mis au point par un Bangladais, Muhammad Yunus, ce système accorde des prêts de petites sommes d'argent à des taux très bas pour permettre à des initiatives individuelles de voir le jour.

Les organisations internationales. Sur le terrain, l'ONU coordonne des actions dans les domaines humanitaires, pour les réfugiés et la Santé. Depuis 1970, des traités internationaux engagent les pays riches à verser 0,7 % de leur revenu national brut pour l'Aide publique au développement (APD). Ce niveau n'est pas atteint mais des sommes de plus en plus importantes sont versées.

Vocabulaire

PMA : Pays les moins avancés. Catégorie, définie par l'ONU, qui regroupe les 49 pays les plus pauvres de la planète.

Malnutrition : état d'un individu à qui les éléments nutritifs nécessaires à une bonne santé font défaut.

Agriculture vivrière : agriculture dont l'objectif premier est de nourrir la population locale.

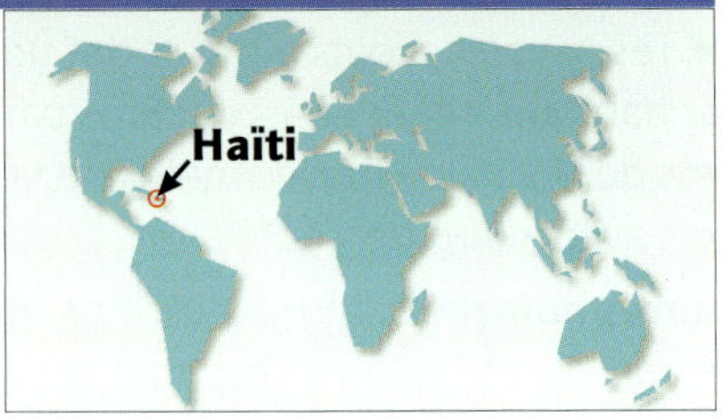

Quels sont les obstacles au développement d'Haïti ?

La situation Haïti est le plus pauvre des pays d'Amérique latine, et la baisse des revenus par habitant s'y poursuit. Des cyclones successifs révèlent le manque d'infrastructures et les excès de la déforestation. Les fortes densités humaines et le faible pouvoir de l'État alourdissent le bilan des catastrophes.

1 Une île partagée entre deux États

« Haïti et la République dominicaine se sont engagés dans des processus d'intégration régionale très différents : Haïti s'est rapproché du CARICOM[1] depuis son adhésion en 2001 ; quant à la République dominicaine, elle a signé un traité de libre-échange avec les États-Unis et cinq États d'Amérique centrale en 2005. Occupant la même île, les deux pays se tournent le dos, marginalisant complètement la zone frontière, sous-peuplée et sous-équipée. »

1. Marché commun de la communauté du bassin des Caraïbes.

D'après Desse, Dupuy, *Le Mercosur : vers la « grande Amérique latine » ?*, Ellipses, 2008.

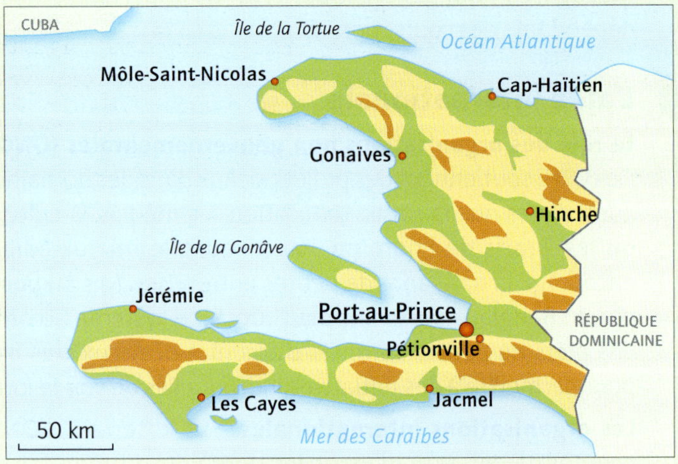

2 Des problèmes démographiques

	Haïti	France
Nombre d'habitants (millions)	8,65	61,22
Densité (habitants/km²)	312	111
Taux de croissance de la population (%)	3,09	0,81
Part des moins de 15 ans dans la population (%)	37,5	18,2
Espérance de vie (années)	52,61	80,21
Émigration	Massive aux âges actifs	Quasi-inexistante

Source : *Atlaséco 2008*.

3 Une zone cyclonique

« En une semaine, Haïti, qui devait déjà faire face aux conséquences des fortes pluies lors de l'ouragan Fay mi-août, a été frappé par le cyclone Gustav et la tempête tropicale Hanna. Ensuite, le pays a été balayé par le cyclone Ike.

Plus de 70 000 personnes sont actuellement logées dans des abris temporaires à travers Haïti. Des milliers de maisons ont été détruites ou endommagées. Pratiquement toutes les terres cultivables ont été inondées, entraînant la perte des récoltes actuelles de maïs, de haricots et de bananes, notamment dans le Sud et le Sud-Est. »

Communiqué ONU, 10 septembre 2008.

Le marché dans une rue de Port-au-Prince.

4 La spirale de la pauvreté

« Les crises politiques, la mauvaise gouvernance, auxquelles s'ajoutent les désastres naturels, la baisse des cours du café, l'augmentation des prix internationaux du pétrole…, les émeutes et destructions ont entraîné, entre autres méfaits, la détérioration du climat d'investissement, l'exode de la main-d'œuvre qualifiée et la fuite des cerveaux, une urbanisation anarchique, l'érosion des terres cultivables et la dégradation de l'environnement. »

Rapport du FMI n° 06/4, 11 novembre 2006.

5 Le déficit d'éducation.

École privée Saint-Lazare, à Port-au-Prince : 80 % des enfants scolarisés sont dans des écoles privées, car il y a très peu d'écoles publiques.

6 Les transferts d'argent des Haïtiens expatriés

Plus de 3 millions d'haïtiens vivent à l'étranger, surtout en Amérique du Nord. Leurs transferts d'argent comptent pour 35 % du PIB d'Haïti.

« Des migrants originaires d'Haïti se sont installés à Miami dans les années 1970-1980. Dans Little Haïti, trois commerces sur cinq sont tenus par des Haïtiens. Des maisons de transfert spécialisées dans l'envoi d'argent, de biens et de nourriture vers le pays d'origine sont implantées. De l'ordre d'un milliard de dollars, la valeur des transferts annuels d'argent de la diaspora vers Haïti équivaut à deux fois celle de ses exportations. »

D'après C. Audebert, « Migrants et migrations dans le monde », DP n°8063, mai-juin 2008.

Étude de la situation

Analyse des documents

1. Quelles sont les relations entre Haïti et la République dominicaine (doc. 1) ?

2. Comparer la situation démographique d'Haïti et celle de la France. Quels sont les handicaps d'Haïti (doc. 2) ?

3. À quels risques climatiques la population haïtienne est-elle confrontée (doc. 3) ?

4. Pourquoi la pauvreté alourdit-elle le bilan des catastrophes (doc. 3 et 4) ?

5. Pourquoi l'éducation représente-t-elle une urgence pour la population (doc. 5) ?

6. Combien d'Haïtiens ont quitté leur pays ? Qu'apportent-ils à leur île (doc. 6) ?

7. Pourquoi l'aide internationale est-elle nécessaire (doc. 2, 3 et 7) ?

Bilan

Expliquez quelles sont les difficultés auxquelles le développement d'Haïti est confronté.

7 L'aide internationale.

Après le passage du cyclone en septembre 2008, des casques bleus de l'ONU ont apporté un soutien logistique et sécuritaire aux populations sinistrées.

L'essentiel

Connaissances

L'inégale intégration des périphéries

Les pays en développement jouent un rôle croissant dans le monde. Des dynamiques démographiques, économiques et sociales intègrent ces pays à la mondialisation, mais à des rythmes différents. Si certaines puissances du Sud concurrencent les pays de la Triade, d'autres pays parviennent difficilement à relever les défis du développement.

Les pays émergents

L'augmentation de la production agricole et industrielle, les investissements étrangers, les transferts de technologies ont permis l'émergence de certains pays en développement comme le Brésil, la Chine ou l'Inde. Ainsi, plus des deux tiers de l'humanité sont engagés dans ces dynamiques. Les conditions de vie s'améliorent et ces États revendiquent un rôle dans le système monde.

Les pays les moins avancés

Un humain sur six vit dans l'un des 49 pays les plus pauvres de la planète. Ces pays sont marqués par la dépendance énergétique et alimentaire. L'agriculture représente le secteur clé de leurs économies. Pour engager leur développement, les aides internationales sont indispensables.

Notions clés

Pays émergent : pays en développement que l'évolution conduit à jouer un rôle grandissant dans la mondialisation.

Périphérie : région à l'écart des pôles principaux de la mondialisation, mais qui entretient des relations avec ceux-ci.

PMA : pays les moins avancés. Catégorie définie par l'ONU, qui regroupe les 49 pays les plus pauvres de la planète.

Chiffres clés

5,4 milliards d'humains, sur un total de 6,75 milliards, vivent dans les pays en développement.

49 pays figurent parmi les pays les moins avancés.

50 % de la croissance mondiale est assurée par 145 pays en développement.

Croquis de synthèse

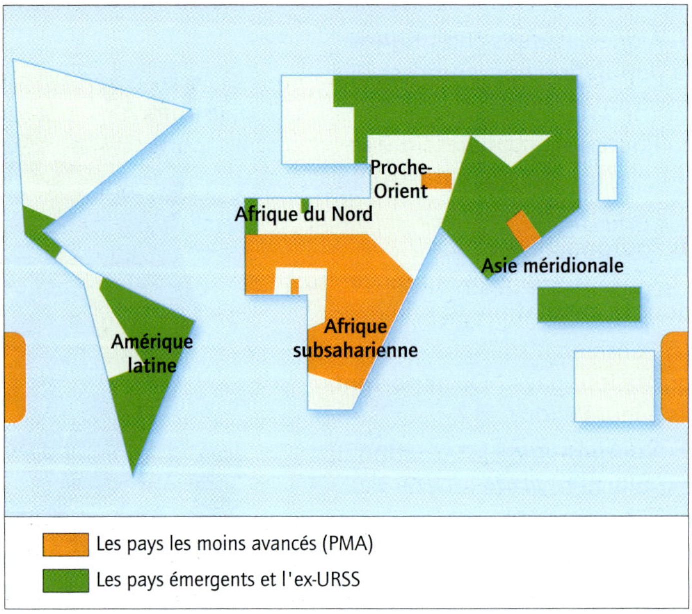

Capacités

Comparer des situations géographiques

La situation géographique du Laos et du Burkina Faso

	Laos, pays de la péninsule Indochinoise	Burkina Faso, pays d'Afrique occidentale
Population (millions d'habitants)	6	13,62
Superficie (km²)	236 800	274 200
Densité (hab/km²)	26	50
Espérance de vie (en années)	55,6	48,5
Population urbaine (en %)	20,6	18,3
Rang mondial pour le PNB/habitant (sur 230)	203	204
Part de chaque secteur d'activité	Agriculture : 44,82 % Industrie : 29,47 % Services : 25,71 %	Agriculture : 30,64 % Industrie : 19,8 % Services : 49,56 %
Disponibilité en eau (en m³par personne et par an)	Entre 15 000 et 50 000 m³	Entre 1 000 et 1 700 m³ (état de stress hydrique)
Situation géographique	• Pays montagneux enclavé. • Rizières dans les plaines de la vallée du Mékong (1 898 km). • Climat tropical humide. • Secteur minier : 50 % des exportations.	• Pays enclavé. • Plateaux de 300 à 400 m. d'altitude. • Nord désertique, avec le Sahel. • Sud où la savane domine. • Coton, millet et karité exportés.

Source : Banque Mondiale, 2008.

Question

À partir du document, comparez les situations géographiques du Laos et du Burkina.

Réponse

Les pays comparés se situent sur deux continents différents, le Laos en Asie du Sud et le Burkina Faso en Afrique de l'Ouest.

Ces deux pays enclavés, de superficie très proche, présentent des caractéristiques semblables : une faible urbanisation, une forte population agricole. D'autre part, leur classement mondial situe ces deux pays parmi les moins avancés.

Ils se différencient cependant par la démographie. Le Burkina est trois fois plus peuplé que le Laos et on y vit moins bien. Les ressources en eau les opposent aussi. Celles du Laos sont abondantes grâce au fleuve Mékong et au climat. Les productions pour l'exportation reposent sur des activités différentes : l'agriculture pour le Burkina Faso, les ressources minières pour le Laos.

1. Évoquer la situation géographique

2. Souligner les points communs

3. Analyser les différences

Comprendre la méthode

1. La situation géographique. Sur quel continent chaque pays est-il situé ? Dans quelle région ? À proximité de quel grand pays ? Frontalier avec lesquels ?

2. Les données proches. Quelles sont les données les plus proches ? Quelles caractéristiques concernent-elles ? Permettent-elles de classer ces pays dans un même ensemble identifié ?

3. Les différences. Quels sont les écarts les plus importants ? Des éléments permettent-ils de les expliquer ? Dans quel pays un indicateur est-il au plus haut, ou au plus bas ? Peut-on rapprocher ces situations différentes d'autres réalités géographiques ?

Mobiliser ses connaissances (10 points)

1 Localiser (1 point)

Les pays émergents les plus peuplés se situent :
a. En Afrique.
b. En Asie.
c. En Amérique latine.

2 Utiliser le vocabulaire disciplinaire (1 point)

Dans quelle catégorie de pays classer les PMA ? Justifiez votre réponse.
a. Les pays industrialisés.
b. Les pays émergents.
c. Les pays en développement.

3 Caractériser un pays émergent (2 points)

Quelle caractéristique identifie le mieux un pays émergent ?
a. Sa population sort de la misère.
b. Sa croissance économique l'intègre davantage aux échanges mondiaux.
c. Il se classe parmi les pays développés.

4 Restituer les connaissances (2 points)

Parmi les critères suivants, quels sont les trois qui s'appliquent aux PMA ?
a. Un revenu annuel par habitant inférieur à 530 euros.
b. Une économie fragile.
c. Des institutions politiques démocratiques.
d. Un fort taux d'analphabétisme.
e. De fortes exportations.

5 Construire une réflexion (4 points)

Dans la liste suivante, quels sont les facteurs qui contribuent au développement ?
a. Hausse des prix de l'énergie.
b. Investissements directs étrangers.
c. Scolarisation insuffisante.
d. Actions des ONG.
e. Importation massive de produits alimentaires.
f. Augmentation des exportations.
g. Hausse du cours des matières premières.
h. Revenus des émigrés.
i. Insuffisance des infrastructures de communication.
j. Baisse de la production.

Analyser un document (10 points)

Les situations de Madagascar et de la Papouasie-Nouvelle-Guinée

	Madagascar, île au sud de l'océan indien, à proximité des côtes africaines	**Papouasie Nouvelle-Guinée,** île à l'ouest de l'océan Pacifique et à l'est de l'Indonésie
Superficie (km^2)	587 040 km^2	462 840 km^2
Population (millions d'habitants)	19	6
Enfants de moins de 14 ans (en %)	44 %	40 %
Espérance de vie (en années)	55 ans	56 ans
Taux d'alphabétisation des plus de 15 ans (en %)	71 %	57 %
Population urbaine (en %)	27.54 %	13.73 %
RNB/habitant/an, (en parité de pouvoir d'achat et en dollars)	960 dollars	2 410 dollars
Investissements directs étrangers (en millions de dollars)	29	34
Disponibilité en eau (en m^3 par personne et par an)	Entre 15 000 et 50 000 m^3	Plus de 50 000 m^3
Situation géographique	• PMA • Cinquième île au monde. • Agriculture sur les hauts plateaux. • Au nord et à l'est : climat équatorial très humide et forêts. • Au sud : terres presque désertiques. • Problèmes de déforestation et d'érosion.	• Partage de l'île avec l'Indonésie. • Île montagneuse couverte de forêt tropicale • Exporte du cuivre, de l'or, du cacao. • Économie dépendante des cours internationaux de matières premières.

D'après le *Rapport sur le développement dans le monde*, Banque Mondiale, 2008.

▶ Comparer des situations géographiques (5 points)

1. Quelles caractéristiques géographiques rapprochent ces deux pays ?

2. Quelles sont les données démographiques les plus proches ? Quelle est la caractéristique commune de leurs populations ?

3. Montrez les différences de niveau de vie entre les deux pays. Dans quel pays la vie semble-t-elle plus difficile ?

▶ Mettre en relation avec ses connaissances (5 points)

En vous appuyant sur les réponses aux questions précédentes, expliquez en quoi les situations de Madagascar et de la Papouasie-Nouvelle-Guinée révèlent des degrés d'intégration différents dans la mondialisation.

Éducation civique

Seconde

Vivre en citoyen

Première

Le citoyen et la République

Droits et devoirs des membres de la communauté éducative

▶ Un lycéen dispose de droits dans son établissement scolaire. Mais l'exercice de ces droits impose le respect de certaines obligations. Le règlement intérieur définit les droits et les devoirs de chacun des membres de la communauté éducative.

A Les instances de la vie lycéenne

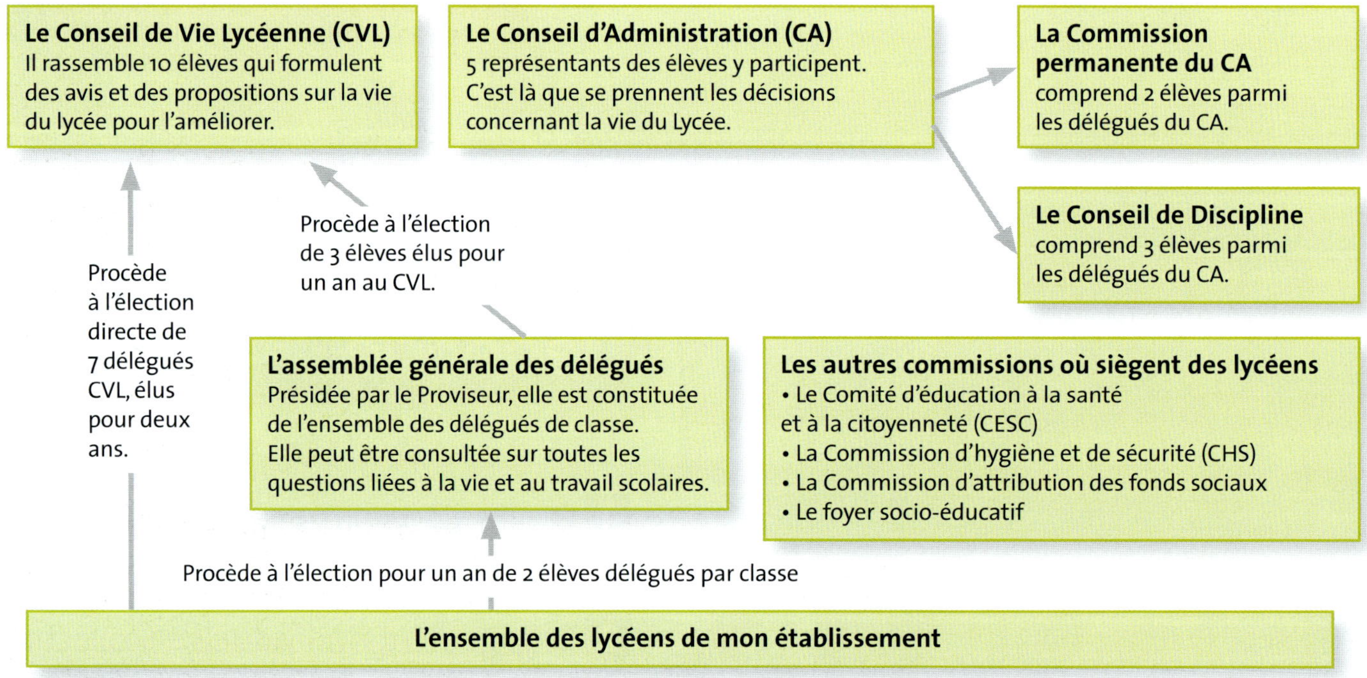

Questions

1. Quels sont les différents conseils dans lesquels siègent les élèves ?

2. Quel est le rôle de chaque commission ?

3. Recherche. Chaque conseil d'administration donne lieu à un compte rendu. Quand le dernier conseil de votre établissement s'est-il déroulé ? Sur quoi a-t-il porté ?

B Le règlement intérieur

« **Le respect d'autrui et du cadre de vie**

- La politesse est de règle. La tenue vestimentaire et l'attitude doivent être correctes. Par exemple, les élèves doivent rester debout dans les couloirs et doivent retirer leur couvre-chef dans un lieu couvert.
- Le respect de l'environnement et du matériel contribue à la qualité du cadre de vie. Toute dégradation peut entraîner la demande d'une réparation financière.
- La participation des élèves à l'aménagement des espaces et lieux de vie destinés à la vie scolaire est sollicitée.

Le devoir de n'user d'aucune violence

Toute violence et toute attitude humiliante, vexatoire et dégradante envers tout élève ou tout adulte sera sanctionnée :

- Violences verbales, dégradations des biens personnels, brimades, vols ou tentatives de vol, violences physiques, bizutage, racket, violences sexuelles, dans l'établissement ou à ses abords immédiats.

Ces comportements peuvent entraîner des sanctions disciplinaires et (ou) saisine de la justice. »

Règlement intérieur (extraits) du Lycée Professionnel Pierre Doriole, La Rochelle.

Questions

4. Classez les règles en trois groupes : celles qui relèvent de la politesse, celles qui relèvent des relations avec les autres et celles qui relèvent du respect du lieu.

5. Trouvez un exemple concret pour chaque type de violence énoncé.

6. Recherche. Comparez ce règlement avec celui de votre lycée. Quelles différences pouvez-vous noter ?

C Le droit d'expression au lycée

1. La loi

« Pour l'exercice du droit d'expression collective des lycéens, les chefs d'établissement devront assurer aux délégués des élèves, au conseil des délégués et aux associations d'élèves, l'accès à des panneaux d'affichage et faire tout leur possible pour qu'ils puissent disposer de locaux aisément accessibles, compte tenu de l'implantation des établissements et des surfaces disponibles. Ils recueilleront à ce sujet l'avis du conseil des délégués des élèves et du conseil d'administration. »

Circulaire n° 91-052 du 6 mars 1991 relative aux droits et obligations des élèves des lycées, collèges et établissements régionaux d'enseignement adapté.

« Les publications rédigées par les lycéens peuvent être librement diffusées dans l'établissement. »

Article 3-4 du décret n° 85-924 du 30 août 1985 modifié – article premier du décret du 18 février 1991.

2. Des concours encouragent la production de journaux lycéens.

3. Un panneau réservé à l'affichage des documents des lycéens.

Questions

7. Quels sont les droits des élèves en matière d'affichage ?

8. Expliquez quels sont les autres droits des élèves en matière de liberté d'expression au sein d'un lycée.

9. Recherche. Quelle peuvent être les limites du droit d'affichage ?

Ce qu'il faut retenir

A Les instances de la vie lycéenne

La participation des élèves à la vie des établissements implique qu'ils puissent réfléchir et s'exprimer sur les sujets qui touchent à leurs conditions de vie. Plusieurs groupes de travail favorisent ces échanges, par exemple le Conseil de la vie lycéenne.

B Le règlement intérieur

Tout lycéen a des droits et des devoirs. En effet, la vie lycéenne suppose le respect de règles de fonctionnement qui encadrent la vie collective.

Les lycées sont soumis aux lois de la République, les infractions commises à l'intérieur de l'établissement peuvent donc relever de la justice (actes de vandalisme ou trafic de drogue par exemple).

C Le droit d'expression au lycée

L'élève a le droit au respect de sa liberté de conscience (droit de penser ce que l'on veut, sans être influencé). D'autres droits existent : liberté d'expression et droit d'expression collective, droit de réunion, droit d'association, droit de rédiger et de diffuser des publications.

Engagements individuels et collectifs

▶ **Dans une démocratie, l'exercice de la citoyenneté passe par le vote : les citoyens élisent une personne qui va les représenter. La participation à la communauté peut aussi s'exercer par un engagement : au sein d'un parti politique, d'une association ou d'un syndicat.**

A Les associations

1. La loi

Art. 1er : « L'association est la convention par laquelle deux ou plusieurs personnes mettent en commun, d'une façon permanente, leurs connaissances ou leur activité dans un but autre que de partager des bénéfices. »

Art. 2 : « Les associations de personnes pourront se former librement sans autorisation ni déclaration préalable. »

Loi du 1er juillet 1901.

2. Le soutien aux associations

Question : Parmi les éléments suivants, quels sont ceux qui pourraient vous inciter à donner à une association ou à une fondation dans les prochains mois ?

Si une catastrophe naturelle, une grave épidémie ou un conflit se produisait	**48 %**
Si une association communiquait en apportant des preuves de l'utilité concrète des sommes qu'elle collecte	**38 %**
Si vous pouviez bénéficier d'allégements d'impôts supplémentaires	**25 %**
Si vous appreniez qu'une association ou fondation que vous appréciez beaucoup connaît de graves difficultés à cause de la crise économique	**24 %**
Si on vous proposait de nouvelles façons de donner, plus originales ou plus simples	**16 %**
Si une association communiquait en comparant vos difficultés quotidiennes avec celles, plus dramatiques des personnes ou des causes pour lesquelles vous seriez sollicité	**9 %**
Ne se prononcent pas	**7 %**

Sondage IFOP, octobre 2008.

Questions

1. Avec vos propres mots, expliquez ce qu'est une association (doc. A1).

2. D'après ce sondage, à quels types d'associations les Français sont-ils le plus prêts à faire des dons (doc. A2) ?

3. Recherche. Faites une recherche sur les associations existant dans votre commune ou votre quartier.

B Les partis politiques

Un parti politique est un groupe de personnes qui partagent les mêmes idées et qui s'associent pour se faire élire, exercer le pouvoir et appliquer un projet commun. À l'intérieur d'un parti, il faut distinguer les militants des adhérents. Les adhérents sont des personnes affiliées à un parti politique car elles possèdent leur carte du parti après avoir payé une cotisation. Le militant est un adhérent actif. Ce qui signifie qu'il accepte de faire bénévolement un travail de terrain et de participer à la vie du parti (réunions pour débattre de ses orientations, distribution de tracts ou vente d'un journal, collage d'affiches, organisation de meetings…).

Questions

4. Quel est l'objectif d'un parti politique ?

5. Quelle est la différence entre un militant et un adhérent ?

6. Recherche. Quels sont les différents partis politiques français ? Quelles idées différentes défendent-ils ?

C Les syndicats

Les syndicats exercent leurs actions dans la vie professionnelle. Leur mission est de défendre les droits des salariés dans différents domaines : emploi, salaire, conditions de travail, protection sociale, égalité professionnelle, respect de la dignité de chacun.

Principaux syndicats	Année de création	Nombre d'adhérents en 2008
CFDT (Confédération française démocratique du travail)	1964	850 000
CGT (Confédération générale du travail)	1895	730 000
FO (Force ouvrière)	1948	250 000
CFTC (Confédération française des travailleurs chrétiens)	1919	120 000
CGC (Confédération générale des cadres	1944	130 000

Questions

7. Quelle est la fonction d'un syndicat ?

8. Quel est le syndicat le plus ancien ? Lequel compte de plus d'adhérents ?

9. Recherche. D'après l'affiche, dans quels domaines un syndicat intervient-il ? Illustrez votre réponse par des exemples.

Ce qu'il faut retenir

A Les associations

Les membres d'une association peuvent partager un loisir (associations sportives…), peuvent constituer un groupe de pression (lobby) ou jouer un rôle humanitaire. Une association peut diffuser des idées, défendre les principes démocratiques (Amnesty International, Ligue des droits de l'homme…), des idées politiques (les partis politiques sont des associations), des créations artistiques (théâtre, salle de concert…).

B Les partis politiques

La Constitution de 1958 reconnaît que « les partis et groupements politiques concourent à l'expression du suffrage. Ils se forment et exercent leur activité librement ». La fonction d'un parti est de proposer des projets politiques et de les mettre en œuvre.

C Les syndicats

Un syndicat est une association de personnes dont le but est de défendre les droits et les intérêts de ses adhérents. Les syndicats se distinguent des partis politiques car leur but n'est pas de gouverner mais d'améliorer les conditions de travail.

Égalité, différences, discriminations

▶ **La Constitution française affirme et garantit l'égalité juridique entre les citoyens. Toute atteinte à ce principe est contraire à la loi. Il existe, bien entendu, des différences économiques, sociales, religieuses et culturelles entre les personnes, mais ces différences ne doivent en aucun cas conduire à des discriminations.**

A L'exclusion et la discrimination

Art. 1 : « La France [...] assure l'égalité devant la loi de tous les citoyens sans distinction d'origine, de race ou de religion. Elle respecte toutes les croyances. »

Extrait de la Constitution de 1958.

Art. 225-1 : « Constitue une discrimination toute distinction opérée entre les personnes physiques à raison de leur originie, de leur sexe, de leur situation de famille, de leur état de santé, de leur handicap, de leurs mœurs, de leurs opinions politiques, de leurs activités syndicales, de leur appartenance ou de leur non-appartenance, vraie ou supposée, à une ethnie, une nation, une race ou une religion déterminée. »

Art. 225-2 : « La discrimination [...] est punie de deux ans d'emprisonnement et de 30 000 euros d'amende lorsqu'elle consiste [...] à refuser d'embaucher une personne. »

Extraits du Code pénal.

Questions

1. En quoi consiste l'égalité entre tous les citoyens français ?

2. Qu'est-ce que la discrimination ? Selon vous, pourquoi est-elle punie par la loi ?

3. Recherche. Qu'est-ce que la Halde ? Recherchez un exemple de discrimination d'une personne liée à son origine et dénoncée par la Halde.

B L'exclusion liée au handicap

1. La loi

« Toute personne handicapée a droit à la solidarité de l'ensemble de la collectivité nationale, qui lui garantit, en vertu de cette obligation, l'accès aux droits fondamentaux reconnus à tous les citoyens ainsi que le plein exercice de sa citoyenneté ».

Extrait de la loi du 11 février 2005.

2. Le chômage des handicapés

	Taux de chômage en %	Nombre de personnes
Ensemble de la population active	9	38 300 000
Population handicapée*	17	1 343 000

* personnes ayant un handicap reconnu : travailleurs handicapés reconnus, victimes de maladies professionnelles ou d'accident du travail ayant entraîné une incapacité d'au moins 10 %, invalides pensionnés, mutilés de guerre et assimilés.

Source : Insee, 2004-2005.

Questions

4. Quel est l'objectif de la loi du 11 février 2005 (doc. B1) ?

5. Commentez les chiffres du chômage concernant le handicap. Que constatez-vous (doc. B2) ?

6. Recherche. Le handicap ne constitue pas un obstacle à l'exercice de nombreux métiers. Recherchez deux exemples pour illustrer cette affirmation.

C La discrimination positive

« la discrimination peut devenir positive quand elle exprime une volonté de corriger et de compenser des inégalités manifestes dont pâtit[1] une population particulière. On peut alors définir la discrimination positive comme l'ensemble des mesures destinées à permettre le rattrapage de certaines inégalités en favorisant un groupe par rapport aux autres, quitte à transgresser de façon temporaire l'égalité des hommes en droit. Il s'agit alors de "donner plus à ceux qui ont le moins". [...] Pour certains, une politique de discrimination positive est justifiée car l'égalité des droits reste très théorique et ne correspond pas à la réalité. D'autres contestent ces mesures, qu'ils jugent inefficaces et stigmatisantes[2]. »

1. Pâtir : être victime.
2 Stigmatiser : infliger un blâme en public.

La Documentation française, 2006.

Questions

7. Quel est l'objectif de la discrimination positive ?

8. Quels sont les arguments en faveur de la discrimination positive ? Lesquels sont contre ?

9. Recherche. Quel est votre avis sur la discrimination positive ? Recherchez deux exemples pour illustrer votre opinion.

D Les salaires hommes-femmes

La loi

« La loi garantit à la femme, dans tous les domaines, des droits égaux à ceux de l'homme. »

L'évolution de l'écart des salaires entre hommes et femmes.

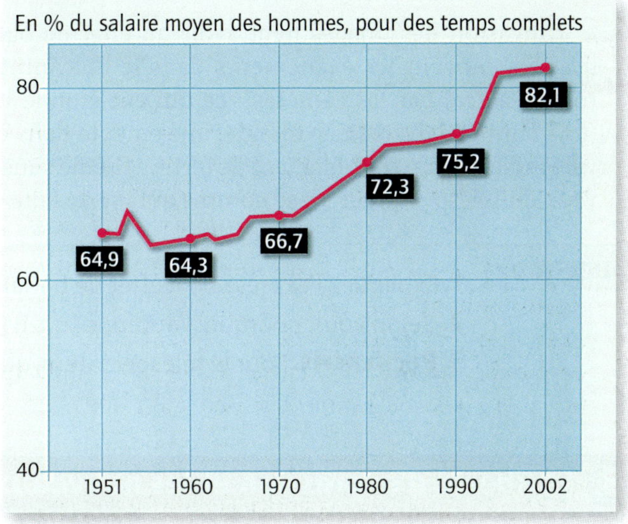

Questions

10. Comment évolue la différence de salaire entre les hommes et les femmes en France entre les années 1960 et 2008 ?

11. En quoi cette évolution est-elle conforme à la loi ?

Ce qu'il faut retenir

A L'exclusion et la discrimination

Le principe d'égalité est un fondement de la République : « les hommes naissent et demeurent libres et égaux en droit ». Il existe des inégalités sociales (de revenus par exemple) mais elles ne sont pas source d'inégalité devant la loi. Celle-ci interdit la discrimination, c'est-à-dire le traitement inégal et défavorable appliqué à certaines personnes en raison, notamment, de leur origine, de leur nom, de leur sexe ou de leur apparence physique.

B L'égalité des chances

Pour vivre ensemble au quotidien, l'égalité en droit ne suffit pas. La Haute autorité de lutte contre les discriminations et pour l'égalité (Halde) a pour mission de lutter contre les discriminations et d'accompagner les victimes. La loi du 11 février 2005 favorise la participation et la citoyenneté des personnes handicapées. Enfin, une loi de mai 2008 précise l'obligation de l'égalité de traitement entre les personnes sans distinction de race ou d'origine.

Le citoyen et les médias

▶ Un citoyen doit s'informer pour se forger une opinion sur les grandes questions d'actualité et exercer des choix lors des votes. Les nouvelles technologies de la communication peuvent développer l'esprit critique mais risquent aussi d'entraîner certains excès.

A Le pouvoir de l'image

« L'invasion des images peut avoir un effet de banalisation, noyant les événements dans le flux ininterrompu activé par les caméras : ce qui eût étonné hier (une famine dans le tiers-monde, une émeute dans une ville indienne, un tremblement de terre…) défile sous les yeux du téléspectateur blasé comme autant de faits habituels qui émeuvent à peine. Tout devient événement et donc rien ne l'est, sauf si l'image parvient à se hisser à l'exceptionnel, au monstrueux, à l'inédit radical. Ce fut le cas du 11 septembre 2001.

Michel Winock, « Qu'est ce qu'un événement ? » L'Histoire N° 268, septembre 2002.

Questions

1. Expliquez l'expression « effet de banalisation ».

2. Selon vous, pourquoi l'auteur cite-t-il les événements du 11 septembre 2001 ?

3. Recherche. Pour le téléspectateur, qui est aussi un citoyen, quels sont les dangers de cette banalisation ?

B La liberté d'expression et les nouveaux médias

1. Le blog

MARDI 21 JUIN 2005 • PREMIÈRE ÉDITION N° 7500 • WWW.LIBERATION.FR

Fête de la musique Le programme à Paris et en Ile-de-France, cahier central

Libération

Au blog citoyens !

Le responsable d'un journal personnel sur Internet est poursuivi en diffamation par la mairie de Puteaux. Une première inquiétante. **Page 4**

Un voilier dans l'espace

Une fusée doit décoller ce soir pour mettre sur orbite Cosmos-1, le premier voilier solaire, sans carburant. L'aboutissement attendu d'un rêve scientifique. **Page 2**

MONDE

Roumanie: sœur Irina, morte en croix P.8

ÉCONOMIE

Ces Chinois exploités en France P.16

Entretien avec Li Li, accusée d'espionnage chez Valeo P.19

Grand angle

Un chez-soi au Val-Fourré

Des habitants de la cité de Mantes-la-Jolie ont fait le choix de rester et d'investir dans des maisons ou des résidences à taille humaine, dans ce quartier réputé difficile, toujours classé «zone urbaine sensible». Reportage. Lire page 34

2. La consultation des blogs dans le monde

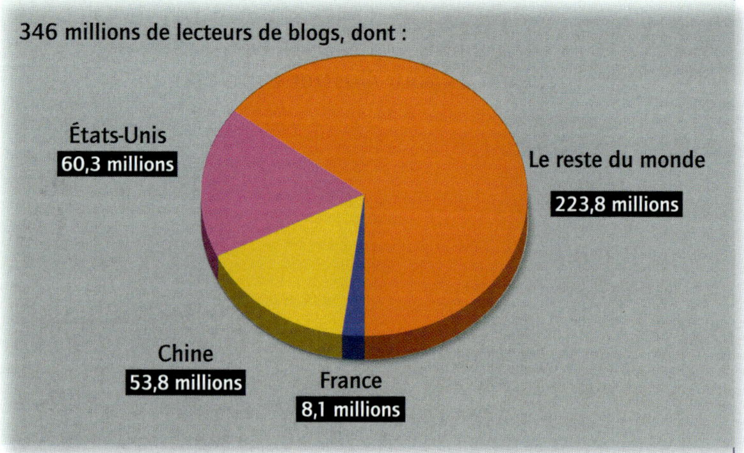

3. Le rôle de la CNIL

« La Commission [nationale informatique et liberté, Cnil] a souhaité avoir des informations sur la manière dont Facebook analyse les profils de ses membres. En effet, l'utilisateur n'est pas toujours conscient qu'en dévoilant des données sur sa vie privée, ses habitudes de vie, ses loisirs, voire ses opinions politiques ou religieuses, il permet aux sites de se constituer de formidables gisements de données susceptibles ainsi de provoquer de multiples sollicitations commerciales. »

www.cnil.fr

Questions

4. Pourquoi peut-on dire que le blog est un instrument d'expression de masse (doc. B1 et B2) ? Justifiez votre réponse.

5. Quelles sont les dérives possibles liées à Facebook (doc. B3)?

6. Recherche. De nombreux médias sollicitent l'avis du public et l'engagent à donner des informations personnelles. Recherchez deux ou trois exemples de cette pratique. Quel est son but selon vous ?

C Le sondage d'opinion

Un sondage est une enquête ponctuelle réalisée auprès d'un échantillon de population.

Question : Pensez-vous que les nouvelles que vous voyez à la télévision sont fidèles à la réalité ?

RÉPONSES	%
Sous-total OUI	**46**
Les choses se sont passées vraiment comme la télévision les montre	7
Les choses se sont passées à peu près comme la télévision les montre	39
Sous-total NON	**50**
Il y a sans doute pas mal de différences entre la façon dont les choses se sont passées et la façon dont la télévision les montre	40
Les choses ne se sont vraisemblablement pas passées du tout comme la télévision les montre	10
Sans opinion	**4**

Enquête TNS Sofres réalisée les 16 et 17 janvier 2008 pour *La Croix* auprès d'un échantillon national de 1000 personnes représentatif de l'ensemble de la population âgée de 18 ans et plus, interrogées en face-à-face à leur domicile.

Questions

7. Que révèle ce sondage sur la façon dont sont perçues les nouvelles présentées à la télévision, et regardées par les Français ? Comment expliquer ce doute ?

8. RECHERCHE. Un sondage d'opinion a pour objectif de comprendre une façon de penser ou d'agir de la population. Recherchez dans quels domaines ces sondages peuvent avoir une influence.

Ce qu'il faut retenir

A Le pouvoir de l'image

L'image nous entoure et nous influence. La télévision et Internet modifient la manière dont on accède à l'information et dont on voit le monde. Face à l'image, le citoyen doit garder un esprit critique pour se forger une opinion personnelle.

B La liberté d'expression et les nouveaux médias

La multiplication des nouvelles technologies de la communication est telle que la loi doit garantir la liberté d'expression et préciser la responsabilité du diffuseur. C'est le rôle de la Comission nationale de l'informatique et des libertés (Cnil).

Internet peut constituer un lieu de débats et d'échanges contribuant ainsi à une meilleure information. Mais Internet peut aussi présenter des dangers : porter atteinte à la vie privée, proposer des idées en contradiction avec la démocratie.

C Les sondages

Un sondage vise à déterminer les préférences des individus composant une population. La presse française publie chaque année plus de mille sondages. Cette réalité s'imprime dans notre univers quotidien et influence sans doute nos comportements.

La Constitution et l'exercice des pouvoirs

▶ La Constitution définit les rapports entre les différents pouvoirs (exécutif, législatif et judiciaire). La séparation des pouvoirs est, en effet, une garantie du respect de la démocratie. Par le vote, chaque citoyen délègue une partie de sa décision à un représentant élu.

A Les systèmes électoraux

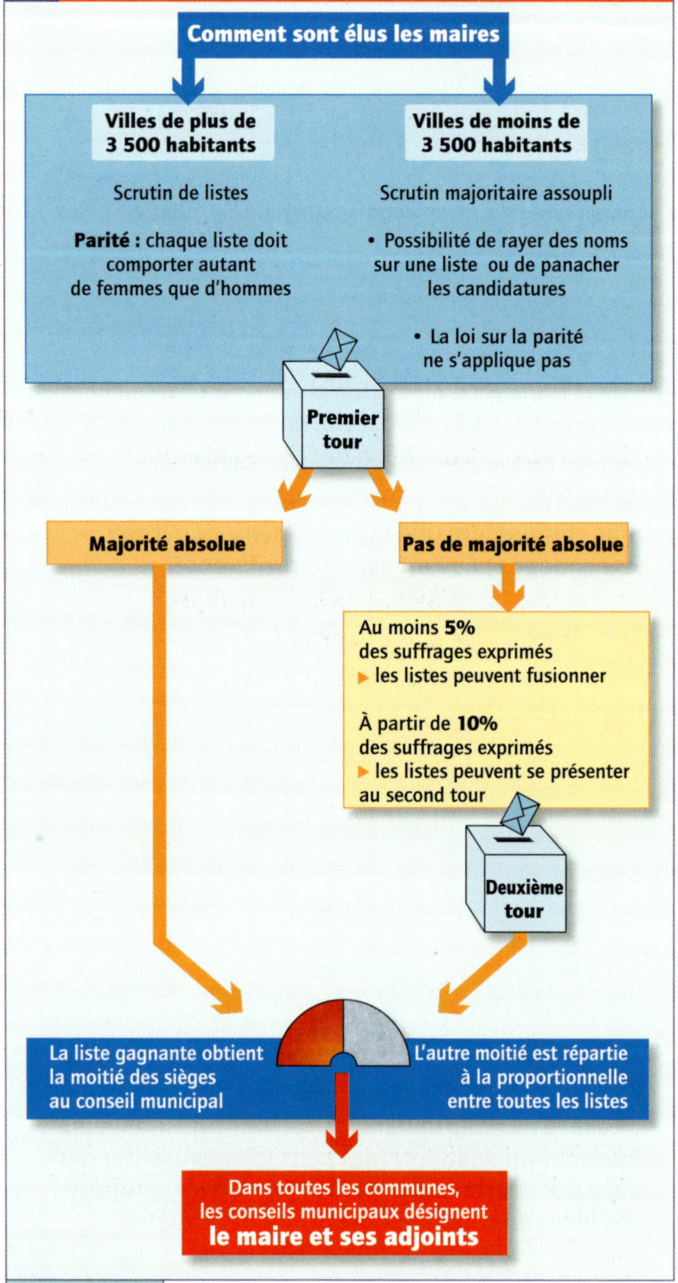

Questions

1. Quels sont les deux types de scrutin utilisés dans les élections municipales ?

2. Expliquez ce qui se passe lorsqu'une liste obtient la majorité absolue au premier tour.

3. Que se passe-t-il si aucune liste n'obtient la majorité absolue au premier tour ?

4. RECHERCHE. Étudiez les dernières élections municipales dans la commune de votre établissement.

B L'élaboration d'une loi

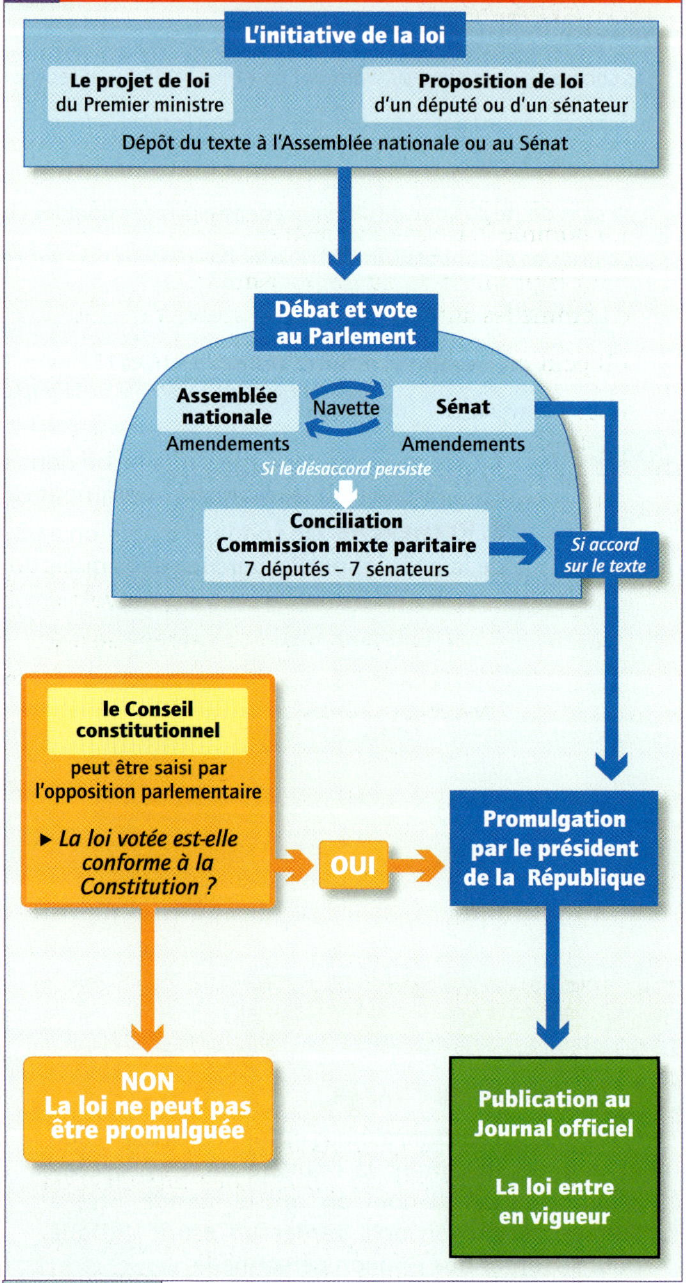

Questions

5. Qui est à l'origine du dépôt d'une loi ?

6. Par qui le projet de loi est-il examiné ?

7. Quel est le rôle du Conseil constitutionnel ?

8. RECHERCHE. Recherchez un projet de loi en cours de préparation, sur le site Internet : www.assemblee-nationale.fr. Suivez son cheminement.

C Le rôle du président de la République

Liberté • Égalité • Fraternité
RÉPUBLIQUE FRANÇAISE

- Il nomme le Premier ministre.
- Sur la proposition du Premier ministre, il nomme les autres membres du gouvernement.
- Il peut consulter par référendum.
- Sur proposition du gouvernement ou des deux chambres, il peut soumettre une loi, ou une ratification de traité, à un référendum.
- Il nomme trois des neuf membres du Conseil constitutionnel et peut consulter le Conseil.
- Après consultation du Premier ministre et des présidents des assemblées, il peut prononcer la dissolution de l'Assemblée nationale.
- Le président de la République veille au respect de la Constitution.
  Il assure par son arbitrage la continuité de l'État.
  Il est le garant de l'indépendance nationale.
- Il préside le Conseil des ministres et promulgue les lois dans les quinze jours qui suivent la transmission au gouvernement de la loi définitivement adoptée.
- Il est le chef des armées.
  Il préside les conseils et comités supérieurs de la Défense nationale.
- Il dispose du droit de gracier un condamné.

Questions

9. Dans le domaine des lois (pouvoir législatif) quel est le rôle du président de la République ?

10. Quels pouvoirs du président de la République vous semblent les plus importants ?

11. RECHERCHE. Combien de fois le référendum a-t-il été utilisé. Utilisez le site Internet : www.conseil-constitutionnel.fr

Ce qu'il faut retenir

A Les systèmes électoraux

La loi précise le nombre de voix que les candidats et les partis doivent remporter dans une élection, pour être élus.
Dans le système majoritaire, les candidats et candidates qui obtiennent le plus grand nombre de voix (non la majorité absolue des voix) sont élus.
Dans le système de la majorité simple, les candidats et candidates sont élus avec une majorité (plus de 50 %) des suffrages exprimés.
Dans le système à représentation proportionnelle, les candidats et candidates sont élus selon le pourcentage total des suffrages donnés à leur parti.

B L'élaboration d'une loi

Pour être adopté définitivement, un texte législatif doit être examiné successivement par les deux assemblées : Assemblée nationale et Sénat. Une loi ne peut être appliquée que lorsque les décrets d'application sont parus au Journal officiel.

C Le rôle du président de la République

La Ve République donne au chef de l'État des pouvoirs traditionnels qu'il exerce en permanence : par exemple, nommer le Premier ministre, présider le Conseil des ministres, promulguer les lois.
La Constitution lui attribue aussi des pouvoirs exceptionnels qu'il prend dans des circonstances importantes ou graves : par exemple, le référendum ou les pleins pouvoirs (article 16 de la Constitution).

Droits et devoirs des citoyens

▶ L'État républicain garantit les libertés et les droits individuels et collectifs des citoyens. En contrepartie, les citoyens ont des devoirs : respect de la loi, participation à la défense, devoir fiscal.

A Le parcours civique

1. le parcours de citoyenneté

« Le parcours citoyen comprend trois obligations pour tous les Français, garçons et filles.

1. L'enseignement de la Défense nationale est dispensé dans le cadre des programmes de tous les établissements du second degré.
2. Le recensement obligatoire pour tous, filles et garçons de nationalité française.
3. La Journée d'appel de préparation à la Défense (JAPD). »

D'après la loi sur le parcours citoyen et code du Service national, art. L114.

2. La Journée d'appel de préparation à la Défense

La journée permet d'aborder l'aspect global de la défense pour montrer qu'elle est l'affaire de tous, sans distinction. Un moment particulier est consacré au « devoir de mémoire » de façon à maintenir vivant le souvenir du sacrifice des générations précédentes au service de la Nation.

Les sites militaires organisent parfois une courte visite de leurs installations ou la présentation de matériels.

Une évaluation des acquis scolaires fondamentaux permet de détecter les difficultés particulières de lecture et, éventuellement, d'orienter les jeunes Français concernés vers les structures adaptées.

Ministère de la Défense, 2009.

3. Le recensement

« Le recensement est obligatoire pour tous les garçons et filles de nationalité française. Il se fait à la mairie du domicile, dans le mois qui suit le 16e anniversaire. L'attestation délivrée permet de s'inscrire aux examens et concours (BAC, BEP, permis de conduire, etc.) et d'effectuer la Journée d'appel de préparation à la Défense (JAPD). »

D'après la loi du 1er janvier 1999.

Questions

1. Quelles sont les trois caractéristiques du parcours de citoyenneté (doc. A1) ?

2. Qui est concerné par le recensement (doc. A2) ?

3. Quels sont les trois objectifs de la Journée d'appel de préparation à la Défense (doc. A3) ?

4. Recherche. Quels sont les objectifs d'un recensement ? Consultez le site Internet www.cnil.fr.

B Les impôts

1. La loi

« Les impôts répondent à quatre principes :
– le principe de légalité. Les règles concernant le taux, et le recouvrement des « impositions de toutes natures » sont fixées par la loi, donc par le Parlement ;
– le principe d'annualité. Le Parlement doit donner chaque année au gouvernement l'autorisation de percevoir l'impôt ;
– le principe d'égalité. « La contribution commune doit être également répartie entre tous les citoyens en raison de leurs facultés » ;
– le principe de nécessité. La collecte de l'impôt permet d'effectuer des travaux au service des citoyens »

D'après les textes de la Constitution de 1958 et de la Déclaration des Droits de l'homme.

2. L'utilisation de l'impôt

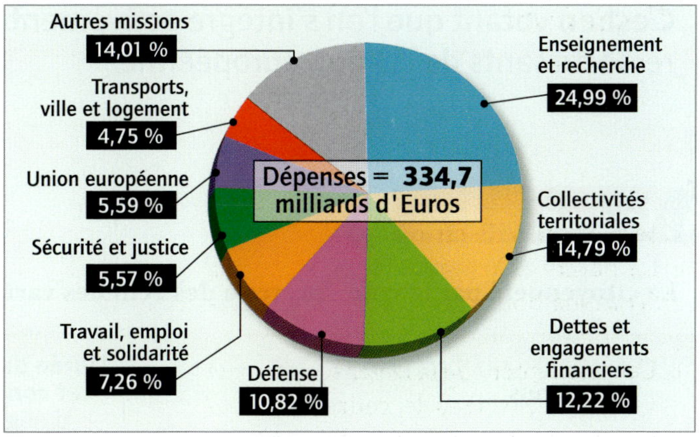

Questions

5. En quoi consiste le principe d'égalité pour le paiement de l'impôt (doc. B1) ?

6. Quels sont les postes de dépenses les plus importants (doc. B2) ?

7. Recherche. Dans votre commune, recherchez à quels postes importants la recette des impôts est affectée.

C La CMU

« La couverture maladie universelle permet l'accès à l'assurance-maladie pour toutes les personnes résidant en France de manière stable et régulière, depuis plus de trois mois, et qui n'ont pas le droit à l 'assurance-maladie à un autre titre (activité professionnelle, etc.). Elle permet d'accéder aux soins (médecins, hôpitaux) sans dépense à charge et sans avance de frais. »

Code la Sécurité sociale.

Questions

8. Que signifie le sigle CMU ?

9. Quel est le rôle de la CMU ?

10. Recherche. Menez une enquête sur l'hôpital auquel votre commune est rattachée pour savoir comment fonctionne la prise en charge d'une personne bénéficiant de la CMU.

Ce qu'il faut retenir

A Les devoirs des citoyens

L'appel de préparation à la Défense a pour objectif de sensibiliser les jeunes Français, filles et garçons, aux questions liées à la Défense militaire de la Nation.

B Les impôts

L'obligation de payer ses impôts a été établie par la Déclaration des droits de l'homme et du citoyen du 26 août 1789. En effet, la participation à l'effort commun est nécessaire, sinon aucun service public (police, justice, éducation, hôpitaux, ramassage des ordures...) ne pourrait être financé. L'impôt est proportionnel aux revenus et aux charges familiales.
L'État redistribue les impôts en accordant, par exemple, des subventions ou en redistribuant le revenu disponible, pour corriger les inégalités sociales (allocations familiales, allocations chômage, etc.)

C La CMU

La couverture maladie universelle (CMU) est une assurance-maladie de base. Elle concerne les personnes qui ne répondent pas aux critères d'ouverture du droit à la Sécurité sociale et dont les revenus sont très faibles.

Citoyen français, citoyen européen

▶ La citoyenneté s'exerce depuis la commune jusqu'à l'Union Européenne, en passant par le département, la région et l'État. Voter, constitue l'un des devoirs essentiels du citoyen. C'est en votant que l'on s'intègre activement dans la vie collective. Ce droit s'est élargi aux ressortissants de l'Union européenne.

A Le droit de vote

La citoyenneté par le vote s'exerce à des échelles variées.

Élections	Élus	Durée du mandat et conditions d'éligibilité	Territoire concerné	Suffrage
Élections municipales	Conseillers municipaux	• 6 ans • Âge minimum : 18 ans • Nationalité française ou européenne	Commune	Suffrage universel direct (deux tours)
Élections cantonales	Conseillers généraux	• 6 ans (renouvellement par moitié tous les trois ans) • Âge minimum : 18 ans • Nationalité française	Département	Suffrage universel direct (deux tours)
Élections régionales	Conseillers régionaux	• 6 ans • Âge minimum : 18 ans • Nationalité française	Région	Suffrage universel direct (représentation proportionnelle à deux tours)
Élections législatives	577 députés (Assemblée nationale)	• 5 ans • Âge minimum : 23 ans • Nationalité française	État	Suffrage universel direct (deux tours)
Élections sénatoriales	343 sénateurs (Sénat)	• 6 ans (renouvellement par moitié tous les trois ans) • Âge minimum : 30 ans • Nationalité française	État	Suffrage universel indirect (collège de députés, conseillers régionaux, généraux, municipaux)
Élection présidentielle	Président de la République	• 5 ans (renouvelable une seule fois) • Âge minimum : 23 ans • Nationalité française	État	Suffrage universel direct (deux candidats au second tour)
Élections européennes	785 députés européens (Parlement européen)	• 5 ans • Âge minimum : 23 ans • Nationalité française ou européenne	Union européenne	Suffrage universel direct (représentation proportionnelle à un tour)

Questions

1. Quelles élections à caractère international se déroulent en France ?

2. Distinguez les élections locales et les élections nationales.

3. Quels sont les deux modes de suffrage utilisés ?

4. Recherche. Quand les prochaines élections doivent-elles avoir lieu dans votre commune ? Quand auront lieu celles des conseillers régionaux ? Celles des députés ?

B La Cour européenne de justice

La Cour européenne de justice s'appelle en fait la Cour de justice des communautés européennes. C'est une institution de l'Union européenne (UE), au même titre que le Parlement européen. Elle veille à ce que droit européen s'applique de la même façon dans chaque pays de l'Union.

Elle juge les désaccords entre États membres ou entre la Commission européenne et un État membre. Par ailleurs, les tribunaux des pays de l'UE peuvent lui demander son interprétation, en cas de doute sur une règle communautaire. En effet, le droit communautaire prime sur le droit national.

La Cour européenne peut infliger une astreinte (amende financière) à un État membre qui traîne à appliquer des lois ou des arrêts. Ainsi, en 2000, la Grèce a dû payer une amende parce qu'elle n'avait rien mis en œuvre pour éliminer les déchets dangereux d'un de ses fleuves, huit ans après qu'un arrêt avait été rendu pour lui demander de le faire.

Questions

5. Quel est le rôle de la Cour européenne de justice ?

6. Dans quels cas intervient-elle ?

7. Recherche. Quelles décisions de la Cour européenne de justice ont concerné la France ?

C Acquérir la nationalité française

1. Les conditions

Par la naissance. Tout enfant né en France de parents étrangers acquiert la nationalité française à sa majorité si, à cette date, il a en France sa résidence, et s'il a eu sa résidence habituelle en France pendant une période continue ou discontinue d'au moins cinq ans depuis l'âge de onze ans. Enfin, la nationalité française peut être réclamée, sous certaines conditions, au nom de l'enfant mineur né en France de parents étrangers, à partir de l'âge de treize ans et avec son consentement personnel. *Par décret de naturalisation.* Une personne qui réside en France ou qui est mariée depuis plus de quatre ans avec un Français, peut demander la nationalité française. La demande de naturalisation relève de la compétence de la préfecture du lieu de résidence, pour la constitution du dossier, et du ministère chargé des naturalisations, pour la décision.

2. Une vision humoristique

Questions

8. Dans quelles conditions un enfant né en France de parentes étrangers peut-il devenir français (doc. C1) ?

9. Comment comprenez-vous ce dessin (doc. C2) ?

10. Recherche. Quelle est la position des différents partis politiques français sur la question du droit de vote des étrangers non-européens vivant en France ?

Ce qu'il faut retenir

A Le droit de vote

En France, le vote est un droit et un devoir, mais pas une obligation stricte. Les citoyens peuvent choisir d'exercer ou non ce droit sans être sanctionnés.

Les ressortissants communautaires sont les seuls étrangers à disposer, en France, du droit de vote et d'éligibilité aux élections locales. Les citoyens européens peuvent être élus conseillers municipaux, mais pas maire ou adjoint.

B La Cour européenne de justice

La Cour de justice des Communautés européennes veille au respect du droit communautaire.

Tout citoyen peut faire appliquer le droit européen directement par les juges français, même quand il est en contradiction avec les normes nationales. Chaque État a l'obligation de laisser de côté toute règle nationale contraire au droit européen.

C Acquérir la citoyenneté française

La citoyenneté française est liée à la nationalité française. Cette nationalité s'acquiert par le « droit du sang » (enfant de parents français), par le « droit du sol » (enfant né en France), par la naturalisation.

Le citoyen et la justice

▶ La justice est l'un des fondements de la démocratie. Celle-ci garantit à tous les citoyens d'être jugés de la même façon devant la loi, indépendamment de leur statut social. Une justice indépendante, et égale pour tous, contribue à l'État de droit.

A Être juré en cour d'assises

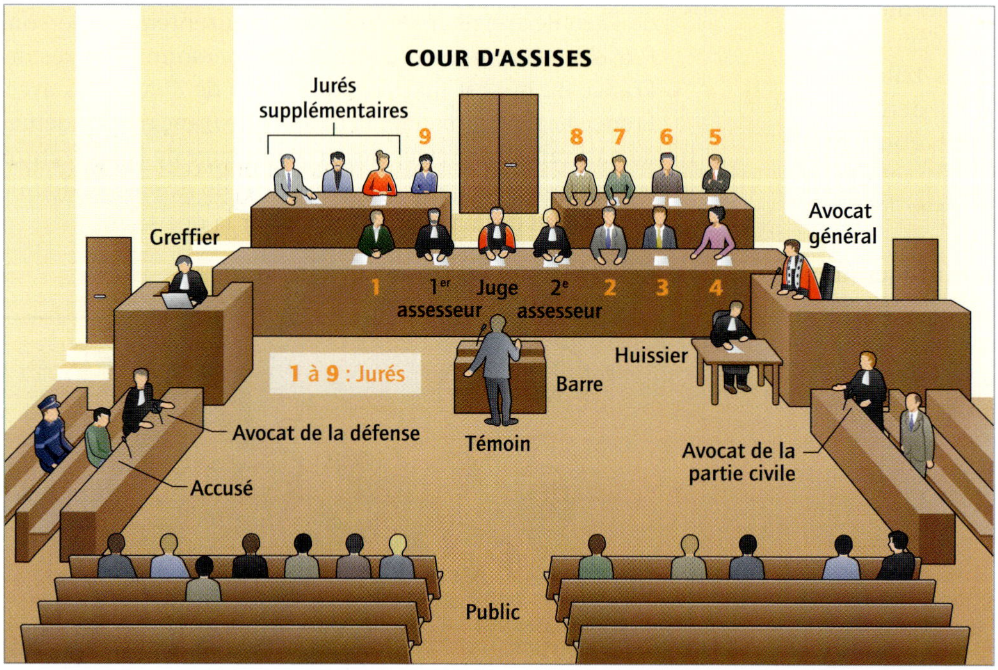

La cour d'assises juge les personnes accusées de crime (meurtre, viol, vol à main armée...), de tentatives et de complicités de crimes. C'est une juridiction non permanente. Elle se réunit généralement tous les trois mois pendant une quinzaine de jours.

Questions

1. Quelle est la fonction d'une cour d'assises ? Quand se réunit-elle ?
2. Décrivez la salle d'une cour d'assises. Où les jurés sont-ils placés ?
3. Qui défend l'accusé ? Quel est le rôle de l'avocat de la partie civile ?
4. **RECHERCHE.** Recherchez un exemple de procès en cour d'assises. Repérez le président, les avocats, l'accusé. Décrivez le rôle du greffier et de l'avocat général.

B Le droit, la loi, la liberté

« **Art. 64.** Le Président de la République est garant de l'indépendance de l'autorité judiciaire.
Art. 66. Nul ne peut être arbitrairement détenu. L'autorité judiciaire, gardienne de la liberté individuelle, assure le respect de ce principe dans les conditions prévues par la loi.
Article 66-1. Nul ne peut être condamné à la peine de mort.
Art. 68-1. Les membres du gouvernement sont pénalement responsables des actes accomplis dans l'exercice de leurs fonctions et qualifiés de crimes ou délits, au moment où ils ont été commis. Ils sont jugés par la Cour de justice de la République.
La Cour de justice de la République est liée par la définition des crimes et délits ainsi que par la détermination des peines telles qu'elles résultent de la loi. »

Constitution de la Ve République.

Questions

5. Relevez les termes qui font référence à l'indépendance de la justice.
6. Comment comprendre l'expression « l'autorité judiciaire, gardienne de la liberté individuelle » (art. 66) ?
7. **RECHERCHE.** À quelle date l'article 66-1 a-t-il été introduit dans la Constitution ?

C Être citoyen en prison

1. Le rôle du médiateur

Le médiateur de la République intervient pour trouver des solutions à des conflits qui opposent l'État à un citoyen. Le nombre d'affaires reçues en 2007 s'est élevé à 65 077 dossiers. Même en prison, son intervention peut aboutir. Le taux de réussite de l'intervention des délégués du médiateur en prison varie de 60 à 70 % selon les sites pénitentiaires. Il peut aussi intervenir pour constater des retards comme celui la mise en œuvre de la loi sur le handicap du 11 février 2005. Le médiateur prend aussi position en faveur des femmes victimes de violences conjugales et demande à ce que soient corrigées les injustices dans le traitement des victimes de l'amiante.

2. La judiciarisation

C'est la tendance à privilégier le recours aux tribunaux pour trancher des litiges qui pourraient être réglés par la médiation, l'accord à l'amiable.

Questions

8. Quel est le rôle du médiateur de la République (doc. C1) ?

9. Recherche. Expliquez pourquoi il est souvent préférable d'avoir recours à une médiation plutôt qu'à une judiciarisation.

Ce qu'il faut retenir

A Être juré en cour d'assises

Il y a une cour d'assises par département. Elle ne siège pas en permanence mais par session, souvent trimestrielle. Pour être juré il faut avoir plus de 23 ans, savoir lire et écrire, ne pas avoir été condamné, ni exercer une activité incompatible (policier, député...).

B Le droit, la loi, la liberté

L'impartialité de la justice est notamment précisée dans la Constitution. La liberté et l'absence de préjugés caractérisent le juge, qui doit rester objectif. Les tribunaux veillent à l'application des règles de droit. Ils rendent la justice « au nom du peuple français ».

Les juridictions administratives jugent les litiges nés des activités de l'Administration.
Les juridictions judiciaires jugent par exemple les problèmes nés des relations entre individus. Elles répriment et sanctionnent les atteintes à la loi.

C Le droit au service du citoyen

Autorité indépendante, le médiateur de la République, nommé pour 6 ans, est irrévocable.
Il a pour fonction de défendre les citoyens contre les abus dont ils s'estiment victimes.
La judiciarisation peut devenir problématique lorsqu'elle n'assure le règlement des différends que sous la forme de procès. En effet, une médiation est toujours préférable pour régler des conflits.

CRÉDITS PHOTOGRAPHIQUES

p.14-15 : Bis/ Ph Coll Archives Nathan ; **p.18(h) :** Museo Storico Topografico, Florence/ Coll Dagli Orti/ Gianni Dagli Orti/ Picture Desk ; **p.18(b) :** Vacheron/ Andia ; **p.19(h) :** Bis/ Ph Coll Archives Nathan ; **p.20(bd) :** Costa/ Leemage ; **p.21(hg) :** Ph Giacomelli, Venise/ Archives Labor ; **p.21(hd) :** Bis/ Coll Archives Nathan ; **p.21(bg) :** Photo Josse/ Leemage ; **p.22(h) :** Archives Nathan ; **p.22(b) :** Dagli Orti/ Picture Desk; **p.23(h) :** J.L. Charmet/ Archives Larbor ; **p.24(h) :** Kunstultgeve P Maes/ Musée Plantin-Moretus, Anvers ; **p.24(bg) :** Fototeca/ Leemage ; **p.25(b) :** Roland Frack ; **p.26(bd) :** DR ; **p.26(b) :** Bridgeman Art Library ; **p.27(hg) :** Musée de la Marine Paris/ CollDagli Orti/ Gianni Dagli Orti/ Picture Desk ; **p.27(hd) :** PrismaArchivo/ Leemage ; **p.27(b) :** Glasgow University Library, Scotland/ The Bridgeman Art Library ; **p.29 :** Archives Nathan ; **p.31 :** Bridgeman Art Library ; **p.32-33 :** Akg Images ; **p.36(h) :** National Marine Museum/ DR ; **p.36(b) :** Bibliothèque des Arts Décoratifs Paris/ Dagli Orti/ Picture Desk ; **p.37(h) :** Bnf/ Archives Nathan ; **p.38(bg) :** Bis/ Ph Josse/ Archives Larbor ; **p.38(bd) :** Dagli Orti/ Picture Desk ; **p.39 :** Photo Josse/ Leemage ; **p.40-41 :** Bis/ Ph. Luc Joubert/ Archives Larbor ; **p.41(h) :** Musée Archéologique Lima/ Coll Dagli Orti/ Gianni Dagli Orti/ Picture Desk ; **p.42(b) :** Archives Nathan ; **p.43 :** Musée des Arts Décoratifs Paris/ Coll Dagli Orti/ Alfredo Dagli Orti/ Picture Desk ; **p.44(h) :** Photo Josse/ Leemage ; **p.45(b) :** Coll.Archiv f.Kunst & Geschichte/ Akg Images ; **p.46(b) :** Gérard Blot/ Rmn ; **p.47(b) :** Coll MA/ Kharbine Tapabor ; **p.47(hg) :** Bnf/ Archives Charmet/ The Bridgeman Art Library ; **p.47(hd) :** Fototeca/ Leemage ; **p.51 :** William West/ Afp ; **p.52-53 :** Photo Josse/ Leemage ; **p.56(b) :** Musée du Nouveau Monde La Rochelle/ Coll Dagli Orti/ Gianni Dagli Orti/ Picture Desk ; **p.57(b) :** Musée du Château de Versailles/ Coll Dagli Orti/ Gianni Dagli Orti/ Picture Desk ; **p.58(hg) :** Musée de la Compagnie des Indes, Ville de Lorient ; **p.58(b) :** Musée de la Compagnie des Indes, Ville de Lorient/ Y. Boëlle ; **p.59 :** Christian Jean/ Rmn ; **p.60 :** Coll. Jonas/ Kharbine Tapabor ; **p.62(h) :** Selva/ Leemage ; **p.62(b) :** MI/ Leemage ; **p.63 :** Cliché Ville de Nantes – Musée d'Histoire de Nantes - Château des ducs de Bretagne ; **p.65 :** Photo Josse/ Leemage ; **p.66(hg) :** Akg Images ; **p.66(bd) :** Bridgeman Art Library ; **p.72-73 :** Erich Lessing/ Akg Images ; **p.76(hd) :** The Alfred Beit Foundation ; **p.76(b) :** Archives Nathan ; **p.77(h) :** Bis/ Michel Didier/ Archives Bordas ; **p.78(h) :** Bis/ Coll. Archives Nathan ; **p.78(b) :** René-Gabriel Ojéda/ Rmn ; **p.79 :** The State Hermitage Museum ; **p.80(h) :** Archives Nathan ; **p.80(b) :** Musée Carnavalet/ Roger-Viollet ; **p.81(h) :** Bnf ; **p.81(m) :** Archives Larbor ; **p.82(h) :** Archives Nathan ; **p.82(b) :** Photo Josse/ Leemage ; **p.83 :** Bridgeman Art Libray ; **p.84(b) :** Bibliothèque des Arts Décoratifs Paris/ Coll Dagli Orti/ Gianni Dagli Orti/ Picture Desk ; **p.84(bd) :** Ikona ; **p.84(h) :** Archives Larbor ; **p.85 :** Musée de l'Histoire Vivante – Montreuil ; **p.86(b) :** Fondation Eliza ; **p.87(h,b) :** Collection Musée du Désert, Mialet (Gard) ; **p.89 :** Photo Josse/ Leemage ; **p.91 :** Photo Josse/ Leemage ; **p.94-95 :** Photo Josse/ Leemage ; **p.96(h) :** Roger-Viollet ; **p.96(b) :** Coll. Musée du Vieux-Château, Laval. Cliché Regards ; **p.97(b) :** Kharbine Tapabor ; **p.98(2) :** Musée Jean Jaurès, Castres ; **p.98(b) :** Archives Nathan ; **p.99 :** Leemage ; **p.100(bg) :** Kharbine Tapabor ; **p.100(bd) :** Coll. Dixmier/ Kharbine Tapabor ; **p.101 :** Institut d'Histoire Sociale CGT. ; **p.102(b) :** Keystone/ Eyedea ; **p.103(b) :** Keystone/ Eyedea ; **p.103(h) :** Coll Musée de l'Histoire Vivante, Montreuil Ph. MHV, Montreuil-DR. ; **p.104(h) :** Photothèque Centre Historique Minier du Nord Pas de Calais, Lewarde ; **p.104(b) :** Rue des Archives ; **p.105 :** Rue des Archives ; **p.106(b) :** Keystone/ Eyedea ; **p.107(h) :** Photothèque Renault ; **p.107(b) :** Syndication Le Figaro. ; **p.110 :** Roger-Viollet; **p.112-113 :** DR ; **p.114(b) :** Keystone/ Eyedea ; **p.115(h) :** Martin Bureau/ Afp ;**p.116(bg) :** Gerschel / Bibliothèque Marguerite Durand/ Roger-Viollet ; **p.116(bd) :** Keystone/ Eyedea ; **p.117(h) :** Christine Bard, "Les premières femmes au Gouvernement (France, 1936-1981), Histoire-politique, n° 1; **p.118(hg) :** Le Nouvel Observateur ; **p.118(hd) :** Kharbine Tapabor ; **p.118(bg) :** Afp ; **p.119 :** Keystone/ Eyedea ; **p.120(h) :** Maurice Branger/ Roger-Viollet ; **p.120(b) :** Kharbine Tapabor ; **p.121(h) :** Guillaume Plisson/ Maxppp ; **p.122 :** DR ; **p.122(b) :** Agip/ Rue des Archives ; **p.123 :** Jean Philippe Ksiazek/ Afp ; **p.128-129 :** Keystone/ Eyedea ; **p.130(b) :** P. Bru/ Musée Jean Jaurès Castres ; **p.131(h) :** BNF ; **p.132(b) :** Archives Nathan ; **p.133(hg,hd) :** Kharbine Tapabor ; **p.133(b) :** Musée de l'Education, Rouen - INRP ; **p.134(h) :** Tallandier/ Rue des Archives ; **p.134(bg) :** Frilet/ Sipa Press ; **p.134(bd) :** Alain Nogues/ Corbis Sygma ; **p.136(b) :** Roger-Viollet ; **p.137 :** Guillaume Doizy/ Caricadoc ; **p.138(h) :** Valery Hache/ Getty Images/ Afp ; **p.139(h) :** J.L Bohin/ Hoa Qui/ Eyedea ; **p.139(b) :** Mehdi Fedouach/ Afp ; **p.141 :** Musée de l'Education, Rouen – INRP ; **p.144-145 :** Keystone/ Eyedea ; **p.148(h) :** Keystone/ Eyedea ; **p.148(b) :** Kharbine Tapabor ; **p.149(h) :** BDIC ; **p.149(b)** Selva/ Leemage ; **p.151(h) :** SHD ; **p.151(b) :** Rackam/ Sipa Press; **p.152(hg) :** SHD/ Keystone/ Eyedea ; **p.152(hd) :** Collection Musée de la Résistance nationale - Champigny-sur-Marne ; **p.152(b) :** Robert Doisneau/ Eyedea ; **p.153 :** Archives Nathan ; **p.154(hd) :** Musée Jean Moulin ; **p.154(b) :** Keystone/ Eyedea ; **p.155 :** Keystone/ Eyedea ; **p.156(hg) :** Afp ; **p.156(hd) :** Collection Musée de la Résistance nationale - Champigny-sur-Marne ; **p.156(b) :** Alain Gesgon/ Cirip ; **p.157 :** L'Illustration/ Bnf ; **p.158(hg) :** Alain Gesgon/ Cirip ; **p.158(hd) :** Roger-Viollet ; **p.158(b) :** Doisneau/ Rapho/ Eyedea; **p.159 :** Alain Gesgon/ Cirip; **p.161 :** Keystone/ Eyedea; **p.164-165 :** Keystone/ Eyedea ; **p.166(hd) :** Str/ Afp ; **p.166(bg) :** Afp ; **p.167(h) :** Adagp, Paris 2009 ; **p.168(b) :** Roger-Viollet ; **p.169(h) :** Alain Gesgon/ Cirip ; **p.170(b) :** Bruno Barbey/ Magnum Photos ; **p.171(h) :** Keystone/ Eyedea ; **p.171(b) :** Syndication Le Figaro ; **p.172(h) :** Keystone/ Eyedea ; **p.172(bg) :** Alain Gesgon/ Cirip ; **p.172(bd) :** Gamma/ Eyedea ; **p.174(b) :** Plantu ; **p.175(h) :** Daniel Simon/ Gamma/ Eyedea ; **p.176 : hg :** La Documentation française ; **hm :** Collection particulière, ADAGP Paris, 2009 ; **hd :** La Documentation française ; **bg :** La Documentation française ; **bm :** La Documentation française ; **bd :**AP/Sipa ; **p.177 :** Oasis/ Photo12.com ; **p.179 :** Alain Gesgon/ Cirip ; **p.182-183 :**Yann Arthus Bertrand/ Altitude ; **p.186(h) :** UNICEF ; **p.186(b) :** Michael Riehle/ Laif/ Rea ; **p.189 :** Seyllou/ Afp ; **p.190(b) :** K. K. Arora/ Reuters ; **p.191(hg) :** DR ; **p.191(hd) :** Taureau Ailé/ Lustucru Riz ; **p.192(h) :** Georg Gerster/ Rapho/ Eyedea ; **p.194(hg) :** Courtesy of Harris Ranch Beef Company ; **p.194(mg) :** Gilles Leimdorfer/ Rea ; **p.194(b) :** Yann Arthus Bertrand/ Altitude ; **p.196(hg) :** V.Leloup/ Corbis Sygma ; **p.199 :** Bruno Barbey/ Magnum Photos ; **p.201 :** Michel Renaudeau/ Hoa Qui/ Eyedea ; **p.202-203 :** Petrobras/ Ap/ Sipa Press ; **p.206(b) :** Xavier Richer/ Photononstop ; **p.207 :** Yann Arthus Bertrand/ Altitude ; **p.209(b) :** Roger Ressmeyer/ Corbis ; **p.210(hd) :** Courrier International ; **p.210(bg) :** Sergey Maximishin/ Visum/ Cosmos ; **p.211(m) :** Les Echos ; **p.213(m) :** Paivi Bourdon/ Areva ; **p.214(bg) :** Bildagentur/ Photononstop ; **p.216(b) :** Conception artnographiste pour le compte du SMD3 Dordogne ; **p.217(m) :** Toyota ; **p.222-223 :** Lalo De Almeida/ Contrasto/ Rea ; **p.226(bg) :** Yadid Levy/ Robert Harding Word Imagery/ Getty Images ; **p.227(h) :** Guido Alberto Rossi/ Altitude ; **p.229(h) :** Paul Box/ Report Digital/ Rea ; **p.229(m) :** François Perri/ Rea ; **p.231(h) :** John Frumm/ Hemis.fr ; **p.231(b) :** Gianluigi Guercia/ Afp ; **p.238(b) :** François Ancellet/ Rapho/ Eyedea ; **p.240-241 :** Kyodo News, Takanori Sekine/ Ap/ Sipa Press ; **p.244(hg) :** Ministère de l'Ecologie, de l'Energie, du Développement Durable et de l'Aménagement du Territoire ; **p.244(hd) :** France Antilles ; **p.244(bg) :** Marc Dozier/ Hemis.fr ; **p.246(hd) :** Georg Gerster/ Rapho/ Eyedea ; **p.246(bg) :** Digital Globe ; **p.248(hg) :** DR ; **p.248(hd) :** Gerard Halary/ Gamma/ Eyedea ; **p.248(bg) :** Patrick Forget/ Sagaphoto.com ; **p.249 :** DICRIM ; **p.250(hd) :** Alfred/ Sipa Press ; **p.250(b) :** Akerma ; **p.251(m) :** Plantu ; **p.252(hd) :** Mass Communication Specialist Seaman Christopher Lange ; **p.252(bg) :** Laurent Weyl/ Argos/ Picturetank ; **p.253(h) :** Rafiqur Rahman RR/ CP/ Reuters ; **p.253(b) :** DR ; **p.254 :** Préfecture Haute Garonne/ DRIRE ; **p.255 :** Secours Catholique ; **p.262-263 :** Van-Middelkoop/ Photo-aerienne-france.fr ; **p.266 :** J. Van Os/ Getty Images ; **p.268 :** Afp ; **p.269 :** Airports of Thailand/Ho/ Afp ; **p.271 :** Jose Fuste Raga/ Corbis ; **p.274 :** Jamie Williams ; **p.275 :** WWF ; **p.277 :** DR ; **p.279(1) :** Liu Ligun / Corbis ; **p.279(2) :** Stéphane Compoint ; **p.280-281 :** Issouf Sanogo/ Afp ; **p.284(hd) :** Getty Images ; **p.284(bg) :** Photocuisine ; **p.285(b) :** Michael Riehle/ Laif/ Rea ; **p.286(bg) :** Roland et Sabrina Michaud/ Rapho/ Eyedea ; **p.286(bd) :** Ludivine Aznal ; **p.288(bg) :** Photos12.com - Collection Cinéma ; **p.288(bd) :** Prod DB© DR ; **p.289(h) :** Prod DB©Mega Bollywood/ DR ; **p.290(hg) :** Michael Kappeler/ Ddp/ Afp ; **p.290(hd) :** Daniel Herard/ Rea ; **p.291 :** Malekeh Nayiny et Shadi Ghadirian Souf Sanogo ; **p.292(bg) :** Alain Le Bot/ Photononstop ; **p.292(bd) :** Stéphane Cuisset/ Rea ; **p.295 :** Bonne Pioche ; **p.297 :** Imagechina/ Afp ; **p.298-299 :** Getty Images ; **p.302(h) :** Yann Arthus Bertrand/ Altitude ; **p.302(bg) :** Koichi Kamoshida/ Getty Images/ Afp ; **p.303(bg) :** Sylvain Grandadam/ Eyedea ; **p.304(h) :** Xu Hede/ Imagechina/ Afp ; **p.306(bg) :** Imagestate/ Eyedea ; **p.307(h) :** Eros Hoagland/ Redux/ Rea ; **p.307(b) :** Ludovic Maisant/ Hemis.fr ; **p.308(bd) :** L'Histoire ; **p.309(h) :** Qilai Shen/ Panos/ Rea ; **p.310(hg) :** Challenges ; **p.310(bg) :** Bobby Yip Odly/ Reuters ; **p.311(hg) :** Gilles Sabrie ; **p.311(b) :** Pierre Bessard/ Rea ; **p.313(h) :** Yann Arthus Bertrand/ Altitude ; **p.316-317 :** Brando Aldo/ Altitude ; **p.320(bg) :** Rika/ Dpa/ Corbis ; **P.321(M) :** Michael Brennam/ Corbis; **p.232 :** Jean Claude Moschetti/ Rea ; **p.324(hg) :** Richard T. Nowitz/ Corbis ; **p.324(bg) :** Cécile Treal et Jean-Michel Ruiz/ Maroc Images ; **p.325 :** Hoa Qui/ Eyedea/ Offiche du Tourisme du Maroc ; **p.326(bg) :** Patrick Mercier/ Afp ; **p.327 :** Marta Nascimento/ Rea ; **p.328(bg) :** Franck Guizou/ Hemis.fr ; **p.329(h) :** Jean Claude Coutausse/ Rapho/ Eyedea ; **p.329(b) :** Logan Abassi/ Minustah/ Reuters ; **p.337 :** Meigneux/ Sipa Press ; **p.339 :** Force Ouvrière ; **p.342 :** Dessinateur Rocco/ Libération.

Couverture : Photo Josse / Leemage.

Coordination éditoriale : **Christine Asin**

Édition : **Aude Alric**

Relecture-correction : **Nathalie Azéma-Meyer**

Conception maquette et mise en pages : **Killiwatch**

Coordination artistique : **Evelyn Audureau**

Iconographie : **Katia Davidoff**

Cartographie et schémas : **Légendes Cartographie et Marie-Sophie Putfin**

Dessin : **Renaud Scapin**

Couverture : **Killiwatch**

Fabrication : **Françoise Leroy**

N° de projet: 10172820 - KILLIWATCH
Dépôt légal: Septembre 2010
Imprimé en Italie par Nuovo Istituto Italiano Arti Grafiche S.p.A. Bergamo